浙江省哲學社會科學規劃重點課題（編號：15NDJC007Z）

《續高僧傳》之語文學考察

王紹峯 著

中國社會科學出版社

圖書在版編目（CIP）數據

《續高僧傳》之語文學考察／王紹峯著．—北京：中國社會科學出版社，2019.6
ISBN 978 – 7 – 5203 – 4575 – 0

Ⅰ．①續…　Ⅱ．①王…　Ⅲ．①古漢語—研究　Ⅳ．①H109.2

中國版本圖書館 CIP 數據核字（2019）第 114280 號

出　版　人	趙劍英
責任編輯	史慕鴻
責任校對	張依婧
責任印製	戴　寬

出　　　版	中國社會科學出版社
社　　　址	北京鼓樓西大街甲 158 號
郵　　　編	100720
網　　　址	http://www.csspw.cn
發　行　部	010 – 84083685
門　市　部	010 – 84029450
經　　　銷	新華書店及其他書店
印　　　刷	北京明恒達印務有限公司
裝　　　訂	廊坊市廣陽區廣增裝訂廠
版　　　次	2019 年 6 月第 1 版
印　　　次	2019 年 6 月第 1 次印刷
開　　　本	710×1000　1/16
印　　　張	25.5
插　　　頁	2
字　　　數	393 千字
定　　　價	118.00 元

凡購買中國社會科學出版社圖書，如有質量問題請與本社營銷中心聯繫調換
電話：010 – 84083683
版權所有　　侵權必究

目　　錄

第一章　概說 ································ (1)
　第一節　課題設計緣起 ···························· (1)
　　一　本課題相關研究現狀述評 ······················ (1)
　　二　本課題研究的意義 ·························· (5)
　　三　本課題研究的思路與方法 ······················ (7)
　第二節　道宣生平身世 ···························· (10)
　　一　道宣生平 ································ (10)
　　二　關於道宣身世的幾個問題 ···················· (11)
　第三節　《續高僧傳》的價值 ······················ (15)
　　一　道宣創作的特點 ···························· (15)
　　二　《續高僧傳》的價值 ························ (17)

第二章　《續高僧傳》版本異文考察 ············ (35)
　第一節　語言文字類 ······························ (43)
　第二節　歷史地理類 ······························ (105)
　第三節　佛教文化類 ······························ (120)
　第四節　物名人名類 ······························ (128)

第三章　《續高僧傳》詞彙特點 ················ (137)
　第一節　《續高僧傳》的語言風格 ················ (137)
　　一　繼承性與時代性 ···························· (137)
　　二　佛教僧傳文體特點 ·························· (138)
　　三　獨創性 ···································· (142)

第二節　《續高僧傳》中的新詞新義 ………………………（142）
第三節　《續高僧傳》語言的創造性 ………………………（149）
第四節　《續高僧傳》中的特殊詞彙現象 …………………（160）
　　一　構詞詞素問題 ……………………………………（160）
　　二　反訓問題 …………………………………………（165）
　　三　詞語搭配問題 ……………………………………（168）

第四章　《續高僧傳》疑難字詞考釋 ……………………（170）
第一節　《續高僧傳》疑難字詞考釋 ………………………（170）
第二節　語詞理據考察 ………………………………………（212）

第五章　《續高僧傳》語彙研究 …………………………（242）
第一節　《續高僧傳》與成語 ………………………………（242）
第二節　《續高僧傳》中的俗語研究 ………………………（245）
　　一　罵詈語 ……………………………………………（245）
　　二　俗語諺語 …………………………………………（249）
第三節　《續高僧傳》中的諢名 ……………………………（251）
　　一　以行爲舉止特徵來命名 …………………………（251）
　　二　以形貌特點來命名 ………………………………（251）
　　三　從對佛典的領悟來命名 …………………………（252）
　　四　以德行聲望命名 …………………………………（253）
　　五　使用節縮的方式來命名 …………………………（254）

第六章　《續高僧傳》若干語義系統考察 ………………（255）
　　一　年齡段表示法的語義場 …………………………（256）
　　二　佛家、俗世表達的語義場 ………………………（265）
　　三　表示約數的語義場 ………………………………（267）
　　四　有關頭髮的語義場 ………………………………（269）
　　五　捨棄、施捨的語義場 ……………………………（270）
　　六　死亡語詞的語義場 ………………………………（272）
　　七　同時代的人 ………………………………………（273）

八　對語言稱説的語義場 ………………………………………… (275)
九　對中國稱説的語義場 ………………………………………… (275)
十　詭名、真名語義場 …………………………………………… (276)
十一　長唱、散説語義場 ………………………………………… (276)

第七章　《續高僧傳》語詞研究與大型語文辭書編纂 ………… (278)
　一　選詞立目不當,或可增收補正 ……………………………… (279)
　二　補正釋義 ……………………………………………………… (286)
　三　宗教色彩附加義判定欠妥 …………………………………… (305)
　四　書證問題 ……………………………………………………… (307)

第八章　《續高僧傳》的流傳與影響 …………………………… (312)
　第一節　後世對《續高僧傳》接受概述 ………………………… (313)
　　一　《續高僧傳》將經驗升格爲傳統 …………………………… (313)
　　二　後世對《續高僧傳》接受簡述 ……………………………… (321)
　第二節　《法苑珠林》對《續高僧傳》的接受 …………………… (340)
　　一　《法苑珠林》所標出處錯誤者 ……………………………… (341)
　　二　《法苑珠林》引文不具對比價值者 ………………………… (347)
　　三　《法苑珠林》徵引《續高僧傳》刪改情況 …………………… (349)
　　四　刪改後的連貫問題 ………………………………………… (371)
　　五　對《法苑珠林》刪略改易《續高僧傳》效果的認識 ………… (373)
　　六　引文異文與兩書校勘問題 ………………………………… (389)

主要參考文獻 ……………………………………………………… (395)

後　記 ……………………………………………………………… (402)

第 一 章

概　　說

第一節　課題設計緣起

一　本課題相關研究現狀述評

本書主要是從語言文字學特別是傳統語言文字學的角度對這部佛教史上重要的文獻進行的綜合研究。相比較《高僧傳》與《宋高僧傳》研究，學術界對《續高僧傳》的研究非常不充分，由於《續高僧傳》具有史學、佛學等諸多方面的重要價值，學人大都習慣於從中採擷資料；隨著中古近代漢語研究的開展，一些從語言文字學角度對其進行探討的成果開始出現，同時也出現了部分從文獻學角度開展研究的努力。這一點十分重要。我們以爲這種研究趣味，體現了對中國傳統語言文字學即語文學的忠守，也是對國際佛學語文學研究傳統的呼應，更是中國佛學研究走向世界、與國際研究接軌的最直接的對話。[①] 值得注意的是，海外成果雖不多，但立意較高，能幫助我們開闊視野，拓展研究思路，這從另一方面促使我們加快推動《續高僧傳》的研究工作。具體綜述如下。

（一）語言文字學研究

王紹峯曾發表《道宣文獻價值散論》《"巴毀"新考》《中古總括副詞"絓是"》《〈法苑珠林校注〉商補》等論文，對《續高僧傳》的價值進行了揭示，對其中出現的一些疑難語詞進行了考釋，在校勘《續高僧

---

① 關於佛學語文學研究傳統的論述，可參看李南《基於語文學與文獻學的歐洲佛教研究》，《中國社會科學報》2015 年 5 月 8 日第 B07 版；沈衛榮《回歸語文學與中國學術的國際化》，《中國社會科學報》2017 年 3 月 3 日第 005 版、《回歸語文學——對佛教史研究方法的一點思考》，《中山大學學報》2018 年第 2 期。

傳》的同時，還使用了《續高僧傳》金藏本對《法苑珠林》進行了訂補。①帥志嵩發表了《淺談〈續高僧傳〉在漢語史研究中的價值》，該文是其碩士學位論文《雙重因素影響下的僧傳語言》（四川大學，2002）的一部分，論文採用共時和歷時相結合的方法，通過定性和定量的分析，對《續高僧傳》中的一些語法、詞彙現象進行了描述，對一些語言現象努力作出解釋。②研究局限《續高僧傳》作爲漢語史語料的價值的揭示，距離全面解讀《續高僧傳》還有相當距離。李明龍先後發表了《〈續高僧傳〉文化語詞劄記》《中華大藏經版〈續高僧傳〉在文字學研究中的價值》③，這些都是其博士學位論文《〈續高僧傳〉詞彙研究》（南京大學，2011）之一部分，其博士學位論文從定性的角度證明了《續高僧傳》語言中爲佛教詞、文言詞、俗語詞混合雜糅體，還從定量的角度研究分析了《續高僧傳》處於中古到近代漢語演變的過渡特徵。論文爲前人研究提供了新佐證，發現了前人沒有發現的一些新現象，解釋了一批新詞語。④單篇論文還有王顯勇的《〈續高僧傳〉詞語考釋》考證了其中的六個詞彙⑤，不再詳論。

（二）文獻學研究

陳寅恪先生較早對《續高僧傳》開展了研究，陳先生《讀書劄記三集》中的《高僧傳二集（續高僧傳）之部》以劄記的形式對《續高僧傳》中的名物故實、宗派源流以及語言文字問題進行了極爲精湛的考索⑥，有導夫先路之功，其中的許多觀點、方法值得學習借鑒，但《高僧傳二集（續高僧傳）之部》畢竟是劄記，陳先生主要是從史學、佛學的

---

① 王紹峯：《道宣文獻價值散論》，《阜陽師範學院學報》2005年第1期；《"巴毀"新考》，《古漢語研究》2008年第1期；《中古總括副詞"絓是"》，《古漢語研究》2006年第1期；《〈法苑珠林校注〉商補》，《寧波大學學報》2012年第5期。

② 帥志嵩：《淺談〈續高僧傳〉在漢語史研究中的價值》，《北京廣播電視大學學報》2009年第3期。

③ 李明龍：《〈續高僧傳〉文化語詞劄記》，《南昌航空大學學報》2012年第1期；《中華大藏經版〈續高僧傳〉在文字學研究中的價值》，《西昌學院學報》2012年第1期。

④ 論文中一些結論還有待商討，如第81頁，"度"解釋爲讀完等；個別語理據沒有說清楚，個別他人已經解決了的問題，如第22頁"秋賊"、第68頁"齊鏃"、第206頁"於即"等，本書作者在《初唐佛典詞彙研究》（安徽教育出版社2004年版）中都已經予以揭櫫。

⑤ 王顯勇：《〈續高僧傳〉詞語考釋》，《名作欣賞》2013年第9期。

⑥ 陳寅恪：《讀書劄記三集》，生活·讀書·新知三聯書店2001版，第155—276頁。

角度來閱讀以備研究之用，隨剳的色彩十分鮮明，還不能說是系統的、全面的研究。近人弘一大師《弘一大師全集·佛學卷·傳記卷》編定了《南山道宣律祖年譜》①，但由於時代學術發展水準的制約，還有許多地方需要訂補。

　　從文獻的角度開展《續高僧傳》研究的還有金建峯的博士學位論文《釋贊寧〈宋高僧傳〉研究——兼與〈高僧傳〉、〈續高僧傳〉之比較》②，論文副標題雖說明要與《高僧傳》《續高僧傳》比較，但其實行文中並未貫徹。使用比較方法對僧傳進行研究的還有陳柳冬雪的碩士學位論文《〈高僧傳〉與〈續高僧傳〉神異故事研究》③，論文涉及神異故事類型、特點、宗教意義等，但是沒有能夠深刻揭示這些神異故事的內在影響與淵源。蘭州大學李豔博士學位論文《唐代佛教史籍研究》對唐代佛教史籍編撰的思想文化背景、編撰目的、抄寫和流傳等進行了考察，認爲唐代佛教史籍的撰述特徵，一是繼承魏晉南北朝以來佛教史學撰述的宗旨和方法，二是受到傳統史學的深刻影響。論文同時對唐代佛教史籍編撰的內容進行了研究，主要是爲了闡釋其思想內涵，發掘其史學價值。④ 誠如作者在文章結論中所言，該論文如果能將唐代佛教史籍與碑銘石刻、唐人文集以及敦煌文獻、正史資料結合在一起綜合考察，將紛繁的史料歸納整理後，運用歷史比較的方法進行研究，可能會在該領域的探索中取得較大突破。因該論文是宏觀整體討論唐代佛教史集，對《續高僧傳》著墨並不多，沒有深入具體地展開研究。陳瑾淵博士學位論文《〈續高僧傳〉研究》探索了《續高僧傳》書寫特徵原因，考察了道宣的學術性格和學術特徵，對《續高僧傳》的文獻著錄、入藏情況、版本差異作了研究，對中國僧傳的十科分類以及《續傳》分類的特點作了探討，設專章探討了《續高僧傳》的文學文獻價值。⑤

---

　　① 弘一大師：《南山道宣律祖年譜》，《弘一大師全集》第七冊《佛學卷》，福建人民出版社2010年版，第591—593頁。
　　② 金建峯：《釋贊寧〈宋高僧傳〉研究——兼與〈高僧傳〉、〈續高僧傳〉之比較》，博士學位論文，上海師範大學，2009年。
　　③ 陳柳冬雪：《〈高僧傳〉與〈續高僧傳〉神異故事研究》，碩士學位論文，陝西師範大學，2011年。
　　④ 李豔：《唐代佛教史籍研究》，博士學位論文，蘭州大學，2011年。
　　⑤ 陳瑾淵：《〈續高僧傳〉研究》，復旦大學2012年博士學位論文。

從文本解析的角度研究《續高僧傳》的單篇論文有楊海明《簡析〈高僧傳〉與〈續高僧傳〉成書目的及作傳理念之異同》①，文章認爲二書的撰寫目的不同，《高僧傳》以弘揚僧人的理想人格、達到傳教護法爲目的；《續高僧傳》以弘通佛法要義爲首任。文章還從體例結構、成書目的及作傳理念等維度探析二者的異同。此外楊海明還發表了《〈高僧傳・鳩摩羅什傳〉與〈續高僧傳・玄奘傳〉敘事技巧之異同》②，文章選取兩部著作中兩大高僧的傳記進行個案研究，從創作手法、敘述結構、敘事類型三個維度對《高僧傳》中鳩摩羅什、法顯以及《續高僧傳》中的玄奘傳記進行了比較分析，從微觀的角度深入細緻地剖析了三人傳記的異同，研究思路與方法上較爲獨特，值得借鑒。新近中華書局出版了郭紹林點校本《續高僧傳》③，郭氏以磧砂藏爲底本，酌參其他版本，間或出注。郭著儘管新出，但可能由於對佛學、中古近代漢語研究成果沒有廣泛參照，還存有不少問題。如"機見"，本謂佛性佛緣，後世指見識、謀略。丁福保《佛學大辭典》："機見：（術語）依衆生之機而感見佛也。"④《佛學大辭典》明確地解說"機見"一詞，且指出其爲"術語"，可是在郭氏點校本中卻還出現了這樣的錯誤點斷：《續高僧傳》卷二《那連提黎耶舍傳》："曾竹園寺一住十年，通履僧坊，多值明德。有一尊者深識人機，見，語舍云：'若能靜修，應獲聖果。恐汝遊涉，終無所成。爾日雖聞，情無領悟，晚來卻想，悔將何及！'"⑤又如中古總括副詞"絓是"在佛典許多版本經常誤作"經是"、"結是"，筆者曾著文詳細地討論過這個問題⑥，而郭書依然校作"結是"：卷一《智愷傳》："諦云：'吾早值

---

① 楊海明：《簡析〈高僧傳〉與〈續高僧傳〉成書目的及作傳理念之異同》，《西安石油大學學報》2007年第4期。

② 楊海明：《〈高僧傳・鳩摩羅什傳〉與〈續高僧傳・玄奘傳〉敘事技巧之異同》，《廣西民族大學學報》2008年第S2期。

③ （唐）道宣：《續高僧傳》，郭紹林點校，中華書局2014年版。本書後文所言郭氏點校本皆指該書。

④ 丁福保：《佛學大辭典》，上海書店1991年版。

⑤ 郭紹林點校本第33頁。這裏採用的是中華書局第一次印刷本。該書出版後，筆者曾將點校本中的一些問題提交該書責任編輯，後責任編輯給筆者的電子郵件中說，鑒於點校者郭先生已經亡故，對於一些錯誤就直接改正了。

⑥ 王紹峯：《中古總括副詞"絓是"》，《古漢語研究》2006年第1期。

子，綴緝經論，結是前翻，不應少欠。今譯兩論，詞理圓備，吾無恨矣。'"① 殊爲費解。郭書還有許多不當亟待補正。

（三）海外研究

日本學者藤善真澄《道宣伝の研究》②，比較全面地研究了道宣的生平、思想、著述；釋果燈《唐道宣〈續高僧傳〉——批判思想初探》討論了《續高僧傳》各篇的批判立場及思想特色③。此二者皆良可參考，但他們都比較著重思想史研究，與本課題並不相同。日本鶴見大學佛教文化研究所池麗梅的《〈續高僧傳〉的文本演變——七至十三世紀》以刊本大藏經的形成史爲敍述的基本脈絡，分別考察了各系統當中的《續高僧傳》文本，主要從分卷、分帙等整體性結構的異同、正傳收錄人數的增減、傳記內容的廣略等方面著手，大致勾勒出《續高僧傳》文本的歷史演變過程，並繪出了各版本間的關係圖，極其詳盡，非常具體，基本將《續高僧傳》的版本流傳歷史說清楚了。這篇長文可以看作《續高僧傳》版本文獻研究的最高成果。④ 其他研究成果，陳瑾淵博士學位論文有比較詳細的說明，可參。

二 本课题研究的意义

本課題旨在對祖籍浙江湖州的初唐高僧、律宗創始人、佛教史家道宣撰著的《續高僧傳》進行語文學研究，其主要任務是，以《中華大藏經》所收趙城藏（缺失補以麗藏）爲底本，結合宋磧砂藏、資福藏等版本，採用傳統語言文字學的方法，結合現代語言學，融匯漢語言文字學與佛學、史學等學科知識，校訂文字、辨正異文，將異文考辨與語詞考釋結合起來、斷代詞彙研究與詞彙史研究結合起來，在充分描寫的基礎上，溯源沿流，抉發新詞新語新義，考釋其中的疑難字詞，考察部分語義系統，補正《漢語大詞典》相關條目，勘正《釋迦方誌》《法苑珠林》等相關古籍整理的部分錯謬，對後世（特別是《法苑珠林》）承繼接受

---

① 郭紹林點校本第 24 頁。
② ［日］藤善真澄：《道宣伝の研究》，京都大學學術出版會 2002 年版。
③ 釋果燈：《唐道宣〈續高僧傳〉——批判思想初探》，東初出版社 1992 年版。
④ 池麗梅：《〈續高僧傳〉的文本演變——七至十三世紀》，《漢語佛學評論》，中山大學人文學院佛學研究中心 2014 年刊。

《續高僧傳》進行了深入細緻的分析。在漢語詞彙的研究中，中古時期又是薄弱中之尤爲薄弱者，造成如此局面的根本原因是長期以來我們沒能充分利用口語性較強、較能體現此時詞彙面貌的重要語料——佛經材料。① 近年來，隨著研究者對佛典語料的發掘使用，湧現了一批成就卓著的研究成果，但我們發現這些成果有一個共同點，即語料的取捨都始自東漢而下至隋代，似乎沒有能下探至唐，特別是在漢語史分期上一直有爭議的初唐時期者。一般而言，在漢語史的分期中，初唐時期是一個特殊的時期，方一新師提出的中古漢語劃界方法都將初唐劃入過渡期②，這表明初唐時期的語言正處於不斷變動當中。本選題正是著眼於這一變動期、變動性來展開研究的。研究意義如下。

(一) 可爲漢語詞彙史研究增添新成果

課題研究綜合利用語言文字學、文獻學、寫作學以及佛學等學科知識與方法，力圖將語言考察建立在扎實的文獻考據基礎之上，對《續高僧傳》詞彙進行充分描寫，對疑難語詞進行考釋，對新詞新義現象進行說明，此外還從語義場入手，對《續高僧傳》中的部分語義系統作出分析，努力與同時期中土文獻詞彙系統展開比較，同時對於詞彙的來源和成因也進行了探討。通過對專人專書語料的窮盡調查，更加詳盡地揭示初唐時期佛典詞彙的特點，可爲漢語詞彙史提供新的研究成果。

(二) 可爲佛教史籍整理與研究提供新借鑒

佛典異文研究具有重要意義，柳富鉉先生研究大藏經底本和系統，認爲在重視板式、裝幀、目錄結構以及入藏經典出處的同時，更應當重視考察異文現象③，佛典異文爲我們保留了大量的語言現象和文化信息，爲佛典校勘提供了寶貴的材料。儘管中華書局出版了郭紹林先生點校的《續高僧傳》，但是其中還有一些問題有待商榷，還有很多問題沒有釐清，本課題的實施，能爲更加科學地校注《續高僧傳》提供堅實的成果支撐，補苴訂正現有整理的闕漏疏失。

---

① 當然，今天的中古漢語研究已經非常重視佛典語料並取得了長足進展，此爲多年前朱慶之先生的呼籲，詳見朱慶之《佛典與中古漢語詞彙研究·前言》，《佛典與中古漢語詞彙研究》，文津出版社 1992 年版。
② 方一新：《〈世說新語〉語詞研究》，博士學位論文，杭州大學，1989 年，第 14 頁。
③ 柳富鉉：《漢文大藏經異文研究》，宗教文化出版社 2014 年版，第 226 頁。

（三）可爲傳承浙江歷史文脈、展示浙江文化底藴、彰顯地方文化特質、建設文化強省增添新元素

浙江被譽爲"東南佛國"，浙江佛教文化極度發達，佛教文化是中國傳統文化極富絢麗色彩的重要組成部分，浙江高僧在佛教史學方面的貢獻獨一無二①，對這一優秀文化傳統整理與弘揚，可爲浙江省政府提出的建設文化大省、文化強省工程作出積極貢獻。

三 本課題研究的思路與方法

（一）研究思路

以佛典爲考察對象的語言研究方興未艾，但正如朱慶之先生所指出的，這些研究出現了過分樂觀的傾向，大量的佛典異文無人理會，致使某些結論並不可靠。② 本書以初唐時期道宣《續高僧傳》爲考察對象，以《中華大藏經》所收趙城金藏本（缺失補以高麗藏本）爲底本（《中華大藏經》以金藏爲底本，蓋金藏爲《開寶藏》的覆刻本，以金藏爲底本重編《大藏經》有溯本正源之勢，同時它又以多過《大正藏》各種刻本藏經校勘，有集各刻本佛教文本之大成之勢），結合宋磧砂藏、資福藏等版本，採用傳統語言文字學與現代語言學相結合的方法，融匯漢語言文字學與佛學、史學等學科知識，進行嚴格的校勘，力爭確保語料的可信性。研究中，校訂文字、辨正異文，將異文考辨與語詞考釋結合起來、斷代詞彙研究與詞彙史研究結合起來，在充分描寫的基礎上，溯源沿流，抉發新詞新語新義，考釋其中的疑難字詞，考察部分語義系統，勾勒《續高僧傳》的詞彙風格面貌，補正《漢語大詞典》相關條目，勘正《釋迦方誌》《法苑珠林》等相關古籍整理的部分錯謬，對後世（特別是《法苑珠林》）承繼接受《續高僧傳》進行深入細緻的分析。當然，在統計詞頻時，我們將使用電子版《大正藏》這樣的現代文本。

---

① 《梁高僧傳》作者慧皎，紹興上虞人；《唐高僧傳》作者道宣，湖州長興人；《宋高僧傳》作者贊寧，湖州德清人。中國佛教史三大僧傳作者全是浙江人，而其中兩位是湖州人。作爲湖州師範學院一員，筆者深感有義務有責任認真做好僧傳研究工作。

② 朱慶之：《佛教混合漢語初論》，《語言學論叢》（第二十四輯），商務印書館 2001 年版，第 1—33 頁。

（二）研究方法

專人專書語言研究是截取漢語史的一個斷面來展開討論的，它決定我們應當使用歷時與共時結合的方法。本書考辨大量異文，努力將語詞研究建立在比較可靠的文本基礎之上，同時盡力溯源沿流，努力確定其在漢語史上的地位，並嘗試揭示詞彙演變的路徑與規律。研究中注重融通傳統語文學與歷史語言學、現代語義學的研究方法。具體可以概括爲三個方面。

1. 傳統語文學方法

我們將充分利用訓詁學、文字學、校勘學等傳統語文學的方法，結合漢語史、佛教史等校勘、考證《續高僧傳》異文，索隱勾沈，考證故實，準確地解讀原典文獻。這算是對我們的研究對象道宣的一種回應，因爲在《續高僧傳》中，我們發現他本人是十分強調對本文的精確解讀的，如：《續高僧傳》卷二十九"論"："尋夫讀誦之爲業也，功務本文。經欹說行，要先受誦。何以然耶？但由庸識未剖必假聞持，崑竹不斷鳳音寧顯。義當纔登解髮，即須通覽，採酌經緯，窮搜名理，疑僞雜錄，單複出生，普閱目前，銓品人世。然後要約法句，誦鎮心神，廣說緣本，用疏迷結，遂能條貫本支，釋疑滯以通化，統略玄旨，附事用以徵治。"當然，此處道宣是從對佛教教義的解讀方面來立論的，但其忠實於原典的精神和態度是我們應當忠守的。

2. 統計與典型用例分析結合

統計法是漢語史研究中一個重要的方法，它對於確定新興語言現象産生、新舊語詞替換等諸多方面具有較強的說服力。但由於所選語料的代表性、廣泛性各有差異，這種方法還必須與典型用例分析有機地結合起來。對統計法的使用，應當慎之有慎，並不是所有的數字都能起到我們意想中的作用的。如：《續高僧傳》卷三十《僧明傳》："夢一沙門教誦《觀世音救生經》，經有佛名，令誦千遍，得免死厄。"這個《觀世音救生經》是道宣自己造的，其實應當是《高王觀世音》經。儘管在《法苑珠林》中也有引用，且其言"見齊志及旌異等記"，頗疑這句話是道宣《續高僧傳》的原文，而道世在徵引時卻把道宣注的出處也完整地抄錄下來了。另外，在道宣的《釋迦方誌》卷下、《大唐内典錄》卷十都出現了這個故事，這種現象說明，在研究《續高僧傳》時，一定要注意，道宣在使用素材的時候有貫通性，即一個材料可以在幾部作品中交替使用，或者爲了更好地適應該作品而作一些細微的變動。這提醒我們，在研究這類累積型文獻語言時，統計數字可能是虛假的，千萬不要被統計數字所迷惑。此外，這些統計數字還有幾道關口恐怕無法順暢地通過：一是版本的問題，應當清醒地意識到可能有異文情況存在；二是詞的切分的問題，是否所有類似的"字組"都是要考察的詞語；三是語料的純潔性問題，如語料的形成是否出自一人一時一地。單純地舉出某部書中某個詞出現多少次，在我們看來並沒有多少科學意義。

3. 現代語言學方法

爲了準確地說明語義系統、詞彙的演變，研究中採用現代語義學語義場分析的方法；在考察語言風格時，我們要使用漢語風格學的研究方法；在討論《續高僧傳》一書的後世影響時，我們要使用接受學的方法，或者像魯國堯先生所言的接受語言學的方法①。

最後，需要說明的是，書中多處使用了《漢語大詞典》等辭書作爲標尺並時有補正，這祇表明這些辭書在漢語詞彙史研究中具有重要的價值，現今的相關研究都應當以之作爲出發點和參照系。另外，《續高僧傳》的卷次依《中華大藏經》；文中大量異文多採自《中華大藏經》和《大正藏》的對校②，當然，我們也進行了比較嚴格的核對，因爲《中華大藏經》和《大正藏》也偶有致誤者，並不完全可信，舉一個例子：《續高僧傳》卷一《僧伽婆羅傳》："若不然者，何以辨內外賢聖淺深之通塞哉。如前傳曇諦之憶書鎮，近俗崔子之念金環，代有斯蹤，定非外託。"《中華大藏經》校勘記言："金鐶"，徑作"金環"。其實這個說法是錯誤的，徑本作"鐶"而非"環"。他不一一，具體見文中相關條目說明。書中的版本名稱多用簡稱，它們與通常稱名的對應關係是：金本：趙城金

---

① 魯國堯：《語言學和接受學》，《漢語學報》2011年第4期。
② 筆者在《初唐佛典詞彙研究》第七頁曾寫過："其實《中華大藏經》較《大正藏》有諸多優點，特別是其以影印的形式出版，而且在校勘方面也提供了較多的版本可供參照，應當是文獻語言研究的善本，但因上述的原因，筆者未能以此作爲工作底本，而祇是在校勘時偶爾使用一下，這實在是很遺憾的事。"本書的寫作乃企圖彌補此遺憾之努力。藏經所據：《中華大藏經》（漢文部分），中華書局1993年版；《大正藏》，全稱《大正新修大藏經》，新文豐出版有限公司1996年版。

藏；麗本：高麗藏；資本：宋資福藏；磧本：宋磧砂藏；普本：元普寧藏；南本：明永樂南藏；徑本：明徑山藏（嘉興藏）；清本：清龍藏；宮本：日本宮內省圖書寮藏本。

第二節　道宣生平身世

一　道宣生平

道宣（596—667），南山律宗的開山祖師，字法編（清源諒撰《律宗燈譜》作"德號法辯"），一般言其原籍吳興（今浙江省湖州市），俗姓錢，父名申，仕陳朝，任吏部尚書，母姚氏。"南山宣律師和尚讚"（敦煌文獻伯三五七○號背面）說他"九歲能賦，儒道專精"。十歲時，道宣捨家從長安日嚴寺慧頵受業，高觀如言其"第二年就在日嚴道場落髮"①，而潘桂明說他"十五歲入長安日嚴寺依智顗律師受業，十六歲落髮"②，"南山宣律師和尚讚"也說他"十六落髮，定慧俱明"。二十歲時，到大禪定寺依智首受具足戒，二十一歲於智首門下聽受律學。乾封二年（667）十月三日，道宣圓寂，年七十二，僧臘五十二。

道宣主要活躍在初唐時期，作爲佛教律宗的祖師，他一生撰寫了大量佛學文獻，其中律學著作南山五大部（《四分律刪繁補闕行事鈔》十二卷、《四分律拾毗尼義鈔》六卷、《四分律刪補隨機羯磨疏》二卷、《四分律比丘含注戒本》三卷、《四分比丘尼鈔》六卷）成爲該派的開山之作。此外他還撰有《釋門章服儀》一卷、《釋門歸敬儀》一卷、《釋門正行懺悔儀》二卷、《教誡新學比丘行護律儀》一卷、《淨心誡觀法》二卷等。其所撰律學著述，"包異部誡文，括眾經隨說，及西土聖賢所遺，此方先德文紀，搜駁同異，並皆窮覈；長見必錄，以輔博知，濫述必剪，用成通意"（《四分律刪繁補闕行事鈔序》，40/1b③）。道宣的學說在當時即已風靡整個佛教界，對後世的影響也至深至遠，"從那時以來的中土律

---

① 高觀如：《道宣》，《中國佛教》（第二輯），東方出版中心1982年版，第116頁。
② 潘桂明：《中國佛教百科全書》肆《宗派卷》，上海古籍出版社2000年版，第168—169頁。
③ 指《大正藏》卷、頁、欄。下同。

學家，差不多都以他的著述爲圭臬；對於《行事鈔》的解記之作，在唐宋兩代就已多至六十多家。其影響之大可以想見"①。"南山宣律師和尚讚"也說他是"流芳萬代，德邁千齡"。除創發佛學新解外，道宣在僧傳、佛教目錄學、文獻學等方面也同樣成就卓著，先後撰成有《續高僧傳》三十卷、《釋迦方誌》二卷、《集古今佛道論衡》四卷、《大唐内典錄》十卷、《廣弘明集》三十卷、《集神州三寶感通錄》三卷、《道宣律師感通錄》一卷等。

此外，道宣還參加了玄奘的譯場，任綴文大德，參與譯經。值得注意的是，他在譯場中並不是一個無足輕重的人物，對許多問題包括對語言文字等都有自己的思考，如在《續高僧傳》卷四《玄奘傳》後的"論"中他就對以前的佛經翻譯的不足提出了自己的批評意見，認爲佛典翻譯有以下兩個方面的問題：(1) 以訛傳訛，習非成是，難以改易；(2) 晉宋以來文風綺飾。這些看法都是相當精到的。如此，也許我們可以說，道宣《續高僧傳》在語言研究方面應當是有一定的價值的。

二　關於道宣身世的幾個問題

（一）道宣的生卒年月問題

佛典說道宣出生於隋開皇十六年四月八日（據《資行記》），遷化於唐乾封二年十月三日（據《法苑珠林》），塔號淨光。一般來說，關於道宣卒年的記載大體是可以信從的，但對其出生年月的說法，本書認爲則恐未可盡信，"四月八日"者，似有附會佛誕日之嫌。

（二）關於道宣籍貫的問題

關於道宣的籍貫，有這樣一些說法：吳興人，丹徒人，長城人。具體如下。

1. 吳興說

道宣在作品中都是這樣稱說自己的籍貫。如《釋迦方誌》卷下："大唐永徽元年，歲維庚戌，終南太一山豐德寺沙門吳興釋道宣，往參譯經，旁觀別傳，文廣難尋，故略舉其要，並潤其色，同成其類，庶將來

---

① 高觀如：《道宣》，《中國佛教》（第二輯），第118頁。

好事用裨精爽云。"①《釋門章服儀》："終南山沙門吳興釋道宣記其程器時序。"（45/839b）

在唐人的著述中，也大都是這樣稱說，如智昇《開元釋教錄》卷八："沙門釋道宣，俗姓錢氏，吳興人也，彭祖之後胤。"（55/562a）圓照《貞元新定釋教目錄》卷十二文字同上，顯然是據智昇文出。

2. 丹徒說

贊寧《宋高僧傳》卷十四《道宣傳》："釋道宣，姓錢氏，丹徒人也，一云長城人。"②

後世對這個說法竟有誤解者。鄭立新說道宣"吳興（今浙江北部）人（一說長城人。宋《高僧傳》作丹徒人）"。③ 其實這裏的"長城"和"吳興"不能並列對舉。"長城"，縣名，屬湖州，或者也可說屬吳興郡。如果要並列的話，也祇能以"烏程"和"長城"並列。《隋書·地理志下》④："烏程（舊置吳興郡。平陳，郡廢，並東遷縣入焉。仁壽中，置湖州，大業初州廢。有雉山。）長城（平陳廢，仁壽二年復。有卞山。）"《舊唐書·地理志三》："湖州上：隋吳郡之烏程縣。武德四年，平李子通，置湖州，領烏程一縣。六年，復沒於輔公祐。七年平賊，復置，仍廢武州，以武康來屬。又省雉州，以長城縣來屬。天寶元年，改爲吳興郡。乾元元年，復爲湖州。"日本照遠撰《資行鈔》（事鈔上一之一）："有云長安城，或云丹徒。……增暉云，俗姓錢氏，湖洲長城人也。大宋傳云，錢氏丹徒人也，一云長安城人也。"（續藏經62/285b）可爲證。

3. 京兆說

元照《四分律行事鈔資持記》上一上："京兆者即古長安城今之永興軍也，自古帝王建都之地，故立此號。京者，訓大，言土境之廣。兆即是衆，言士庶之多。即律師行化之境，亦即本所生地。有云長城或云丹徒者（長城湖州，丹徒潤州），此謂祖宗之所出，非生處也。行狀云：'大師在京華生長。'足爲明據。其出世、示滅、中間化事備載行狀，此

---

① （唐）道宣：《釋迦方誌》，中華書局2000年版，第122頁。
② （宋）贊寧：《宋高僧傳》，中華書局1987年版，第327頁。
③ 鄭立新：《佛海慧流——歷代高僧學者傳》，華夏出版社1999年版，第190頁。
④ 說明：史書、佛典據中華書局標點本，其他常見古典文獻據通常的本子，如果不涉及文字形體，則不再注明版本情況。

不煩引。"（40/160a）宋志磐撰《佛祖統紀》卷二十九："法師道宣，京兆錢氏。母夢梵僧語之曰：'仁者所懷梁僧祐律師也。'處胎彌十二月而生。"（49/296c）

如何認識這三種說法的分歧呢？三種說法究竟何者更爲可信呢？

這個問題必須聯繫長興縣地名變更方能得到比較清楚的認識：與國內其他許多歷史悠久的地方一樣，浙江省長興縣在歷史上名稱與所屬、管轄範圍曾發生多次變動。長興縣域春秋時屬吳，吳王闔閭使弟夫概築城於此，城狹長，故名長城。三國時吳寶鼎元年（266），分吳丹陽爲吳興郡，地屬吳興郡烏程。西晉武帝太康三年（282），分烏程立長城縣，屬吳興郡。南朝宋、齊、梁、陳，屬吳興郡。隋開皇九年（589）滅陳，罷吳興郡，長城併入烏程縣，屬蘇州。仁壽二年（602），復立長城縣，屬湖州。大業二年（606）州廢，仍屬吳郡（在蘇州）。隋末（618）沈法興置長州。唐高祖武德四年（621）更置綏州，武德六年（623）輔公祐更名雉州，武德七年（624）廢雉州，以安吉、原鄉入長城。天寶元年（742），改湖州爲吳興郡，乾元初（759）復爲湖州，縣名不改。五代十國，後梁開平二年（908），吳越王錢鏐避梁太祖父諱，改長城縣爲長興縣。

三種籍貫說法中，最可信的當然是道宣的自述，而且道宣《釋迦方誌》與《釋門章服儀》兩處說自己是"吳興釋道宣"，這是古人的習慣，言自己籍貫，必說祖上、郡望，所以道宣纔會自稱吳興（郡）人。筆者認爲，道宣應當就是長城人，也就是今天的浙江省湖州市長興縣人。如果要再綜合其他不同說法，以我們今天的表述即是：道宣是出生於長安，祖籍吳興長城，也就是今天的浙江省湖州市長興縣。

（三）關於靈異的問題

在道宣的一生中，從處胎到去世，似乎充滿了靈異[1]，本書此處祇羅列關於其出生的種種說法，可以看出，這樣的傳奇是在後世的佛教文獻

---

[1] 道宣曾纂集了《集神州三寶感通錄》，說明了他對這些靈異之事是饒有興趣的，他本人也寫作了《道宣律師感通錄》。在特定的時代、特定的語境中，附會神靈是創發新知的一種通常做法，惟其如此，纔能取得神聖的、能被受衆心悅誠服信仰的根據。看來道宣是深得其中的妙趣，故而纔會津津於此。

中不斷地發揚光大的。

"南山宣律師和尚讚"祇是說錢氏"娠而有靈",至於具體是什麼樣的靈異,並未說明,而唐智昇撰《開元釋教錄》卷八也僅僅說他是"彭祖之後胤",唐圓照撰《貞元新定釋教目錄》卷十二同上,也祇說其是"彭祖之後胤"。但是到了宋贊寧的《宋高僧傳》卷十四《道宣傳》則成了:"母娠而夢月貫其懷,復夢梵僧語曰:'汝所妊者即梁朝僧祐律師,祐則南齊剡溪隱嶽寺僧護也。宜從出家,崇樹釋教'云。凡十二月在胎,四月八日降誕。"這樣,不僅懷胎的時間變成了非同尋常的十二個月,其間更是有"月貫其懷"以及僧祐託生等說法,而宋志磐撰《佛祖統紀》卷二十九、元覺岸撰《釋氏稽古略》同之,應當都是來自贊寧的渲染附會。

儘管如此,在後世人們那裏似乎仍然意猶未盡,說法更加具體詳盡、更加活靈活現:日本澄禪撰《三論玄義檢幽集》第四:"南山曰:昔齊文宣王撰《在家布薩儀》。元照釋曰:齊即南齊蕭子良,生封竟陵王,死諡文宣王。允堪曰:第一生在齊,名僧護;第二生在梁,名僧祐。竟陵文宣王請講,聽衆八百,白黑徒一萬一千餘人。第三生南山道宣是也。"(70/425a)日本照遠《資行鈔》(事鈔上一之一):"……今大師三生持律。第一生在齊朝,法名僧護,春秋百二十;第二生在梁朝,名僧祐律師;第三生即今南山律師也。"(續藏經62/286a)

這些說法,佛教徒也許會篤信不疑,在我們看來,它祇是表露了一個重要的信息:後世的佛教徒認爲道宣的思想淵源等諸多方面深受僧祐的影響(至於僧護,則是在《高僧傳·僧祐傳》的基礎上的逆推),其許多撰述也多受他們的啓發。僧祐也是律師,道宣的著述特點與僧祐有血脈相承的關係,如慧皎《高僧傳》卷十一《僧祐傳》載:"初祐集經藏既成,使人抄撰要事,爲《三藏記》、《法苑記》、《世界記》、《釋迦譜》及《弘明集》等,皆行於世。"[1] 而這些篇目、內容的影子在道宣的著述中似乎一直都呈現著。

在《宋高僧傳》卷十四《道宣傳》的"系"中,贊寧對道宣的種種神異進行了解釋:"宣屢屢有天之使者或送佛牙,或充給使,非宣自述

---

[1] (梁)慧皎:《高僧傳》,中華書局1992年版,下同。

也。如遣龍去孫先生所，豈自言邪？至於乾封之際，天神合遝，或寫《祇洹圖經》、《付囑儀》等，且非寓言於鬼物乎？君不見《十誦律》中諸比丘尚揚言，目連犯妄，佛言：'目連隨心想說無罪。'佛世猶爾，像季嫉賢，斯何足怪也。又無畏非開元中者，貞觀、顯慶已來莫別有無畏否？"既然道宣的各種"感通"屬於"隨心想說無罪"，那麽後人也可以各師於己心而說了。①

第三節 《續高僧傳》的價值

一 道宣創作的特點

綜觀道宣的作品，我們可以發現其創作特點大致有如下三個方面。

（一）繼承性強

上一節我們說道宣的許多作品是受到僧祐的啓發，或者是在其基礎上加以延展擴充。最爲顯著的便是道宣在僧祐《弘明集》的基礎上增補編纂了《廣弘明集》，此外，僧祐著有《釋迦譜》而道宣撰有《釋迦氏譜》，僧祐有《集諸僧名行記》《出三藏集記》，而道宣則有《續高僧傳》《大唐內典錄》，《續高僧傳》是人物事跡傳，而《大唐內典錄》也可以看成是譯經活動傳記。當然，《續高僧傳》更直接受到了慧皎《高僧傳》的影響，但是比較僧祐與道宣的作品，從篇名即可明確地看出其對僧祐的忠實的繼承。

《續高僧傳》學習、藉鑒慧皎《高僧傳》而寫作的，同時也表明了道宣的歷史責任感。值得一提的是，在古代，修傳乃國家行爲，任何個人擅自寫傳都是不合法的。如明吳訥《文章辨體序說》："太史公創《史記》列傳，蓋以載一人之事，而爲體亦多不同。迨前後兩《漢書》、《三國》、《晉》、《唐》諸史，則第相祖襲而已。厥後世之學士大夫，或值忠孝才德之事，慮其湮沒弗白，或事跡雖微而卓然可爲法戒者，因爲立傳，

---

① 此可參看沈衛榮《回歸語文學——對佛教史研究方法的一點思考》，《中山大學學報》2018年第2期。文中有言："一部佛教的歷史，甚至可以說佛教史家筆下的所有歷史書寫，實際上都是嚴格按照佛教的世界觀、價值觀和歷史觀重新構建起來的一整套佛教化了的歷史敘事。它是被徹底地篡改了的、佛教化了的歷史，通常祇是按規定的時間順序而編排的形象化了的佛教觀念/概念的歷史，而絕不是真正的、客觀的歷史。"

以垂于世：此小傳、家傳、外傳之例也。"顧炎武《日知錄》卷十九："自宋以後，乃有爲人立傳者，侵史官之職矣。"那麼，慧皎、道宣何以不顧王法、規則而自行作傳呢？其實這裏有個名與實的問題，吳訥與顧炎武說的作傳，實乃修史，修史古代必須由史官撰寫，根據史料而實錄，其他任何人不能妄爲，否則至多也就是野史。慧皎、道宣所作的傳，祇能看作人物行狀、逸事狀，如柳宗元的《段太尉逸事狀》一般，或者看得更開一點，這個所謂的傳，如柳宗元《種樹郭橐駝傳》《蝜蝂傳》以及陶淵明《五柳先生傳》一般，還不能完全看作信史，有了這樣的認識，能提醒我們如何客觀、辯證地看待僧傳所記載的高僧靈異故事，幫助我們科學、審慎地使用這些材料進行歷史的研究。

（二）多纂集之作

道宣先後編定了《集古今佛道論衡》《集神州三寶感通錄》，又彙編了《廣弘明集》以及《大唐內典錄》，即便是作爲律宗開宗明義的南山五大部也絕不全是道宣的原創，而是以中古律藏爲基礎不斷申說發揮而成的，其中徵引的文獻十分頻繁，數量巨大。縱使其所撰寫的《續高僧傳》，在"南山宣律師和尚讚"中也被說成"集高僧傳"，這大概也從某一個側面說明了這部文獻的彙集、撰錄的特點。

（三）取材範圍廣

道宣是佛經文獻學家，肯定曾瀏覽過大量的佛典，否則他不可能撰寫出目錄書《大唐內典錄》，不可能編纂出《廣弘明集》這樣的佛教歷史文獻彙編。《廣弘明集》收入的文獻共計四百四十四篇（總序除外），其中主要是從南朝梁至隋、唐初期的文獻資料，而隋唐時期的文獻有九十九篇。道宣在自己的著作中多次說到他的"博訪"，如在《道宣律師感通錄》中他就曾說："余少樂多聞希世拔俗之典籍，故《搜神》《研神》《冥祥》《冥報》《旌異》《述異》《志怪》《錄幽》，曾經閱之。"（52/436a）在《續高僧傳·序》中說："或博咨先達，或取訊行人，或即目舒之，或討讎集傳。南北國史，附見徵音，郊郭碑碣，旌其懿德。皆撮其志行，舉其器略。"在《集神州三寶感通錄》卷下道宣有這樣的敍述："余所討尋前後傳記備列如前，至於事條，不可具歷，故總出之：《宣驗記》（劉度）、《幽明錄》（宋臨川）、《冥祥傳》（王琰）、《僧史》（王巾）、《三寶記》（蕭子良）、《高僧傳》（裴子野）、《名僧傳》（梁釋氏唱)、《續高僧傳》(唐釋氏宣)、《徵應傳》(祖台)、《搜神錄》(陶元亮)、《旌異記》(侯君素)、《冥報記》(並拾遺唐氏釋)、《内典博要》(虞孝敬)、《法寶聯璧》(蕭綱)、《述異志》。"(52/431a)道宣律學的特點之一就是綜括諸部、會通小大,故而其徵引的佛典文獻不拘一隅。如在《四分律刪繁補闕行事鈔》中說:"……搜駁同異,並皆窮覈;長見必錄,以輔博知;濫述必剪,用成通意。"(40/1a-b)所以說,後來唐智昇《開元釋教錄》卷八稱他"外博九流,内精三學,戒香芬潔,定水澄奇,存護法城,著述無輟"(55/562a),是非常允當的。

道宣乃一代宗師,所處時代又是中古漢語至近代漢語的交接點,其宏富的著述文獻必能反映該時期語言面貌某些特點,加之其在佛教史上影響深遠,其思想、作品不斷爲後世所引用,故而《續高僧傳》具有較高的價值,應當引起漢語史研究的注意。

二 《續高僧傳》的價值

道宣一生,撰述甚豐,他的著作在佛教史、中國古代思想史等領域都具有十分重要的價值,本書主要是從語言文字的角度來探討道宣《續高僧傳》的價值所在。漢語史、漢語詞彙史的構建必當是建立在所有傳世文獻的考察研究基礎之上纔能稱得上是完整的、系統的,開掘中古漢譯佛典的研究價值、加強中古漢語研究正是在這一方向上的努力,而我們認爲這一努力可能還要再繼續延伸:對於初唐佛教文獻的語言研究,也許能對中古漢語詞彙研究起到拾遺補缺的作用。《續高僧傳》的語文學價值至少可以從以下兩個方面來認識。

(一) 語料價值

鄭立新將道宣作品分爲兩大類,一類是比較純粹的佛教義學著作,另一類是其他文史方面的著作。① 這是從内容的角度來劃分的。我們可以先粗略地將其分爲原創作品和撰集作品兩大類,比較而言,道宣個人的創作更多地具有語料價值,但是由於道宣大量地使用駢文,其口語的色彩也並不是隨處可見;而撰集之作,一般宜慎用,但其中道宣的敍述文字以及夾在文中的注釋,卻也值得注意。我們可以按語言的混用程度將

---

① 鄭立新:《佛海慧流——歷代高僧學者傳》,第191頁。

其分爲三類來看待。

第一類是撰集作品。如《集古今佛道論衡》《廣弘明集》《集神州三寶感通錄》等，這些作品中當然有道宣的語言，如其中的敍述部分等，但由於這些作品各有年代，具體到一些詞彙的時代劃分，應當依據原作者的時代，道宣的工作就是匯總而已。它們的時代不超出中古、隋代、初唐，更值得注意的是它們並非純粹意義上的佛教典籍而大多是人物事跡、與道教儒教的爭鬥的記述等，語言風格往往清新活潑，其中多有口語性成分。

第二類是其開宗明義的律學著述。此類署名是道宣個人作品，似乎應當作爲其個人言語的文獻來進行研究，但事實並不這樣簡單：由於律宗的根據是中古所譯的律藏，所以這類作品中不可避免地不斷地引用、解釋中古的佛典，其間徵引部分語詞當然屬於原翻譯的時代。這類語料價值比之第一類甚至還稍遜一籌。

第三類是比較地道的個人作品。這類作品都是傳記性的，《道宣律師感通錄》（《律相感通傳》）是記載道宣個人的"感通"，《釋迦方誌》《釋迦氏譜》則是佛國志、佛教統系的傳記，即便像《大唐內典錄》這樣的目錄類著作，其中也多有著作者的生平傳記。而《續高僧傳》不言自明，其乃道宣繼承慧皎《高僧傳》而創作的中古至初唐諸多高僧的傳記，儘管其中使用了已有的材料，儘管必然地帶有那個時期佛教文獻的四六句等風格特徵，但是這些敍述性的文字還是能比較切實地反映道宣乃至初唐時期的語言面貌的。

《續高僧傳》多有口語詞、俗語詞以及新詞新義，在漢語詞彙史上應當有自己的地位。以下略舉幾例，具體情況見本書第三章第二節。

例一：

《續高僧傳》卷三十《德美傳》："時既炎熱，何不打餅以用供養？……半夜便起打麵搗案。"

按，"打餅"、"打麵"的"打"乃製作義，與"餅"、"麵"的搭配應當是新的用法，這個"打"已經表現出泛化的跡象，下文有"打麵"，儘管似乎還能覺察到"打擊"的意味，但是已經朝泛化的方向出發了。現代漢語中有"打燒餅"這樣的說法，應該能夠在這裏找到源頭。《法苑珠林》卷八十六"感應緣"對此的引文如下："忽感異人，形服率麤，來告美曰：時既炎熱，何不作餅，以用供養。且溲二十斛麵，作兩日調。明旦將設，半夜便起，打麵動案，人物驚亂。並作切麵，以供大衆。"①"作餅"、"打麵"，與"打餅"稍異，這更體現了道宣語言的口語話色彩。"打餅"的說法在《大正藏》中祇有這麼一個例子，"打麵"也是道宣最早使用，而這些在中古中土文獻甚至沒有檢到一個用例。

例二：

《續高僧傳》卷二《達摩笈多傳》："及隋綱云頹，郊壘煙構。"

按，"郊壘"，指構築於郊外的防敵營壘。《晉書》已見用例。"郊壘煙構"的"煙構"在《大正藏》中祇檢索到三個用例，另外兩個《開元釋教錄》《貞元新定釋教目錄》中的用例還是引用的道宣此處的文字。"煙構"大概是說狼煙四起的樣子。道宣文獻既然不斷地被人徵引，那麼他的語彙肯定也就不斷地被人學習和繼承。這些語詞有的是道宣的首創（如"煙構"），有的儘管並不首見於《續高僧傳》（如"郊壘"），但是道宣的使用，給這些詞語的傳揚架起了橋梁，無論是哪一種，都表明了道宣《續高僧傳》等文獻在漢語史上具有不容忽視的價值。

（二）古籍整理的價值

1.《續高僧傳》可補足文史之失

史學名家如"史學二陳"陳寅恪、陳垣較早利用僧傳材料幫助其開展研究，踵事增華者夥矣！道宣在《大唐內典錄》中記載支謙事時曾說："但謙生西域，故吳志不載。任其力而不錄其功，此史家過，豈帝者之心。"（55/229c）在歷史事件中，僧人參與了，而中國的史家卻未必"錄其功"，通過"僧傳"、"內典錄"等，一方面真實地揭示了這些和尚在中國歷史上的作用，另一方面，也補充完善了中國歷史，給歷史一個比較客觀的、真實的面貌。更不要說可以通過僧傳的相關記載與中土史籍相印證了。看下面的例子。

例一：

《續高僧傳》卷二十九《僧崖傳》："晉義熙九年，朱齡石伐蜀，涪陵獲三百家，隨軍平討，因止于廣漢金淵山谷。"

按，朱齡石伐蜀《晉書》有載，《晉書·安帝紀》："（義熙八年）十

---

① 周叔迦、蘇晉仁：《法苑珠林校注》，中華書局2003年版。下同。

二月，以西陵太守朱齡石爲建威將軍、益州刺史，帥師伐蜀。分荆州十郡置湘州。（九年）……秋七月，朱齡石克成都，斬譙縱，益州平。"但在正史中没有朱齡石伐蜀得土著獠人相助的記録。當然，作爲歷史的記録，史書也祇可能記載著作者認爲有意義的、比較重大的事件，不可能凡事都有記録，但是能得僧傳記録之助，我們就可以看到歷史更加豐富的畫面了。

例二：

《續高僧傳》卷三十《住力傳》："武德六年，江表賊帥輔公祐負阻繕兵戈，潛圖反叛。"

按，"祐"，資、普本作"祐"。本書謂作"祐"是。這個"輔公祐"造反是"武德五年"還是"武德六年"呢？如果依據《新唐書》，這個輔公祐應當是"武德六年"造反，《新唐書·張善安傳》："（張善安）武德六年反，輔公祐以爲西南道大行臺。善安掠孫州，執總管王戎，襲殺黃州總管周法明。會李大亮兵至，爲開曉禍福，答曰：'善安初不反，爲部下詿誤。降，今易耳，恐不免，奈何？'大亮曰：'總管定降，吾固不疑。'因獨入其陣，與善安握手語，乃大喜，將數十騎詣大亮營。大亮引入，命壯士執之。騎皆驚，引去，悉兵來戰。大亮諭以善安自歸，無庸鬥。其黨罵曰：'總管賣我！'遂潰。送善安京師，稱不與公祐謀，高祖赦之。公祐破，得其書，遂伏誅。"而《唐會要》則作"武德五年"，《唐會要》卷八十六："武德五年，安州刺史李大亮以破輔公祐功，賜奴婢百人。"倘參以《續高僧傳》本例材料，我們覺得或許作"武德六年"爲是。

2. 文獻校勘方面的價值

初唐時期，儒道佛已經呈現出比較明顯的交融之勢，它們共同鑄就了中古時期的中華文化，在今天傳統典籍的整理繼承中，我們没有理由忽略任何一方。而今儒家、俗家的文獻整理工作取得了相當可觀的成就，但對於佛道文獻的校理工作仍留有大量的空白。中華書局一直在全力推動佛教經典作品的整理工作，並在不久前推出了郭紹林先生點校的《續高僧傳》①，這對於該書的研究和利用當然是一個好消息，不過遺憾的是，

---

① 中華書局2014年出版。

由於種種原因，該書還難說是整理之善本，其間還有不少錯誤或者值得商榷的地方。另外，隨着《續高僧傳》研究的深入，也可以爲涉佛文獻的整理等帶來新的成果和新的啓示。《續高僧傳》不僅提供了佛教史上人物的傳記，也整篇收錄了不少作品，嚴可均輯《全上古三代秦漢三國六朝文》、逯欽立先生纂輯《先秦漢魏晉南北朝詩》都曾利用《續高僧傳》。後世對《洛陽伽藍記》、《釋迦方誌》以及敦煌變文等涉佛古籍的校勘都大量利用它作爲證據。

例一：

《續高僧傳》卷二十六《慧達傳》："釋慧達，姓劉，名窣（蘇骨反）和……圖像儼肅，日有隆敬。自石隰、慈丹、延綏、威嵐等州，並圖寫其形，所在供養，號爲劉師佛焉。"

按，慧達，即劉薩和，在道宣的另外一個文獻《釋迦方誌》中也有記錄，且其明言"具諸傳錄，故不備載"，但可惜的是范祥雍先生在校勘《釋迦方誌》時卻未能使用《續高僧傳》這樣一個重要的"内證"，衹是據《法苑珠林》的文字言劉薩和的"和"有兩個異文：何、訶。① 其實若能據《續高僧傳》本傳，則相關文字事跡校勘注釋會更加細密一些。

例二：

《續高僧傳》卷二十二《靈藏傳》："帝聞之告曰：'弟子是俗人天子。律師爲道人天子，有樂離俗者。任師度之。'遂依而度，前後數萬。晚以事聞，帝大悦曰：'律師度人爲善。弟子禁人爲惡。言雖有異，意則不殊。'"

按，單引號内的標點皆是藍吉富《隋代佛教史述論》的標點法。② 藍書主要是依據《續高僧傳》的記載來研究隋代佛教的，但其所據衹是《大正藏》的本子，異文情況且不說，標點也是自己隨用隨點，故而誤點誤斷非一。本例或許應當點作："帝聞之告曰：'弟子是俗人天子，律師爲道人天子，有樂離俗者，任師度之。'遂依而度，前後數萬。晚以事聞，帝大悦曰：'律師度人爲善，弟子禁人爲惡，言雖有異，意則

---

① 范先生校勘記：劉薩何，《法苑珠林》何作訶。（唐）道宣：《釋迦方誌》，范祥雍点校，中華書局 2000 年版，第 365 頁。

② 藍吉富：《隋代佛教史述論》，台灣商務印書館 1993 年版，第 24 頁。

不殊。'"

例三：

《續高僧傳》卷二十六《勒那漫提傳》："勒那漫提，天竺僧也，住元魏洛京永寧寺，善五明，工道術。時信州刺史綦母懷文，巧思多知，天情博識，每國家營宮室器械，無所不關。利益公私，一時之最。又勑令修理永寧寺。"

按，范祥雍《洛陽伽藍記校注》卷一引作："《續高僧傳》三十三勒那漫提傳：'時信州刺史綦母懷文巧思多知，天情博藝，每國家營宮室器械，無所不關。利益公私，一時之最。又勑令修理永寧寺。'"① 如此引文祇能讓人誤以爲這個"勒那漫提傳"是卷三十三，其實"勒那漫提傳"是在《續高僧傳》卷二十六，祇是在該卷的題頭下有"感通上正傳三十三附見三"這樣的字樣，這其實是《續高僧傳》的體例，它祇是說明在該卷中所記錄的人數。

另外，范先生也沒有言及異文的情況。"博識"，資本、麗本作此；金本作"博詣"；普南徑清本作"博藝"。本書謂當作"博藝"爲是。"博藝"乃是說明一個人博學多才、多才多藝。《後漢書·張衡傳》："吾子性德體道，篤信安仁，約己博藝，無堅不鑽，以思世路，斯何遠矣！"《魏書·崔玄伯傳》："玄伯自非朝廷文誥，四方書檄，初不染翰，故世無遺文。尤善草隸行押之書，爲世摹楷。玄伯祖悅與範陽盧諶，並以博藝著名。諶法鍾繇，悅法衛瓘，而俱習索靖之草，皆盡其妙。諶傳子偃，偃傳子邈；悅傳子潛，潛傳玄伯。世不替業，故魏初重崔盧之書。又玄伯之行押，特盡精巧，而不見遺跡。"

例四：

《續高僧傳》卷二十一《智巖傳》："按②轡揚鞭，以槍剡地。厲聲曰：'若能拔得，方共決焉！'巖時跨馬徐來，以腋挾槍而去。次巖以槍剡地，彼搖再三，不動。及下馬交刃，遂生擒之。"

按，"剡地"，乃是用力將槍猛刺入地。敦煌變文《漢將王陵變》"王陵脫著體汗衫，綴一標記"中的"綴"，向來衆說紛紜，筆者曾在

---

① 范祥雍：《洛陽伽藍記校注》，上海古籍出版社1958年版，第15頁。
② 資、磧、普本作"桉"。本書謂作"按"是，與"揚"對文。

《初唐佛典詞彙研究》"初唐佛典詞彙研究與古籍整理"一節中論及,認爲項楚先生將之解作"樹立"頗可信從了。① 上言例可爲項說再添一旁證。

例五:

《續高僧傳》卷五《智欣傳》:"師訓之曰:'觀汝神明,人非率爾。所可習學,皆非奧遠,何耶?'答曰:'欲廣其節目耳。'"

按,"節目",條目、項目。《漢語大詞典》例舉劉禹錫《謝恩賜粟麥表》,可從。《南海寄歸内法傳》卷二:"凡論絁絹,乃是聖開。何事強遮,徒爲節目?斷之以意,欲省招繁。五天四部並皆著用,詎可棄易求之絹絁,覓難得之細布?妨道之極,其在斯乎?非制強制,即其類也。遂使好事持律之者,增己慢而輕餘,無求省欲之賓;内起慚而外惡。斯乃遮身長道,亦復何事云云。而彼意者將爲害命處來,傷慈之極,悲潛含識,理可絕之。若爾者著衣啖食,緣多損生,螻蚓曾不寄心,蛹蠶一何見念。若其總護者,遂使存身靡託,投命何因?以理推徵,此不然也。而有不啖酥酪,不履皮鞋,不著絲綿,同斯類矣。"首句王邦維先生《南海寄歸内法傳校注》點斷作:"凡論絁絹,乃是聖開,何事強遮。徒爲節目斷之,以意欲省招繁。"② 本書以爲或可再商。此段義淨是對那些禁用"絁絹"者提出批評,其意此既是聖開,僧徒祇須遵從便是,今"好事持律之者"乃是節外生枝,師心自用,從一己之胸臆出發而來遮止,結果祇能是欲省更繁。這裏的"招繁"(在義淨看來)乃是這種強斷的後果,不是其好事者的本意,而"斷之"卻完全可以說是"以意"爲之。後世禪家語録中多有對這些節外生枝的批評,或許可爲旁證。《汾陽無德禪師語録》卷上:"鐘聲雀噪,可契真源,別處馳求,妄生節目。信得因風,吹火不信,平地掘坑,事不獲已。"(47/599b)《萬松老人評唱天童覺和尚頌古從容庵録》:"現成公案,只據現今,本分家風,不圖分外。若也強生節目,枉費工夫。"(48/256a)

此外,《續高僧傳》中還整篇收録了不少僧人的詩作,這對於這些文學作品的保存流傳都起到了巨大的作用,而大藏經版本異文也爲後世的

---

① 王紹峯:《初唐佛典詞彙研究》,安徽教育出版社2004年版,第104頁。
② 王邦維:《南海寄歸内法傳校注》,中華書局1995年版,第79頁。

整理提供了材料。逯欽立先生纂輯的《先秦漢魏晉南北朝詩》，取材廣博，考訂精審，爲後世治古代詩歌多所徵引。該書一個更重要的特點即"異文齊備"，但因其乃一人之功，又"囊括千餘年詩歌篇什，引用數百種子史文集"，"個别考辨上的失當、校勘上的疏漏，都是難以避免的"①。隨著近年來中古漢語研究的勃興，對這本書引用越來越多，如此，對這一寶貴語料的語文學研究就顯得更加重要。王雲路先生曾作《中古詩歌誤字略說——兼談逯欽立〈先秦漢魏晉南北朝詩〉的校勘》對逯書提出了若干補正意見②，本書此處謹將偶得之劄記臚列於後，以爲續貂，具體如下。③

例六：

康僧淵《代答張君祖詩》："省贈法頵詩。經通妙遠。亹亹清綺。雖云言不盡意。殆亦幾矣。夫詩者。志之所之。意迹之所寄也。忘妙玄解。神無不暢。……其辭曰。……摩詰風微指。權遒多所成。悠悠滿天下。孰識秋露情。"（晉詩卷二十）

原注："忘"，《廣弘明集》作志。注云。三本、宫本作忘。

按，"志"、"妄"的異文在佛經中比較常見。《續高僧傳》卷十九《慧超傳》"詳其覺觀，擬其志業"中的"志"，麗藏本作"志"，金本、資磧普南徑清等本則作"妄"。但"忘妙"當從麗藏本作"志"。志妙，即志趣高妙。佛典習見。如：後漢竺大力、康孟詳譯《修行本起經》卷下："瓶沙王及諸耆長，歡喜意解：'太子志妙，世間難有。必得佛道，願先度我。'"（3/469a）蕭齊僧祐撰《釋迦譜》卷三："瓶沙王喜曰：'善哉善哉。菩薩志妙，世間難有。必得佛道，願先度我。'"（50/29b）

例七：

慧淨《雜言詩》："廻斯少福潤生津，共會龍華舍塵翳。"（隋詩卷十）

---

① 見逯欽立《先秦漢魏晉南北朝詩》，中華書局1983年版，"出版說明"。
② 王雲路：《中古詩歌誤字略說——兼談逯欽立〈先秦漢魏晉南北朝詩〉的校勘》，《古漢語研究》1996年第4期。
③ 以下部分內容可參見王紹峯單篇論文《〈先秦漢魏晉南北朝詩〉"釋氏詩"劄記六則》，《湛江師範學院學報》2011年第5期；《〈釋迦方志〉校注補》，《古漢語研究》2005年第1期；《〈釋迦方誌〉校注續補三則》，《古漢語研究》2007年第3期。

按，在此《雜言詩》後面的注釋中，逯欽立先生注此詩見《續高僧傳》本傳以及《詩紀》百二十八卷，我們在《續高僧傳·慧淨傳》中並沒有檢到這首詩。而《全唐詩》無論是附在慧淨下的還是附在義淨下的都是作："廻斯少福潤生津，共會龍華舍塵翳。"此《雜言詩》又見義淨《大唐西域求法高僧傳》，王邦維先生注言："潤生津，磧本原作'潤生津'；麗本、大本、天本作'潤津梁'；今從金本、北本、徑本、內本、足本改。"① 在 205 頁的注釋中，王先生又說："生津：《寄歸傳》卷一：'依行則俱升彼岸，棄背則並溺生津。'（大 54/205c）本書所附《重歸南海傳》中《道宏傳》：'再想生津，實無論於性命。'"② 其實"生津"一詞在初唐佛典中很常見，如：義淨譯《成唯識寶生論》卷五："世間睡眠，猶如餘睡。但有妄情離識別見色聲等境而被纏縛，極受艱辛。漂泊生津，淪回欲海，由未正得熏習斷故。"（31/93b）《根本說一切有部毗奈耶破僧事》卷十："我緣何事久在生津，迷惑輪回？"（24/150b）《根本說一切有部毗奈耶頌》卷下："次於王城五百眾，結集三藏是應人。重流法雨潤生津，我悉至誠歸命禮。"（24/657a）又，同卷下欄："在那爛陀已翻此頌，還至都下，重勘疎條，所有福因，願沾含識，專希解脫，早出生津。"（24/657c）詞典也早有解釋，丁福保《佛學大詞典》："【生津】（雜語）生死之河津也。寄歸傳一曰：'依行則俱升彼岸，棄背則並溺生津。'"按，這個可以和"生涯"相比較，指人生，在佛經中代指生死輪回。《佛學大詞典》所舉義淨的例子也是指沈溺於生死輪回。"津梁"乃濟渡之途徑，"潤津梁"、"潤津梁"不辭。"廻斯少福潤生津"的意思大概接近上舉《根本說一切有部毗奈耶頌》卷下"所有福因，願沾含識，專希解脫，早出生津"一例的文義。

例八：

慧曉《祖道賦詩》："平生本胡越，閩吳各異津。"（隋詩卷十）

按，慧曉此作見《續高僧傳》卷十八《曇遷傳》。"閩"當作"關"，麗本寫作"関"，磧本等作"關"，二者一也。此詩上文說："承周道失御，隋曆告興，遂與同侶俱辭建業。緇素知友，祖道新林，去留哀感，

---

① 王邦維：《大唐西域求法高僧傳校注》，中華書局 1988 年版，第 195 頁。
② 《大唐西域求法高僧傳校注》，第 205 頁。

各題篇什。"而慧曉所題即是該詩，下文又說："餘之名德，並有綴詞，久失其文。各執手辭袂，登石頭岸。入舟動檝，忽風浪騰湧，衆人無計。遷獨正想不移，捧持攝論，告江神曰：'今欲以大法開彼未悟，若北土無運，命也如何。必應聞大教，請停風浪。冀傳法之功，冥寄有屬。'言訖，須臾恬靜，安流達岸。時人以爲此論譯於南國，護國之神不許他境，事同迦延之出罽賓爲羅刹之稽留也。進達彭城，新舊交集，遠近欣赴。郁爲大衆有一檀越，舍宅棲之。遂目所住爲慕聖寺。始弘攝論，又講楞伽、起信、如實等論，相繼不絕。攝論北土創開，自此爲始也。"由此可見，曇遷的目的地是北土，如此，他們的分別祇能說是"關吳各異津"而不是"閩吳各異津"，此情景與"閩"無涉，"閩"乃"關"之誤植。"關"一般指函谷關、潼關，古書習見關東、關西、關內、關中等說法，以此來代指中原北土宜也。《續高僧傳》卷三十"論"："江表關中，巨細天隔。"

　　再看初唐時期道宣其他作品的校勘情況。《釋迦方誌》二卷，今傳大藏經皆有收錄，范祥雍先生在一九八一年對該書作了整理，中華書局二〇〇〇年將范先生的點校本作爲"中外交通史籍叢刊"之一再次出版，"此書卷帙雖少，資料性卻比較突出"，"在中國文化史、佛教史和中西交通史上，其史料價值無疑佔有重要地位"。① 但是如果使用《續高僧傳》與《釋迦方誌》進行對照，我們還是可以發現范注或許還有可商之處。

　　例九：

　　王后在南建塔，基周一里半。金銅相輪二十五重，或云四十層者，舉高五百五十尺，有舍利一斛。初有化牧牛人林間造三尺小塔，王擲棄之，乃於大塔第二級下石基之側半現小塔，疾者歸愈。（范祥雍點校《釋迦方誌》，第29頁）

　　范先生校勘記（以下簡稱"范校"）：舉高五百五十尺，按《西域記》云："層基五級，高一百五十尺"，《慈恩傳》云："基周一里半，高一百五十尺"，與此不同。疑"五百"之"五"涉下文五字而誤衍，否則當作"一百"。疾者歸愈，按此文嫌晦。《西域記》云："至誠歸命，多蒙瘳差。"歸愈即歸命而愈，疑文有脫字。

---

① （唐）道宣：《釋迦方誌》，范祥雍先生點校"前言"。

按，《大唐西域記》的原文如下：

> 王聞是說，喜慶增懷，自負其名大聖先記，因發正信，深敬佛法。周小窣堵波，更建石窣堵波，欲以功力彌覆其上，隨其數量，恒出三尺。若是增高，踰四百尺。基趾所峙，周一里半。層基五級，高一百五十尺。方乃得覆小窣堵波。王因喜慶，復於其上更起二十五層金銅相輪，即以如來舍利一斛而置其中，式修供養。營建纔訖，見小窣堵波在大基東南隅下傍出其半，王心不平，便即擲棄，遂住窣堵波第二級下石基中半現，復於本處更出小窣堵波。王乃退而歎曰："嗟夫，人事易迷，神功難掩，靈聖所扶，憤怒何及！"慚懼既已，謝咎而歸。其二窣堵波今猶現在。有嬰疾病欲祈康愈者，塗香散華，至誠歸命，多蒙瘳差。（《大唐西域記》卷二"卑鉢羅樹及迦膩色迦王大窣堵波"）①

比較《釋迦方誌》與《西域記》的文字可以發現，二者說的並不完全一致。也許在道宣看來"層基五級"已經高一百五十尺了，那麼再加上"若是增高，踰四百尺"的"金銅相輪二十五重，或云四十層者"不正是"舉高五百五十尺"嗎？或許道宣另有所據也不一定。看《續高僧傳》卷四《玄奘傳》：

> 又東山行至健馱邏國，佛寺千餘，民皆雜信。城中素有鉢廟，衆事莊嚴。昔如來鉢經於此廟，乃數百年，今移波斯王宮供養。城東有迦膩王大塔，基周里半，佛骨舍利，一斛在中，舉高五百餘尺。相輪上下，二十五重，天火三災，今正營構，即世中所謂雀離浮圖是也。元魏靈太后胡氏，奉信情深，遣沙門道生等齎大幡長七百餘尺往彼挂之，腳纔及地，即斯塔也。亦不測雀離名生所由。

按，考查諸本在"舉高五百五十尺"幾個字上並無異文。而且，需要注意的是道生的大幡"長七百餘尺往彼挂之腳纔及地"，這也提示我

---

① 文字及標點依季羨林等《大唐西域記校注》，中華書局 2000 年版。

們，大概不會是"一百五十尺"。

另外，"疾者歸愈"亦不當疑，此句並無脫文，"歸愈"就是"至誠歸命，多蒙瘳差"的節縮說法。"歸+N"的構詞方式在道宣的作品中時見，僅在《續高僧傳》我們就發現有"歸崇"、"歸敬"、"歸投"、"歸護"、"歸命"、"歸靜"、"歸懺"、"歸信"、"歸寄"、"歸奔"、"歸葬"、"歸仰"、"歸湊"、"歸承"、"歸告"等等，例不煩舉。

例十：

城北十二里塔，於齋日常放神光，仙花天樂。近有癩者，於塔禮懺，除穢塗香，不久便愈，身又香潔。昔佛爲戰達羅鉢刺婆王（云月光也）以頭施處，凡經千施，即塔名月光也。城東南山塔，高十丈許，抉目王所治，育王爲造。（第32頁）

范校：抉目王所治，《法苑珠林》作"月光抉目之地"。按抉目王謂抉浪拏太子，事見《西域記》，與月光不涉，非。

按，金藏本亦作"決目王所治"，但《法苑珠林》的說法值得注意，它其實是依據道宣的《續高僧傳》。《續高僧傳》卷四《玄奘傳》作"月光抉目之地"，以麗藏本爲底本《大正藏》、金藏及諸參校本皆作此。古籍整理，考訂史實是重要的一個方面，同樣，恢復原著原貌也是一個重要的方面，至於原文的認識、觀點是否正確，那是另一個問題。我們看以下《法苑珠林》的原文：

又隔一國，度河至呾叉始羅國，屬北印度。王都城西北七十里，有兩山間，塔高百餘尺。佛昔記慈氏興世四大藏者，此地出一。又城北十二里有月光王塔，於齋日常放神光，仙華天樂。近有癩者，於塔禮懺，除穢塗香，不久便愈，身又香潔。即是昔佛爲戰達羅鉢刺婆王（舊云月光）以頭施處，凡經千施。又有伊羅鉢龍王所經之池。月光抉目之地，育王摽塔，舉高十丈。（《法苑珠林》卷二十九"聖跡部"，按，以上據周叔迦、蘇晉仁校點本標點。筆者以爲此應當作：王都城西北七十里，有兩山間塔，高百餘尺。佛昔記慈氏興世四大藏者，此地出一。又城北十二里，有月光王塔，於齋日常放神光仙華天樂。這樣的點斷，①照顧了前後的"有……里"的統一，②說明神光和仙華天樂都是來自月光王塔，③也消除了"有兩山間"

這種不辭的現象。)

儘管《法苑珠林》說這是"《西域傳》云",但我們發現它與玄奘的《大唐西域記》並不一致。《續高僧傳》卷四《玄奘傳》:"南至呾又始羅國,具見伊羅鉢龍所住之池,月光決目之地,育王標塔舉高十丈。北有石門,殊極高大崇竦重山,道由中過,斯又薩埵捨身處也。""決",資本作"快",磧、普、徑、清本作"抉"。按,當作抉,資本作"快"乃"抉"的形訛。"扌"與"忄"形近而互訛在漢字史上是極爲通常的現象。比較這些文字,可以看出,道宣在這裏說的"月光決目之地"實際上是指呾又始羅國。"月光抉目之地"也許應當理解成"月光王以及抉目王的屬地"爲宜。范先生祇言《法苑珠林》不說《續高僧傳》,可見他並沒有利用《續高僧傳》,這是他的一個大的失誤。古籍整理,重要的是儘可能地恢復原文,至於原文的認識、觀點是否正確,那是另一個問題。

例十一:

於此東行二百餘里至劫比他國,(中印度,古僧伽舍也。)周二千餘里。都城周二十餘里。寺有四所,僧千餘人。天祠十所,同事大自在天,皆作天像。其狀人根形甚長偉,俗人不以爲惡,謂諸眾生從天根生也。城東二十餘里大寺中,僧數百人,淨人數萬頭,皆宅寺側。(第38頁)

范校:淨人數萬頭,《西域記》作"數萬淨人"。按頭作量詞用,止于牲畜,習不施於人數。疑頭是衍文。又依下文"淨人數千戶"句例之,頭或是戶之誤。

按,《續高僧傳》卷四《玄奘傳》作"淨人數萬"。"頭"可以作量詞計人,不當疑。《續高僧傳》卷二十九《慧胄傳》:"寺足淨人,無可役者,乃選取二十頭,令學鼓舞。""頭",量詞,稱量人。現代漢語中的"人頭"一詞,其構成方式和"馬匹"、"車輛"等是一致的。《舊唐書·杜粲傳》:"高祖令假散騎常侍段確迎勞之,確因醉侮粲曰:'聞卿噉人,作何滋味?'粲曰:'若噉嗜酒之人,正似糟藏豬肉。'確怒,慢罵曰:'狂賊,入朝後一頭奴耳,更得噉人乎!'"《漢語大詞典》:"頭,量詞。①用於人,猶個。《文選·王延壽〈魯靈光殿賦〉》:'上紀開闢,遂古之初,五龍比翼,人皇九頭。'李善注引宋均曰:'九頭,九人也。'"

例十二：

又東有贍部樹，枯株尚在。有小塔，是太子以餘衣易鹿皮處。其側塔者，剃髮處，年目不定，或云十九、二十九者。（第46頁）

范校：目，《支》本作自。

按，作"自"是。金藏本作"年自不定"。磧、普、南、徑本作"年目不定"。磧砂藏等諸本《法苑珠林》卷二十九"聖迹部"："又東有贍部樹，枯株尚在。有小塔，是太子以餘衣易麤布處。其側塔者，剃髮處，年自不定，或云十九、二十九者。"值得注意的是在道宣其他作品中不斷有對這種"年"不定的說解，正是表明了"自不定"的觀念。如，《續高僧傳》卷四《玄奘傳》："王寢殿基上有銘塔，即如來降神之處也。彼有說云，五月八日神來降者。上座部云十五日者，與此方述，微復不同。豈有異耶？至如東夏所尚素王爲聖，將定年算，前達尚迷。況復曆有三代，述時紀號猶自差舛，顧惟理越情求赴機應感，皆乘權道適變爲先。豈以常人之耳目用通於至極也？"《律相感通傳》："故有百億釋迦，隨人所感，前後不定，或在殷末，或在魯莊，俱在大之中，前後咸傳一化。感見隨機前後，法報常自湛然。不足疑也。"（45/879a）同樣的說法在《釋迦方誌》中也能見到，《釋迦方誌》卷下"遺跡篇第四之餘"："佛以唐國三月八日成道。上座部云當此三月十五日成道，時年三十者。或云三十五者斯之差互，彼自不同，由用曆前後故有此異。猶神州曆元，各各不同，三代定正，延縮不等，何足怪也？且據一相，取悟便止。"對於這些不確定的說法，在《續高僧傳》中也有體現，它表明了或因時代懸遠而造成的說法不一，《續高僧傳》卷四《玄奘傳》："有云二月十五日入涅槃者，或云九月八日入涅槃者；或云自彼至今過千五百年者，或云過九百年者。"

例十三：

所以高才博達，強識多能，明德利人，聯暉接物。至如護法、護月，捵繢芳塵，德惠、德堅，流譽物表。（第73頁）

范校：捵繢，原本作振繢，從《支》本及慧琳《音義》改。《音義》云："繢，精息反。《說文》從系責聲。"捵，揎也，見《集韻》。

按，"捵繢"的"捵"金藏本寫作"振"，它就是"振"的草寫，《左威衛長史崔安都錄事沈玄明等議狀一首》（見《廣弘明集》卷二十五）："其有素履貞遯，清規振俗，神化胅響，戒行精勤。""振"，金本亦作"振"。資、磧、普、徑本"振績"作"振績"。"振績"，略同現在所說的揚名，與"流譽"同。《續高僧傳》卷十二《善冑傳》："行至一寺，聞講涅槃，因入論義。止得三番，高座無解，低頭飲氣。徒衆千餘，停偃講席。於是扶舉而下，既至房中，奄然而卒。冑時論訖即出，竟不知之。後日更造，乃見造諸喪具，因問其故。乃云：'法師昨爲北僧所難，乃因即致死。'衆不識冑，不之擒捉。聞告自審，退而潛焉，經於數日，後得陳僧將挾，復往他講。所論義者，無不致屈，斃者三人。由此發名振績，大光吳越。"又，卷十三《圓光傳》："開皇九年來遊帝宇，值佛法初會，攝論肇興，奉佩文言，振績徽緒，又馳慧解，宣譽京皋。"現代漢語還說"聲名大振"，上舉例一是其比；例二與《釋迦方誌》本例極爲近似。同時在《續高僧傳》中還有"振名"、"振聲"、"振響"等說法，其義同。如：卷八《慧遠傳》："（智）猛談說有偏機會稱善。振名東夏云。"卷六"真玉傳"："年將壯室，振名海岱。"卷十八《曇遷傳》："皆會素心，振聲帝世。"卷十《法彥傳》："而聰明振響冠遠①儕倫。""響"、"績"都是指其名聲，"振響"同"振績"。

例十四：

自文字之興，庖犧爲始，暨至唐運，歷代可紀而聞矣。秦、周已前，人尚純素，情不逮遠，故使通娉，止約神州。漢魏以後，文字廣行，能事鬱興，博見彌遠。故象胥載庇，槁街斯立，蹹空桑而歷昆丘，度雞田而跨鳥穴。龍文汗血之驥，雖絕域而可追；明珠翠羽之珍，乃天涯而必舉。窮兵黷武，誠大宛之勞師；擁節泥海，信王命之遐弊。（第96頁）

范校：擁節泥海，按此泥字作動詞用，讀如《論語·子張篇》"致遠恐泥"之泥。

按，說非是。"泥海"，地名，名詞。在道宣的其他作品中還有用例，如：《續高僧傳》卷二《那連提黎耶舍傳》："乃隨流轉，北至泥海之旁，南岠（同'距'——筆者）突厥七千餘里。"卷三十一《智凱傳》："時江夏王道宗，昔在京輦第多福會，至於唱敘，無非凱通。後督靈州，攜隨任所。留連歲稔，欣慕朋從。及巡撫燕山，問罪泥海，皆與連騎，情

---

① 金本作"遠"，資、磧、普、南、徑、清本作"達"。作"達"是。

同比影。在蕃齋祀，須有導達，乃隔幔令凱作之。至於終詞無不泣淚，王亦改容。"道宗事見《舊唐書》，《舊唐書·宗室·江夏王道宗傳》："五年，授靈州總管。梁師都據夏州，遣弟洛仁引突厥兵數萬至于城下，道宗閉門拒守。伺隙而戰，賊徒大敗。高祖聞而嘉之，謂左僕射裴寂、中書令蕭瑀曰：'道宗今能守邊，以寡制衆。昔魏任城王彰臨戎卻敵，道宗勇敢有同於彼。'遂封爲任城王。初，突厥連於梁師都，其郁射設入居五原舊地，道宗逐出之，振耀威武，開拓疆界，斥地千餘里，邊人悅服。貞觀元年，徵拜鴻臚卿，歷左領軍、大理卿。時太宗將經略突厥，又拜靈州都督。三年，爲大同道行軍總管。遇李靖襲破頡利可汗，頡利以十餘騎來奔其部。道宗引兵逼之，徵其執送頡利。頡利以數騎夜走，匿于荒谷，沙鉢羅懼，馳追獲之，遣使送於京師。"《續高僧傳》卷二十六《法安傳》："（釋法安）及從王入磧，達於泥海。"此指隋開皇間楊廣征突厥事。"泥海"應爲地名。儘管這個詞在《法苑珠林》卷二十八"感應緣"以及《神僧傳》卷五中也出現，但其皆是據《續高僧傳》所引，也就是說，"泥海"是道宣的個人言語，其實就是我們通常所說的"北海"。"窮兵黷武，誠大宛之勞師"說的是張騫事；"擁節泥海，信王命之遐弊"說的是蘇武事。

例十五：

及周武之滅法也，建德三年，有太原公王康爲荆州刺史，副將長孫哲不信佛法，先欲壞之，遣百餘人，以繩系項挽全不動。哲謂不用力，杖之令牽，如故不動。又加三百，乃至五百，牽之乃倒，聲振地動。即令毀之，揚聲自快。乃馳馬欲報刺史，裁可百步，塌然落地，失音直視，尋爾而卒。道俗唱快。當毀像時，於腋下倒垂衣內著銘云："晉太元十九年歲次甲午比丘道安于襄陽西郭造丈八金像一軀。此像更三周甲午，百八十年，當滅。"計勘年月，悉符同焉。信知印手聖人，誠不虛矣。（第106頁）

范校：王康，《法苑珠林》作王秉。荆州刺史，《法苑珠林》荆州作襄州。

按，"康"，金本即寫作"康"。金藏本《續高僧傳》卷三十《僧明傳》寫作"秉"，這個字就是"康"，他本作"秉"者乃因字形近似誤植。另外，"荆州"也應爲"襄州"。《周書·武帝紀》："建德四年春正月戊辰，以柱國枹罕公辛威爲寧州總管，太原公王康爲襄州總管。"道宣《集神州三寶感通錄》卷中也有關於此事的記載："逮周武滅法，建德三年甲午之歲，太原公王秉爲襄州刺史，副鎮將上開府長孫哲志不信法，聞有靈感，先欲毀除。"（52/414c）《廣弘明集》卷十五"佛德篇·佛像瑞集"同樣有記載。此事既發生在襄陽檀溪寺，而且是"鎮副"所爲，則作"襄州"更是。

例十六：

魏高祖孝文帝（於鄴造安養寺，召四方僧，六宮侍女皆持年三長月、六日齋，有慕道者放令出家。手不釋卷，頃便爲講。先皇再治大覺，大行供施，度僧尼一萬四千人。）（第120頁）

范校：三長月，原本及《支》本無長字，《法苑珠林》有之。按三長月齋爲佛教之術語。謂在正、五、九三月持長齋也。今據補。六日齋，《法苑珠林》無日字，又齋下有"月造別像"句。按六日齋即六齋。頃便，原本及《法苑珠林》頃作須。從《支》本改。

按，原本作"六宮侍女皆持年三月六齋"（金藏本同此）已怡然可通，不必補充如此多的字。下文還有"年三月六日"的說法（見下文例十七）。"頃便"的"頃"金藏本實寫作"項"，當爲"須"。資、普、徑本作"須"。他本作"頃"當誤植，"頃便"與本句文義不合。"須便"的"須"乃"需要"，佛教有"不請不講"的觀念。如唐義淨譯《根本薩婆多部律攝》卷九"與未近圓人同讀誦學處第六"："說法之師，若他不請輒爲人說，得越法罪。"（24/575c）《四分比丘尼鈔》卷四："與男子說法過五六語戒……此律請者聽齊五六語，若他不請，說隨義多少皆提。"（續藏經64/129a）劉宋功德直譯《菩薩念佛三昧經》卷四"贊三昧相品"："我此身不實，應施諸衆生。解法心無惜，所須便給之。"（13/818c）《續高僧傳》中也多見這樣的說法，如：卷四《玄奘傳》："吾老矣，見子殉命求法，經途十年，方至今日，不辭朽老，力爲伸明。法貴流通，豈期獨善。"卷五《僧旻傳》："旻所造經像全不封附，須者便給。"卷八《寶象傳》："年二十有四，方得出家，即受具戒。先聽律典，首尾數年，略通持犯。迴聽《成實》，傳授忘倦；不吝私記，須便輒給。"卷十三《神照傳》："又造像數百鋪，寫經數千卷，任緣便給不爲藏蓄。"卷十七《慧思傳》："若有十人不惜身命，常修《法華》、《般舟》，念佛三昧，方等懺悔，常坐苦行者，隨有所須，吾自供給，必相利益。"卷二十四《慈藏傳》："乃捐捨妻子第宅田園，隨須便給。"

例十七：

齊高祖文宣皇帝（登祚受禪，于僧稠禪師受菩薩戒，斷肉禁酒，放鷹除網，又斷天下屠。年三月六日，勸民齋戒。公私葷辛亦除滅之，度人八千。）（第121頁）

范校：年三月六日，《支》本及《法苑珠林》無日字。按"三月六日"疑謂三長月及六日齋也。

按，金藏本作"年三月六"。"年三"即每年的三個長齋月，"月六"，即每月的六個齋日。如：《續高僧傳》卷二十五《明瞻傳》："貞觀之初，以瞻善識治方，有聞朝府，召入内殿。躬升御床，食訖對詔。廣列自古以來明君昏主制御之術，兼陳釋門大拯以慈救爲宗。帝大悦，因即下勅：年三月六普斷屠殺，行陣之所皆置佛寺。"道宣《四分律刪繁補闕行事鈔》卷下"道俗化方篇二十四"："年三月六，常須持齋，用此功德，迴施衆生，果成佛道。"（40/140a）又可說成"歲三月六"，如：姚秦竺佛念《出曜經》卷二"無常品之二"："拯濟窮乏持齋修戒，歲三月六未始有缺。"（4/617c）又，卷五"無放逸品第四上"："慳貪不施不持禁戒不修八關齋法，歲三月六恒不奉持，雖處於世無益於道，死就後世神受殃痛墮惡趣八不閑處，受諸苦惱不可稱計。"（4/637b）又可說成"月六年三"，如：《續高僧傳》卷二十九《法凝傳》："武帝遣於上立精舍，度僧給田業。（法）凝以童子在先得度，專心持戒，道德日新。月六年三，齋供不斷。"

第 二 章

《續高僧傳》版本異文考察

佛典語料乃漢語史研究的重要語料，但是此前佛經語言研究一般都是依據《大正藏》，而《大正藏》是在五十年前出版的，當時編纂者尚未收盡存世的所有資料，而且，它雖然提供一些異文的情況，"但仍未能稱爲經過真正批判的漢文佛典版本"①。《大正藏》如此，道宣的文獻更是如此。陳瑾淵在其博士學位論文談及《續高僧傳》研究現狀時說，《續高僧傳》儘管已經開始越來越多地被納入現代學者的研究視野，但目前的研究現狀與它自身的地位和價值還遠遠不能相匹，在各類有關《續高僧傳》的研究成果中，將其作爲基本史料來使用的居多，專門針對該書的整體研究較少，到目前爲止最亟待解決的問題，當是《續高僧傳》整理本的闕如，而要解決這個問題，則需要對《續高僧傳》文本的精細解讀和分析。② 陳文早出，後來儘管中華書局 2014 年出版了郭紹林先生的點校本，但誠如前文所說，郭氏點校本還有很多問題，這些問題源自我們對於《續高僧傳》作爲一個整體、獨立的著作的研究和分析還不夠透徹。本章我們就從各個不同版本的異文出發，將其作爲重要的研究對象，對《續高僧傳》中的某些異文做一個"批判"，對以前不甚明了者，嘗試說明之；過往知其然者，努力解釋背後的原因，力爭知其所以然。此外，它還包含了部分語詞研究的內容，蔣紹愚先生在介紹項楚先生、郭在貽先生在俗語詞研究方面的成就時曾說："項楚、郭在貽等在敦煌變文、王

---

① ［澳大利亞］狄雍（J. W. de Jong）：《歐美佛學研究小史》，霍韜晦譯，華宇出版社 1986 年版，第 95 頁。

② 陳瑾淵：《〈續高僧傳〉研究》，博士學位論文，復旦大學，2012 年，第 13 頁。

梵志詩研究方面所做的工作不僅僅是校勘，而且是詞語考釋（實際上，校勘也往往離不開語詞考釋）。"① 我們認爲校勘很多時候是語詞考釋之基礎，必須認真做好校勘工作，把語詞考釋建立在可信的基礎上，當然，正如蔣紹愚先生指出的那樣，兩者有時是你中有我我中有你的。

《續高僧傳》異文數量巨大，我們不太可能窮盡其研究，事實上也沒有那個必要，因爲這些異文大都沒有超出前人研究的異文變化的規律，有些異文甚至是十分淺易的。本書進行了初步的篩查，部分一望便知、似乎沒有必要下大氣力進行證明解說的異文便不再作爲我們的研究對象。考察異文時，除了考辨字形，更多的是依照語言文字規律進行推求，審文例，考語法，他本對勘，據（語）境推求，努力考訂、釐清這些異文的關係，從而對語詞進行辨識。

我們先通過一個長例來展示一下《續高僧傳》的異文情況，藉此來說明我們的做法：

竊以渭清涇濁，共混朝宗之源；松長箭短，同秉堅貞之質。幸預含靈五常，理宜範圍三教。是以闕里儒童，闡禮經於洙濟；苦縣迦葉，遷妙道於流沙。雖牢籠二儀，蓋限茲一世，豈如興法輪於鹿苑，蕩妄想於鷲山。半滿既陳，權實斯顯，誠教有淺深，人無內外。禪師德聲遠振，行高物表，攝受四依，因牧羊而成誦；負笈千里，歷龍宮而包括，故能內貫九部，搜[1]雪山之祕藏，外該七略，探[2]壁[3]水之典墳。支遁天台之銘，竺真羅浮之記，曩賦七嶺，汰詠三河。寶師妙析[4]莊生，璩公著論表[5]集，若吞雲夢，如指諸掌。加以妙持淨戒如護明珠，善執律儀譬臨玄[6]鏡。稟羅云之密行，種賓頭之福田，撫把定水便登覺觀，高蔭[7]禪支[8]將逾喜捨。是以不遠瀟湘，來儀沔陸，植杖龍泉，乃[9]爲精舍，迴車駕[10]首，即創伽藍，鑿嶺安龕，詎假聚砂[11]成塔，因山構苑，無勞布金買地。開士雲會，袂似華陰，法侶朋衝，眾齊褉[12]下。禪室晨興，時芳杜若。支提暮啓，暫入桃源。香山梵響，將阮嘯而相發，日殿妙音，與孫琴而高[13]韻。紫蓋貞[14]松，仍揭上[15]辯[16]，洪崖神井，即鑒高心。故

---

① 蔣紹愚：《近十年間近代漢語研究的回顧與前瞻》，《古漢語研究》1998 年第 4 期。

第二章　《續高僧傳》版本異文考察　/　37

以才堪買山，德邁同華，崇峯景行，牆仞懸絶。弟子業風鼓慮，欲海沈形。洎渚宮淪覆，將歷二紀，晝倦坐馳，夜悲愕夢，未能忘懷彼我，歸軫一乘，遣蕩胸衿，朗開三達。既念鼠藤，彌傷鳥繫。昔在志學，家傳賜書，五禮優柔，三玄饜飫，頗絶韋編，構述餘緒。爰登弱冠，捃摭百家，及乎從仕，留連文翰。雖未能探龍門而梯會稽，賦鷦鷯而詠鸚鵡，若求其一分[17]，亦髣髴古人。但深悟聚泡，情悲交臂，常欲蟬蛻俗解，貪味真如。一日鄖城許[18]修，隗館屈[19]膝，情欣係襪[20]，遇同進履，未盡開衿，遽嗟飄忽。尋[21]拂衣世網，脱屣牽絲。滄波[22]濯纓，漢陰抱甕，行湌九轉，用遣幽憂。漸悟三空，將登苦忍，仙梁觀玉，不廢從師，深澗折桃，無妨請益。所希彌天勝氣乍酬鑿齒，雁門高論時答嘉賓。冬曖[23]如春，願珍清軌，室邇人遐，彌軫襟帶，餘辭淺簡[24]，望無[25]金玉。

幽林沙門釋慧命，酬書濟北戴先生：夫一真常湛，徼妙於是同玄；萬聖乘機，違順以之殊迹。是以西關明道，東野談仁，彫朴改工，有無異軫。今若括此二門，原茲兩教，豈不歸宗三轉，會入五乘。藉淺之深，資權顯實，斯若池[26]分四水，始則殊名，海控八河，終無別味。檀越幼挺奇才，夙懷茂緒，華辭卓世，雅致參玄，智涉五明，學兼三教。益矣能忘，蹈顔生之逸軌，損之爲道，慕李氏之玄蹤。雖復六經該廣，百家繁富，聖賢異准，儒墨分流，或事曠而文殷，或言高而旨遠，莫不納如瓶受，說似河傾。明鏡匪疲，洪鍾[27]任扣，子建把以奇文，長卿愒其高趣。故雖秦楚分墟，周梁改俗，白眉青蓋，龜玉之價弗渝，栖鳳臥[28]龍，魚水之交莫異。加以識鍳[29]苦空，志排塵俗，形雖廊廟，器乃江湖。是以屬歎牽絲，興言世網，辭同應陸，調合張嚴，嗟失[30]火之遽傳，愍清波之速逝。方應濯足從道，洗耳辭榮，九轉充虛，四扇排疾，然後尋八正以味一真，解十纏而遣三患，斯之德也寧不至哉。貧道識鏡難清，心塵易擁，定慚花水，戒非草繫，才俠撤燭，學謝傳燈。内有愧於德充，外無狎於人世。是以淹滯一丘，寓形蓬柳，端居千仞，託志筠松。測四序於風霜，候三[31]旬於眺[32]魄。至乃夜聞山鳥，仍代[33]九成，晝視遊魚，聊追二子。蓽戶弊衿，既在原非病，朱門結駟，亦於我如雲。所歎藤鼠易侵，樹獲難靜，勞想鷲頭，倦思鷄足。至於林洞秋葉，曾無獨覺之明，谷響春鶯[34]，終切寡聞之歎。忽承來問，曲見光譽，幽氣若蘭，清音如玉。誠復溢目致歡，而實撫膺多愧。雖識謝天池，未辯[35]北溟之說，而事同泥井，慚聞東海之談。所冀伊人，於焉好我，黃石匪遙，結期明旦，白駒可縶，用永今朝。善敬清猷，時因素札，言不洗意，報此何伸。

時或以逵即晉代譙國戴逵，今考挍[36]行事非也。《晉書》云：大[37]元十二年徵隱士戴逵，不久尋卒。至梁大通三年，經一百四十三載，命公方生，計不相見。又非濟北明矣。（《續高僧傳》卷十七《慧命傳》）

校勘：
[1] 艘，資、磧、普、南、徑、清本作"總"。
[2] 棌，資、磧、普、南、徑、清本作"備"，麗作"探"。
[3] 壁，資、磧、普、南、徑、清本作"璧"，麗作"壁"。
[4] 柝，資、磧、普、南、徑、清本作"析"。
[5] 表，資、磧、普、南、徑、清本作"袁"。
[6] 玄，資、磧、普、南、徑、清本作"懸"。
[7] 蔭，資、普、徑、宮本作"陰"。
[8] 支，資、普、徑、宮本作"技"。
[9] 乃，資、磧、普、南、徑、清本作"仍"。
[10] 駕，麗本作"馬"。
[11] 砂，資、普、徑、宮本作"沙"。
[12] 櫻，資、普、徑本作"稷"。
[13] 高，資、磧、普、南、徑、清本作"齊"。
[14] 貞，資、磧、普、南、徑、清本作"負"。
[15] 上，資、磧、普、南、徑、清本作"二"。
[16] 辯，資、普、宮本作"辨"。
[17] 分，資、磧、普、南、徑、清本作"介"。
[18] 許，資、磧、普、南、徑、清本作"訊"。
[19] 屈，資、磧、普、南、徑、清本作"出"。
[20] 襪，資、普、徑、宮本作"韈"。

第二章 《續高僧傳》版本異文考察 / 39

［21］尋，資、磧、普、南、徑、清本作"尋望"。
［22］波，資、磧、普、南、徑、清本作"浪"。
［23］曖，普、南、徑、清、麗本作"暖"。
［24］淺簡，資、磧、普、南、徑、清本作"殘簡"。
［25］望無，資、磧、普、南、徑、清本作"望回"。
［26］池，資、磧、普、南、徑、清本作"地"。
［27］鍾，徑本作"鐘"。
［28］臥，資、磧、普、南、徑、清本作"虬"。
［29］鋻，資、磧、普、南、徑、清本作"鑒"。
［30］失，資、磧、普、南、徑、清本作"朱"。
［31］三，資、普、徑、宮本同此，麗本作"二"。
［32］眺，資、磧、普、南、徑、清本作"朓"。
［33］代，資、磧、普、南、徑、清本作"伐"。
［34］鶯，資、磧、普、南、徑、清本作"罵"。
［35］辯，資、普、宮本作"辨"。
［36］挍，資、磧、普、南、徑、清本作"據"。
［37］大，資、普、徑、宮本作"太"。

這段文字，又比較完整地出現在道宣《廣弘明集》中，而《廣弘明集》同樣也有異文的存在，這爲《續高僧傳》的正確釋讀提供了絕好的材料：

　　竊以渭清涇濁，共混潮宗之源；松長箭短，同秉堅貞之質。幸賴含靈五常，理宜範圍三教。是以闕里儒童，闡禮經於洙濟；苦縣迦葉，遷妙道於流沙。雖牢籠二儀，蓋限茲一世，豈如興正法於鹿苑，蕩妄想於鷲山。半滿既陳，權實斯顯。誠教有淺深，人無內外。禪師德聲遠振[1]，行高物表，攝受四依，因牧羊而成誦；負笈千里，歷龍宮而苞[2]括，故能內貫九部，總雪山之祕藏，外該七略，備壁[3]水之典墳。支遁天台之銘，竺真羅浮之記，曇賦七嶺，汰詠三河。寶師妙折莊生，璩公著論袁[4]集，若吞雲夢，如指諸掌。加以妙持淨戒如護明珠，善執律儀似[5]臨懸鏡。稟羅云之密行，種[6]賓頭之福田，撫挹定水便登覺觀，高蔭禪枝將逾喜捨。是以不遠瀟湘，帗[7]儀沔陸，植杖龍泉，仍爲精舍，迴車馬谷，即創伽藍，鑿嶺安龕，詎假聚沙，成塔因山，構苑無勞，布金買地。開士雲會，袂似華陰，法侶朋衝，衆齊稷下。禪室晨興，時芳杜若。支提暮啓，暫入桃源。香山梵響，將阮嘯而相發，日殿妙音，與孫琴而齊韻。紫蓋貞松，仍麈上[8]辯，洪崖神井，即瑩高心。故以才堪買山，德邁同輦，崇峯景行，牆仞懸絕。弟子業風鼓慮，欲海沈形。泊渚宮淪覆，將歷二紀，晝倦坐馳，夜悲愕夢，未能忘懷彼我，歸軫一乘，遣蕩胸衿[9]，朗開三達。既念鼠藤[10]，彌傷烏繫。昔在志學，家傳賜書，五禮優柔，三玄饜飫，頗絕韋編，構述餘緒。爰登弱冠，捃摭百家，及乎從仕，留連文翰。雖未能採[11]龍門而梯[12]會稽，賦鵁鶄而詠鸚鵡，若求其一介[13]，亦髣髴古人。但深悟聚泡，情悲交臂，常欲蟬蛻俗解，貪味真如。一日鄭城訊修，隗館屈膝，情欣係纊[14]，遇同進履，未盡開襟，遽嗟飄忽。尋望拂衣世網，脫屣牽絲。滄浪濯纓，漢陰抱甕，行冷九轉，用遣幽憂。漸寤[15]三空，將登苦忍，仙梁視[16]玉，不廢從師，深澗折桃，無妨請益。所希彌天勝氣乍詶[17]鑿齒，雁門高論時答嘉賓。冬暖[18]如春，願珍清軌，室邇人遐，彌軫襟[19]帶，餘辭殘簡，念無[20]金玉。(《廣弘明集》卷二十四《戴逵貽書》)

校勘：
[1] 振，資、普、徑、宮本作"震"。
[2] 苞，資、普、徑、宮本作"包"。
[3] 壁，資、磧、普、南、徑、清本作"璧"。
[4] 袁，資、磧、普、南、徑、清本作"爰"
[5] 似，資、磧、普、南、徑、清本作"譬"。
[6] 種，資、磧、普、南、徑、清本作"踵"。
[7] 帗，資、磧、普、南、徑、清本作"來"。
[8] 上，南本作"三"。
[9] 衿，資、普、徑、宮本作"襟"。
[10] 藤，資、普、徑、宮本作"滕"。
[11] 採，資、磧、普、南、徑、清本作"探"。

[12] 梯，資本作"拂"。
[13] 介，宮本作"分"。
[14] 纖，資、磧、普、南、徑、清本作"韈"，麗本作"襪"。
[15] 寤，資、普、徑、宮本作"悟"。
[16] 視，資、磧、普、南、徑、清本作"觀"。
[17] 訓，資、磧、普、南、徑、清本作"雛"。下一個同。
[18] 暖，磧、普、南、徑、清本作"曖"。
[19] 襟，資、普、徑、宮本同此，麗本作"禁"。
[20] 念無，資、磧、普、南、徑、清本作"望回"。

　　夫一真常湛，微妙於是同玄；萬聖乘機，違順以之殊迹。是以西關明道，東野談仁，雕朴改工，有無異軫。今若括此二門，原茲兩教，豈不歸宗三轉，會入五乘。藉淺之深，資權顯實，斯若池分四水，始則殊名，海控八河，終無別味。檀越幼挺奇才，夙懷茂緒，華藻卓世，雅致參玄，智涉五明，學兼三教。益矣能忘[1]，蹈顏生之逸軌，損之爲道，慕季氏[2]之玄蹤。雖復六經該廣，百家繁富，聖賢異准[3]，儒墨分流，或事曠而文殷，或言高而義[4]遠，莫不納如瓶受，說似河傾。明鏡匪疲，洪鍾任扣，子建挹以[5]奇文，長卿惡其高趣。故雖秦楚分墟，周梁改俗，白眉青眼[6]，龜玉之價弗踰，栖鳳臥龍，魚水之交莫異。加以識鑒[7]苦空，志排塵俗，形雖廊廟，器乃江湖。是以屬歎牽絲，興言世網，辭同應陸，調合張嚴，嗟朱火之遽傳，愍清波之速逝。方應濯足從，道洗耳辭榮，九轉充虛，四扇[8]排疾，然後尋八正以味一真，解十纏而遣三患，斯之德也寧不至哉。貧道識鏡難清，心塵易壅，定慚華水，戒非草繫，才俸撤燭，學謝傳燈。內有愧於德充，外無狎於人世。是以淹滯一丘，寓形蓬柳，端居千仞，託志筠松，測四序於風霜，候三旬於眺魄。至迺夜聞山鳥，仍代九成，晝視遊魚，聊追二子。蓽戶弊衿，既[9]在原非病，朱門結駟，亦[10]於我如雲。所歎螣[11]鼠易侵，樹猨難靜，勞想鷲頭，倦思雞足。至於林凋秋葉，曾無獨覺之明，谷響春鶯，終切寡聞之歎。忽承來問，曲見光譽，幽氣若蘭，清音如玉。誠復溢目致歡，而實撫膺多愧。雖識謝天池，未辯[12]北溟之說，而事同泥井，慚聞東海之談。所冀伊人，於焉好[13]我，黃石匪遙，結期明且[14]，白駒可繫，用永終[15]朝。善敬清猷，時因素札，言不洗意，報此何申[16]。(《廣弘明集》卷二十四《幽林沙門惠命訓書》)

校勘：
[1] 忘，南、徑本作"志"。
[2] 季氏，資、磧、普、南、徑、清本作"李氏"。
[3] 准，資、磧、普、南、徑、清本作"泒"。
[4] 義，資、磧、普、南、徑、清本作"旨"。
[5] 以，磧、普、徑本作"似"。
[6] 眼，資、磧、普、南、徑、清本作"蓋"。
[7] 鋆，資、磧、普、南、徑、清本作"鑒"。
[8] 扇，資、磧、普、南、徑、清本作"禪"，麗本作"扉"。
[9] 既，資、磧、普、南、徑、清本無此字。
[10] 亦，資、磧、普、南、徑、清本無此字。
[11] 薦，資、普、徑、宮本作"滕"。
[12] 辯，資、普、徑、宮本作"辨"。
[13] 好，資、磧、普、南、徑、清本作"加"。
[14] 明且，資本作"旦夕"。
[15] 終，宮本作"今"。
[16] 申，金本作此，資、磧、普、南、徑、清本"申"以下有如下文字："時或以逵即晉朝譙國戴逵今考據行事非也晉書云太原十二年徵隱士戴逵不久尋卒至梁大通三年一百四十三載命公方生計不相見又非北齊明矣。"此中，"非北齊明矣"，資本作"非濟北明矣"，磧本作"非比齊此明矣"，普、南、徑、清本作"非比齊比明矣"。

我們不嫌其煩，把這些文字抄錄於此，是爲了便於對照。這三段文字，既有版本異文、兩書異文，也是引文異文。從異文成因的角度看，這些異文大致可以分成以下一些類別。

(1) 文字字形形近而訛產生異文。如："探"與"探"、"璧"與"壁"、"柝"與"析"、"表"與"袁"，等等。此類如果細分，還可以分出很多類別，我們在第五章會結合研究實際作一說明。

（2）俗字與正字爲異文。如："㮣"與"總"。

（3）通假而致爲異文。如："玄"與"懸"。

（4）易字而致異文。如："義"与"旨"。

（5）文字不對應而成異文。或者衍文，或者佚文，如：金本作"既"，資、磧、普、南、徑、清本無此字；"亦"，資、磧、普、南、徑、清本無此字。

（6）版本各異，流傳途徑不同而致異文。如：申，金本作此，資、磧、普、南、徑、清本"申"以下有如下文字："時或以逵即晉朝護國戴逵今考據行事非也晉書云太原十二年徵隱士戴逵不久尋卒至梁大通三年一百四十三載命公方生計不相見又非北齊明矣。"此中，"非北齊明矣"，資本作"非濟北明矣"，磧本作"非比齊此明矣"，普、南、徑、清本作"非比齊比明矣"。

按說這些異文都是本書的考察對象，但並非所有的異文都蘊藏著那麼豐富的文化學、語言學信息，而且有些異文一望便知，不加分析便能定奪，此類異文佔據《續高僧傳》異文的絕大多數，我們並不把它們作爲考察對象。就是說，本書探討的異文問題，是在依據筆者個人學識進行初步篩查之後，按照個人的理解，選取那些能夠充分展示語言信息、不經考辨不易解讀的異文來進行的。以下簡要分出四個類別展開考辨，分別是語言文字類、歷史地理類、佛教文化類、物名人名類。

第一節　語言文字類

油素：緇素

《續高僧傳·序》："故使體道欽風之士，激揚影響之賓，會正解而樹言，扣玄機而即號。並德充宇宙，神冠幽明。象設煥乎丹青，智則光乎油素。"按，"油素"，麗本作此，資、磧、普、南、徑、清本作"緇素"。我們認爲本處應當從麗本作"油素"，"油素"，光滑的白絹，多用於書畫。因爲在我們看來此句是接第一句"原夫至道無言，非言何以範世？"是作者在闡發他的觀點，即認爲必須有一定的形式來記錄高僧的事跡，也就是說明《續高僧傳》寫作的意義。另外，不可能作"緇素"的原因還有，"緇素"指黑白，也就是僧侶與俗人，世間除了僧侶就是俗人了，佛家著作不可能出現"智慧法度則因所有人而放射光輝"這樣的說法的，之所以有作"緇素"者，一是此句文意確有模糊之處，二是"油"與"緇"字形較爲接近，三是乃後世"緇素"一詞在佛徒中可能更爲通行，"緇素"指的是僧俗人，大概由於這樣三種原因，導致一些版本在傳刻中出現訛誤。

博要：傳要

《續高僧傳》卷一《僧伽婆羅傳》："逮太清中，湘東王記室虞孝敬，學周内外，撰《内典傳要》三十卷。"按，"傳要"，麗本作此，資、磧、普、南、徑、清本作"博要"。考道宣著《大唐内典錄》卷十有"梁中宗元帝文學虞孝敬撰《内典博要》三十卷"，資、磧、普、南、徑、清本無異文；《大唐内典錄》卷四有"湘東王文學虞孝敬一部三十卷《内典博要》"，資、磧、普、南、徑、清本如此，徑本作"傳"。道宣著《集神州三寶感通錄》卷下作"《内典博要》（虞孝敬）"，稍晚《歷代三寶紀》卷十一："湘東王文學虞孝敬一部（三十卷《内典博要》）"，如此，我們認爲此當爲"博"爲是，"博要"義同"大要"。

流略：疏略

《續高僧傳》卷一《寶唱傳》："釋寶唱，姓岑氏，吳郡人，即有吳建國之舊壤也。少懷恢敏，清貞自蓄，顧惟隻立，勤田爲業，資養所費，終於十畝。至於傍求，備書取濟，寓目流略，便能強識，文采鋪贍，義理有聞。"按，"流略"，麗本作此，資、磧、普、南、徑、清本作"疏略"。本書以爲或當作"流略"爲是。"流略"泛指書籍，本指九流、七略之書。南朝梁王筠《昭明太子哀冊文》："括囊流略，包舉藝文。"[1] 北齊盧思道《勞生論》："學綜流略，慕孔門之遊夏。"[2]

綴比：綴紕

《續高僧傳》卷一《寶唱傳》："及簡文之在春坊，尤耽内教，撰《法寶聯璧》二百餘卷，別令寶唱綴紕區別，其類遍略之流。"按，"綴紕"，麗本作此，資、磧、普、南、徑、清本作"綴比"。本書以爲可能作"綴比"更適宜。因爲後文說到了寶唱的成果，大概相當於"遍略之

---

[1] 《梁書·昭明太子傳》，中華書局1973年版。
[2] 《隋書·盧思道傳》，中華書局1973年版。

流"，遍略之流，也就是題解、概要一類，爲後學提供指導、指引的著作。"區別"，就是區分、部別，也就是辨別。《論語·子張》："譬諸草木，區以別矣。""比"有編次、排列義，我們發現在漢語史上還有這樣一些語詞或許可以爲本例的解讀提供啓發，如："綴集"，連綴彙集。多用於著述、編輯；"綴緝"，猶編輯；"綴續"，編撰接續。本例也許這樣理解更準確，"紕"，並非"紕漏"之義的"紕"，而是"比並"的"比"受前文"綴"連文影響誤增了"糸"符而成，本字應當作"比"，"綴比"乃編排、編輯義。

鍾鯨：鍾龍

《續高僧傳》卷一《寶唱傳》："建大愛敬寺，紀紛協日，臨睨百丈，翠微峻極，流泉灌注，鍾鯨遍嶺，飫鳳乘空。創塔包巖壑之奇，宴坐盡林泉之邃。"按，"鍾鯨"，麗本作此，資、磧、普、南、徑、清本作"鍾龍"。"鍾鯨"可從。"鍾鯨"指形同鯨魚的撞鐘木。《文選·班固〈東都賦〉》："於是發鯨魚，鏗華鐘。"三國吳薛綜《西京賦》注："海中有大魚曰鯨，海邊又有獸名蒲牢。蒲牢素畏鯨，鯨魚擊，蒲牢輒大鳴。凡鐘欲令聲大者，故作蒲牢於上，所以撞之者爲鯨魚。"[①]

楊都：楊州

《續高僧傳》卷一《拘那羅陀傳》："時又有扶南國僧須菩提，陳言善吉，於揚都城內至敬寺，爲陳主譯《大乘寶雲經》八卷，與梁世曼陀羅所出七卷者同，少有差耳。並見隋代三寶錄。"按，"楊都"，麗本作此，資、磧、普、南、徑、清本作"楊州"。"州"、"都"均可，"都"有城義，古漢語中多用，但若根據《續高僧傳》語言習慣，結合道宣個人的語言特點，可能作"都"更宜。

又化：及化

《續高僧傳》卷一《法泰傳》："（智愷）以八月二十日遘疾，自省不救。索紙題詩曰：'千秋本難滿，三時理易傾。石火無恒焰，電光非久明。遺文空滿笥，徒然昧後生。泉路方幽噎，寒隴向凄清。一朝隨露盡，唯有夜松聲。'因放筆，與諸名德握手語別。端坐儼思，奄然而卒。春秋五十有一，即光大二年也，葬於廣州西陰寺南崗。自餘論文，真諦續講，

---

① （梁）蕭統編，（唐）李善注：《文選》，中華書局1977年版，第32頁。

至惑品第三卷，因爾乖豫，便廢法事，明年肇春，三藏又化。諦有菩薩戒弟子曹毘者，愷之叔子。明敏深沈，雅有遠度，少携至南，受學攝論。諮承諸部，皆著功勳。"按，"又化"，麗本作此，徑、清本作"及化"。從上文文意看，前文說的是智愷"奄然而卒"，是智愷的"化"，後文說的是真諦的"又化"，且"又化"與下文弟子曹毘的事情並不十分連貫，說曹毘事，是說完真諦個人簡歷後的連帶敍說，也就是說，本句"三藏又化"乃屬上，結尾，而不是承下，開篇，所以應當從麗本等作"又化"，"及化"之"及"乃形近而訛。

裙：群

《續高僧傳》卷一《法泰傳》："太建三年，毘（曹毘）請建興寺僧正明勇法師，續講攝論，成學名僧五十餘人。晚住江都，綜習前業，常於白塔等寺開演諸論。冠屨裙襦，服同賢士，登座談吐，每發深致。席端學士並是名賓，禪定僧榮、日嚴法侃等皆資其學。"按，"裙"，麗本作此，資、磧、普、南、徑、清本作"群"。當作"裙"為是，如果作"群"，貌似"群儒"，而實際上我們看後面跟它接著的字是"襦"而非"儒"，"裙襦"，本指裙子与短袄，本例與前"冠屨"連言，意思就是穿戴、服飾，所以後文纔說"服同賢士"，大概曹毘是"在家菩薩戒"，是居士，所以裝扮形同賢士。

經停：經

《續高僧傳》卷一《法泰傳》："開皇十二年，王仲宣起逆，焚燒州境及敫寺房，文疏並盡。其年授敫，令任廣循二州僧任。經五載，廢闕法事。後解僧任方於本州道場寺，偏講攝論十有餘遍，坐中達解二十五人，璣山畋等，並堪領匠。"按，"經"，麗本作此，資、磧、普、南、徑、清本作"經停"。依照初唐佛典文體風格，四字一句，本例應當從資、磧、普、南、徑、清本作"經停"更適宜。使用"經停"構成四字句的例子很多，如：《大唐西域求法高僧傳》卷下"義淨自述"："長截洪溟，似山之濤橫海；斜通巨壑，如雲之浪滔天。未隔兩旬，果之佛逝。經停六月，漸學聲明。"再如《續高僧傳》中，卷八《道憑傳》："涉悟大乘，深副情願，經停十載，聲聞漸高。"卷十一《明舜傳》："乃於次院之內安置靈塔，掘基三尺，得一小蛇，可長尺餘，五色備飾。乃祝曰：'若為善相，可止香奩。'依言即入，遣去復來，經停三日，便失所在。"

卷十九《慧超傳》："衆又填逼，類等天崩，便殞於龍阜之山開化寺側，作窟處焉。經停一年，儼然不散。"

遺逸：遺免

《續高僧傳》卷二《那連提黎耶舍傳》："既滿五夏，發足遊方，所以天梯石臺之迹，龍廟寶塔之方，廣周諸國，並親頂禮，僅無遺逸。"按，"遺免"，麗本作此，資、磧、普、南、徑、清本作"遺逸"。當作"遺逸"爲是。"遺逸"歷史上又可寫作"遺佚"、"遺軼"，乃遺漏、遺棄等義。《續高僧傳》多有用例：卷一《寶唱傳》："十四年，勅安樂寺僧紹撰華林佛殿經目。雖復勒成，未愜帝旨。又勅唱重撰。乃因紹前錄，注述合離，甚有科據，一帙四卷，雅愜時望。遂勅掌華林園寶雲經藏，搜求遺逸，皆令具足，備造三本，以用供上。"卷九《羅雲傳》："自此名稱踰遠，所在傳之。而樂法不窮，如愚莫滯。自朗遷後，廣訊所聞，又從福緣寺亘法師採酌遺逸。"卷十九《灌頂傳》："逮陳氏失馭，隨師上江，勝地名山，盡皆遊憩，三宮廬阜，九向衡峯，無不揖迹依迎，訪問遺逸。"而"遺免"也有用例，《漢語大詞典》在解釋"遺免"說"謂倖免於難"。例舉《魏書·慕容白曜傳》："初慕容破後，種族仍繁。天賜末，頗忌而誅之。時有遺免，不敢復姓，皆以'輿'爲氏。"可是我們感覺這個"遺免"也許還不能成詞，它衹是說遺存、幸免與被殺戮者，我們也沒有發現更多的用例來支撐它獨立成詞，它還是動詞的連用，還沒有名物化。

彈之：憚之

《續高僧傳》卷二《那連提黎耶舍傳》："文宣皇帝極見殊禮，偏異恒倫。耶舍時年四十，骨梗雄雅，物議彈之，緣是文宣禮遇隆重。安置天平寺中，請爲翻經，三藏殿內梵本千有餘夾，勅送於寺，處以上房。爲建道場，供窮珍妙，別立厨庫，以表尊崇。"按，"彈之"，金本作此，資、磧、普、南、徑、清本作"憚之"。《開元釋教錄》卷六："乃隨流轉北至泥海之旁，南距突厥七千餘里，彼既不安，遠投齊境，天保七年屆於鄴都。文宣帝洋極見殊禮，偏異恒倫。耶舍時年四十，骨梗雄雅，物議彈之，緣是文宣禮遇隆重。"（55/543c）金本作"彈"，資、磧、普、南、徑、清本作"憚"。本書以爲作"彈"可從，因爲"物議"衆人的議論，凡是引起"物議"、惹起"物議"的，大部分都是非議、指責；而

"彈"也不僅有"彈劾"義，還有"讥讪"、"指摘"等引申義，晉葛洪《抱樸子·明本》："世間淺近者衆，而深遠者少，少不勝衆，由來久矣。是以史遷雖長，而不見譽，班固雖短，而不見彈。"正因爲物議多有指摘，所以纔會有後文所說的"緣是文宣禮遇隆重"。作"憚"蓋因字形相近，而普通使用"彈劾"義理解感覺沒有著落，於是猜測衆人對其"骨梗"有敬畏義，實乃忘文生字也。

約：乃

《續高僧傳》卷二《闍那崛多傳》："賢豆之音，彼國之訛略耳，身毒、天竺，此方之訛稱也，而彼國人，總言賢豆而已，乃之以爲五方也。"按，"乃"，金本作此，資、磧、普、南、徑、清本作"約"。《開元釋教錄》記錄沙門闍那崛多時所附注即作"約"。古代印度有五部，故一般稱作"五天竺"，《佛學大辭典》："【五天竺】（地名）略稱五天。東西南北中五方之天竺，即東天西天南天北天中天。""約之以爲五方也"，就是大約地計算、籠統地說，可以分作五個部分。

錄：舒

《續高僧傳》卷二《達摩笈多傳》："時有翻經學士成都費長房，本預細衣，周朝從廢因俗，傳通妙精玄理。開皇之譯，即預搜，勅召入京，從例修緝。以列代經錄散落難收，佛法肇興，年載蕪沒，乃撰《三寶錄》一十五卷，始於周莊之初，上編甲子，下舒年號，并諸代所翻經部卷目，軸別陳敘。"按，"舒"，金本作此，資、磧、普、南、徑、清本作"錄"。似乎作"錄"更合宜，我們看費長房原作：《歷代三寶紀》卷一："今先上編甲子，絃絡古今；下續帝年，綱紀時代。庶禪讓霸主，若鏡目前；遷革市朝，如鑒掌內。"（49/22c）纘，繼也。儘管"舒"在中古時期有鋪展、鋪陳的意思，如南朝齊謝朓《齊敬皇后哀策文》："翠帟舒阜，玄堂啓扉。"① 劉勰《文心雕龍·明詩》："舒文載實，其在茲乎？"② 但我們注意到"錄"除了記錄、記載義外，還有"登記以便存查"的意思，

---

① （梁）蕭統編，（唐）李善注：《文選》，中華書局1977年版，第798頁。
② （梁）劉勰著，（清）黃叔琳注，（清）紀昀評：《文心雕龍輯注》，中華書局1957年版，第61頁。

如：《墨子·號令》："城中戍卒，其邑或以下寇，謹備之，數錄其署。"①《漢書·董仲舒傳》："量材而授官，錄德而定位。"顏師古注："錄謂存視也。"② 故此本書以爲作"錄"更合適，寫作"舒"可能是字形形近而訛。

當：雷

《續高僧傳》卷二《彥琮傳》："齊武平之初，年十有四，西入晉陽，且講且聽。當爾道張汾朔，名布道儒。尚書敬長瑜及朝秀盧思道、元行恭、邢恕等，並高齊榮望，欽撝風猷，同爲建齋，講大智論。親受披導，歎所未聞。"按，"當"，金本作此，磧、普、南、徑、清本作"雷"。本書謂作"當"是，作"雷"蓋二者形近而訛。"當爾"，其實就是"當爾之時"的縮略。"當爾之時"在《續高僧傳》多見，如：卷六《真玉傳》："當爾之時足漸向冷，口猶誦念。"卷八《寶象傳》："當爾之時，象赴光興寺講。"卷十六《僧實傳》："當爾之時，楊都講堂正論法集，數百道俗充滿其中。"等等。

因循：因修

《續高僧傳》卷三《波頗傳》："又隨勝德，修習定業，因修不捨，經十二年。"按，"因修"，金本作此，資、磧、普、南、徑、清本作"因循"。本書謂作"因循"是。《開元釋教錄》卷八記錄波頗事跡，文字作："又隨勝德，修習定業，因循不捨，經十二年。"（55/553b）可資比勘。另，"因循"有流連、輾轉義，《續高僧傳》卷十八《真慧傳》："令往鄴下靜洪律師所。因循兩載，備探幽致。"卷二十一《法融傳》："於即内外尋閱，不謝昏曉。因循八年，抄略粗畢。"作"循"大概是受到上文"修習定業"之"修"的影響，不僅在字形上"循"、"修"接近，而本處作"修"似乎文意也可順通，故寫手通過心理聯想，自然就這樣錯過來了。

抑：仰

《續高僧傳》卷三《波頗傳》："有識同嗟，法輪輟軫。四年之譯，三帙獻功，掩抑慧燈，望照惑累，用兹弘道，未敢有聞。"按，"抑"，金

---

① 吳毓江：《墨子校注》，中華書局1993年版，第134頁。
② （漢）班固：《漢書》，中華書局1962年版，第2513頁。

本等作此，資作"仰"。當作"掩抑"爲是。掩抑爲壓製、抑製義，在《續高僧傳》中比較常見，如：卷四《那提傳》："時玄奘法師，當途翻譯，聲華騰蔚，無有克彰，掩抑蕭條，般若是難。既不蒙引，返充給使。"卷二十四《靜靄傳》："乃潛形倫伍，陶甄舊解，蕪沒遯邁，知我者希。掩抑十年，達窮通之數，體因緣之理。"

幾神：幾微神彩

《續高僧傳》卷三《慧賾傳》："賾纔施銳責，言清理詣，思動幾微神彩，驚越四部，駭心百辟。"按，"幾微神彩"，金本作此，資、磧、普、南、徑、清本作"幾神"。也就是說，如果按照資、磧、普、南、徑、清本，本句大概可以點斷爲：賾纔施銳責，言清理詣，思動幾神，驚越四部，駭心百辟。如此，則四字一句，非常符合佛典的一般語言表達習慣。而按照金本的文字，似乎語句沒有這麼整飭，而且語義不明。"幾神"，也就是人的靈魂、感知、意識。道宣《律相感通傳》："如經中云：錄其精神在彼王所五三七日者，何耶？答曰：人稟七識，識各有神。心識爲主，主雖前往，而餘神守護，不足怪也。"（45/879b）《續高僧傳》卷二十一《法融傳》："釋法融，姓韋，潤州延陵人。年十九，翰林墳典，探索將盡。而姿質都雅，偉秀一期，喟然嘆曰：儒道俗文，信同糠粃，般若止觀，實可舟航。遂入茅山，依炅法師，剃除周羅，服勤請道。炅譽動江海，德誘幾神，妙理真筌，無所遺隱。"而中土文人信士也有就"幾神"發表看法的，如《南史》卷五十二《梁宗室下·肖偉傳》："（偉）晚年崇信佛理，尤精玄學，著《二暗義》，製《性情》、《幾神》等論。"也就是說，"幾神"此時幾乎可以看成爲一個套語，一個專名了。如是，我們認爲此句金本的"幾微神彩"多有衍文，應當作"幾神"爲是。

詮：論

《續高僧傳》卷三《慧賾傳》："賾又著論序曰：《般若燈論》者，一名《中論》，本有五百偈。借'燈'爲名者，無分別智，有寂照之功也。舉'中'標目者，鑑亡緣觀，等離二邊也。然則燈本無心，智也亡照，法性平等，中義在斯，故寄論以明之也。若夫尋詮滯旨，執俗迷真，顛倒斷常之間，造次有無之內，守名喪實，攀葉亡根者，豈欲爾哉。"按，"詮"，金、資、普、徑本作此，麗本作"論"。對照慧賾《般若燈論釋序》的文字，我們發現應當作"詮"更可信。慧賾《般若燈論釋序》："《般若燈論》者，一名《中論》，本有五百偈，龍樹菩薩之所作也。借燈爲名者，無分別智，有寂照之功也。舉中標目者，鑑亡緣觀，等離二邊也。然則燈本無心，智也亡照，法性平等，中義在斯，故寄論以明之也。若夫尋詮滯旨，執俗迷真，顛沛斷常之間，造次有無之内，守名喪實，攀葉亡根者，豈欲爾哉。"（30/50c）"尋詮"，是佛典中比較常見的說法，如尋詮悟旨、尋詮會旨、尋詮究旨、尋詮會宗等，大意都是通過表面的文字，探究佛法真諦。本例當然是反過來說了，但"尋詮"一詞比較可信。

嘆咽：嘆嗟

《續高僧傳》卷三《慧賾傳》："序成未即聞上。帝勅祕書監虞世南作序，見賾之所製，嘆咽無以加焉。因奏聞上，仍以序列于卷首，所在傳寫，緘于經藏。"按，"嘆咽"，金本作此，資、磧、普、南、徑、清本作"嘆嗟"。一般而言，"嘆嗟"更合於漢語的表達習慣，這大概是資、磧、普、南、徑、清本作"嘆嗟"的原因，但是我們在道宣作品中還看到"嘆咽"另有用例，如：《續高僧傳》卷二十五《慧乘傳》："從駕張掖，蕃王畢至。奉勅爲高昌王麴氏講金光明，吐言清奇，聞者嘆咽。麴布髪於地，屈乘踐焉。"如此，我們祇能說"嘆咽"可能是道宣的個人語言，如從保持原貌看，也許應當從金本作"嘆咽"爲是。"咽"本有聲塞義，與"嘆"連言，蓋極言感嘆，也不是不能說得通。

析：折；關：開

《續高僧傳》卷三《慧淨傳》："十四出家，志業弘遠，日頌八千餘言，總持詞義，罕有其比。遊聽講肆，諮質碩疑，徵究幽微，每臻玄極。聽大智度及餘經部。神采孤拔，見聞驚異。有志念論師，馳名東夏，時號窮小乘之巖穴也，乃從聽習雜心婆沙。學周兩遍，大義精通，根葉搜求，務括清致。由是嘉聲遠布，學徒欽屬。開皇之末，來儀帝城，屢折重開，更馳名譽。"按，"折"，金本作此，宮本作"析"；"開"，金本作此，資、磧、普、南、徑、清本作"關"。我們先來討論"開"還是"關"的問題。"關"，可指門、門扇，當然也可指城門、關口、要塞，"重關"可指層層關口，層層城門、宫門、門。如：漢王充《論衡·雷虛》："王者居重關之内，則天之神宜在隱匿之中。王者居宫室之内，則天亦有太微、紫宫、軒轅、文昌之坐。"不過在佛典"重關"大多有了轉喻的色彩，一般大多使用其比喻義，比喻智惑難解、不得領悟，如：《高僧傳》卷八《寶亮傳》："亮爲人神情爽岸，俊氣雄逸，及開章命句，鋒辯縱橫。其有問論者，或豫蘊重關。及亮之披解，便覺宗旨渙然，忘其素蓄。"① 慧立、彥悰《大唐大慈恩寺三藏法師傳》卷十："法師從是聲振葱嶺，名流八國，彼諸先達英傑聞之，皆宿構重關，共來難詰，雁行魚貫，轂駕肩隨，其並論之詞，雲屯雨至。法師從容辯釋，皆入其室、操其戈，取其矛、擊其盾，莫不人人喪轍，解頤虔伏，稱爲此公天縱之才，難酬對也。"② 僧祐《出三藏記集》卷十一"百論序"："《百論》者，蓋是通聖心之津塗，開真諦之要論也。佛泥洹後八百餘年，有出家大士，厥名提婆。玄心獨悟，俊氣高朗，道映當時，神超世表。故能闢三藏之重關，坦十二之幽路，擅步迦夷，爲法城塹。"③ 特別是僧祐《出三藏記集》的例子，爲我們破解前面的"折"、"析"異文提供了線索與啓示：儘管佛典中多數使用喻義，但其本體色彩還是可以潛隱著使用的，也就是說，"門"這個本體意像還是可以借用的，所以會有"闢三藏之重關"的說法，與"關"搭配的是"闢"，那麼《續高僧傳》卷三《慧淨傳》本處與"重關"搭配的應當是"闢"的同義詞、近義詞，如此，其字當作"析"無疑也。

平：尾

《續高僧傳》卷三《慧淨傳》："有道士于永通，頗挾時譽，令懷所重，次立義曰：'有物混成，先天地生，吾不知其名，字之曰道。'令即命言申論。仍曰：'法師必須詞理切對，不得犯平頭上尾。'于時令冠平帽，淨因戲曰：'貧道既不冠帽，寧犯平頭？'令曰：'若不犯平頭，當犯上尾。'淨曰：'貧道脫屣昇床，自可上而無尾；明府解巾冠帽，可謂平而無頭。'令有靦容。"按，"平而無頭"的"平"，金本作此，南、徑、清本作"尾"。平頭、上尾，是齊梁時期人們對於詩歌用韻的一些基本要求，後世一般認爲是詩韻應當避免的八種弊病，所謂"八病"也，具體

---

① 中華書局1992年版標點如此，也許應作"便覺宗旨，渙然忘其素蓄。"
② （唐）慧立、彥悰：《大唐大慈恩寺三藏法師傳》，中華書局1983年版，下同。
③ （梁）僧祐：《出三藏記集》，蘇晉仁、蕭煉子點校，中華書局1995年版，下同。

包括平頭、上尾、蜂腰、鶴膝、大韻、小韻、旁紐、正紐八種說法。本處慧淨正是巧妙地借用始平令楊宏的話，化用平頭、上尾來諷刺挖苦他的。既然上句是"上而無尾"，則與之接著的下句必然是"平而無頭"。

紐：網

《續高僧傳》卷三《慧淨傳》："乃無師獨悟，思擇名理，爲之文疏三十餘卷。遂使經部妙義接紐明時，罽賓正宗傳芳季緒。"按，"紐"，金本作此，資、磧、普、南作"網"。本書謂或許作是"紐"。《一切經音義》卷九十一"音續高僧傳卷三"："接紐：女九反，上聲字。衣紐，結也。《廣雅》：紐，束也。結而不可解者。《說文》從糸丑聲也。"① 這大概可以說明慧琳看到的是"紐"。紐，紐帶，紐襻；接紐，接續，繼續，傳承綿延不絕。這正好與下文的"傳芳季緒"形成互文關係。另外，在《大正藏》的電子版中，我們沒有檢索到"接網"的用例，也能說明"接網"是沒有依據的。

馳：駮

《續高僧傳》卷三《慧淨傳》："太常博士褚亮，英藻清拔，名譽早聞，欽此芳猷，爲之序引。其詞曰：'若夫大塊均形，役智從物，情因習改，性與慮遷。然則達鑒窮覽，皎乎先覺，炳慧炬以出重昏，拔愛河而昇彼岸。與夫輪轉萬劫，蓋染六塵，流遁以徇無涯，蹐駮而趨捷逕，不同日而言也。'"按，"駮"，金本作此，資、宮作"馳"。我們查考了褚亮《金剛般若經注序》（道宣《廣弘明集》卷二十二）："流遁以徇無涯，蹐馳而趨捷徑，豈同日而言也。"（52/259b）金本作此，普、南、徑、清、麗藏本作"駮"。我們認爲應當作"蹐馳"爲是。"蹐馳"，言背道而馳。《淮南子·泰族訓》："趨行蹐馳，不歸善者不爲君子。"司馬彪曰："蹐與舛同，蹐馳，謂相背而馳也。"同樣的文字在在道宣的其他文獻中也能見到用例：《廣弘明集》卷十九《御講波若經序一》："昔慧燈隱耀，法藏分流。二乘蹐馳，五部乖謬。"（52/235b）故此，本書以爲或許應當作"馳"爲是。

懷袖：懷油

《續高僧傳》卷三《慧淨傳》："且夫釋教西興，道源東注，世閱賢

---

① 徐時儀：《一切經音義三種校本合刊》，上海古籍出版社2008年版，下同。

智，才兼優洽，精該叡旨，罕見其人。今則沙門重闡，藉甚當世，想此玄宗，蔚爲稱首。歲惟閹茂，始創懷油，月躔仲呂，爰茲絕筆，緇俗攸仰，軒蓋成陰。扣鍾隨其大小，鳴劍發其光采。"按，"懷油"，金本作此，資、磧、普、南、徑、清本作"懷袖"。褚亮《金剛般若經注序》（道宣《廣弘明集》卷二十二）："歲惟閹茂，始創懷油。"（52/259b）"懷油"，金本作此，資、磧、普、南、徑、清本作"懷袖"。或當爲"懷袖"。"懷袖"本言怀抱，本例猶怀藏也。本傳下文有"於是廊廟貴達，重仰高風，人藏一本，緘諸懷袖。"

論道：道論、論

《續高僧傳》卷三《慧淨傳》："自爾國家盛集必預前驅，每入王宮，頻登上席。簡在帝心，群宮攸敬。皇儲久餐德素，乃以貞觀十三年集諸宮臣及三教學士於弘文館，延淨開闡法華。道士蔡晃講論道好，獨秀玄宗，下令遣與抗衡。晃即整容問曰：'經稱序品第一，未審序第何分。'淨曰：'如來入定徵瑞，放光現奇，動地雨花，假遠開近，爲破二之洪基，作明一之由漸，故爲序也。第者爲居，一者爲始，序最居先，故稱第一。'"按，"論道"，金本作此，資、磧、普、南、徑、清本作"道論"；麗作"論"。也就是說，"道士蔡晃講論道好獨秀"這句話，資、磧、普、南、徑、清本作"道士蔡晃講道論好獨秀"，而麗藏本作"道士蔡晃講論好獨秀"，不管哪個版本，都比較拗口，相對於佛典文字習慣四字格來講，實在是不太好理解。檢《皇太子集三教學者詳論事》（《集古今佛道論衡》卷三），其文字作："貞觀十二年，皇太子集諸宮臣及三教學士於弘文館，開明佛法。紀國寺慧淨法師預斯嘉會，有令召淨開法華經，奉旨登座，如常序胤。道士蔡晃講道論好，獨秀時英。下令遣與抗論。"（52/383a）如此，我們也許可以認定《續高僧傳》本處的文字是《皇太子集三教學者詳論事》的簡本，省去了部分文字。這樣，文字還是可以依據金本，不過標點應當斷作："道士蔡晃講論道好，獨秀。"又"玄宗"，資、磧、普、南、徑、清本作"高宗"。此爲貞觀十三年事，此時的皇儲祇可能是唐高宗，不可能是玄宗。

嘗以詩：當以經、當以詩

《續高僧傳》卷三《慧淨傳》："法師昔在俗緣，門稱通德，飛纓東序，鳴玉上庠，故得垂裕後昆，傳芳猶子。當以經稱三百，不離於苦空；

曲禮三千，未免於生滅。故發弘誓願，迴向菩提，落彼兩髦，披茲三服。"按，"當以經"，金本作此，資、磧、普、南、徑、清本作"甞以詩"，麗作"當以詩"。就語義來看，或許應當從資、磧、普、南、徑、清本作"甞以詩"。下文"曲禮"，金本作此，資、磧、普、南、徑、清本作"典禮"。應當從金本作"曲禮"，"曲禮"，本《禮記》篇名，以其委曲說吉、凶、賓、軍、嘉五禮之事，故名《曲禮》。"曲禮"又可作《儀禮》的別名。《儀禮·士冠禮》"儀禮"唐賈公彥疏："且《儀禮》亦名《曲禮》，故《禮器》云：'經禮三百，曲禮三千。'鄭注云：'曲猶事也。'事禮謂今禮也，其中事儀三千，言儀者見行事有威儀，言曲者見行事有屈曲，故有二名也。"此時慧淨尚在俗緣，還沒有出家，且後文言"曲禮"，則上一句理應作"詩"，如此方纔對仗更加密合。

令荅（答）：令審、今審；紲波崙：綴波崙、愍彼論

《續高僧傳》卷五《法雲傳》："中書郎順陽范軫，著《神滅論》。群僚未詳其理，先以奏聞。有勅令雲答之，以宣示臣下。雲乃遍與朝士書論之，文采雖異而理義倫通。又與少傅沈約書曰：主上令荅《神滅論》，今遣相呈。夫神妙寂寥，可知而不可說。義經丘而未曉，理涉旦而猶昏。至人凝照有本，襲道赴機，垂審臣下，旨訓周密。孝享之祀既彰，桀懷曾史之慕；三世之言復闡，紲綴波崙之情。預非草木，誰不歆欷？同挹風猷，共加弘贊也。"按，本段問題非常多，下面一一辨正之。我們依據僧祐《弘明集》進行比勘，先看兩書異文，《弘明集》卷十《莊嚴寺法雲法師與公王朝貴書》文字作："主上答臣下審神滅論：今遣相呈，夫神妙寂寥可知而不可說，義經丘而未曉，理涉旦而猶昏。主上凝天照本，襲道赴機。垂答臣下，旨訓周審。孝享之禮既彰，桀懷曾史之慕；三世之言復闡，紲協波崙之情。預非草木，誰不歌歎？希同挹風猷，共加讚也。釋法雲呈。"（52/60b）那麼，本例的異文應當這樣來理解：（1）"令荅"，麗本作此，資、磧、普、南作"令審"；徑、清本作"今審"。當作"令荅（答）"是。前文有"有勅令雲答之"，此處是法雲把皇帝的批示轉給朝貴看，特意說明是承皇帝之命而爲。（2）"綴波崙"，麗本作此，資、磧、普、南、徑、清本作"愍彼論"。首先不可能爲"彼論"，這兩個字應當從麗本，作"波崙"乃音譯，《佛學大辭典》："波崙：（菩薩）又作波倫，薩陀波崙之略。菩薩名，譯曰常啼，爲求般若七日七夜啼哭之菩薩也。"此句與前句其實構成對仗，前言"孝享之祀既彰，桀懷曾史之慕"，後句接"三世之言復闡，絎綴波崙之情"，前文有"桀懷曾史之慕"，則後句相應位置的詞必然與之相近，與"懷"相近者，而"綴"、"惙"義均難以滿足這樣的要求，故此，本書認爲應當是從《弘明集》作"協"爲是。

嶷：毅、匿

《續高僧傳》卷五《智藏傳》："藏任吹虛舟，真行平等，毀譽不動，榮利未干，宴坐空閑，毅然山立。雖神宇凝隔，風韻清高，其應物也，汲汲然如有不足，可謂望儼即溫，君子之變者矣。"按，"毅"，麗本作此，資作"匿"，磧、普、南、徑、清本作"嶷"。本書以爲作"嶷"是。"嶷"，有高峻義，"嶷然山立"乃指屹立如山也。後世還有如此用法，如《宋高僧傳》卷十四《文綱傳》："乃端坐思惟，却倚屋壁，奄至中夕，欻爾半傾，唯餘背間，嶷然山立。""嶷"，《廣韻》有二音，一音魚力切，入声，職部，疑母；一音語其切，平声，之部，疑母。魚力切者，"匿"，《廣韻》女力切，資本作"匿"之所以會出現的原因，通假。二者韻部相同，一爲疑母，一爲泥母，而宋以後，疑母字在近代音中有變爲泥母的情況，《詞林韻釋》研究表明，此時疑母字已經併入泥母。[①]語其切者，乃麗本作"毅"出現的原因，"毅"，《廣韻》魚既切，近代同屬於"止"攝，聲母相同，音近通假也。

愁：憖、愁

《續高僧傳》卷五《智藏傳》："是旦遘疾至于大漸，帝及儲君中使相望，四部白黑日夜參候。勅爲建齋，手製願文，并繼以醫藥。而天子不愁，唯增不降。臨終詞色詳正，遺言唯在弘法。以普通三年九月十日卒于寺房。春秋六十有五。"按，"而天子不愁"一句，"天子"，麗本作此，資、普、南、徑作"天乎"；磧作"天呼"。"愁"，普作"愁"，宮本作"憖"。一句有兩處異文，著實難解。首先就文意來看，作"愁"，費解；作"天子不愁"同樣費解。頗疑這個"愁"應當是"憖"。"憖"有寧肯、愿意義。《左傳·昭公二十八年》："鈞將皆死，憖使吾君聞勝與

[①] 曹祝兵：《〈詞林韻釋〉中疑母字變化情況研究》，《長春師範學院學報》2008年第1期。

臧之死也以爲快。"然就"愁"的詞義系統來說，實在無法找到一個能滿足"而天子不愁"句義的。這樣，本句也許並非承繼前文"勅爲建齋，手製願文，并繼以醫藥"而說皇帝天子如何如何。如果選取資、普、南、徑的異文"天乎"，則似乎可通。"而天子不愁"，意爲上天不同意、不假其年。我們在上古文獻中發現了類似的說法。《左傳·哀公十六年》："夏，四月，己丑。孔丘卒。公誄之曰：'旻天不弔！不愁遺一老，俾屛余一人以在位。煢煢余在疚。嗚呼，哀哉！'"如此，本句應當作"而天乎不愁"，接著說"唯增不降"，則語義連貫。

捉：促

《續高僧傳》卷六《慧約傳》："叔父遂避於他里恣行勦戮。夢赤衣使者，手持矛戟，謂曰：'汝終日殺生，菩薩教化又不能止。促來就死。'驚覺汗流。詰旦便毀諸獵具，深改前咎。"按，"促"，金本作此，資、磧、普、南、徑、清本作"捉"。當作"捉"爲是。此時"就死"一詞出現頻率極高，完全可以獨立城詞，義當"受死"，惜乎諸多大型辭書沒有收錄。而與"就死"搭配，也並不如後世的固定用法"速來受死"那樣，用法很靈活，如：西晉竺法護譯《佛說鹿母經》："獵師聞聲便往視之，見鹿心喜，適前欲殺，鹿乃叩頭，求哀自陳：'向生二子，尚小無知。始視矇矇，未曉東西。乞假須臾，暫還視之。將示水草，使得生活。旋來就死，不違信誓。'"（3/455a）這裏的"旋來就死"後世一些文獻也寫作"還來就死"。隋闍那崛多譯《佛本行集經》卷五十一："爾時輸頭檀王告諸臣言：'我今勅令耶輸陀羅及所生子，俱當就死。'"（3/888c）如此，我們認爲，《續高僧傳》本例也應當是理解爲"就死"固定用法，就是一個詞，前面和它搭配的可以靈活多樣，不能受到後世"速來受死"之類的搭配影響而誤以爲"促"類同"速"，進而作"促來就死"。

採聽：採孺

《續高僧傳》卷六《寶淵傳》："復從智藏採聽先業，自建講筵，貨財周贍，勇勵辛勤，有倍恒日。"按，"採聽"，金本作此，資、磧、普、南、徑、清本作"採孺"。當爲"採聽"，"採孺"不辭。採聽，即聽。《續高僧傳》多有用例，如：卷六《曇准傳》："承齊竟陵王廣延勝道盛興講說，遂南度止湘宮寺，處處採聽，隨席談論。"卷十一《慧海傳》："會周武肆勃，仁祠廢毀，乃竄身避難，奔齊入陳。戒品無虧，法衣不捨。又採聽攝論，研窮至趣。"卷二十《靜琳傳》："又於覺法師所聽受十地，迴趾鄴都，炬法師所，採聽華嚴楞伽思益，皆通貫精理，妙思英拔，舊傳新解，往往程器。"

屬思：厲愍、厲思

《續高僧傳》卷七《洪偃傳》："乃開筵聚衆，闡揚成實。舉厝閑雅，詞吐抑揚，後學舊齒，稽疑了義，横經荷笈，虛往實歸。由此仰膺法輪，總持諸部，勇氣無前，任其披解，宿望弘量，因循舊章。偃屬思雲霄，曾無接對。見忤前達，不能降情。自是來學有隔。聽者疎焉。"按，"屬思"，麗本作此，資作"厲愍"；磧、普、南、徑、清本作"厲思"。當從麗本作"屬思"爲是，"屬思"就是構思、立意。唐韓愈《和崔舍人詠月》："屬思摛霞錦，追歡馨縹缾。"我們在《宋高僧傳》中發現了類似的例子，《宋高僧傳》卷四《僧瑗傳》："稱揚歎羨，容色湛如，毀辱訶罵，歡喜而受。每蔭以長松，屬思鴻遠，清泉獨坐，映定水以彫文，虛室高栖，藹禪枝而蕩慮。"同爲僧傳，其語體風格有相近之處，《宋高僧傳》本處的用法可爲輔證。

坰：坰、垌

《續高僧傳》卷七《寶瓊傳》："爾時填途咽陌，哀慟相奔，皂素驚嗟，郊坰失色。"按，"坰"，麗本作此，資、磧、普、南作"坰"；徑、清本作"垌"。本書謂當從資、磧、普、南、徑、清本作"垌"。"坰"、"垌"義一，異體字罷了。"坰"，遠郊，野外。《詩・魯頌・駉》："駉駉牡馬，在坰之野。"毛傳："坰，遠野也。邑外曰郊，郊外曰野，野外曰林，林外曰坰。"唐皎然《送崔判官還揚子》詩："秋聲滿楊柳，暮色繞郊坰。""郊坰"，指郊外。晉葛洪《抱樸子・崇教》："或建翠翳之青葱，或射勇禽於郊坰。"此外，《續高僧傳》卷二十二《曇瑗傳》："洪偃法師傲岸泉石，偏見朋從，把臂郊坰，同遊故苑。"金本作此，他本無異文。《廣弘明集》卷三十《昭明太子鍾山解講（陸倕和）》："道筵終後說，鑾鑾出郊坰，雲峯響流吹，松野映風旌，睿心嘉杜若，神藻茂琳瓊，多謝先成敏，空頒後乘榮。"金本作此，各本也沒有異文。但其實此二"坰"字，均應爲"坰"。

摧：灌、漼

《續高僧傳》卷七《寶瓊傳》："或遇勍手，時逢命的。薄麈象扇，灌已冰消。"按,"灌",金本作此,磧、普、南、徑、清本作"潅"。潅,水深貌。《詩·小雅·小弁》:"有潅者淵,萑葦淠淠。"毛傳:"潅,深貌。"晉左思《魏都賦》:"迴淵潅,積水深。"作爲"水深貌"詞義的"潅",顯然與本例不合。頗疑此當爲"摧",佛家辯論時,經常使用"摧折"的說法,如:《續高僧傳》卷五《僧旻傳》:"尚書令王儉,延請僧宗講涅槃經。旻扣問聯環,言皆摧敵。"卷二十五《曇選傳》:"每有衆集,居于座元,酬問往還,以繁節爲要,吐言開令,宏放終古,僧侶乃多莫敢摧挫。時人目爲豹選者也。"而"氵"與"扌"旁在手寫文獻中經常出現互訛現象。

遍: 偏

《續高僧傳》卷八《法上傳》:"門人成匠,任情所學,不私己業,偏用訓人,言常含笑,罪不加杖。"按,"偏",金本作此,資、磧、普、南、徑、清本作"遍"。"訓人"指培養後生弟子,實叉難陀譯《大方廣佛華嚴經》卷二十八:"菩薩現身作國王,於世位中最無等,福德威光勝一切,普爲群萌興利益。其心清淨無染著,於世自在咸遵敬,弘宣正法以訓人,普使衆生獲安隱。"本例是言法上性情閒雅,寬宏大度,且洞悉培養後學的規律,從"偏"與"遍"各自的詞義系統來梳理,發現"偏"有"少"義,如《商君書·算地》:"故聖人之爲國也,民資藏于地,而偏托危於外。資藏於地則樸,托危於外則惑。"朱師轍解詁:"偏,少也。"顯然與本例上文"任情所學,不私己業"無法承接。而"遍"爲普遍、全部義,如果本異文從"遍",則怡然理順。將"遍"誤以爲"偏",應該還有一個環節,就是"遍"或本當爲"徧",二者異文,《續高僧傳》卷八《寶象傳》:"年二十有四,方得出家,即受具戒,先聽律典,首尾數,年略通持犯。迴聽成實,傳授忘倦。不恡私記,須便輒給。研心所指,科科別致。末又聽韶法師講,徧窮旨趣。武陵王門師大集摩訶堂,令講請觀音。""徧",金本作此,資、磧、普、南、徑、清本作"偏",可爲輔證。"偏"則是誤讀了"徧",將"彳"旁誤寫作"亻"。

者倒: 者到、之儔

《續高僧傳》卷八《僧妙傳》:"掘得舍利三粒,一赤一白一青,寶瓶盛之。京邑貴賤共看,心至者颯然上涌,不信戲慢者到傾亦不出。"按,"者到",金本作此,資、磧、普、南、徑、清本作"者倒";麗作

"之儔"。本書認爲就文意而言，後文的"不信戲慢者"對應的是前面"心至者"，心至者，心誠者也。如此，則後一句不應該有"到"（到來、來到）的意思，也就是說，金本的"到"不可從。麗本作"之儔"，解決了上述的問題，但並非上策，因爲尚無法解釋其他版本的異文，就生活常理而言，"傾"而不出並不稀奇，因爲傾斜的角度不大，自然可以是不出。但這裏是極言此舍利之奇幻，故此，本書認爲本處異文應當從資、磧、普、南、徑、清本作"者倒"。斷句即爲：京邑貴賤共看，心至者颯然上涌，不信戲慢者，倒傾亦不出。也就是說，如果是不信戲慢之人，即便把寶瓶倒置，這三顆舍利也不會出來。

无擬：無礙

《續高僧傳》卷八《曇延傳》："有陳聘使周弘正者，博考經籍，辯逸懸河，遊說三國，抗敘無擬。以周建德中年銜命入秦，帝訝其機捷，舉朝惡采。勅境內能言之士，不限道俗，乃搜採巖穴遁逸高世者，可與弘正對論，不得墜於國風。"按，"无擬"，金本作此，資、磧、普、南、徑、清本作"無礙"。在解決這個問題之前，我們先考察一下"抗敘"是怎樣的情形。《續高僧傳》卷九《僧粲傳》："有沙門吉藏者，神辯飛玄，望重當世。王每懷摧削，將傾折之。以大業五年於西京本第，盛引論士三十餘人，令藏登座，咸承群難。時衆以爲榮會也，皆參預焉。粲爲論士，英華命章，標問義筳。聽者謂藏無以酬及，牒難接解，謂粲無以嗣。往還抗敘，四十餘翻，藏猶開析不滯。王止之。更令次座接難。義聲纔卷，粲又續前難，勢更延累。問還得二三十翻，終于下座，莫不齊爾。時人異藏通贍，坐制勍敵，重粲繼接他詞，慧發鋒挺。從午至夕，無何而退。王起，執粲手而謝曰：'名不虛稱，見之今日矣。'躬奉麈尾什物，用顯其辯功焉。""抗敘"就是辯論、辯難。本句前已經說其"辯逸懸河"，稱頌了周弘正的口才，本處的"抗敘無擬"應當重在稱揚其辯論的水平，也就是說，所向披靡，對手無可抵禦。"擬"有抵擋、捍禦義。《魏書·盧昶傳》："卿可深思擬捍之規，攘敵之略，使還具聞。""擬捍"猶防禦。唐吳兢《貞觀政要·議征伐》："夫兵甲者，國家兇器也。土地雖廣，好戰則人凋；中國雖安，妄戰則人殆。凋非保全之術，殆非擬寇之方。""擬寇"猶禦寇。本傳下文："延徑昇高座，帝又曰：'何爲不禮三寶？'答曰：'自力兼擬，未假聖賢加助。'"意思是說，曇延非常自信，言以一己之力能全部對付，根本不用借助圣贤力量幫助。如此，我們認爲此處的異文應當從金本作"无擬"爲是。

投：救

《續高僧傳》卷八《曇延傳》："時周國僧望二人倫次登座，發言將訖，尋被正難。徵據重疊，投解莫通。帝及群僚一朝失色。"按，"投"，金本作此，資、磧、普、南、徑、清本作"救"。本書謂此或當從金本作"投"，"投解"，在道宣《續高僧傳》中除本例外還有三例，如：卷九《智脱傳》："乃召日嚴英達五十許人，承明內殿連時行道。尋又下令講淨名經，儲后親臨時爲盛集。沙門吉藏命章元坐，詞鋒奮發，掩蓋玄儒。道俗翕然，莫不傾首。脱以同法相讓，未得盡言。藏乃顯德自矜，微相指斥。文至三解脱門，脱問曰：'三解脱門以何箭射？'藏曰：'未解彎弧，何論放箭！'脱即引據徵勘，超拔新奇。遂使投解莫從，處坐緘默。"卷十一《慧海傳》："沙門道岳命宗俱舍，既無師受，投解莫從。"卷二十五《通達傳》："釋通達，雍州人，三十出家，栖止無定。初辭世壤遍訪明師，委問道方，皆無稱悅。乃入太白山，不齋糧粒，不擇林巖，飢則食草，息則依樹，端坐思玄，動逾晦序。意用漠漠，投解無歸，經跨五年，栖遑靡息。因以木打塊，塊破形銷，既覩斯緣，廓然大悟。"就以上三例看，"投解"大概與"求解"義近。而"投解"似乎不見佛典其他文獻使用，這大概是道宣的個人言語。

曾：僧；溢心：濫心

《續高僧傳》卷九《慧暅傳》："後主昔在春坊，亟經義集，曾屬才辯雄遠，特所溢心。及嗣寶位，深惟敬仰。至德元年，下詔爲京邑大僧都。"按，"曾"，金本作此，磧、南、徑、清本作"僧"。又"溢心"，金本作此，資、磧、普、南、徑、清本作"濫心"。(1)"曾"与"僧"。本書謂此當從金本。如果"曾"爲"僧"，那大概是理解爲集合衆多僧人、僧輩，是將"屬"理解爲類、一類人。《大正藏》正是這樣標點的："後主昔在春坊。亟經義集曾屬。才辯雄遠特所溢心及嗣寶位深惟敬仰。"但是，這樣的理解是錯誤的。我們先查考"義集"的用法。佛典中多有"法集"一詞，說的是佛滅後，諸弟子相會，爲防止異見邪說，誦佛陀之說法，舉各自所聞確實者，結合集成之，爲大小乘經典。而"義集"一詞似乎是從初唐時期開始纔出現，特別集中在道宣文獻中，後世的用例也應當看成是繼承道宣語詞的結果。下面我們來看看《續高僧傳》中"義集"的詞彙意義和語法特點：《續高僧傳》卷五《法寵傳》："齊竟陵王子良，甚加禮遇，嘗於西邸義集，選諸名學。"同卷："法寵法師造次舉動，不逾律儀，不俠性欲，不事形勢，慈仁愷悌，雅有君子之風，匡政寺廟，信得其人矣。上每義集，以禮致之，略其年臘，勅常居坐首，不呼其名，號為上座法師。"卷五《法雲傳》："天監二年，勅使長召出入諸殿。影響弘通之端，讚揚利益之漸。皇高亟延義集，未曾不勅令雲先入，後下詔令。時諸名德各撰成實義疏，雲乃經論合撰，有四十科為四十二卷。"卷五《僧遷傳》："梁高有勅，興善殿義集，登即銳辯如流。帝有嘉之，仍降家僧之禮。帝製勝鬘義疏，班壽光殿，諸僧咸懷自惡，遷深窮理窟。特詔敷述。"卷五《法朗傳》："東朝於長春殿義集，副君親搖玉柄，述朗所竪，諸師假名義。以此榮稱。"卷二十五《慧乘傳》："陳主於莊嚴寺總令義集，乘當時竪佛果出二諦外義。有一法師，英俠自居，擅名江左，舊住開泰，後入祇洹。乃問曰：'為佛果出二諦外？二諦出佛果外？'乘質云：'為法師出開泰？為開泰出法師？'彼曰：'如鴛鴦鳥不住清廟。'乘應聲曰：'釋提桓因不與鬼住。'彼曰：'鳩翅羅鳥不栖枯樹。'乘折云：'譬如大海不宿死屍。'"卷三十一《真觀傳》："于時興皇講筵，選能義集。觀臨途既促，咸推前次。既登高座，開二諦宗百並縱橫一言氷泮。學士傅縡在席，嗟曰：'三千稱首，七十當初。是上人者，當為酬對。'金陵道俗見知若此。既達東夏，住香嚴寺，講大涅槃。四方義集，復增榮觀。"綜上，我們可以看出，"義集"，有竪義，有辯論，有的最後還有成果，也就是對佛典的注疏。義集某種意義上來說，就是為了深入探究佛理而組織的研討會，高僧各抒己見，研討辯論。這是它的詞彙意義，其語法特點，通過歸納，我們不難發現，"義集"是一個不及物動詞，其後不能帶賓語。"義集"在後世還有用例，如《宋高僧傳》卷十六《景霄傳》："釋景霄，俗姓徐氏，丹丘人也。初之聽涉，在表公門，後慕守言闍黎義集，敷演于丹丘。執性嚴毅，寡與人交，狷急自持，多事凌轢，形器惡弱。"其詞義、語法特點沒有變化。如此，我們說，將"曾"認作、寫作"僧"，將"屬"理解為類、一類人，將"曾屬"理解為"僧屬"是錯誤的。因為前面的"義集"無法和它搭配。"曾屬"不應當屬上，而應當屬下。"曾屬"屬下乃碰上、遇到、遇見義。有一個例子可以給我們提供佐證：澄觀《大方廣佛華嚴經隨疏演義鈔》卷十五：
"後於并州炬法師筵下聽華嚴經，便落彩入太行山柏梯寺，修行止觀。曾屬亢旱，講華嚴經以祈甘澤。"（36/115b）（2）"溢心"與"濫心"。本書謂此當從金本。"溢心"也始見與道宣文獻，如：《集古今佛道論衡》卷三《皇太子集三教學者詳論事》（又見《續高僧傳》卷三《慧淨傳》）："披覽高論，博究精微，旨贍文華，驚心眩目，辯超炙輠，理跨聯環。幽難勃以縱橫，淡藻紛其駱驛。非夫哲士，誰其溢心？"（52/384a）"溢心"這一用法，大概是"溢於心"的意思。類似的表達再如：《續高僧傳》卷三《智脫傳》："法師才學鉤深，古今罕例。仰觀談說，稱實不虛。覽所撰論疏，光溢心目，可更造淨名疏及大小名教。"《廣弘明集》卷二十八《梁簡文謝賚袈裟啟》："竊以三銖輕軟，稱美服於淨居，千金巨麗，得受用於迦葉。而湛恩特被，萃此愚躬，霜降授衣，曲澤便及，喜溢心崖。"（52/325a）"光溢心目"、"喜溢心崖"都有"溢於心"的意思，"溢心"應當是此類表述的凝縮。"溢"，就是滿，滿於心，意思就是滿意、認可、接納、讚許的意思。

時烈：時列

《續高僧傳》卷九《慧藏傳》："時有沙門智穩、僧朗、法彥等，並京室德望，神慧峯起，祖承舊習，希奉新文，乃請開講金剛般若論。藏氣截雲霞，智隆時烈，將欲救拯焚溺，即而演之。于時年屬秋方，思力虛廓，但控舉綱致，標異新理，統結詞義，言無浮汎。故稟益之徒，恐其聲止，皆崇而敬焉。"按，"時烈"，金本作此，資、磧、普、南、徑、清本作"時列"。應當從金本作"時烈"。"時烈"也就是當時的才俊。"烈士"有建功立業者、有節氣有壯志者義，曹操《步出夏門行》："老驥伏櫪，志在千里；烈士暮年，壯心不已。"這樣的用法，大概是道宣的創造，前文《慧弼傳》："天嘉元年，遊諸講肆。旁求俊烈，備見百梁。""俊烈"，才俊也。既然"俊烈"有才俊義，那麼道宣仿照也。"時俊"也就造出來了"時烈"的表達方式，這樣的類推在詞彙發展史上是比較常見的。

澆侈：澆移

《續高僧傳》卷十《靖玄傳》："受具已後，聲勢轉高，遂使化靡隴西，扇榮河洛。以秦涼荒要，佛法澆侈，將欲結其頹網，布此遺繒。"

按，"澆侈"，金本作此，資、磧、普、南、徑、清本作"澆移"。本書謂此或當從金本作"澆侈"爲是。味文意，蓋言崇佛之風澆薄，"澆"有"薄"義，而我們知道唐以前使用"澆"作爲構詞語素而有澆薄義者，大約有這樣一些詞：澆漓、澆危、澆弛、澆波、澆俗、澆風、澆浮、澆流、澆異、澆訛、澆僞、澆弊、澆薄、澆競等。與此同時，我們也發現"侈"有放縱義，使用"侈"作爲構詞語素的"侈離"即"放肆乖離，不遵法度"義，《荀子·王霸》："四方之國，有侈離之德則必滅。"如是，兩個詞義相近的詞組合在一起，滿足此時佛典整體的四字格的風格要求，應當是順理成章的事。

烏迴：焉迴；寺任：寺住

《續高僧傳》卷十《慧曠傳》："曠既律行嚴精，義門綜博，道俗具瞻，綱維是寄，統掌八載，攝是烏迴。後又奉勅移居興國，寺住攸委，絲綸再降，香蘇屢錫。"按，"烏迴"，金本作此，資、磧、普、南、徑、清本作"焉迴"。又"寺住"，金本作此，資、磧、普、南、徑、清本作"寺任"。（1）"烏迴"，金本可從①。道宣《續高僧傳》還出現"鳥迴"的用法。如：卷十二《慧隆傳》："釋慧隆，俗姓何氏，丹陽句容人也。祖蒯梁武陵王長史，父嶷梁散騎常侍。隆十一出家，師於宣武寺僧都沙門慧舒，舒道業遐暢，風標清舉，學堪物軌，德允人師，烏迴當職，秉持攸寄。""烏迴"應當是"烏迴鳩羅"縮略說法，"烏迴鳩羅"，《佛學大辭典》解釋爲："（雜語）譯曰無二平等。可洪音義十五曰：'梵云烏迴鳩羅，此云無二平等。薩婆多律云：烏迴名二，鳩羅名平等。其心無二平等如稱，名烏迴鳩羅也。'"也就是說，這是個依照律條，以平等心評斷紛爭主持僧務的職務，其實也就是相當於僧正、僧都，祇不過《續高僧傳》中道宣借用了"烏迴鳩羅"的說法而又加以縮略罷了。（2）"寺住"應當作"寺任"。第一個異文解決了之後，第二個異文便不難理解了。

稱首：稱道

《續高僧傳》卷十《智琳傳》："以陳太建十年旋于舊里。南徐州刺史蕭摩訶，深加禮異，爰請敷說，於是欝居宗匠，盛轉法輪，受業求聞，

---

① 烏，即烏也，作"烏"，俗字。

寔繁有衆。至十一年，下勅爲曲阿僧正。至德二年，勅補徐州僧都。稱首攸歸，諒由德舉。"按，"稱首"，金本作此，資、磧、普、南、徑、清本作"稱道"。當作"稱首"爲是，"稱首"，乃居首、首位義，《續高僧傳》多有用例，如：卷六《真玉傳》："於時義學星羅，跨轢相架。玉獨標稱首，登座談敍，罔不歸宗。"卷八《曇延傳》："高位厚禮，不能迴其慮，嚴威峻法，未足懼其心，經行宴坐，夷險莫二；戒德律儀，始終如一，聖皇啓運，像法再興，卓爾緇衣，欝爲稱首。""稱首攸歸，諒由德舉"言其位高，實乃德高之必然。"稱道"之"道"當爲"首"增符所致，也可能是後人不甚明了"稱首"一詞的意義，而根據自己的理解改成了稱頌、稱揚義的"稱道"了。

澄神：登神

《續高僧傳》卷十一《志念傳》："釋志念，俗緣陳氏，冀州信都人，其先潁川寔蕃之後胤也，因官而居河朔焉。念氷清表志，岳峙澄神。"按，"澄神"，麗本作此，資、磧、普、南、徑、清本作"登神"。"澄"有靜義，乃靜止、清明也，"澄神"，即靜慮、凝神，比較符合文意。"澄神"是一種狀態，有時也可以作爲一種修行的方式。如：灌頂《隋天台智者大師別傳》卷一："雖在人間，弗忘山野幽幽、深谷愉愉，靜夜澄神自照，豈不樂哉。"（50/196a）僧祐《出三藏記集序》卷九"修行地不淨觀序第十六"："託幽途以啓真城，墼三業之固宅，廣六度以澄神，散結賊於曠野。"另外，《辯正論》卷六："時人美棠棣之花，況將反性澄神，隔凡踐聖，而不異其容服，未之有也。"（52/529a）"澄"，資、普本作"證"，亦當作"澄"爲是。

頓怯：頓悎

《續高僧傳》卷十一《志念傳》："初聽興皇朗公講，討窮深致，學冠時雄。而神氣高標，在物峯出，威儀庠序，容止端隆。雖寢處虛閑，立操無改。有人私覘兩月徒行，空野攝衣，無見抄反。欣其謹慎，故重敍之。講四論大品，洞開幽府，鏡識宗歸，披釋金陵，望風頓怯。吐納機辯，適對當時，弘匠浙東，砥礪前學，致使禹穴西鶩，成器極繁。"按，"頓怯"，麗本作此，磧、普、南、徑、清本作"頓悎"。我們查檢了《續高僧傳》中"望風"的用法，發現共出現加上本處共十三處，另外十二處分別爲：卷五《僧旻傳》："望風而畏敬"；卷五《法雲傳》："望風奄附";卷六《法開傳》:"望風飲氣";卷九《靈裕傳》:"望風嚮附";卷十一《志念傳》:"望風總集";卷十一《普曠傳》:"望風索然自散";卷十四《道慜傳》:"望風騰集";卷十六《信行傳》:"前後望風翕成其聚";卷二十《道綽傳》:"道俗響其綏導,望風而成習矣";卷二十一《惠祥傳》:"諸有虧違望風整肅";卷二十二《洪遵傳》:"四遠望風堂盈千計";卷二十九《寶瓊傳》:"望風靡服"。通過考察,我們發現與"望風"搭配的大致可以分出兩個類別,一是依附、會聚,如"望風奄附"、"望風嚮附"、"望風總集"、"望風騰集"、"前後望風翕成其聚"、"道俗響其綏導,望風而成習矣"、"四遠望風堂盈千計"等;另一類是欽服、嘆服,如"望風靡服"、"望風而畏敬"、"望風飲氣"、"諸有虧違望風整肅"等。結合本例上下文,我們認爲作爲"望風頓怯"更符合文義。

拯:亟、極

《續高僧傳》卷十一《志念傳》:"自海之立寺,情務護持,勤攝僧倫,延迎賓客,凶年拯及,振名京邑云爾。"按,"拯",麗本作此,磧、南作"亟",宮本作"極"。本書以爲應當作"拯"爲是。"拯及"乃同義連言,或者說是同義複合。"拯"有援救、救助義,"及"有給予、資助義;"拯"可與"物"搭配,作"濟世"解,如:晉袁宏《三國名臣序贊》:"知能拯物,愚足全生。"隋李德林《〈霸朝集〉序》:"濟時拯物,無以加也。"唐劉禹錫《傳信方述》:"其志在於拯物,予故申之以書。"而"及"也可以與"物"搭配,作"澤被世人"解,如:唐元稹《冊文武孝德皇帝赦文》:"溢美之名,既不克讓;及物之澤,又何愛焉。"唐李翱《與淮南節度使書》:"翱自十五已後,即有志於仁義,見孔子之論高弟,未嘗不以及物爲首。""拯及"正是兩個同義詞的連言,較早出現這個用法的是北涼曇無讖譯《大般涅槃經》卷二:"唯願哀愍除斷我等貧窮困苦,拯及無量苦惱衆生。"(12/611b)

開:問

《續高僧傳》卷十一《保恭傳》:"陳至德初,攝山慧布,北鄴初還,欲開禪府。苦相邀請,建立清徒,恭揖布慧聲,便之此任,樹立綱位,引接禪宗,故得栖霞一寺,道風不墜,至今稱之,詠歌不絕。"按,"開",麗本作此,資、磧、普、南、徑、清本作"問"。或當作"開"爲是,開,開演,說法。"開禪府",就是演說禪法。同樣的說法在《續高僧傳》中還有用例，如：卷二十一《法顯傳》："釋法顯，姓丁氏，南郡江陵人。十二出家，四層寺寶冥法師，服勤累載，諮詢經旨：'有聞欲界亂地，素非道緣，既已生中，如何解網？'冥曰：'衆生並有初地味禪，時來則發，雖藏心種，歷劫不亡。有顗禪師者，荆楚禪宗，可往師學。'會顗隋煬徵下，迴返上流，於四層寺大開禪府，徒侶四百，蔚爾成林。遂依座筵，聞所未悟。但夙有成惠，通冠玄蹤，霜鐘暫扣，已傳秋駕。顗師去後，更求明智、成彥、習皓等諸師，皆升堂覩奧，盡斲磨之思。"也可以說成是"開禪律"，如《續高僧傳》卷二十二《道禪傳》："仙洲山寺舊多虎害，禪往居之，此災遂遠。聞齊竟陵王大開禪律，盛張講肆，千里引駕，同造金陵，皆是四海標領，人雄道傑。禪傳芳藉甚，通夜不寐，思參勝集，篋奉真詮。乃以永明之初，遊歷京室，住鍾山雲居下寺，聽掇衆部，偏以十誦知名，經略道化，僧尼信奉。"其義一也。

搶榆：槍榆、枌榆、粉榆；冲天之舉：決天之舉

《續高僧傳》卷十二《慧覺傳》："加以遊心九部，備觀數論，詭說異門，並尋枝葉。既而歎曰：槍榆豈冲天之舉，小道乖適遠之津，聊以忘憂，非吾徒也。夫澄神入慧，莫尚五門，攝山泉石致美息心勝地。乃摳衣獨往，止于栖霞寺焉。"按，"槍榆"，麗本作此，資、普、南、徑、清本作"枌榆"，磧作"粉榆"。"冲天之舉"資、磧、普、南、徑、清本作此，宮本作"決天之舉"。本書謂此皆不確。應當作"搶榆"。本例是化用了莊子《逍遙遊》中一個典故，莊子原文作：蜩與學鳩笑之曰："我決起而飛，搶榆枋而止，時則不至，而控於地而已矣；奚以之九萬里而南爲？""搶"爲突過、越過義。如此，也更能與下文的"小道乖適遠之津"形成對文的格式。作"枌榆"大概是因爲"枌""榆"同爲樹木，後人受"榆"的影響而逆推出來的；而作"粉榆"，則應當是在"枌榆"的基礎又因爲"粉"與"枌"字形相近而訛；作"槍榆"距離正確答案最近，應當是"木""扌"旁互訛的結果。既然"搶榆"已經判定是使用的莊子《逍遙遊》中的典故，則後文的"冲天之舉"可從，宮本的"決天之舉"不辭。

朋善：明善

《續高僧傳》卷十三《圓光傳》："末又投吳之虎丘山，念定相沿，無忘覺觀，息心之衆，雲結林泉。並以綜涉四含，功流八定，明善易擬，筒直難虧。深副夙心，遂有終焉之慮。於即頓絕人事，盤遊聖蹤，攝想青霄，緬謝終古。"按，"明善"，麗本作此，資、磧、普、南、徑、清本作"朋善"。本書謂此或當從資、磧、普、南、徑、清本作"朋善"爲是。"明善易擬，筒直難虧"，顯然是一個對子，相近的說法如：《高僧傳》卷四《支孝龍傳》："孫綽爲之贊曰：'小方易擬，大器難像。'"本例"筒直"爲事典，如：鳩摩羅什譯《大智度論》卷二十三："一切禪定攝心，皆名爲三摩提，秦言正心行處。是心從無始世界來，常曲不端，得是正心行處，心則端直；譬如蛇行常曲，入竹筒中則直。"《大智度論》卷九十二："復次，若菩薩心遠離四念處等三十七品、三解脫門，是名麁業。所以者何？此中心皆觀實法，隨涅槃，不隨世間；若出四念處等法，心則散亂。譬如蛇行本性好曲，若入竹筒則直，出筒還曲。"（25/709a）而"朋善"應當是良朋善友的縮略。如：闍那崛多譯《佛本行集經》卷十六："報答優陀夷言：汝優陀夷，我亦知汝，爲我良朋，爲我善友。"（3/727a）相近的說法還有，如：《出曜經》卷十六："學無朋類，不得善友，寧獨守善，不與愚諧。"（4/697c）另外，在道宣其他文獻中也還有近似的說法，相關異文也可以作爲旁證：道宣《釋門歸敬儀》卷下："不離念佛念法念僧，受行諸佛一切言教，常以六度度諸衆生，常以四攝攝諸含識，爲尊爲導爲依爲救，定置衆生佛菩提道，是故號僧法朋善友。"（45/864c）"法朋"與"善友"連言，與良朋善友相類。

貴言：遺言

《續高僧傳》卷十三《海順傳》："方以學行之始慧解爲先，遂閱討衆經，伏膺玄宰，方等諸部，咸稟厥師，皆探賾研幾，貴言領意。"按，"貴言"，麗本作此，資、磧、普、南、徑、清本作"遺言"。作"遺言"不辭，作"貴言"可從，"貴言"者，重視、珍視語言文字；"貴言領意"，重視語詞更注重義理領悟也。《續高僧傳》卷八《慧善傳》："善以大智度論每引小乘相證成義，故依文次第，散釋精理。譬諸星月助朗太陽，猶如衆花繽紛而散亂，故著斯文名爲散花論也。其序略云：著述之體，貴言約而理豐。余頗悉諸作，而今亂縷者正由斯轍，罕人諳練，是以觸義愍憨，逢文指掌，有詳覽者想鑒茲焉。"

從心：縱心

《續高僧傳》卷十三《僧鳳傳》："年及從心，更新誠致，縶維塵境，放曠山林，言晤相誼，終事畢矣。"按，"從心"，麗本作此，資、磧、普、南、徑、清本作"縱心"。字當作"從心"爲是。"從心"代指年齡，指七十歲，典出《論語·爲政》："七十而從心所欲，不踰矩。"值得注意的是，道宣文獻中還有多處出現了這個代稱年齡的詞，如：《廣弘明集》卷二十三《廬山慧遠法師誄》："春秋八十有四，義熙十三年秋八月六日薨。年踰縱心，功遂身亡。"（52/267a）《集古今佛道論衡》卷丙《皇太子集三教學者詳論事》："年逾縱心，風疾交集。然猶憑几談寫，敘對時賢。余曾問其疾苦，答云：'淨當疾甚，無計可投。承聞病是著因，固當捨著，遂召五衆一切都捨，夜覺有間，晚又重發，依前都捨，疾間亦然。今則七十有餘，生事極矣。'"（52/383c）這兩處資、磧、普、南、徑、清本皆作"縱心"，依本書看來都應當作"從心"爲是。

學市談衍：學士談衍、學市談衍

《續高僧傳》卷十三《道岳傳》："又初平鄭國，有宗法師者，神辯英出，時所異之。皇上延入內宮，立三宗義。岳問以八正通局聖賢，後責纔施。無言以對，坐見其屈。乃告曰：'京室學士談衍寔希。三宗之大於何自指？及高祖之世，欲使李道東移，被于鳥服，度人授法，盛演老宗。會貞觀中廣延兩教，時黃巾劉進喜創開老子，通諸論道。'岳乃問以道生一二，徵據前後。遂杜默焉。"按，"學士談衍"，麗本作此，資、磧、普、南、徑、清本作"學市談衍"。首先，"學士"或當從資、磧、普、南、徑、清本作"學市"，學市本指爲學生交易提供的場所，《漢書·王莽傳上》："是歲，莽奏起明堂、辟雍、靈臺，爲學者築舍萬區，作市、常滿倉，制度甚盛。"王先謙補注："諸生朔望會此市，各持其郡所出質物，及經書傳記，笙磬樂器，相與買賣。"北周庾信《預麟趾殿校書和劉儀同》詩："璧池寒水落，學市舊槐疏。"唐盧照鄰《樂府雜詩序》："散髮書林，狂歌學市。"《續高僧傳》卷八《慧遠傳》："大隋受禪，天步廓清。開皇之始，蒙預落綵。舊齒相趨，翔於雒邑，法門初開，遠近歸奔，望氣成津，奄同學市。"卷二十三《靜藹傳》："召彼癘徒，誨示至理，令其致供，日就噉之。雖屬膿潰橫流，對泣而無厭惡。由是息心之衆，往結林中，授以義方，欝爲學市。"當然後來詞義也有引申，不單純指這類具體的市場，而指學界，如：《續高僧傳》卷十四《慧頵傳》："及天厭陳德隋運克昌，金陵講席掃土俱盡。乃杖策遊吳，大乘頓響，爰整其旅，廣開學市，遠招八埏之士，以扇一極之風。"如果我們能認可這個"學市"，接下來的問題就迎刃而解了："衒"與"衍"的異文取捨，應當從麗本作"衒"，因爲這個"衒"有"叫賣"、"賣弄"義，如此，則與前面的"市"密合。作"衍"不辭，"衍"應當是"衒"的形近而訛。

帝：常

《續高僧傳》卷十四《智琰傳》："隋文遠欽，爰降書問。屬炎曆有終，鋒鏑騰沸，四海同弊，三吳益甚。檀越子弟迎出毘壇，首尾十載，化行帝部。"按，"帝"，金本作此，資、磧、普、南、徑、清本作"常"。作"帝"可從。這裏的關鍵問題是要解決好"部"，《漢語大詞典》對"部"的解釋是："古時行政區域名。《管子·乘馬》：'方六里命之曰暴，五暴命之曰部，五部命之曰聚。'《漢書·尹翁歸傳》：'河東二十八縣，分爲兩部。'唐韓愈《司徒兼侍中中書令贈太尉許國公神道碑銘》：'鄆部既平，公曰："吾無事於此，其朝京師。"'"需要指出的是，"部"到了唐代的用法，已經不能用"古時行政區域名"來解釋了，它應當是泛化了，指地域上的某一代、某個方面。《續高僧傳》中經常出現揚部、益部、並部這樣與原州縣區劃搭配的用法，也出現京部、蜀部這樣的搭配。

哀涼：哀泣

《續高僧傳》卷十四《智琰傳》："後見疾浹旬，大漸斯及，誠訓慈切，衆侶哀涼。以貞觀八年十月十一日旦，遷神武丘之東寺，春秋七十一。"按，"哀涼"，金本作此，資、磧、普、南、徑、清本作"哀泣"。表面上看，似乎作"哀泣"語句更順暢一些。但"涼"與"泣"字形差異還是比較大的，必須有較好的解釋纔是。本書以爲，此處應當從金本作"哀涼"，而不是"哀泣"。高僧去世，僧俗傷悲，佛典習慣用"悲涼"一詞。《續高僧傳》卷十二《慧海傳》："至五日夜，欻然而起，依常面西，禮竟加坐，至曉方逝。春秋六十有九。顏色恬和，儼如神在。道俗悲涼，競申接足。"卷十三《功迥傳》："因不食，二十日而終。所飲井水，終旦泉竭，殯經數日，水方復舊。道俗悲涼。"但佛典中"涼"也出現了"泣"這樣的異文：《續高僧傳》卷三十《慧震傳》："早食訖，手執香爐，繞盧舍那三匝，還於佛前，胡跪正念。大衆滿堂，不覺已逝。

第二章 《續高僧傳》版本異文考察 / 71

春秋六十有六。停喪待滿，香氣猶存。兄弟三人各捨五十萬，於墓所作僧德施，及以悲田。作石塔高五丈，龕安繩床，扶屍置上，經百餘日，猶不委仆。道俗萬餘，悲涼相結云。""涼"，金本作此，資、磧、普、南、徑、清本作"泣"。《法苑珠林》卷三十三引用此段故事，文字作："道俗萬餘，悲泣相繼。"麗藏本等諸本作"泣"。而我們注意到，《續高僧傳》中描述僧衆對大德離去的悲傷、不捨時，習用"悲涼相及（或繼，或結，其義相近）"，也就是人們爭相送別大德。卷十四《智琰傳》下文言："遠近奔馳，皁素通集。花香亂空野，哀慟若雲雷。自有送終，奚復過也。"說的正是這樣的情況。卷十五《玄會傳》："講至靜論，常有魔事，因茲遘疾，還返慈悲。見佛來迎，因而氣盡。春秋五十有九，即十四年五月二十七日也。合邑聞知，悲涼相及。"但我們沒有在《續高僧傳》找到"悲泣相及（或悲泣相繼，或悲泣相結，其義相近）"這樣的用法。故此，本書以爲，在中古雙音節詞語大發展時期，人們經常會使用同義、近義語素替換原來比較習見的搭配，形成新的組合。"悲涼"是較爲常見的用法，"悲"、"哀"意近，那麼既可以有"悲涼"的說法，也可以類推出"哀涼"的用法。值得注意的是，我們還在道宣其他文獻中發現了"哀涼"的說法：道宣《廣弘明集》卷二十三《若邪山敬法師誄》（宋張暢）："山泉同罷，松竹哀涼，秋朝霜露，寒夜嚴長。嗚呼哀哉！"（52/268a）

披析新奇、披折新奇：披折新寄

《續高僧傳》卷十四《道基傳》："釋道基，俗姓呂氏，河南東平人也。素挺生知，譽標岐嶷。年甫十四，負帙遊于彭城，博聽衆師，隨聞成德。討論奧旨，則解悟言前，披折新奇，則思超文外。故徐許騰其明略，河海重其義方，致使儕等高推，前修仰止。"按，"披折新奇"，金本作此，資、磧、普、南、徑、清本作"披析新奇"，麗作"披折新寄"。分兩步來分析這個異文。第一步是關於"折"與"析"的異文，我們認爲儘管"披"有折義，但"披"也有"裂"義（集韻·平聲），"披析"可以作"分析"、"剖析"解，《續高僧傳》卷二十三《道亮傳》："有嚴律師者，德範可歸，便從受業，因居無量壽寺焉。即嚴之所住也。自爾專攻四分，無忘日夕。又從嚴往石州聽地持論，經停既久，文旨大通，覆述前解，增其名實。有員秀才者，居幽綜習，儒教有功。從亮學於起信，遂爲披折，開發慧悟，抱信不移。""遂爲披折"是說爲這個員秀才作透徹的分析講解。第二步我們看是"新奇"還是"新寄"的問題，倘考慮與前"奧旨"對文者，非"新奇"不可，因爲"新奇"在《續高僧傳》中基本都是用於說對佛經的解讀有了更新更深刻的見地的。如：卷一《寶唱傳》："復於中宮起至敬殿景陽臺，立七廟室。崇宇嚴肅，欝若卿雲。粉壁珠柱，交映相耀。設二皇座，具備諸禮，冠蘊盦篋。舉目興慕，晨昏如在。衣服輕暖，隨時代易。新奇芳旨，應時日薦。"卷十一《普曠傳》："後遊聚落，採拾遺文。因過講席，聽其餘論，素未開解，聞即憲章。便搆心曲，陳論高座，發言新奇，卒難解釋。皆歎其俊銳，莫肯前驅。"卷十五"論"："沙門道侃，德隆時彥，業冠通賢，綴述新奇，帝偏鄭重，奉爲僧正。"卷三十一《真觀傳》："又特於經旨，明練深趣，談吐新奇，非尋紙墨，智思擊揚，迥飛文外。"卷二十二《慧光傳》："釋慧光，姓楊氏，定州盧人也。年十三隨父入洛，四月八日往佛陀禪師所從受三歸。陀異其眼光外射如焰，深惟必有奇操也，苦邀留之且令誦經。光執卷覽文，曾若昔習，旁通博義，窮諸幽理。兼以劇談謔詭，態新奇，變動物情，時談逸口。"① 另外，我們發現《漢語大詞典》關於"披析"一詞給出的書證祇有范文瀾、蔡美彪等《中國通史》第三編第七章第八節"唐代有條件取證原本，披析文義"一例，這一方面是例子少比較單薄，另一方面是書證過晚。

皆箠：皆造

《續高僧傳》卷十四《道慥傳》："延正法城塹，道俗宗歸。觀屬天倫，可爲法嗣，乃度爲弟子。荷擔陪隨，遊栖宮闕，講悟談述，皆箠下筵，欣敘玄奧，每思擊節，故聽涉乃多而特覽其綱要，登預講釋，屢結炎涼。三晉英髦，望風騰集。"按，"皆箠"，金本作此，資、磧、普、南、徑、清本作"皆造"。儘管在古文獻中"箠"與"造"可通假，但是本處我們以爲還是應當作"皆箠"。"箠"本義乃副、附屬也。如：《左傳·昭公十一年》："僖子使助薳氏之箠。"杜預注："箠，副倅也。

---

① "態"，金本作此，資、磧、普、南、徑、清本作"態出"。按，應作"態出"。如此，則可以點斷作：兼以劇談謔詭，態出新奇，變動物情，時談逸口。這樣語義更順暢，而且四字成句，也更符合《續高僧傳》的語言風格。

蓮氏之女爲僖子副妾。"《文選·張衡〈西京賦〉》："屬車之籤,載獫猲獢。"薛綜注："籤,副也。"宋趙與時《賓退錄》卷一："三司副使曰籤。""皆籤下筵"與叨陪末座義近,此句意思是說道慈追隨曇延法師出席各類講筵,細心聽法。

所匱：所遺

《續高僧傳》卷十四《道慈傳》："晚住蒲州仁壽寺,聚徒御化,樹業當衢。然以地居方會,賓旅湊從,季俗情薄,多縱凡度,既行向背,增愛由生。慈道會晉川,行光河表,日延主客,資給法財,皆委僧儲,通濟成軌,或有所匱者,便課力經。始周告有緣,德洽民庶。爲無不遂,所以方遠傳譽,更振由來。"按,"樹業",金本作此,資、磧、普、南、徑、清本作"衆樹業"。"增愛",金本作此,資、磧、普、南、徑、清本作"憎愛"。"所匱",金本作此,資、磧、普、南、徑、清本作"所遺"。"民庶",金本作此,資、磧、普、南、徑、清本作"氓庶"。儘管此段異文較多,但問題不大,祇要把握四字成句的特點,還是可以做到文從字順語義通暢的。祇不過"增愛"應當從資、磧、普、南、徑、清本作"憎愛"。"憎愛",有所憎有所愛,與前"向背"一一對應。"所匱"、"所遺"異文,當從金本作"所匱"。"所遺",饋贈也,前文已經言及"資給法財,皆委僧儲,通濟成軌","或有所匱者,便課力經"乃陳述對於那些沒有資財的,也就是在另一種情形下道慈的處理方式,"或有所匱者",道慈便敦促他們努力誦習經文,故從金本作"所匱"是。蓋"匱"字手寫字形與"遺"的偏旁容易混同。

飲沭：欽沭

《續高僧傳》卷十四《慧頵傳》："乃歸宗龍樹,弘揚大乘,故得中百、般若、唯識等論,皆飲沭神化,披閱文言,講導相仍,用爲己任。"按,"飲沭",金本作此,資、磧、普、南、徑、清本作"欽沭"。又,卷二十四"論"："所以發蒙啓化,應接時心,重空顯其德明,大衆駭其耳目。致使拜首受道,飲沭法流,不虛設也。""飲沭",金本作此,資、磧、普、南、徑、清本作"欽沭"。本書謂,此當從金本,作"飲沭"爲是。金本的"沭"其實就是"沐"的俗寫,《隸辨·入聲·屋韻·沐字》

引《楊震碑陰》。① 飲，喝；沐，洗。本來就是這兩個詞的組合，如《大方廣佛華嚴經》卷十七：“若或遊觀，常導其前，示其險易安危之處；欲休息者，示其城邑近處宮室，令其憩止；遠行渴乏，示其池沼、河水、流泉令其飲沐，華林果樹，使得清涼身心安樂。”（10/369c）後來“飲沐”組合詞義有了引申，指稱對象不再是水，如《續高僧傳》卷二十《道昂傳》：“初投于靈裕法師而出家焉，裕神識剛簡，氣岸雲霄，審量觀能，授其明訓。昂飲沐清化，愛敬親承。”本例恰可比勘。

無至：每至

《續高僧傳》卷十四《道宗傳》：“又常徒布薩，物貴新聞，衆多說欲不赴斯集。及聞欲之爲教，誠爲悕求，本是厭怠，不成聖法。自爾盡報，躬臨說戒，諸有不來，量事方許，每至累約，言涉勤繁者。皆爲之流涕，沾巾歔欷不已。其欽敬正法爲若此也。”按，“每至”，金本作此，資、磧、普、南、徑、清本作“無至”。或當作“無至”爲是。因爲後面的“累約”乃一而再而三第邀約，這樣的邀約是針對那些沒有赴會的僧人的。“無至”，也就是沒有到、沒有赴會、未能赴斯集。我們看道宣一些文獻中關於“無至”的用法可以幫助我們理解本處的異文，如《集神州三寶感通錄》卷下：“夏滿辭還本寺，相送出都。客曰：‘頗聞鼓山竹林寺乎？’名曰：‘聞之。古來虛傳，竟無至者。’客曰：‘無心相造，何由而至？’”（52/424a）《廣弘明集》卷四《通極論》（隋彥琮）：“計天竺去我十萬里餘，俱在須彌之南，並是閻浮之內，那忽此間士庶無至佛所。如來亦何獨簡不賜餘光，弗生我秦漢，靡載我墳籍，詳此二三，疑惑逾甚。”（52/114b）“每”與“無”乃形近而訛。

軍飆：揮飆

《續高僧傳》卷十四《慧頵傳》：“東晉之日，吳有白尼，至誠感神，無遠弗屆。天竺石像雙濟滄波，照燭神光融曜滬瀆，白尼迎接，因止通玄。自晉距陳，多顯靈瑞。隋末軍飆，玉石俱盡。二像尊儀蒙犯霜露。”按，“軍飆”，金本作此，徑作“揮飆”。《一切經音義》卷九十三“音《續高僧傳》卷十四”：“揮飆：上音暉，下比宵反。《韻英》云：風名也。郭注《爾雅》云：暴風從上向下曰飆。猋音同上，從三犬，不從

---

① （清）顧藹吉編撰：《隸辨》，中華書局 1986 年版，第 161 頁。

火。"徐時儀校注《一切經音義》從此。但是這個到底是不是"揮飆"呢?《一切經音義》在流傳過程中有沒有錯訛現象呢?我們認爲儘管《一切經音義》似乎可以佐證作"揮飆"的說法,但是,"揮飆"實在費解,我們更願意相信此乃"軍飆"之訛。我們從三個方面來分析這個問題。首先看史書對隋末離亂的相關說法。史書特別是唐代史書對隋末有這樣的描述:"隋末群盜起"(《旧唐書·秦叔寶傳》)、"隋末喪亂,天下分崩"(《舊唐書·王世充傳》)、"隋末分離,群凶競逐"(《唐會要》卷七)。其次看道宣個人對此時社會荒亂的說法。《大唐內典錄》卷十:"余曾於隰州有曇韻禪師,定州人,行年七十。隋末喪亂,隱于離石比干山。常誦法花經,欲寫其經,無人同志,如此積年。"(52/428b)最後我們再看道宣《續高僧傳》對此時天下大亂的說法。卷二十五《智勤傳》:"又屬隋末荒亂,諸賊競起。勤獨守此寺,賊不敢凌,故得寺宇經像一無所損。諸寺湮滅,不可目見。"卷二十七《明恭傳》:"又隋末賊起,周行抄掠,先告寺曰:'明當兵至,可辦食具,并大豬一頭。'寺無力制,隨言爲辦。至時列坐,鋪奠食具。恭不忍斯,負拄杖會所,與賊言議。賊先讓食。恭乃鋪餅數十,安豬裹之,從頭咬拉,須臾並盡。賊衆驚伏。恭召爲護寺檀趣,群賊然之。故會善一寺,隋唐交軍,絕賊往來,恭之力也。"飆,疾風,"軍飆",各色兵馬,包括義軍,也也包括軍閥、強賊、盜匪等風起。故作"軍飆"爲是。

迥:迴、迿

《續高僧傳》卷十四《慧頵傳》:"禪師慧儀,鄉拜勝德,香火情輊,兼事經綸,故使瞰迥憑高,當衢向術。"按,"迥",金本作此,普本作"迴"。其實應當作"迥","憑高"是爲了遠望,"迥",遙遠。漢班彪《北征賦》:"野蕭條以莽蕩,迥千里而無家。"《一切經音義》卷九十三"音《續高僧傳》卷十四":"闞迥:上堪濫反。《蒼頡》篇云:闞,視也。或從目作瞰,訛義同。《說文》:從門敢聲。下熒炅反。《爾雅》:迥,遠也。《說文》:從辵冋聲也。"本字其實應當是"迥","迿"乃"迥"的異體,作爲通行的本子,可作"迥"。作"迴"不辭,"迴"乃"迥"形近而訛。

得朋:德朋

《續高僧傳》卷十四《慧頵傳》:"生平子弟,仰瓊級而霑襟;宿昔得朋，望玉輪而屑涕。"按，"得朋"，金、資、普、徑、宮本作此，麗作"德朋"。道宣此處用了典故，其義就是朋友故交。《易》曰："西南得朋。"《後漢書·朱暉》："穆徒以友分少全，因絕同志之求；党俠生敝，而忘得朋之義。"《後漢書》例最能給人啓示，"同志"與"得朋"對文，顯然二者義同。又，《續高僧傳》卷十七《慧命傳》："有法音禪師者，同郡祁人，本姓王氏。不言知己，兩遂德明，同就長沙果願寺能禪師修學心定。未經數旬，法門開發，諮質遲疑，乃惟反啓。懼失正理，通訪德人。故首自江南，終于河北。遇思、邈兩師，方祛所滯。後俱還仙城。僅得五稔，預知亡日，乃携音手於松林，相顧笑曰：'即斯兩處，便可終焉。'侍者初聞未之悟也，不盈旬望，同時遇疾。"按，"德明"，金本作此，資、磧、普、南、徑、清本作"德朋"，麗藏本作"得朋"。本書謂，此句前有"不言知己"，接著說"兩遂……"顯然還難以與德行、名望有什麼聯繫，僅僅是因爲是同鄉，而後成爲了朋友。此亦當作"得朋"爲是。

虛詞：虛調

《續高僧傳》卷十五《靈睿傳》："其母以二月八日道觀設齋，因乞有子。還家夢見在松林下坐有七寶鉢於樹顛飛來入口，便覺有娠。即不喜五辛諸味，及其誕已設或食者，母子頭痛，於是遂斷。八歲，二親將至道士所，令誦步虛詞，便面孔血出，遂不得誦。"按，"虛詞"，麗本作此，磧作"虛調"。"步虛詞"乃道教内容的詩詞，很常見，唐王建《贈王處士》："道士寫將行氣法，家童授與步虛詞。"《初學記》卷二十三："《步虛詞》：東明九芝蓋，北燭五雲車；飄搖入倒景，出沒上煙霞。""步虛調"的說法稀見，倒是有"步虛聲"道士誦經禮贊的腔調，傳說是因模擬神仙的誦經聲而來。

懷仰蒲柳之暮：懷蒲柳之慕、懷仰之暮

《續高僧傳》卷十五《慧休傳》："見住慈潤，爽健如前，四衆懷蒲柳之慕，猶執卷諮謀。"按，"懷蒲柳之慕"，麗本作此，資作"懷仰之暮"，磧、普、南、徑、清本作"懷仰蒲柳之暮"。"蒲柳"多比喻年老體衰。麗本的"懷蒲柳之慕"中"懷……之慕"的說法，乃是一個固定格式，爲"仰慕……"、"敬仰……"等義，由此，我們認爲"懷蒲柳之慕"的說法很是費解，不可取。同理，資本的"懷仰之暮"同樣不辭。

磧、普、南、徑、清本的"懷仰蒲柳之暮"可從。如此，則本句應當斷作："見住慈潤，爽健如前，四衆懷仰，蒲柳之暮，猶執卷諮謀。""蒲柳之暮"說的是其暮年，接下來說"猶執卷諮謀"，纔文從字順。

鄉閻：邦閻

《續高僧傳》卷十五《靈潤傳》："釋靈潤，俗姓梁，河東虞鄉人也。家世衣冠，鄉閻望族。而風格弘毅，統擬大方。"按，"鄉閻"，麗本作此，資、磧、普、南、徑、清本作"邦閻"。本書謂此當從麗本作"鄉閻"。關於故鄉的說法有很多，如：本鄉、故鄉，也能見到舊鄉，還有鄉邑、鄉邦、州鄉、鄉縣、鄉壤、鄉川、鄉里、鄉梓、鄉閻、鄉曲、鄉關，沒有"邦閻"的說法。

凝住：疑住

《續高僧傳》卷十六《菩提達摩傳》："謂理行也，藉教悟宗，深信含生，同一真性，客塵障故，令捨僞歸真，凝住壁觀，無自無他，凡聖等一，堅住不移，不隨他教，與道冥符，寂然無爲，名理入也。"按，"凝住"，金本作此，麗作"疑住"。當作"凝住"爲是。本例牽涉"壁觀"語詞的理解。"壁觀"，乃佛教大乘佛法修行的一種，後成爲禪宗推崇的參禪方式。《佛祖歷代通載》卷九徵引了本段文字，其文作："理入者。謂藉教悟宗。深信含生，同一直性。但爲客塵妄想所覆，不能顯了，若捨妄歸真，凝住壁觀……"（49/548a）

講律：講肆

《續高僧傳》卷十六《法常傳》："釋法常，高齊時人。領徒講律，有聲漳鄴，後講涅槃，并授禪數。齊主崇爲國師。"按，"講律"，金本作此，資、磧、普、南、徑、清本作"講肆"。我們將《續高僧傳》中的"領徒……"的結構進行類比看看。《續高僧傳》卷十《智凝傳》："唯凝一人，領徒弘法。"卷十四《智拔傳》："門人法長，後生穎萃，見住梵雲，領徒承業。"卷十七《慧思傳》："以齊武平之初，背此嵩陽，領徒南逝，高騖前賢，以希栖隱。"卷二十六《道英傳》："時河東道遜，高世名僧，祖習心道，素同學也。初在解縣，領徒盛講。"通過比勘文例，我們可以發現，"領徒"與銜接的都是謂詞性成分，成分中都有動詞。而本例如果從資、磧、普、南、徑、清本作"講肆"，"講肆"乃弘法之所，是名詞，不能滿足"領徒……"結構的句法要求，也就是不足句。此其一也。另外，在本句"領徒……有聲漳鄴"之後，接著說"後講涅槃"，那麼與"涅槃"相對的前文應當是佛法之部分，比較"肆"與"律"，我們認爲異文應當選取"律"。

總：搜；備：探

《續高僧傳》卷十七《慧命傳》："禪師德聲遠振，行高物表。攝受四依，因牧羊而成誦；負笈千里，歷龍宮而包括。故能內貫九部，㮺雪山之祕藏；外該七略，探壁水之典墳。"按，"㮺"，金本作此，資、磧、普、南、徑、清本作"總"，"㮺"，或"搜"的俗字。又"探"，資、磧、普、南、徑、清本作"備"。金本亦作"探"，《中華大藏經》校勘記識讀爲"探"，非是。我們看這個複句：就是說，金本用"搜……；探……"對文，而資、磧、普、南、徑、清用"總……；備……"對文。語義上二者皆可通順。本書以爲如以同句"內貫九部"與"外該七略"相對來看，也許作"總……；備……"更能體現它們各自前面一句的"貫"、"該"的詞義。

北面：地面

《續高僧傳》卷十七《智顗傳》："年十有八，投湘州果願寺沙門法緒而出家焉。緒授以十戒，導以律儀，仍攝以北度詣慧曠律師，地面橫經，具蒙指誨。"按，"地面"，資、磧、普、南、徑、清本作"北面"。本例應當首先解決"橫經"。"橫經"當請教、求學之意，在佛典中出現的頻率還是比較高的，如：《續高僧傳》卷十四《道宗傳》："宗率其部屬三百餘人，橫經承旨，初不覺倦。"《唐護法沙門法琳別傳》卷上："法師諱法琳，俗姓陳氏，潁川郡人，仲弓之後也。遠祖隨宦徙寓襄陽。幼齒抽簪，情敦博物。遂乃金陵楚郢負帙問津，孔肆釋筵橫經訪道。"（50/198b）但我們千萬不要以爲帶有"經"的就是佛教語詞，這個"橫經"在中土文獻中出現的頻率同樣是非常高的。如：《全梁文》卷四十四《吊劉文範文》："然其人自高，假使橫經擁尋，日夜掃門，曾不睹千仞之一咫，萬頃之涓滴，終於對面萬古，莫能及門，故以此弭千載之恨。"《陳書·周弘正傳》："太子以弘正朝廷舊臣，德望素重，於是降情屈禮，橫經請益，有師資之敬焉。"《北齊書·儒林傳》："幸朝章寬簡，政綱疏闊，遊手浮惰，十室而九。故橫經受業之侶，遍於鄉邑；負笈從官之徒，不遠千里。"但是，《漢語大詞典》沒有收錄這樣一個語詞。與此可以形成對照的是，《漢語大詞典》收錄了"擁尋"這個經常和"橫經"同時出現在同一語境中的一個對子。看《漢語大詞典》的收錄情況。

【擁箒】亦作"擁篲"。①遮蔽掃箒。《禮記·曲禮上》："凡爲長者糞之禮，必加箒於箕上，袂拘而退，其塵不及長者。"漢鄭玄注："謂掃時也，以袂擁箒之前，掃而卻行之。"②同"擁篲"。南朝梁何遜《七召》："心絕內戰，事無外慾，橫經者比肩，擁箒者繼足。"參見"擁篲"。

【擁篲】亦作"擁彗"。①執箒。箒用以掃除清道，古人迎候賓客，常擁篲以示敬意。《史記·孟子荀卿列傳》："〔騶子〕如燕，昭王擁彗先驅，請列弟子之座而受業。"《漢書·高帝紀下》："後上朝，太公擁彗，迎門卻行。"《史記·高祖本紀》作"擁篲"。唐李白《行路難》詩之二："君不見昔時燕家重郭隗，擁篲折腰無嫌猜。"

"橫經"的詞義爲請教，那麼前面與之搭配的語詞顯然應當是"北面"纔對。

風寒：遮羞

《續高僧傳》卷二十《慧熙傳》："一身獨立，不畜侍人，一食而止，不受人施。有講便聽，夜宿本房，但坐床心，兩頭塵合，自餘房地，惟有一蹤，餘並莓苔青絮，衣服弊惡，僅免遮羞。冬則加衲，夏則布衣，以冬破衲，懸置梁上。"按，"遮羞"，金本作此，資、磧、普、南、徑、清本作"風寒"。"遮羞"與"風寒"文字差別懸殊，不可能是字形訛誤。破解這樣的難題，還是需要據理不據形。與這個異文搭配使用的是"僅免"，"僅免"不是一個詞，其意當是僅僅能夠免於……類似的用法我們看中土文獻的例子：傅咸《喜雨賦》（《全晉文》卷五十一）："歷稔九七，僅免斯害。"《宋故散騎常侍護軍將軍臨澧侯劉使君墓誌》（《全宋文》卷六十）："弱冠，拜秘書郎。逮二凶肆禍，人倫道消。君身離幽執，僅免虎口。"這個"免"，不是"勉強"的"勉"，所以後面與之搭配的決不可能是"遮羞"，如果是僅僅能免於遮羞，豈不是裸體示人了嗎？顯然荒誕不經。故此，本書認爲應當作"風寒"，"僅免風寒"意謂祇是遮風擋寒而已，纔並無奢求。這樣纔符合佛經的教義與戒律的要求。

排抵：排拉

《續高僧傳》卷二十二"論"："見奉律者輕爲小乘，毀淨戒者重爲大道。便引黃葉是真金之喻，木馬非致遠之能，訶折排拉，如捐草土。皆由行缺於身，塵染綱領，恥己不逮於清達，慢己有累於嚴制。"按，"排拉"，金本作此。資、磧、普、南、徑、清本作"排抵"。"訶折"，詞責折服。"排拉"或"排抵"義近，打壓也。或許應當作"排抵"，排，抵也，二者同義。《一切經音義》卷一："排空：敗埋反。顧野王云：排，抵也。"之所以寫成"拉"，蓋因"抵"的俗字又有扻、扺、扻、扟等字形，易於和"拉"發生訛誤。

譽：舉

《續高僧傳》卷二十四《曇無最傳》："最學優程舉，繼乎魏史。藉甚騰聲，移肆通國。遂使達儒朝士降階設敬接足歸依。佛法中興惟其開務。後不測其終。"按，"舉"，金本作此，資、磧、普、南、徑、清本作"譽"。"程舉"、"程譽"的說法都非常稀見，難有可供比勘的材料，但我們知道"稱"有呈現、表現的意思。《文選·張衡〈南都賦〉》："致飾程蠱，便紹便娟。"李善注引《廣雅》："程，示也。"後又有"程露"複合成詞，表示呈現、顯示義，如：李商隱《唐容州經略使元結文集後序》："剗餘斬殘，程露血脈。"後世還可以見到此類與"程"搭配使用的例子，亦可以作爲本例的輔證，宋葉適《上西府書》："則又在篤意以求之，平心以思之，人效其說，士程其技，則無遺矣。"如是，我們認爲應當從資、磧、普、南、徑、清本作"譽"。

洮溷：掏掘、挑掘

《續高僧傳》卷二十三《靜藹傳》："忽降虎來前掊地而去，及明觀之，漸見潤濕，乃使掏溷，飛泉通注。從是遂省下澗，須便挹酌。今錫谷避世堡虎掊泉是也。"按，"掏掘"，金本作此，資、磧、普、南、徑、清本作"挑掘"。《法苑珠林》卷九十六"感應緣"徵引了《靜藹傳》的記載，其文："忽降虎來前爬地而去，及明觀之，漸見潤濕，使人扯掘，飛泉通涌。從是已來遂省挹酌。今錫谷避世堡虎爬泉是也。"麗本作"扯"，磧、南本作"洮"，徑、清本作"淘"，"扯"即"挑"。《一切經音義》卷九十四音《續高僧傳》本卷："掐溷：上討刀反。傳文從水作洮。孔注《尚書》云：洮，洗手也。非本義，今不取。掐，《左傳》云：左旋左掐。……《字書》：溷，攪，令濁也。《蒼頡篇》云：水通貌。治水之溷又作汩。《爾雅》云：汩，治也。賈逵注《國語》云：通其川也。

《廣雅》云：流也。《說文》：從水屈聲。……"如是，則傳文本應當作"洮淈"。

但絓是：伹經是、但並是、但經是

《續高僧傳》卷二十五《法琳傳》："于時達量道俗動豪成論者非一，各疏佛理，具引梵文，委示業緣，曲垂邪正。伹經是奕之所廢。豈有引廢證成？雖曰破邪，終歸邪破。"按，"伹經是"，金本作此，資、磧、普、南、徑、清本作"但並是"，麗作"但經是"。金本的"伹經是"應當與麗本的"但經是"同。"伹"乃"但"之訛。此段文字同樣被當時及後世一些文獻所徵引，如：《集古今佛道論衡》卷三："于時達量道俗動毫成論者非一，各疎佛理，曲陳邪正。琳閱衆辭，多引經教，琳因謂衆人曰：'此引皆是奕之所廢，豈得引廢證成？雖曰破邪，終歸邪破。'"（52/380a）《開元釋教錄》卷八："于時達量道俗動毫成論者非一，各疎佛理，具引梵文，委示業緣，曲垂邪正。但竝是奕之所廢。豈有引廢證成？雖曰破邪，終歸邪破。"（55/554b）《貞元新定釋教目錄》卷十一："于時達量道俗動毫成論者非一，各疏佛理，具引梵文，委示業緣，曲垂邪正。但是奕之所廢。豈有引廢證成。雖曰破邪終歸邪破。"（55/854a）按，《集古今佛道論衡》例，麗本作此，資、磧、普、南、徑、清本無"琳閱衆辭多引經教琳因謂衆人曰此引"十六字，而有了這樣十六個字，我們感覺語義豁然明了。本例使用了"皆是"一詞。《開元釋教錄》例，使用了"但竝是"，用"竝是"來替換"經是"。《貞元新定釋教目錄》例，刪除了"經"，直接使用"但是"代替原來的"但經是"。我們在此前的研究中已經證明了佛典中一些地方使用的"經是"應當是"絓是"的訛誤，乃總括副詞①，本例恰是這樣。幾處的異文應當這樣來理解：《續高僧傳》卷二十五《法琳傳》金本、麗本的"但經是"應當是"但絓是"，金本、麗本保存了較原始的、可信的文字形體，資、磧、普、南、徑、清本作"但並是"是以後世易於理解的語詞替換了其不明了的語詞；《集古今佛道論衡》卷三以及《開元釋教錄》卷八用了同義詞進行了替換；《貞元新定釋教目錄》卷十一因爲不明所以，乾脆直接刪除了"經"。

---

① 王紹峯：《中古總括副詞"絓是"》，《古漢語研究》2006年第1期。

接：妾

《續高僧傳》卷二十六《圓通傳》："鄴東夏坊有給事郭彌者，謝病歸家，養素閭巷。洽聞內外，慈濟在懷。先廢老僧，悉通收養。宅居讀誦，忽聞有扣門者，令婢看之。見一沙門執錫擎鉢云：'貧道住鼓山竹林寺，逼時乞食。'彌近門聲接，乃遙應曰：'眾僧但言乞食，何須詐聖？'身自往觀，四尋不見，方知非常人也，悔以輕肆其口，故致聖者潛焉。"按，"接"，金本作此，資、磧、普、南、徑、清本作"妾"。這個異文的關鍵在於弄清該事件的參與者。扣門沙門是一方，郭彌是一方，婢女是參與者。主角當然還是郭彌。聽到扣門聲的是郭彌，派婢女去看的是郭彌，遙應的是郭彌，當然，身自往觀隨即悔以輕肆其口的也是郭彌，所以"近門聲接"是郭彌。如果作"妾"，祇能是婢女的自稱，顯然與本段的文義不合。"聲接"，當即聞聲、聽到言語聲音的意思。與此可相比較的是"接聲"。《集古今佛道論衡》卷四："李榮更無難，乃嘲曰：'僧頭似彈丸，解義亦團欒。'褒接聲曰：'今一彈彈黃雀，已射兩鵷鶵，彈彈黃雀足，射射鵷鶵腰。'"（52/390c）

羌（差）難：尤難

《續高僧傳》卷三十《德美傳》："如斯雜行，其相紛綸，即目略舒，羌難備舉。"按，"羌難"，金本作此，資、磧、普、南、徑、清本作"尤難"，麗作"差難"。"羌"應當就是"差"字，"差"的俗字形體有"羌"、"荖"（見《碑別字新編·差字》）①，祇不過構形部件變成了"ム"，這樣金本的異文與麗本的異文便統一了，這個"差"就是奇、異的意思，語義上與資、磧、普、南、徑、清本"尤難"也可以統一起來了。大概是資、磧、普、南、徑、清諸本的書手們感覺"差難"費解，而改用了當時比較易於理解的"尤難"了。

到：禱

《續高僧傳》卷二十六《超達傳》："又僧明道人，爲北臺石窟寺主。魏氏之王天下也，每疑沙門爲賊，收數百僧互繫縛之，僧明爲魁首。以繩急纏，從頭至足，剋期斬決。明大怖，一心念觀音，至半夜，覺纏小寬，私心欣幸，精到彌切。及曉，索然都斷，既因得脫逃逸奔山。明旦

---

① 秦公輯：《碑別字新編》，文物出版社1985年版，第118頁。

獄監來覓不見，惟有斷繩在地，知爲神力所加也。"按，"到"，金本作此，資、磧、普、南、徑、清本作"禱"。應當作"到"，"精到"，言用心至到也。例如：《歷代三寶紀》卷十："頃之又夢神人告曰：君以弘經精到之力，於後必當得見佛也。"（49/90a）《續高僧傳》卷十七："山民爲之起寺，三處交絡，四方聞造，欣斯念定，而莫堪其精到。"《集神州三寶感通錄》卷中："見像淚下若泉，即稽首禮謝，深自咎責，登設大會，倍更精到。"（52/418a）此外，《法苑珠林》卷十三："東晉周玘，字宣珮，義興陽羨人，晉平西將軍處之第二子也，位至吳興太守，家世奉佛，其女尤甚精到。""到"，麗本作此，資、普、徑、宮本作"進"。我們認爲此亦不當作"進"而應當作"到"，道世這個材料應當採自道宣的《集神州三寶感通錄》，《集神州三寶感通錄》卷中："東晉周玘，字宣佩，義興陽羨人，晉平西將軍處之第二子也，位至吳興太守，家內奉佛，其女尤甚精到。"（52/416b）原始出處既然是作"到"，徵引沒有必要改作"進"。

周睇：同睇

《續高僧傳》卷二十三《智首傳》："故得諸部方駕於唐衢，七衆周睇於貞觀者，首之力矣。"按，"周"，金本作此。資、磧、普、南、徑、清本作"同"。本書以爲也許作"周"是。此外，佛典中還出現四例，其中《新脩科分六學僧傳》卷十七乃徵引《高僧傳》卷五《法和傳》的例子，不能說明什麼問題。也就是說，加上本例，在佛典中出現四個例子，其他三個例子如下：《高僧傳》卷五《法和傳》："與安公共登山嶺，極目周睇。"《續高僧傳》卷十六《僧稠傳》："余以貞觀初年陟茲勝地，山林乃舊，情事惟新。觸處荒涼，屢興生滅之歎；周睇焚燼，頻喧黍離之非。傳者親閱行圖，故直敘之於後耳。"卷四《玄奘傳》："又東北千餘里至室羅伐悉底國，即舍衛舍婆提之正名也。周睇荒毀，纔有故基，斯匿治宮須達故宅，趾墉存焉。"《一切經音義》卷九十一："周睇：下音悌。《古今正字》云：傾視也。"按，這是慧琳對《續高僧傳》卷四的音義，此乃取"周睇"而非"同睇"的最爲重要的證據之一。這是道宣說明自己親見的情況。這樣的四個例子還都出現在僧傳中，我們認爲，既然是中土高僧寫作的作品中出現的用法，應看作一個詞語。"周睇"義同"四睇"，也就是四面環顧、四處張望的意思。

寒俊：騫俊

《續高僧傳》卷一《寶唱傳》："乃更置五館，招引寒俊。"按，"寒"，麗藏本作此，資本、磧本作"騫"。本書謂作"寒"是。"寒俊"乃寒士俊士也。《大唐内典錄》卷四："國學生數有限，兼又隔以貴賤，帝每欲招來後進，備斯善誘，故別置立五館博士以引寒俊。"（55/267a）《舊唐書·元超傳》："元超既擅文辭，兼好引寒俊，嘗表薦任希古、高智周、郭正一、王義方、孟利貞等十餘人，由是時論稱美。"

綏緝：綏縖、綏輯

《續高僧傳》卷一《曇曜傳》："住北臺昭玄統，綏絹僧衆，妙得其心。"按，"絹"，麗本作此，《大正藏》隸定作"縖"，誤。普、南、徑、清本作"輯"。本書以爲此字當是"緝"，此與"綏"同義。本卷《法泰傳》"綴緝經論"之"緝"，麗藏本即寫作"絹"，字形與本處相近。"綏緝"連言，《續高僧傳》多有用例：卷十五"論"："又置昭玄十統，肅清正法，使夫二百萬衆綏緝無塵法，上一人誠有功矣。"卷十九《法藏傳》："綏緝少達，無替所臨。"卷二十二《慧光傳》："初在京洛任國僧都，後召入鄴，綏緝有功，轉爲國統。"

關：開

《續高僧傳》卷二《彥琮傳》："安公又云：'前人出經，支讖世高，審得胡本，難繼者也；羅叉支越，斵鑿之巧者也。竊以得本開質，斵巧由文。"按，"開"，金本作此，資、普、徑、宮本作"關"。按，或許作"關"是。"得本關質"句義更明了。下文的"由"與此對文，似乎也可以證明這一點。"關"、"由"同義。

竊：窮

《續高僧傳》卷二《彥琮傳》："其所宣出，窮謂分明。"按，"窮"，金本作此，資、普、徑、宮本作"竊"。本書謂作"竊"是，因爲上文有言："竊以得本開質，斵巧由文"，這樣，下文的說法正是繼承上文而來。

畫：書、盡

《續高僧傳》卷六《僧密傳》："下才在事未能賞重，潛相讒構於竟陵王。密不敘濁清，任其書罪。"按，"書"，金本作此，資、普、徑本作"盡"，宮本作"畫"。本書謂當作"畫"，此乃構罪義。"構"、"畫"義一也。

焚蕩：焚揚

《續高僧傳》卷八《曇延傳》："吾亡後，以我此身且施禽狩，餘骸依法焚揚，無留殘骨以累看守。"按，"揚"，金本作"蕩"，資磧普南徑清麗等諸本皆作"揚"，但在大藏經其他處多見"焚蕩"，本句下文有"無留殘骨以累看守"，似乎不宜理解爲"揚"。也許應當是"蕩"的訛誤。關於"蕩"的解釋見本書第三章第二節"懺蕩、灰蕩"條。

疾：疨、次；塊：由

《續高僧傳》卷九《靈裕傳》："年十五潛欲逃世，會丁父艱，便從世疾，苫塊縈轉，杖而能起，服畢厭俗。"按，"疾"，資、磧、普、麗本作"疾"，金本作"疨"，南、徑、清本作"次"；"塊"，宮本作"由"。本書謂：①"疾"可從，漢語史上有"世病"一詞，乃時弊義，此句後文有"服畢厭俗"，則這些儒家的孝禮在釋門看來，應當屬於時弊一類的，但是，儘管如此，靈裕還是按照傳統的俗家的禮儀爲父親守孝了。"疨"、"次"都是"疾"的訛誤。"疨"與"疾"的字形相近，常會出現訛誤現象。《南海寄歸內法傳》卷"第二十二尼衣喪制"："曾聞有靈裕法師不爲舉發、不著孝衣，追念先亡，爲修福業。京洛諸師亦有遵斯轍者，或人以爲非孝，寧知更符律旨。"按，義淨所聞也能反過來證明前面的異文應當是"世疾"。②"塊"可從，"由"當"凷"的訛誤。《禮記·喪大記》："父母之喪，居倚廬，不塗，寢苫枕凷。"① 依《經典釋文》說法，"凷"本字，"塊"或體。

勵格：勵俗

《續高僧傳》卷九《靈裕傳》："及所住房由來禁約，不令登踐，斯勵格後代之弘略也。"按，金本作"又裕勵"，麗本作"勵俗"，資、磧、普、南、徑、清本作"勵格"。"勵格"可從。麗本"勵俗"當是"勵約"的訛誤。"約"、"格"義同。《華嚴經傳記》卷二《靈裕傳》："女人尼衆，誓不授戒，及所住房，不令登踐。斯勵格後代之弘略也。"（51/160c）

雄憨：雄敏

《續高僧傳》卷十一《普曠傳》："果敢雄敏，衆所先之。"按，"雄

---

① （清）孫希旦：《禮記集解》，中華書局1989年版，第1170頁。

敏"，麗本作此，資、磧、普、徑、清本作"雄憨"。《一切經音義》卷九十三"《音續高僧傳》卷十一"："雄憨：呼濫反，《玉篇》引《毛詩傳》：憨，愚也。從心，敢聲。"據《一切經音義》，此應當從資、磧、普、徑、清本。

碑德：裨德

《續高僧傳》卷十一《吉藏傳》："時屬炎熱，坐於繩床，屍不催臭，加趺不散。弟子慧遠樹續風聲，收其餘骨，鑿石瘞於北巖，就而裨德。"按，"裨德"，麗本作此，磧、普、南、徑、清本作"碑德"。本書以爲或許應當作"碑德"。《續高僧傳》卷十九《智滿傳》："即以其月十二日旋殯於龍山童子谷中，立塔碑德。"《三論玄義誘蒙》卷上徵引了《吉藏傳》，其文字作"就而碑德"或許也可以作爲證據。"碑德"即立碑表德、立碑頌德的縮略：《唐太宗於行陣所立七寺詔》（見《廣弘明集》卷二十八）："右七寺並官造，又給家人車牛田莊，並立碑頌德。"（52/329a）《大唐內典錄》卷五："立碑表德，以光帝業。"（55/280c）另外，"催"，麗本作此，資、普、徑、宮本作"摧"。作"摧"義更長，摧，壞、朽也。若作"催"，解釋爲"迅疾"等，似乎不太妥當。

相擊：相繫

《續高僧傳》卷十二《慧覺傳》："騁馳衆妙，得自匈襟，宗匠加賞，相擊稱爲法器。"按，"擊"，麗本作此，資、磧、普、南、徑、清本作"繫"。本書謂作"擊"是。漢語史上有"擊賞"一詞，乃擊節讚賞之義，這裏的"加賞相擊"義同之。《佛祖統紀》卷十五："大慧居徑山，往咨心要，嘗令師舉境觀之旨，必擊節歎賞。"（49/228b）《弘明集》卷二："孟軻擊賞於曩鍾，知王德之去殺矣。"（52/13c）又有"擊贊"，《續高僧傳》卷十六《信行傳》："自結徒侶，更立科網，返道之賓，同所擊贊。""擊"，資、磧、普、南、徑、清本作"擊"。本例同樣作"擊贊"是。卷十《淨願傳》："更相擊贊，令響彌遠。"卷四《玄奘傳》："自爾朝宰英達咸申擊贊。"

聲績：聲類、聲繢

《續高僧傳》卷十二《慧遷傳》："聲類攸陳。"按，"類"，麗本作此，資本作"續"，磧、普、南、徑、清本作"繢"。作"繢"是。《關中創立戒壇圖經》"大唐乾封二年四月朔日荊南渚宮沙門釋無行戒壇舍利贊"："奇光昭晣，嘉瑞攸陳。"（45/818c）根據以上文例"……攸陳"分析，"聲類"應當是"聲續"，"嘉瑞"可以看作與"聲續"同類，"聲"、"續"同義連言，皆聲名也。

清素：請素

《續高僧傳》卷十三《神素傳》："大業四年，傑公停講。學門清素，接軫相尋。"按，"清"，麗本作此，資、磧、普、南、徑、清本作"請"。《續高僧傳》卷二十八《法顯傳》："兼以簡約清素，華貴傾屬。"卷二十《慧斌傳》："容質清素，挺異恒倫。"卷七《亡名傳》："並文多清素，語恒勸善，存質去華，不存粉墨。"

昂形：早形

《續高僧傳》卷十四《智琰傳》："秀氣貞心，昂形瞻視。"按，"早"，金本作此，南、徑、清本作"昂"。本書謂此必"昂形"。《一切經音義》卷九十三音《續高僧傳》卷十四："昂形：上我岡反。案，'昂形'即昂藏，丈夫之稱也。《說文》云：從曰卬聲，《字書》從卩旁作昂，卬音。"

自屬：目屬

《續高僧傳》卷十五《法敏傳》："以所舉者並門學有聲，言令自屬。"按，"自"，麗本作此，資、磧、普、南、徑、清本作"目"。作"自屬"是。屬，屬意；自屬，乃縱自己之情懷，合於自己之衷心之意也。《集古今佛道論衡》卷丁："李榮又轉語云：'何意喚我爲李王？'因言：'大唐天子故是李王。'靜泰云：'汝此語爲自屬耶爲屬帝耶？如其自屬，爾是何人?! 如其屬帝，言王非帝。'"（52/392b）《新唐書·李林甫傳》："及帝將立太子，林甫探帝意，數稱道壽王，語秘不傳，而帝意自屬忠王，壽王不得立。"

不群非類：不郡非類

《續高僧傳》卷十五《法常傳》："少踐儒林，頗知梗概，而厭其誼雜，情欣出家。奉戒自守，不郡非類。"按，"郡"，麗本作此，資、普、徑、宮本作"群"。作"群"是，"不群非類"即不與志趣不投的人往來。《續高僧傳》卷三十《德美傳》："潔然自屬，不群非類。"

光價：先價

《續高僧傳》卷十五《靈潤傳》："爾後譽傳光價，衆聚相從。"按，

"光"，麗本作此，磧、普、南、徑、清、宮本作"先"。此當作"光"，"光價"他處多見。《續高僧傳》卷四《玄奘傳》："譯經雖位在僧，光價終憑朝貴。"卷二十二《靈藏傳》："禮讓崇敦，光價朝宰。"《集古今佛道論衡》卷丁："聲華崇盛，光價逾隆。"（52/391a）

立性：立情

《續高僧傳》卷十五《道洪傳》："緝諧理事，允副朝委，立性清愨，無競榮辱。"按，"性"，麗本作此，資、磧、普、南、徑、清本作"情"。以《續高僧傳》的文例，應當作"立性"，除本例外，"立性"在《續高僧傳》中共出現 21 例，僅舉卷十五中的用例以說明之。《續高僧傳》卷十五《慧璿傳》："惟璿立性虛靜，不言人非。"同卷《智徽傳》："立性勤恪，樂理僧務。"同卷《行等傳》："服章粗素，立性鏗卓。"同卷"論"："沙門靈裕，行解相高，內外通贍，亦當時之難偶也，然而立性剛毅，峭急不倫。"

嗟賞：嗟貴

《續高僧傳》卷十六《僧副傳》："梁高素仰清風，雅爲嗟貴。"按，"貴"，金本作此，資、磧、普、南、徑、清本作"賞"。應當作"賞"。《高僧傳》卷六《僧肇傳》："後羅什至姑臧，肇自遠從之，什嗟賞無極。"《續高僧傳》卷二十三《慧璡傳》："聽榮攝論大悟時倫，即而講說，嗟賞者衆。"卷三十一《真觀傳》："素大嗟賞。"

道味：道未

《續高僧傳》卷十六《僧稠傳》："創開歸戒，奉信者殷焉。燕趙之境，道未通被，略無言血食。"按，"道未"，金本作此，資、磧、普、南、徑、清、宮本作"道味"。本書謂此句應當讀作"道味通被，略無血食"纔符合佛教的意旨。《續高僧傳》卷九《道莊傳》："煬帝初臨，以莊留連風雅，道味所流，賜帛五百段，氈四十領。"卷二十三《智首傳》："欲早服道味，濡沫戒宗。"

允請：元請

《續高僧傳》卷十六《僧稠傳》："稠居山積稔，業濟一生，聞有勅召，絕無承命，苦相敦喻，方遂元請，即日拂衣將出山闕。"按，"元"，金本作此，資、磧、普、南、徑、清、宮本作"允"。作"允"是。《法苑珠林》卷八十四"齊沙門釋僧稠感應緣"："稠居山積稔，業濟一生，聞有勅召，絕無承命，苦相敦喻，方遂允請。即日拂衣將出，山關兩岫，忽然驚震，響聲悲切，駭擾人畜，禽獸飛走。如是三日。"①

頂暖身軟：頂暖身煗

《續高僧傳》卷十七《慧思傳》："頂暖身軟，顏色如常。"按，"軟"，金本作此，徑、清本作"煗"。按，"頂暖身軟"可從。徑、清本的異文應當是從"輭"而來的。《續高僧傳》卷三十一《真觀傳》："不覺已滅逝於衆善之舊寺，從子至午，心頂俱煗，身體柔軟，顏色不變，右手內掘三指。"在佛家那裏，身體柔軟乃健康的表示，與其相反的則是"堅強"，義淨《南海寄歸內法傳·受齋軌則》："又五天之人，不食諸齏及生菜之屬，由此人無腹痛之患，腸胃和軟，亡堅強之憂矣。"《根本薩婆多部律攝》卷八："爲寒熱故，開皮革屣。若有棘刺沙礫之處，底應二重，足柔軟者不令生苦，乃至六重過便不合。"（24/571b）《根本說一切有部毗奈耶雜事》卷十五："佛令釋子家別一人得出家已，床無承足，臥不安寧。然彼先時支體柔軟，所臥之物，悉皆華麗。"（24/275a）"堅強"大概就算是跟病患差不多了，"和軟"、"軟"當然就是健康舒適。

塔然：坦然、翕然

《續高僧傳》卷十七《智顗傳》："見梵僧一人擎爐直進，問王所苦，王流汗無答，乃遶王一匝，坦然痛止。"按，"坦"，金本作此，資、磧、普、南、徑、清本作"翕"，宮本作"塔"。或許作"塔"是，"塔"也就是"塌"。此可與《庖丁解牛》所言相比附，"塌然"，立刻，本例言其止疼非常快。《隋天台智者大師別傳》："即覺搭然痛惱都釋。"（50/194a）這個"搭然"顯然也應是"塔然"，《大正藏》應該是將手寫字形隸定轉楷書時出現了錯誤。

請瑞：祥瑞

《續高僧傳》卷十八《曇遷傳》："乃令詣岐州鳳泉寺起塔，晨夕祥瑞，以沃帝心。"按，"祥瑞"，麗本作此，資、磧、普、南、徑、清本作"請瑞"。以句式的要求來說，這裏也應當是個"請"，否則沒有了謂語。《續高僧傳》卷二十八《曇觀傳》："州民禽巨海者，患瘂六年，聞舍利

---

① 周叔迦、蘇晉仁校注本第 2428 頁斷作："即日拂衣，將出山關，兩岫忽然驚震……"本書謂或當點作："即日拂衣將出，山關兩岫忽然驚震……"

至，自書請瑞，見本一粒，分爲三分，色如黃金，乍沈乍舉。"卷二十八《僧蓋傳》："南鄉縣民多業屠獵，因瑞發心，受戒永斷。"又，"感瑞"大概可以與此相對。《釋迦方誌》卷下"遊履篇第五"："及顯宗之感瑞也，創開仁化之源，奉信懷道，自斯漸盛。"《續高僧傳》卷十一《法侃傳》："仁壽二年，文帝感瑞，廣召名僧，用增像化。"

肥充：肌充

《續高僧傳》卷十八《真慧傳》："大業元年，餌黃精（麗本作此，資、磧、普、南、徑、清本作"黃菁"），絕粒百日，檢校教授，坐禪禮懺，不減生平。後覺肥充，恐有學者，便休服餌。"按，"肥充"，麗本作此，資本作"肌充"。"肥"，麗本原卷實寫作"肥"，這是"肥"十分常見的手寫異體，本書謂作"肥充"是。"肥充"乃體肥肉充、肥胖義，漢語史上習見，初唐佛典亦多有用例，如：義淨譯《根本說一切有部毗奈耶》卷二十七："具壽目驗肥充，容色光澤，准知飲食定是易求。"（23/774a）《根本說一切有部毗奈耶破僧事》卷十："我曾於昔在不定聚行菩提薩埵行時，中在牛趣，爲大特牛，每於夜中，遂便於彼王家豆地隨意飡食，既其旭上，還入城中自在眠臥。時有一驢來就牛所而作斯說：'大舅，何故皮膚血肉悉並肥充？'"（24/151a）

百齡：有齡

《續高僧傳》卷十八《智通傳》："推有齡於倉卒之間，畢一世於遑忙之際，內無所措，外無所恃，則長劫冥沒，亦奚能自返。悲夫！"按，麗本作"推有齡"，資、磧、普、南、徑、清本作"摧百齡"。作"百齡"是，"百齡"即一百年，下句對文"一世"可證。《宋高僧傳》卷二十六《慧雲傳》："百齡有限，四相交遷。"

清穆：精穆

《續高僧傳》卷十八《洪林傳》："少履釋門，稟受清化，率志都雅，言晤精穆。"按，"精"，麗本作此，資、磧、普、南、徑、清本作"清"。作"清穆"是。《高僧傳》卷七《竺道生傳》："年至具戒，器鑒日深，性度機警，神氣清穆。"《續高僧傳》卷二十三《慧璀傳》："晚又下令徵入普光，綱理僧倫，大小清穆。"卷二十九《大志傳》："顒睹其形神灑落，高放物表，因名爲大志。禪誦爲業，苦節自專，四方名所，無遠必造，而言氣清穆，儀相貞嚴。"卷七《法朗傳》："故能言氣挺暢，清穆易曉。"卷十三《慧因傳》："清穆僧倫，事等威權。"

堅白：堅自

《續高僧傳》卷十九《智滿傳》："其堅白持微爲若此也。"按，"白"，金本作此，資、磧、普、南、徑、清、宮本作"自"。作"白"是。《論語·陽貨》："不曰堅乎，磨而不磷；不曰白乎，涅而不緇。"後因以"堅白"形容志節堅貞，不可動搖。《續高僧傳》卷十四《慧持傳》："隋末避難往越州住弘道寺，常講《三論》、《大品》、《涅槃》、《華嚴》、莊、老，累年不絕，立志堅白，書翰有聞。"《北山錄》卷七："非堅白之可離（取捨適時，進退從權，非如磨而不磷方曰堅乎？涅而不淄方曰白乎？）。"（52/615c）

齊蹤：齋蹤

《續高僧傳》卷二十《道昂傳》："歲積炎涼，齋蹤上伍。"按，"齋"，金本作此，資、普、徑、宮本作"齊"。此應當作"齊"，"齊蹤"乃"比肩"等義，後世《華嚴經傳記》卷三《道昂傳》對此的引文有證明作"歲積炎涼，齊蹤上位。"（51/162c）《出三藏記集》卷七"首楞嚴三昧經注序第九"："靈鑒與玄風齊蹤，員神與太陽俱暢。"道安《二教論》（見《廣弘明集》卷八）："抗志與夷皓齊蹤，潔己與嚴鄭等跡。"（52/143a）又，"上伍"不辭，在《大正藏》中都祇檢索到本例一個例子，"上伍"應當是"上位"之訛。

飄清：飄潰

《續高僧傳》卷二十《志超傳》："下望百尋，上臨千仞，泉石結韻於仙室，風雨飄清於林端。"按，"清"，金本作此，資、磧、普、南、徑、清本作'潰'。前有"泉石結韻"，此句有"風雨飄清"，作"清"更宜。

馴擾：馴擾、馴遽

《續高僧傳》卷二十二《覺朗傳》："又感黃雀一頭，飛迫於人，全無怖懼，馴擾佛堂，久便自失。"按，"擾"，金本作此，資、磧、普、南、徑、清本作"遽"。《漢語大詞典》收錄了"馴擾"而沒有"馴遽"："馴擾：①順服；馴伏。②使順服；使和順。""馴擾"一詞在《續高僧傳》中還有用例，如《續高僧傳》卷六《慧約傳》："故使虪虞群於兕虎，鳬鷖狎於鷹鸇，飛走騰伏，自相馴擾。非夫仁澤潛化，孰能如此者乎？"

卷二十九《法誠傳》："鳥又飛來，如前馴擾。"卷十《靈璨傳》："初建塔將下，感一雄雉集於函上，載飛載止，曾無驚懼，與受三歸，便近人馴擾（按，資、磧、普、南、徑、清本作'遶'），似如聽受。"在後來的"音義"作品中也有相近的詞，如《一切經音義》卷七十六："馴馴：似均反。《廣雅》：馴，擾也，馴，善也，亦從也。《說文》謂養野鳥獸使服謂之馴也。"本書謂這個"馴擾（遶）"應當取"馴擾"。清王念孫《廣雅疏證》卷一上："擾馴者，《說文》：擾，牛柔謹也；馴，馬順也。《玉篇》'擾'字注云：'《尚書》：擾而毅。字如此。'""馴擾"、"擾馴"同義語素複合，位置顛倒而已。①

卜：十

《續高僧傳》卷二十四《曇無最傳》："孔氏三備卜經，佛之文言出在中備。"按，"卜"，金本作此，資本作"十"。此當作"卜"，此事亦見《廣弘明集》。《元魏孝明召佛道門人論前後》（見《廣弘明集》卷一）："案孔子有三備卜經，謂天地人也。佛之文言出在中備，仁者早自披究，不有此迷。"（52/100c）

構難：講難

《續高僧傳》卷二十四《道安傳》："命章設問，遂往還迄暮，竟不消文。明旦又問，講難精拔。"按，"講"，金本作此，資磧普南徑清本作"構"。前面已經說了"命章設問"，下面的描述，也都是辯難的場景，應當作"構難"。《續高僧傳》卷七《慧布傳》："故詮之解難，聽者似解而領悟猶迷，及依言領通，而構難疏略，致使談論之際每有客問，必待布而爲答。"《隋天台智者大師別傳》："興皇法朗盛弘龍樹，更遣高足構難累旬。"（50/192c）

設敬：設教

《續高僧傳》卷二十五《明贍傳》："時以贍爲道望衆所推宗，乃答

---

① "馴擾"一詞在《宋高僧傳》一書中也多見，中華書局1987年范祥雍點校本"馴擾"、"馴遶"兩見，應當屬於失校。《宋高僧傳》卷十《道一傳》："自爾猛鷙毒螫，變心馴擾。"卷二十一《本淨傳》："淨居於穴側，其龍夭矯而出，變現無恒，遂呼召之而馴擾焉。"卷二十五《清虛傳》有"七鹿馴擾"；同卷《守素傳》有"貉子馴擾"。卷二十九《道齊傳》有"群鹿時時馴擾"。作"馴遶"例的，如：卷二《善無畏傳》："有白鼠馴遶，日獻金錢。"卷十九《惠忠傳傳》："嘗有虎鹿並各產子，馴遶入室。"

曰：'陛下必欲遵崇佛教，僧等義無設敬。若准制返道，則法服不合敬俗。"按，"設敬"之"敬"，金本作此，資、宮本作"教"。前文說"條制久頒，義須致敬"，則這裏說"設敬"是。從以下同樣記錄這個事件的明瞻的對答中可以看出應當作"設敬"是，彥琮《福田論》（見《廣弘明集》卷二十五）："時明瞻法師對曰：'陛下弘護三寶，當順佛言。經中不令拜俗，所以不敢違教。'"（52/280c）《隋煬帝勅沙門致拜事》（見《集沙門不應拜俗等事》卷二）："時興善寺沙門明瞻答帝曰：'僧等據佛戒，不合禮俗。'"（52/452b）

疏諸：流諸

《續高僧傳》卷二十五《慧乘傳》："諸（宮本作'請'。本書謂或是，'請'表敬副詞）廣遊都郡，疏諸耳目。"按，"疏諸"，麗本作此，金、資、磧、普、南、徑、清本作"流諸"。"都郡"，資、磧、普、南、徑、清本作"都鄙"。本書謂作"都鄙疏諸"或是。"都"、"鄙"，相對而言，指代四方也；若作"都郡"，則範圍限於都市，於前"廣遊"不能密合。"疏諸耳目"言開導、開也。《大唐內典錄》卷九："自慨不能靜坐思微，則須披讀經論，開決耳目。"（55/313a）《續高僧傳》卷二十九"論"："夫住持之相，其例乃多，包舉精博，要惟二種，道法弘世，則靜倒絕其生源，相法所持，則導昏開其耳目。"

甘蔗之栽：甘蔗之災

《續高僧傳》卷二十五《智實傳》："除甘蔗之災，拔空腹之樹。"按，"災"，金、麗本作此，他本無異文。本書謂此當作"栽"。陳真諦譯《阿毗達磨俱舍釋論》卷十一："佛復說言：'汝等應滅除甘蔗栽，拔棄空腹樹，簸卻無實穀。'"（29/236a）既然與下文的"樹"、"穀"對文，則此當作"栽"，"栽"，幼苗也。本例言使"法海無穢"，了除一切俗務、塵緣。

福沾：祐沾、祐怙

《續高僧傳》卷二十五《法琳傳》："澤被怨親以成大順，祐怙幽顯豈拘小違。"按，"祐怙"，金、麗本作此，資本作"祐沾"，磧、普、南、徑、清本作"福沾"。其實"祐沾"、"福沾"義同而字異而已，"祐怙"大概是字形相近而錯訛。如果根據道宣文獻的用詞習慣，大概應該作"福沾"的可能性更大一些。法琳《破邪論》卷下："澤被怨親以成大順，福沾幽顯豈拘小違。"（52/489b）《唐護法沙門法琳別傳》卷上同此，《問出家損益詔並答》（見《廣弘明集》卷二十五）："澤被怨親以成大順，福沾幽顯豈拘小違。"（52/283b）《集古今佛道論衡》卷丙、《開元釋教錄》卷八等皆作"福沾"。

勳毫：勳豪

《續高僧傳》卷二十五《法琳傳》："於時達量道俗勳豪成論者非一，各陳佛理，具引梵文。"按，"勳豪"，金本作此，麗本作"勳豪"，資、磧、普、南、徑、清本作"勳毫"。本書謂應當作"勳毫"。"勳毫"即動筆、寫作也。《唐護法沙門法琳別傳》卷上："于時達鑒君子，揮翰者彌多，契理名僧，勳毫者非一。"（50/199a）《集古今佛道論衡》卷丙："于時達量道俗勳毫成論者非一，各疏佛理，曲陳邪正。"（52/380a）

彌：爾

《續高僧傳》卷二十五《法琳傳》："流靡雅便，騰焰爾穆。"按，"爾"，金本作此，宮本作"彌"。若與"雅"對文，則作"彌"是。"雅"在中古即有"很"等程度副詞功能，時賢早已發之。下舉各例也能證明這個異文應當從"彌"。如：《高僧傳》卷六《慧遠傳》："體忘安而彌穆，心超樂以自怡。"後世對《法琳傳》的引文也能說明這一點：《開元釋教錄》卷八："流靡雅便，騰焰彌穆。"（55/555b）《貞元新定釋教目錄》卷十一："流靡雅便，騰焰彌穆。"（55/855a）

㦸（㦸）：躃

《續高僧傳》卷二十五《慈藏傳》："其一弟子又被鬼打，㦸死乃蘇，藏即捨諸衣財，行僧德施。"按，"㦸"，金本作此，資、磧、普、徑、麗本作"躃"。本書謂作"㦸"是，這個字其實就是"㦸"。《法苑珠林》卷六十四"感應緣"引用這個故事，但其文字作"其一弟子又被鬼打，幾死乃蘇。"《中華字海》："㦸：bì 音閉。（一）極。見《廣雅·釋詁》。（二）欲死的樣子。見《龍龕》。"另，頗疑這個"乃蘇"的"乃"或許應當是"及"，也就是上一句或許應當是："其一弟子又被鬼打幾死，及蘇，藏即捨諸衣財……"

瞻勇：瞻勇、贍勇

《續高僧傳》卷二十六《慧簡傳》："戒業弘峻，殊奇瞻勇。"按，"瞻"，金本作此，資、磧、普、南、徑、清本作"贍"，其實應當作

"膽"。《一切經音義》卷三十五："膽勇：上耽敢反。從肉，經從目非此也。"卷七十六："膽勇：耽敢反。勇字下從力。"《百喻經·人謂故屋中有惡鬼喻》："後有一人，自謂膽勇勝於前人。"另外，《續高僧傳》其他的兩處的"贍勇"也應當作"膽勇"，卷十四《三慧傳》："貞觀年中召入參譯，綴文證義，倫次可崇，制翻經館序，控情置列，贍勇豐矣。"卷十《靖嵩傳》："時建業僧正，令嵩貴二人對弘小論，神理疏暢，贍勇當時。"

歡喜：歌喜

《續高僧傳》卷二十七《僧安傳》："一女走出，如舊相識，禮拜歌喜。"按，"歌"，金本作此，宮本作"歡"。作"歡"是。在《大正藏》中"歌喜"至檢索到本例一個例子。《神僧傳》卷四《僧安傳》："一女走出，如舊相識，禮拜歡喜。"（50/975b）誤"歡"爲"歌"在敦煌卷子亦時見。

閉守：閑守

《續高僧傳》卷二十八《道貴傳》："擁其道德，閑守形心。"按，"閑"，金本作此，資、磧、普、南、徑、清、宮本作"閉"。或當作"閉"。"擁"、"閉"對文同義。《一切經音義》卷十三："擁閉：於拱反，《蒼頡篇》：擁，持也，亦形聲字。閉字從才，有從下者，非也。"《續高僧傳》卷三十《道積傳》："往經隋季，擁閉河東。"道宣等《上雍州牧沛王論沙門不應拜俗啓一首》（見《廣弘明集》卷二十五"僧行篇"）："今法門擁閉，聲教莫傳。"（52/284c）

卒世：卒也

《續高僧傳》卷二十八《曇良傳》："唐初卒也，八十餘矣。"按，"也"，金本作此，資、磧、普、南、徑、清本作"世"。本書謂作"也"雖亦可通，但不若作"卒世"更宜，"卒世"即去世，同卷下面的《道嵩傳》即有"遂卒於世"的說法，《續高僧傳》卷十八《慧瓉傳》："時襆中有錢三百，乃擲棄之。由是卒世，言不及利。"卷十六《法充傳》："經于六年方乃卒世，時屬隆暑而屍不臭爛。"

焦炘：焦圢、焦坏

《續高僧傳》卷二十九《僧崖傳》："於盛火中放火設禮，比第二拜，身面焦炘，重復一禮，身踣炭上，及薪盡火滅，骨肉皆化。"按，"炘"，麗本作此，資、磧、普、南、徑、清本作"圻"，宮本作"坼"。或作"炘"是。在佛典中，有"焦灼"、"焦炷"、"焦燃"等詞，與此相類。炘，同"焮"，《中華字海》解釋為"燒"、"熾盛"、"發炎紅腫"義。另外，《續高僧傳》中的"焦黑"也可以作為輔證。《續高僧傳》卷二十九《大志傳》："燒鐵赫然用烙其臂，並令焦黑，以刀截斷，肉裂骨現。又烙其骨，令焦黑已，布裹蠟灌，下火然之。"以下二例也許都應是"焦炘"，《法苑珠林》卷九十六"周益州沙門釋僧崖感應緣"引此作："比第二拜時，身已自焦坼。"干寶《搜神記》卷十六"秦巨伯"："伯著火炙之，腹背俱焦坼，出著庭中，夜皆亡去。"①

嘷：嘷

《續高僧傳》卷二十七"論"："或呻嘷而就終，或激激而赴難。"按，"嘷"，麗本作此，磧、普、南、徑、清本作"嘷"。此或當是"嘷"。《中華字海》："嘷：（二）pì 音屁。喘息聲。見《玉篇》。"這樣，"呻嘷"與下句的"激激"就能對得更加密合。《漢語大詞典》："激②：[jiào《廣韻》古弔切，去嘯，見。]②通'噭'。高呼。《古文苑·揚雄〈蜀都賦〉》：'是以其聲呼吟靖領，激噭喝啾。'章樵注：'激，讀作噭。'"

堲周：聖周

《續高僧傳》卷二十七"論"："然西域本葬，其流四焉：火葬焚以蒸新，水葬沈於深澱，土葬埋於岸（麗本作此，資、磧、普、南、徑、清本作"崖"）旁，林葬棄之中野。法王輪王，同依火祀（磧、普、南、徑、清本作"禮"），世重常習，餘者希行。東夏所傳惟聞林土，水火兩設，世罕其蹤。故瓦掩虞棺，廢林薪之始也；夏后聖周，行瓦棺之事也；殷人以木槨櫬，藤緘之也。"按，"聖"，麗本作此，磧、普、南、徑、清本作"堲"。應當是"堲"。《禮記·檀弓上》："有虞氏瓦棺，夏后氏堲周，殷人棺槨，周人牆置翣，周人以殷人之棺槨葬長殤，以夏后氏之堲周葬中殤下殤，以有虞氏之瓦棺葬無服之殤。"《經典釋文》卷十一："堲周：本又作聖，同，子栗反，又音稷，注下同。何云冶土為甎，四周於冢。"《北山錄》卷六："陶令造瓦棺，夏后堲用聖，火燒熟曰堲，殷人以

---

① （晉）干寶：《搜神記》，汪紹楹校注，中華書局1979年版，第198頁。

梓木之棺替木，又以木槨替土塈也。"（52/614b）

衻衣：小衣

《續高僧傳》卷三十《僧明傳》："至如貞觀五年，梁州安養寺慧光師弟子母氏，貧寠內無衻衣，來入子房，取故袈裟，作之而著，與諸鄰母同聚言笑，忽覺腳熱，漸上至腰。須臾雷震，擲鄰母百步之外，土泥兩耳，悶絕經日方得醒悟，所用衣者遂被震死。"按，"衻衣"，金本作此，資、磧、普、南、徑、清、宮本作"小衣"。本書謂"衻衣"就是"小衣"，"衻衣"可從。《中華字海》："衻：ㄖ音日。貼身的內衣。見《玉篇》。"本處大概指短褲，下文說"……漸上至腰"，又，這個"母氏"肯定是用袈裟作了褻衣，纔會招致如此惡報。

若草從焉：若革屣焉、若革徙焉

《續高僧傳》卷三十《慧達傳》："晚往長沙，鑄鐘造像，所至方面，若草從焉，傾竭金貝者，兢兢業業，恐其不受。"按，"若草從焉"，麗、磧、普、南、徑、清本作此，資本作"若革屣焉"，金本作"若革徙焉"。此當爲"若草從焉"，所謂"望風而靡"也。《宋高僧傳》卷十六《丹甫傳》："甫介於大律之間行事之時，草從風偃焉。"《續高僧傳》卷二十九《寶瓊傳》："四遠聞者皆來造款，瓊乘機授化，望風靡服。"

遺放：遺族

《續高僧傳》卷五《法寵傳》："吳郡張融與周顒書曰：'古人遺放，故留兒女。法寵法師絕塵如棄唾，若斯之志，大矣遠矣。'"按，"放"，麗本作此，資、磧、普、南、徑、清本作"族"。本書謂"遺放"同"遺逸"，指隱居，下言"法寵法師絕塵如棄唾"可爲證。《漢語大詞典》："遺放：指遺逸散失之人事和對象。……亦指棄置未用之人才。"其書證皆舉宋蘇轍文例。"棄置未用之人才"的所指在古代幾乎與"逸隱之士"相同。所以可以將道宣本例的用法看成一個新詞，正因爲如此，所以後來的抄手不明此義而改"放"爲"族"。

江介紆威：江介威紆、江水成紆

《續高僧傳》卷三十《慧雲傳》："雲以江介紆威，累逢草竊，經論乃積，而戒律未弘，遠趣帝京，躬參學府。"按，"江介紆威"，金本作此；資、磧、普、南、徑、清、宮本作"江水成紆"。或當作"江介紆威"。《續高僧傳》卷七《洪偃傳》："杖策步前嶺，褰裳出外扉。輕蘿轉蒙密，幽邃復紆威。"《漢語大詞典》："江介：①江岸；沿江一帶。②江左。指長江以東之地。"《漢語大詞典》"威紆：綿延曲折貌。"

須便：洰便、洰使

《續高僧傳》卷二十八《道密傳》："寺本高顯，素無泉水，洰便下汲。"按，"洰便"，金、麗本作此，資本作"洰使"，磧、普、南、徑、清本作"須便"。作"須便下汲"是。在敦煌卷子中"須"有寫作"須"者（P. 3627），作"洰"當後世誤讀了這個字，或謂形近而訛。"須便……"的說法在道宣的文獻中比較常見，見本書第一章第三節《釋迦方誌》校注補。

唱乏：唱之

《續高僧傳》卷十八《僧淵傳》："及淵初誕，天雨銅錢於庭，家內合運，處處皆滿。父運疲久，口噓唱之，錢不復下。"按，"之"，麗本作此，普、徑本作"乏"。此或作"乏"，"噓唱乏"即張大嘴大聲地說話或喘息，訴說自己極度疲憊，早在中古"乏"有疲憊義，《漢語大詞典》："乏困：②困倦。《百喻經·債半錢喻》：'爲半錢債而失四錢，兼有道路疲勞乏困，所債甚少，所失極多。'"後此也多見其例：《新五代史·唐臣傳·周德威》："因其勞乏而乘之。"《新唐書·藩鎮傳·朱滔》："……步馬乏頓。"

再歷寒暑：再離寒暑

《續高僧傳》卷三十《住力傳》："至十四年，隋室喪亂，道俗流亡，骸若萎朽，充諸衢市。誓以身命守護殿閣，寺居狐兔，顧影爲儔，啜菽飲水，再離寒暑。"按，"再"，資、磧、普、南、徑、清、宮本作"載"，金本作"再"。或者"載"亦可，"載"與"再"義近。《法苑珠林》卷三十三"唐揚州長樂寺釋住力"感應緣引作"再離寒暑。""離"當是"歷"的借字。"再歷寒暑"即多歷寒暑，指經過了許多歲月。《高僧傳》卷二《佛馱跋陀羅傳》："於是舍眾辭師裹糧東逝，步驟三載，綿歷寒暑，既度蔥嶺，路經六國。"謝靈運《曇隆法師誄》（見《廣弘明集》卷二十三）："披法言而同卷者，再歷寒暑。"（52/266b）《續高僧傳》卷二十《志超傳》："亟歷寒暑，業新彌厲。"卷七《慧勇傳》："彌曆寒暑，博習大成。"本例資、磧、普、南、徑、清本作"歷"，本書謂作"歷"是。又有作"經寒暑"者：卷二十八《法楷傳》："備經寒暑，伏面咨稟。"卷八《慧遠傳》："聽講爲務，頻經寒暑。"

不及：及

《續高僧傳》卷六《真玉傳》："生而無目。其母哀其。及年至七歲。教彈琵琶。以爲窮乏之計。"按，"及"，麗本作此，其他資、磧、普、南、徑、清、金本作"不及"。上引乃《大正藏》的點斷。其實"其母哀其"不能足句，"及"當屬上，而且應當從各本在"及"前加上"不"，也就是應當寫作："其母哀其不及，年至七歲，教彈琵琶，以爲窮乏之計。""不及"即"不足"，"不足"也就是"不具足"，佛經常言"支節具足"、"一切諸根悉皆具足"，若一根不具，所謂殘疾也。《續高僧傳》卷十九《普明傳》："當欲鑄時，盲人來看。明懸鑒機，知相不吉。果爾開模鍾破缺，仍即倍工修造。約語衆中：'支不具者，勿來看鑄。'"前文說"盲人來看"，這裏又說是"支不具者勿來看鑄"，可知"盲人"是"支不具者"。

課篤：諫篤

《續高僧傳》卷十七《智舜傳》："從舜請道，漸學經義，於是課篤數村捨其獵業。"按，"課篤"，金本作此，徑、宮本作"諫"。金本可從。"課篤"，是督促、監督。《續高僧傳》卷七《法朗傳》："義吐精新，詞含華冠，專門强學，課篤形心。"卷十《淨願傳》："又聽《十地》、《華嚴》及諸小論，末師准攝論，綱紐章句，並通了談，對課篤形。"在《大正藏》中，"課"、"篤"連言的共此三例，而"諫篤"一例未見。《顏氏家訓·勉學》："思魯嘗謂吾曰：'朝無祿位，家無積財，當肆筋力，以申供養。每被課篤，勤勞經史，未知爲子，可得安乎？'"王利器《集解》："篤讀爲督，《左傳》昭公二十二年司馬督，《古今人表》作司馬篤，是二字古通之證。《文選》潘安仁《籍田賦》：'靡誰督而常勤兮，莫之課而自厲。'李善注：'字書曰："督，察也。"王逸《楚辭》（《天問》）注："課，試也。"'以課督對文，與此以課篤連用，義同。《漢書·主父偃傳》：'上自虞、夏、殷、周，罔不程督。'注：'程，課也。督，責視也。'"①

---

① 王利器：《顏氏家訓集解》，中華書局 1993 年版，第 205 頁。

窊隆：衰隆

《續高僧傳》卷二十"論"："故得理事符允，有契常規。道有窊隆，固爲時喪。"按，"窊隆"，金本作此，資、磧、普、南、徑、清本作"衰隆"。"窊隆"可從。道宣文獻多處出現"窊隆"，如：《西明寺僧道宣等上雍州牧沛王論沙門不應拜俗啓》（載《廣弘明集》卷二十五）："且自法教東漸，亟涉窊隆。"（52/284c）《廣弘明集》卷二十三道宣自己所作的"序"："然則道涉窊隆，岠百六之陽九。"（52/262c）這些用例表明道宣習慣使用"窊隆"一詞。此外，《一切經音義》卷九十四音《續高僧傳》卷二十："窊隆：上烏瓜反。《說文》云：窊，下也。從穴，瓜聲。瓜，寡花反。下陸沖反。《說文》：隆，豐大也。從阜夅，從土。"本條表明慧琳所見正是"窊隆"。作"衰隆"者，蓋一是形近，另外大概也是"窊隆"一詞比較古僻的緣故。

夕罐（夕鑵）：夕灌

《續高僧傳》卷十四《智琰傳》："又誦法華三千餘遍，感應冥祥神瑞非一，宵爐未爇，自起煙芬，夕灌纔空，潛加溢水。"按，"夕灌"，資、普、徑、麗作"夕鑵"，磧、南、清本作"夕罐"。"宵爐"、"夕灌"對文，應當作"夕鑵"或者"夕罐"，"鑵"同"罐"，作爲現在的通行本子，可以寫作"夕罐"。

妙願唯諾：妙願唯諮

《續高僧傳》卷十七《智顗傳》："會大業在藩，任總淮海，承風佩德，欽注相仍，欲遵一戒法奉以爲師，乃致書累請。顗初陳寡德，次讓名僧，後舉同學。三辭不免，乃求四願。……晉王方希淨戒，如願唯諾，故躬制請戒文云：……"按，"如願唯諾"，金本作此，資、磧、普、南、徑、清本作"妙願唯諮"。或當爲"妙願唯諾"，"唯諾"本爲應當聲，此處當爲答應、同意；"妙願"即願望、心願也，也就是願，祇不過佛典中經常用"妙願"來表示美好的、誠摯的願望而已，這是個帶有褒義、讚美色彩的語詞。如：失譯《大方便佛報恩經》卷七："如是等諸菩薩各自立奇特妙願，莊嚴菩提，利益一切衆生。"（3/166a）曇無讖譯《佛所行讚》卷五："淨心發妙願，願見世尊身。"（4/53a）道世《法苑珠林》卷十六"述意部"："結妙願於華林，感慈顏於兜率。"

淋落泉：林落泉

《續高僧傳》卷十八《真慧傳》："又詣衛州淋落泉詢禪師所，朝授夕悟，經歷歲餘。"按，"淋落泉"，麗本作此，資、磧、普、南、徑、清本作"林落泉"。當作"淋落泉"。如《續高僧傳》卷十三《道傑傳》："又往麻谷以呈所證。慧曰：'善哉大利根者，淋落泉中諸學坐者，未至此處。'"卷二十一《惠方傳》："七八歲便思出俗，年九歲投蘇門淋落泉寺，居然靜志。衆侶怪其特高，遂授以九次十想，隨聞斂念，仍受此法，亟涉炎涼。"這兩處皆作"淋落泉"，而且沒有異文，可爲確證。又"授"，麗本作此，資、磧、普、南、徑、清本作"投"。應當從麗本作"授"。"朝授夕悟"，言早上講授的經義，傍晚就能領悟有心得，言其接受能力極強。作"投"不辭，"投"應當是"授"的形近而訛。

黔：墨

《續高僧傳》卷二十四《道安傳》："雖復儒道千家農黔百氏取捨驅馳，未及其度者也。"按，"黔"，金本作此，南、麗本作"墨"。這個應當從金本，"黔"，黔黎也，農黔，應當指黎庶百姓，所以纔會說成"農黔百氏"。

弘文舘：弘文殿

《續高僧傳》卷三《慧淨傳》："自爾國家盛集必預前驅，每入王宮，頻登上席。簡在帝心，群宮攸敬。皇儲久餐德素，乃以貞觀十三年集諸宮臣及三教學士於弘文舘，延淨開闡法華。"按，"弘文舘"，金本作此，資、磧、普、南、徑、清本作"弘文殿"。《皇太子集三教學者詳論事》（見《集古今佛道論衡》卷三）金本亦作"弘文殿"。但我們仍堅持此應當是"弘文舘"，可以從弘文舘的功能得到輔證。唐武德四年置修文舘，太宗即位後改名弘文舘。聚書二十餘萬卷。置學士，掌校正圖籍，教授生徒；置校書郎，掌校理典籍，刊正錯謬。設舘主一人，總領舘務。學生數十名，皆選皇族貴戚及高級京官子弟，師事學士受經史書法。另外，"官"，金本作此，資、磧、普、南、徑、清本作"宮"。儘管《皇太子集三教學者詳論事》（見《集古今佛道論衡》卷三）金本亦作"官"，但我們發現資、磧、普、南、徑、清還是異文作"宮"。我們認爲，既是皇儲召集，時太子尚在東宮，其所能集的，應是"宮臣"爲宜。

宋國公：宗國公

《續高僧傳》卷十九《法喜傳》："宗國公親往觀之，神色如在，歎善而歸。爾後怪無損，遂舉其納衣，方見爲物所噉，頭項已下，枯骨鮮明。"按，"宗國公"，金本作此，資、磧、普、南、徑、清本作"宋國公"。沒有"宗國公"，祇可能是"宋國公"，具體事跡不詳。

聲聲：聲

《續高僧傳》卷十八《真慧傳》："初將終夕，神彩若常，曰：'吾將生淨土，見蓮花相候。'又聞異鍾聲幽淨，異香充蔚。斯相既至，潛然而絕。"按，"聲"，麗本作此，磧、普、南、徑、清本作"聲聲"。又"香"，麗本作此，資、磧、普、南、徑、清本作"香花"。根據《續高僧傳》以及初唐佛典四字格的語言特點，我們認爲應當選取資、磧、普、南、徑、清本的"聲聲"和麗本的"香"，即"又聞異鍾聲聲幽淨異香充蔚"應當作"又聞異鍾聲聲幽淨，異香充蔚"。

歊（懰）然：壽然、來然

《續高僧傳》卷十八《洪林傳》："履操栖靜，退屏人物。而住房連匝，與衆比居，整晏貞嚴，希言寡涉。高衆盛德，皆敬而奉之，遊至林房，莫不捴履潛步，壽然趣越也。其爲世重如此。"按，"壽然"，麗本作此，資作"來然"，徑、清本作"歊然"。這個問題比較複雜。但就本例來看，顯然是謹慎、心有敬畏之義。考《續高僧傳》卷二十二《智保傳》："自爾所陳殿宇人罕獨登，時須開入，無不壽然毛動。""壽然"，金本作此，資、磧、普、南、徑、清本作"歊然"。如此，我們認爲這個與"毛動"連用的"壽然"或者"歊然"，乃恐懼、懼怕之義。僧旻寶唱《經律異相》卷三十四："七女俱出城外，往到冢間大臭之處，聞哭泣之聲，壽然毛竪。因共直前，觀諸死人。見有斷頭斷臂手脚異處，或有僵屍草覆席裏，或有辜格在地，生草束縛中，有罪未死者。家室啼哭，令其解脫。"（53/185b）卷三十六："王即驚覺，壽然毛竪如畏怖狀。"（53/195c）以上兩處的"壽"，金本作此，資、磧、普、南、徑、清本作"歊"。而又或可有作"懰"者，"懰"亦恐懼也。如：慧覺《賢愚經》卷十"於時須達聞佛僧名，忽然毛竪，如有所得，心情悅豫。"（4/418c）"忽"，金本作此，磧、普、南、徑、清本作"懰"。《一切經音義》卷五十六："歊然：所力反。《通俗文》：小怖曰歊。《坤蒼》：恐懼也。《說文》：悲意也。字從嗇從欠，經文從心作憯，又嗇，並非體也。"如此，我們認爲本例的異文應當選取嗇或者憯或者歉，《賢愚經》的異文也應選取"憱"，它們都表達惶恐、恐懼義。

此外，還有兩個問題可以補正。一是《漢語大詞典》對"憯"的解釋，一是《法苑珠林校注》對這一異文的處理。《漢語大詞典》：憯：悲恨。《玉篇·心部》："憯，恨也。"清唐甄《潛書·尚治》："今先生憯然在閌塞之中，身雖極而言則傳，後世必有用先生之言以治天下者，不必於身親見之也。"清蒲松齡《聊齋志異·封三娘》："未幾，聞玉葬香埋，憯然悲喪，恨不從麗人俱死。"這裏面有兩個問題：一是"恐懼"義項失收，"憯"與"歉"應該是異體字，構形方式不同罷了。《廣韻·入聲·職韻》："歉，小怖貌。"《集韻》："歉，恐懼也。"二是書證除了《玉篇·心部》這樣的古代辭書，其他用例都是清代的，沒有體現該詞的歷史性。《法苑珠林》卷五十二"眷屬篇"："唯有道人見此睹彼。愚者不知，豈不慚恥。於是長者憯然毛豎，如怖畏狀。""憯"，麗本作此，資、普、徑、宮本作"忽"。周叔迦、蘇晉仁《法苑珠林校注》徑取"忽"，恐非。① 在我們看來，這裏恰恰應選取"憯"而非"忽"。

頓：湏

《續高僧傳》卷十七《智顗傳》："弟子基承積善，生在皇家，庭訓早趍，貽教夙漸，福履攸臻，妙機頃悟。恥崎嶇於小徑，希優遊於大乘。笑息止於化城，誓舟航於彼岸。"按，"頃悟"，金本作此，磧、普、南、徑、清本作"湏悟"。《隋煬帝受菩薩大戒文》金本有"揻悟"，資、磧、普、南、徑、清本作"須悟"。本書謂此當作"頓悟"。《續高僧傳》的"頃"應當是"揻"之訛，而"頃"在很多地方應是"須"（見本書第一章第三節例十六），《續高僧傳》之磧、普、南、徑、清本的"湏"應當對"頃"的錯誤解讀。另，"貽教"，金本作此，麗作"胎教"。此顯然應當是"貽教"。"貽教"與"庭訓"同義，乃家教也。《廣弘明集》卷二十七《隋煬帝受菩薩大戒文》即作"貽教"。

九等：尤等

《續高僧傳·序》："逮乎素王，繼軫前修，舉其四科，班生著詞，後

---

① 周叔迦、蘇晉仁：《法苑珠林校注》，第1552頁。

進弘其九等，皆所謂化導之恒規，言行之權致者也。"按，"九等"，麗本作此，資、磧作"尤等"。作"九等"是。素王，孔子，孔子在《論語·季氏》中對人的分類有這樣的說法："生而知之者上也，學而知之者次也，困而學之，又其次也。困而不學，民斯爲下矣。"而班固學習繼承了孔子對人物進行分類品鑒的思想，在《漢書·古今人表》"篇章博舉，通於上下，略差名號，九品之敍"，把人分爲九等："上科"爲上上、上中、上下；"中科"爲中上、中中、中下；"下科"爲下上、下中、下下。"上科"的"上上"爲聖人，"上中"爲仁人，"上下"爲智人，而"下科"最下等的"下下"則爲愚人。由此我們可以判定本處異文應作"九等"爲是。

耳白有名：耳目有名

《續高僧傳》卷三十一《真觀傳》："沙門洪偃才邁儒英，鉤深釋傑，面相謂曰：'權高多智，耳白有名。我有四絕，爾具八能。'謂義、導、書、詩、辯、貌、聲、某是也。"本書按，中華書局點校本郭紹林校勘記："目：原作'白'，據高麗藏校改。"（郭紹林 2014：1246）本書謂，此當從底本磧砂藏本。其實除麗本作"目"外，其他各本如金、資、普、徑、興本等均作"白"。既然是相面，那麼後面的話自然是跟面相有關。此段第一句是"權高多智"，這裏的"權"應當通"顴"，顴骨。曹植《洛神賦》："丹唇外朗，皓齒內鮮，明眸善睞，靨輔承權。"李善注："權，兩頰。"（《文選》卷十九）南朝宋顏延之《赭白馬賦》："雙瞳夾鏡，兩權協月。"（《文選》卷十四）李善注："權，頰顴也。"是"權"亦通"顴"。第一句既然是稱讚"權高"，第二句如果跟第一句對仗比較工整，自然應當是"耳白"，祇有形容詞"白"纔能與"高"形成工對，作"目"非是，"目"應當是"白"的訛文。"顴高多智，耳白有名"乃古人觀念，文獻記載關於顴高多智的說法，如：《太平廣記》卷六十三《驪山姥》："受此符者，當須名列仙籍，骨相應仙，而後可以語至道之幽妙，啓玄關之鎖鑰耳。不然者，反受其咎也。少年顴骨貫于生門，命輪齊於日角，血脈未減，心影不偏，性賢而好法，神勇而樂智，真吾弟子也！"古文獻記載中關於相面時對耳朵的觀察，有這樣一些說法：蘇軾《志林》卷三《技術》："歐陽文忠公嘗語：'少時有僧相我，耳白於面，名滿天下；唇不著齒，無事得謗。'其言頗驗。耳白於面，則衆所共見。

唇不著齒，予亦不敢問公，不知其何故也。"

第二節　歷史地理類

臨菑：臨番

《續高僧傳》卷六《慧超傳》："八歲出家，從臨番縣建安寺沙門慧通。"按，"臨番"，金本作此，資、磧、普、南、徑、清本作"臨菑"。本書謂，儘管現在坊間通行的各類《續高僧傳》中本傳都寫作"臨番"，但史上沒有"臨番縣"這個縣名，此祇可能是"臨菑縣"，作"臨菑"是。臨菑，又作臨甾，今作臨淄，戰國時，為齊國都城。慧超乃"趙郡陽平人"，"中原喪亂，避難於鍾離之朝哥縣"，鍾離郡朝歌縣當時屬於南朝齊所轄之北徐州，說明此時慧超已經到了南朝。從臨菑縣建安寺沙門慧通出家，這個建安寺應在南朝齊郡的臨菑縣，今江蘇六合境內。① 南北朝時期南朝地名許多是翻用北方的，而在北朝青州也祇有"臨菑"而沒有"臨番縣"。

泰州：秦州

《續高僧傳》卷十《僧曇傳》附《慧重傳》："勅請造塔於秦州岱岳寺。初停公館，舍利金瓶自然開現，放光流外，道俗咸睹。送至寺塔，將入石函，又放光明，晃耀人目。岳表白氣三道下流，直向塔基，良久乃歇。又岳神廟戶由來封閉，舍利止至，三度自開，識者以神來敬禮故耳。"按，"秦"，金本作此，資、普、徑本作"泰"。作"泰"是，這裏的"岱岳"可以證明，秦州不可能有"岱岳"。《續高僧傳》卷二十八《慧重傳》有相關的記載，其文爲："勅召送舍利于泰山之岱岳寺。初至放光，乃至入塔，相續流照。岳上白氣三道下流，至於基所。岳神廟門無故自開，如是者三，識者以爲神靈歸敬故也。"《廣弘明集》卷十七《隋國立舍利塔詔》也有記載："泰州於岱岳寺起塔。舍利至州，其夜岳廟內有鼓聲。天將曉，三重門皆自闢，或見三十騎從廟而出，蓋岳神也。舍利自州之寺，來至數里，雲蓋出於山頂，五色而三重，白氣如虹，來

---

① 譚其驤主編：《中國歷史地圖集》第4冊《東晉十六國·南北朝時期》，中國地圖出版社1982年版，第27—28頁。

覆舍利，散成大霧，沾濕人衣，其狀如垂珠，其味如甘露。自旦至午，霧氣乃斂而歸山，分爲三段，乍來乍往，如軍行然。蓋亦岳神之來迎也。"而《集神州三寶感通錄》卷上則作："秦州岱岳寺立塔。廟夜鼓聲，三重門自開，騎自廟出迎，光相非一。"（52/412a）此也應當是"泰州岱岳寺"。"秦"、"泰"形近，故而容易發生訛誤，《續高僧傳》卷二十《僧徹傳》："秦州刺史房仁裕，表陳其事，請立伽藍。"此寺立於介子推故地介山，應該是秦州爲是，而資、磧、普、南、徑、清本卻作"泰州"。

玉壘山：玉疊山

《續高僧傳》卷十三《慧暠傳》："或就綿梓，隨方開訓，自玉壘僧侶因此開明。"按，"壘"，麗本作此，資、磧、普、南、徑、清本作"疊"。按，作"玉壘山"是。《後漢書·任文公傳》李賢等注："（巴郡閬中）酈元《水經注》云'湔水出綿道玉壘山'，在今益州。"《郡國志·綿虒道》李賢等注："《華陽國志》曰：'有玉壘山，出璧玉，湔水所出。'"《續高僧傳》卷十五"論"："自佛教東傳，然暠壁抗聲於金陵，基景標宗於玉壘，常辯弘揚於三輔，深懿馳譽於兩河。""玉壘"，麗本作此，《宋高僧傳》卷十《道一傳》："於是出岷峨玉壘之深阻，詣靈桂貞篁之幽寂。"《南齊安樂寺律師智稱法師行狀》（見《廣弘明集》卷二十三）："以宋泰始元年，出家於玉壘。"（52/269a）

始州：台州

《續高僧傳》卷二十《世瑜傳》："釋世瑜，姓陳氏，住台州，父母早亡，傭作取濟。身形偉壯，長八尺三寸。希向佛理，無由自達。大業十二年，往綿州震響寺倫法師所出家，一食頭陀勤苦相續，又往利州入籍住寺，後入益州綿竹縣響應山，獨住多年。"按，金本作"台州"，麗本作"始州"。或許應當是"始州"，世瑜的行蹤大體都是在這裏：綿州、利州、益州。"台州"似乎距離太遠了。《續高僧傳》卷二十一《慧主傳》中的"慧主"的行歷即是"始州"、"綿州"、"益州"，或許可以作爲旁證。後世《神僧傳》卷六《世瑜傳》的引文作"台州"（50/985a），亦誤。

瓦官：凡官

《續高僧傳》卷二十二《智文傳》："以梁大同七年，靈味、凡官諸寺啓勅，請文於光業寺，首開律藏。"按，"凡"，金、麗本同；資、磧、普、南、徑、清、宮本作"瓦"。作"瓦"是。"靈味"，寺名。《法苑珠林》卷三十九"感應緣"："宋靈味寺，建康鍾山蔣林里。宋永初三年，沙門法意起造。晉末有高逸沙門，莫顯名跡，巖棲谷飲，常在鍾山之阿，一夜忽聞怪石崩墜，聲振林薄，明旦履行，唯見清泉湛然，因聚徒結宇，號曰靈味寺焉。"（53/594b）與"靈味"並舉則"瓦（凡）官"也應當是寺廟的名稱，而在中古佛經史上，南朝比較著名的"某官寺"則必當是"瓦官寺"無疑。《續高僧傳》卷二十三《靜藹傳》："藹決烈愛縛，情分若石。遂獨往百官寺，依和禪師而出家。"金、麗本作"百官寺"，資、磧、普、南、徑本作"瓦官寺"，清本作"瓦棺寺"。"百"亦"瓦"之形訛。

洺州：治州

《續高僧傳》卷二十五《明瞻傳》："帝大悅，因即下勅，年三月六普斷屠殺，行陣之所皆置佛寺。登即一時，七處同建，如幽州昭仁、晉州慈雲、呂州普濟、汾州弘濟、洺州昭福、鄭州等慈、洛州昭覺，並官給匠石，京送奴隸。皆因瞻之開發也。"按，"洺州昭福"的"洺"，金、麗本作此，資、宮本作"治"。昭福寺乃太宗平定劉黑闥後所置，平劉黑闥事在洺州，見《舊唐書·劉黑闥傳》。作"治"非。《唐太宗於行陣所立七寺詔》（見《廣弘明集》卷二十八）："……破劉黑泰，於洺州立昭福寺。右七寺並官造，又給家人車牛田莊，並立碑頌德。"（52/329a）這個"劉黑泰"即"劉黑闥"。

宋熙寺：宗熙寺

《續高僧傳》卷十七《智顗傳》："長干寺大德智辯，延入宋熙；天宮寺僧晃，請居佛窟。"按，"宋熙"，金本作此，普、南、徑、清本作"宗熙"。這個應當是"宋熙"，在佛教史上有"宋熙寺"。《續高僧傳》卷五卷首即題"梁鍾山宋熙寺沙門釋智欣傳"，文中則有："欣因謝病鍾山居宋熙寺，確然自得，不與富貴遊往，行不苟合，交不委親。"

北肆州：北泗州

《續高僧傳》卷二十八："又元魏北代乘禪師者，受持法華，精勤匪懈。命終託河東薛氏為第五子，生而能言，自陳宿世，不願處俗。其父任北肆州刺史，隨任便往中山七帝寺。"按，"北肆州"，麗本作此，資、磧、普、南、徑、清等本作"北泗州"。按，應當作"北肆州"，肆州，治九原，大體在今繁峙到陽曲一帶。① 後世四明石芝沙門宗曉編《樂邦遺稿》卷下引文作"其父任泗州守"，而《法苑珠林》卷二十六"感應緣"引文作"其父任北棣州刺史"（53/480b），"泗"乃"肆"的同音借字，或受後世"泗州"而訛；"棣"則應當是"肆"形訛字。但此時一般徑稱"肆州"，似乎沒有"北肆州"的說法。本句應當讀作：其父任北/肆州刺史。這個"河東薛氏"似乎指"薛孤延"，薛孤延做過"肆州刺史"：《北齊書·薛孤延傳》："薛孤延，代人也。……潁州平，諸將還京師，宴于華林園，世宗啓魏帝，坐延於階下以辱之。後兼領軍將軍，出爲滄州刺史，別封溫縣男，邑三百戶。齊受禪，別賜爵都昌縣公。性好酒，率多昏醉。而以勇決善戰，每大軍征討，常爲前鋒，故與彭、劉、韓、潘同列。天保二年，爲太子太保，轉太子太傅。八年，除肆州刺史，加開府儀同三司。"

允武殿：元武殿

《續高僧傳》卷十二《敬脫傳》："通命引入允武殿。"按，"允"，資、宮本作"元"。"元武殿"在《大正藏》未檢索到例子。或許作"允"是。《隋書·煬帝紀上》："庚戌，百僚大射于允武殿。"

請同觀國：情同散國

《續高僧傳》卷十三《圓光傳》："一隅傾奉，皆（資、普、南、徑、清本作'昔'）委以治方，詢之道化，事異錦衣，請同觀國，乘機敷訓，垂範於今。"按，"請同觀國"，麗本作此，資、磧、普、南、徑、清本作"情同散國"。"散國"不辭，當從麗本。《漢語大詞典》："觀國：指觀察國情。引申爲從政。《易·觀》：'觀國之光，利用賓于王。'《宋書·孝武帝紀》：'內難甫康，政訓未洽，衣食有仍耗之弊，選造無觀國之美。'《隨園詩話補遺》卷四引清鄭德基《贈隱者》詩：'讀書豈必皆觀國，學佛何須定出家。'"有意思的是，由於一些帝王對佛教的篤信，加上一些高僧的某些手段確實高明，所以歷史上常有"學佛"的和尚"觀國"。《續高僧傳》等中"觀國"常見。如：卷十六《僧稠傳》："釋僧稠……徵爲太學博士，講解墳索，聲蓋朝廷，將處器觀國，羽儀廊廟。"卷二十

---

① 譚其驤主編：《中國歷史地圖集》第4冊，第52頁。

五《明瞻傳》："內通大小，外綜丘墳，子史書素，情所欣狎，將事觀國，移步上京。"

官舍：官倉

《續高僧傳》卷十五《慧璿傳》："會亂入城，盧總管等請在官舍講《華嚴經》。"按，"舍"，金本作此，資、磧、普本作"倉"。作"倉"不可取。應當是"官舍"。儘管在歷史上多有廢佛寺爲官倉的，但本例既然是盧總管請說法，應當在其自己的官邸，即官舍也。關於佛寺被廢爲官倉的記錄，如《續高僧傳》卷十一《法侃傳》："初孟春下詔之日，宣州城內官倉之地，夜放光明，紅赤洞發，舉焰五丈，廣一丈許。官人軍防千有餘人一時奔赴，謂是火起，及至倉所，乃是光相。古老傳云：此倉本是永安舊寺也。"

一裹：一顆

《續高僧傳》卷十八《曇遷傳》："文帝昔在龍潛，有天竺沙門以一顆舍利授之，云：'此大覺遺身也，檀越當盛興顯，則來福無疆。'言訖，莫知所之。後龍飛之後，迫以萬機，未遑興盛。仁壽元年，追惟昔言，將欲建立，乃出本所舍利，與遷交手數之，雖各專意而前後不能定數。帝問所由。遷曰：'如來法身過於數量，今此舍利即法身遺質，以事量之，誠恐徒設耳。'帝意悟。"按，"顆"，麗本作此，資、磧、普、南、徑、清、宮本作"裹"。按，以下文來看，這個應當是"裹"。因爲如果是"一顆"，則不用數了，更不會"雖各專意而前後不能定數"。王邵《舍利感應記》（見《廣弘明集》卷十七）："皇帝昔在潛龍，有婆羅門沙門來詣宅，出舍利一裹，曰：'檀越好心故留與供養。'沙門既去，求之不知所在。其後皇帝與沙門曇遷各置舍利於掌而數之，或少或多，並不能定。"（52/213b）據此，也許應當作"裹"是。

墜歷：嗣歷

《續高僧傳》卷二十三《慧蕭傳》："屬隋煬墜歷，法令滋彰。藏匿嚴科，殊爲峻刻。"按，"墜"，資、磧、普、南、徑、清、宮本作"嗣"。前言"仁壽中頻向黃頰山依巖夏坐"，則此定爲"墜歷"。歷，宮本作"曆"。《漢語大詞典》："墜歷：指傾敗的歷數綱紀。""嗣曆：謂應歷數而繼皇位。""歷"、"曆"通。本條的問題在於這個"法令滋彰"的史實是隋初還是隋亡。《續高僧傳》卷十四《道基傳》："有隋墜曆，寇蕩中原，求禮四夷，宣尼有旨。乃鼓錫南鄭，張教西岷，於是巴蜀奔飛，望煙來萃，莫不廓清遊霧，邪正分焉。"如此，也許應當是隋亡之時更可信一些。

冬官府：東宮府

《續高僧傳》卷二十四《靜藹傳》："因往冬官府道經圓土，北見重牆上有黃書橫拖棘上，及往取之，乃是《摩訶般若經》第十九卷。問其所由。答云：'從天而下，飛揚墜此。'"按，"冬官"，金、麗本作"冬官"，資、磧、普、南、徑、清本作"東宮"。本書謂作"冬官府"是。"東宮"一般不說"東宮府"，而且在北周時期也確實有"冬官府"：《周書·盧辯傳》："初，太祖欲行《周官》，命蘇綽專掌其事。未幾而綽卒，乃令辯成之。於是依《周禮》建六官，置公、卿、大夫、士，並撰次朝儀，車服器用，多依古禮，革漢、魏之法。事並施行。今錄辯所述六官著之於篇。天官府、地官府、春官府、夏官府、秋官府、冬官府，史雖具載，文多不錄。"

武德九年：武德元年

《續高僧傳》卷二十五《法琳傳》："武德九年春，下詔京置三寺，惟立千僧，餘寺給賜王公，僧等並放還桑梓。嚴勅既下，莫敢致詞。"按，"九年"，金本作此，資、磧、普、南、徑、清本作"元年"。應當是"武德九年"。武德四年太史令傅奕上廢佛法事十有一條，後來道士李仲卿上《十異九迷論》、道士劉進喜上《顯正論》，一起貶低佛教，要求抑佛，這纔有《開元釋教錄》卷八所說的"武德九年春下詔京置三寺惟立千僧餘並放還桑梓"。

開皇九年：開皇十九年

《續高僧傳》卷二十六《道英傳》："開皇十九年，遂入解縣太行山柏梯寺修行止觀。"按，"十九年"，金本作此，資、磧、普、南、徑、清本作"九年"。"開皇"這個年號總共祇使用了九年，沒有十九年，所以應當從資、磧、普、南、徑、清本作"九年"。

并州：荊州

《續高僧傳》卷二《彥琮傳》："仁壽初年，勅令送舍利于并州。時漢王諒於所治城，隔內造寺。仍置寶塔，今所謂開義寺是也。"按，"并州"，金本作此，麗本作"荊州"。此當作"并州"爲是。《續高僧傳》

卷十一《志念傳》："隋漢王諒作鎮晉陽，班條衛冀，搜選名德，預有弘宣。念與門學四百餘人，奉禮西并，將承王供。諒乃於宮城之内更築子城，安置靈塔，別造精舍，名爲内城寺，引念居之，開義寺是也。"由《志念傳》所在，可以看出這個開義寺是在并州，《續高僧傳》也作"并城"，卷十二《慧覺傳》："又聞往生淨土，園施爲功，不遠千里，青州取棗，於并城開義寺種之。行列千株，供通五衆，日呈茂美，斯業弘矣。"并城，也就是并州城。我們再看關於漢王諒的歷史記載：《隋書·楊諒傳》："庶人諒，字德章，一名傑，開皇元年，立爲漢王。十二年，爲雍州牧，加上柱國、右衛大將軍。歲餘，轉左衛大將軍。十七年，出爲并州總管。"《隋書·吐萬緒傳》："晉王廣之在藩也，頗見親遇，及爲太子，引爲左虞候率。煬帝嗣位，漢王諒時鎮并州，帝恐其爲變，拜緒晉、絳二州刺史，馳傳之官。"如此，我們可以說，彥琮本次送舍利去的地方是并州而不是荆州。

華林園：華園林

《續高僧傳》卷五《僧旻傳》："以天監五年遊于都輦，天下禮接下筵，亟深睦悅。勑僧正慧超銜詔至房，欲屈與法寵、法雲、汝南周捨等，時入華林園講論道義。"按，"時入華林園講論"，資、磧、普、南作"入華園林"，徑、清本作"入華林園"。且不論"講論"二字有無，此當爲"華林園"而非"華園林"無疑也，也就是說，徑、清本可從而資、磧、普、南本是錯誤的。因爲本傳前文就有"永元元年，勅僧局請三十僧，入華林園夏講。"《續高僧傳》卷一《僧伽婆羅傳》也出現："天監五年，被勅徵召於楊都壽光殿、華林園、正觀寺、占雲館、扶南館等五處傳譯，訖十七年，都合一十一部，四十八卷，即《大育王經》、《解脫道論》等是也。"其實這個"華林園"早在《洛陽伽藍記》中就已經出現，且非常明白地說明了它的地理方位。《洛陽伽藍記》卷一"景林寺"："高祖於泉北置河南尹，中朝時步廣里也。泉西有華林園，高祖以泉在園東，因名蒼龍海。華林園中有大海，即漢天淵池。"

二漳：二障

《續高僧傳》卷九《羅雲傳》："雲以三論奧義，未被荆南，二障多阻，誓當弘演。"按，"二障"，麗本作此，資、磧、普、南、徑、清本作"二漳"。當作"二漳"，"二漳"指漳河上游的清漳河和濁漳河。《淮南子·地形訓》："清漳出揭戾，濁漳出發包。"漢高誘注："二漳合流，經魏郡入清河。"唐駱賓王《送宋五之問得涼字》詩："願言遊泗水，支離去二漳。""二漳"即今山西省南部地區。

上明：上州

《續高僧傳》卷九《羅雲傳》："昔釋道安於上州東寺造堂七間，曇翼後造五間，連甍接棟，橫列十二。雲此堂中講四經三論各數十遍，不於文外，別有撰述。"按，"上州"，麗本作此，資、磧、普、南、徑、清本作"上明"。此當作"上明"。在本傳前文開篇就說到，"釋羅雲，姓邢氏，南郡松滋人。初從上明東寺出家，志操所懷，附參成德。"在本傳後文又說到"沙門道顒即雲之兄也，學通大小，名聞道俗。於上明東寺起重閣，在安公驢廟北。"楊維中《東晉時期荊州佛寺考》，上明寺，是道安高徒曇翼所修，現在湖北省松滋市。①

浚儀：俊儀

《續高僧傳》卷十一《志念傳》："受學者數百人，如汲郡洪該、趙郡法懿、漳濱懷正、襄國道深、魏郡慧休、河間圓粲、俊儀善住、汝南慧凝、高城道照、洛壽明儒、海岱圓常、上谷慧藏，並蘭菊齊芳，踵武傳業。"按，"俊儀"，麗本作此，資、磧、普、徑作"浚儀"。作"浚儀"是，"浚儀"，西漢置，治所在今開封市。沒有"俊儀"這樣的地方。

卞韓、馬韓、辰韓：秦韓、辰韓、馬韓

《續高僧傳》卷十三《圓光傳》："釋圓光，俗姓朴，本住三韓，卞韓、馬韓、辰韓。光即辰韓新羅人也。"按，"卞韓、馬韓、辰韓"，麗本作此，資、磧、普、南、徑、清本作"秦韓、辰韓、馬韓"。另，《續高僧傳》卷二十四："釋慈藏，姓金氏，新羅國人，其先三韓之後也。中古之時，辰韓、馬韓、秦韓，率其部屬，各有魁長。案梁貢職圖，其新羅國。魏曰斯盧，宋曰新羅，本東夷辰韓之國矣。""秦韓"，金、磧、普、南、徑本作此，麗本作"卞韓"。由上二例可以看出，麗本的"卞韓"總是對應著資、磧、普、南、徑、清本的"秦韓"。其實中土史書中是將辰韓又稱作秦韓的，而不是將卞（或有寫作"弁"）韓稱作秦韓。如：《三

―――――――

① 楊維中：《東晉時期荊州佛寺考》，《覺群佛學》，宗教文化出版社2010年版。

國书·魏書·東夷傳》："韓在帶方之南，東西以海爲限，南與倭接，方可四千里。有三種，一曰馬韓，二曰辰韓，三曰弁韓。"《晉書·東夷傳》："韓種有三：一曰馬韓，二曰辰韓，三曰弁韓。辰韓在帶方南，東西以海爲限。……辰韓在馬韓之東，自言秦之亡人避役入韓，韓割東界以居之，立城栅，言語有類秦人，由是或謂之爲秦韓。"《梁書·東夷傳》："百濟者，其先東夷有三韓國，一曰馬韓，二曰辰韓，三曰弁韓。……新羅者，其先本辰韓種也。辰韓亦曰秦韓，相去萬里，傳言秦世亡人避役來適馬韓，馬韓亦割其東界居之，以秦人，故名之曰秦韓。"也就是說，所謂三韓，其實是馬韓、辰韓（又稱秦韓）、卞韓。如此，如果此三韓羅列的話，還是應當從麗本爲是。

悲谷：悲各

《續高僧傳》卷十三《僧鳳傳》："承彼北背層巖，南臨清渭，石鏡耀日，松蘿冒空，暢悅幽情，即而依赴。大開法觀，導引慧蹤。遂使道俗來蘇，聞所未有。既而厚夜悽感，常志前言。悲谷增慨，彌隆遐想。以其年暮月二十三日，因疾終於彼寺，春秋七十有七。"按，"悲谷"，麗本作此，資、磧、普、南、徑、清本作"悲各"。當作"悲谷"爲是，"悲谷"爲古代傳說中的山谷名。《淮南子·天文訓》："至於悲谷，是謂餔時。"高誘注："悲谷，西南方之大壑，言其深峻，臨其上令人悲思，故曰'悲谷'。"《一切經音義》卷三十四："晡時：上補胡反，許注《淮南子》：日行至申爲晡時，悲谷者，日入處也。顧野王云：悲谷是日加申時也。"

山茌：山荏、山茬

《續高僧傳》卷十五《靈潤傳》："時父任青州益都令，外祖吳超任懷州懷令，堂祖吳同任齊州山荏令，姨夫侯援任曹州金鄉令，並潤之宗族內外親姻。雖經還講肆，遊其所部，事逾行路，一無過造。"按，"山荏"，麗本作此，磧、普、南、徑、清本作"山茌"。我們看《續高僧傳》中另一個例子，如卷十七《慧命傳》："及鄉民有任山茌令者，曉去鄉歲久，思問親親。行至縣門，使人通令。令正對客，未許進之。跼蹐之間，又催通引。客猶未散，令且更延。曉悟曰：'非令之爲進退，乃吾之愛憎耳。豈鄉壤之可懷耶？'命省事取紙援筆而裁釋子賦，紙盡辭窮。告曰：'若令問覓，可以此文示之。吾其去矣。'於是潛遁。"按，"山茌"，金本作此，資、磧、普、南、徑、清本作"山茌"；麗作"山荐"。"山茌"，也就是"山茌"，地名。漢置茌縣，後漢因之，三國魏改曰山茌，隋廢入歷城（山東濟南），唐復置，《新唐書》中多有提及。作"山荐"、"山茌"皆形近而訛。

泰皇寺：秦皇寺

《續高僧傳》卷十四《智琰傳》："逾年返京，從泰皇寺延法師進具。"按，"泰皇寺"，金本作此，資、磧、普、南、徑、清本作"秦皇寺"。《續高僧傳》卷二十九："陳中宗宣帝於京城之左造泰皇寺，宏壯之極，罄竭泉府。"如果是"秦皇寺"，則"秦皇"一般是指秦始皇，顯然與此扯不上關係。故本書以爲應當是"泰皇寺"，泰皇，傳說中的古帝名，三皇之一，或許可能。

同泰寺：同奉寺

《續高僧傳》卷十六《僧達傳》："梁武皇帝撥亂弘道，銜聞欣然，遂即濟江，造宮請見。勅駙馬殷均引入重雲殿。自晝通夜，傳所未聞，連席七宵，帝歎嘉瑞。因從受戒，誓爲弟子，下勅住同奉寺，降禮供奉。"按，"同奉寺"，金本作此，資、磧、普、南、徑、清本作"同泰寺"。當作"同泰寺"。《釋迦方誌》卷二："梁高祖武帝（制《五時論》，轉四方等，造光宅、同泰五寺，常供千僧。國內普持六齋八戒。）"

障洪山：障供山、漳洪山

《續高僧傳》卷十六《僧稠傳》："又詣趙州障洪山道明禪師，受十六特勝法。"按，"障洪山道明"，金本作此，資、磧、普、南、徑、清本作"漳洪山道朋"；麗作"障供山道明"。《法苑珠林》卷八十四引用了本傳，其文作："初從道房禪師受習止觀，次於趙州障洪山道明禪師所受十六特勝法。"或許應當從金本。《續高僧傳》卷十七："隋趙郡障洪山釋智舜傳"。儘管資、磧、普、南、徑、清本作"漳洪山"，但金本作"障洪山"。就山名而言，或許此山可以阻擋洪水，故名。

池：地

《續高僧傳》卷十七《慧命傳》："斯若池分四水，始則殊名；海控八河，終無別味。"按，"池"，金本作此，資、磧、普、南、徑、清本作"地"。當作"池"爲是。後秦佛陀耶舍共竺佛念譯《長阿含經》卷十八："阿耨達池東有恒伽河，從牛口出，從五百河入于東海。阿耨達池南有新頭河，從師子口出，從五百河入于南海。阿耨達池西有婆叉河，從馬口出，從五百河入于西海。阿耨達池北有斯陀河，從象口中出，從五百河入于北海。"

實際寺：實塔寺

《續高僧傳》卷十九《法應傳》："應領徒三百，於實際寺相續傳業。四事供養，並出有司。聲聞惟遠，下勅賜帛三百段。仍用造經一藏，親躬受持。"按，"實際寺"，麗本作此，資、磧、普、南、徑、清本作"實塔寺"。或許應當從麗本作"實際寺"，此時法應是在京都，而據唐法琳《辯正論》卷四"十代奉佛篇下"記載隋太保上柱國薛國公長孫覽造實際寺，"捨其第居傾竭堂宇仍充金地即構寶坊"，在京城的應當是"實際寺"。隋唐時期有"實塔寺"，但根據《宋高僧傳》記載，這個"實塔寺"似乎應當在浙江杭州。

梁宋：梁宗

《續高僧傳》卷二十《慧斌傳》："故使魏王以下內外懿親及梁宋諸公皆承戒素。"按，"梁宋"，金本作此，資本作"梁宗"。我們發現，一旦說梁宋，經傳都指的是地名，而作為朝代，則言宋梁。慧斌乃北朝人，更不可能說到南朝的宋、梁，此應當作"梁宋"無疑也。

茂勝寺：義勝寺

《續高僧傳》卷二十《明淨傳》："但以京輦誼雜，性不狎之，請還本鄉之茂勝寺，山居係業，竟不測其存沒云。"按，"茂勝寺"，金本作此，資、磧、普、南、徑、清本作"義勝寺"。後世《神僧傳》《新修科分六學僧傳》《高僧傳摘要》關於釋明淨的記載都承襲了資、磧、普、南、徑、清本作"義勝寺"，但這個"義勝寺"也僅見於源自《續高僧傳》卷二十《明淨傳》材料的後世文獻，並沒有資料表明密州有這樣的一個寺廟，可能是以訛傳訛，還不足為據。我們發現明淨的生緣之所密州確實有茂勝寺，《續高僧傳》卷二十八《僧世傳》："仁壽下勅召送舍利于萊州之弘藏寺，四年又勅送密州茂勝寺。"更為有力的證據是，本卷的篇首明確寫著"唐密州茂勝寺釋明淨傳十"，以僧傳慣例，這個應當是說明其主要事跡發生之所，故本例異文應當作"茂勝寺"為是。

麟洲：隣州

《續高僧傳》卷二十五《慧乘傳》："乘報略云：'震旦之與天竺，猶環海之比麟洲，聃乃周末始興，佛是周初前出，計其相去二十許王。論其所經，三百餘載。豈有昭王世佛而退求敬王時道乎？句虛驗實，足可知也。'"按，"麟洲"，金本作此，資、磧、普、南、徑、清本作"隣州"。此段文字乃慧乘與道士辯論"道是佛師"事發表的觀點，文字被《集古今佛道論衡》《辯正論》《佛祖歷代通載》等多種文獻收錄。要想弄清楚這個異文是"麟洲"還是"隣州"，我們要弄清楚"環海"所指。這裏的"環海"，不是通常的、俗世理解的四周環海這樣的意思，它是特指，指閻浮，道宣《釋迦氏譜》卷一："所以閻浮一域，面周四海。"而"麟洲"也是特指，指鳳麟洲，《海內十洲記》中提到的洲名。傳說爲神仙所居之地。《藝文類聚》卷七十八引南朝梁陶弘景《水仙賦》："酌丹穴之酎，薦麟洲之肴。"北周庾信《道士步虛詞》："麟洲一海闊，玄圃半天高。"前蜀貫休《壽春進祝聖·大興三教》："逢掖諸生集，麟洲羽客朝。"《雲笈七籤》言之最詳，具錄如次：《雲笈七籤》卷二十六載《十洲三島部·鳳麟洲》："鳳麟洲在西海之中，地方一千五百里。洲四面弱水繞之，鴻毛不浮，不可越也。洲上多鳳麟數萬，各各爲群。又有山川池澤及神藥百種，亦多仙家。煮鳳喙及麟角合煎作膠，名之爲續弦膠，或名連金泥。此膠能續弓弩已斷之弦，連刀劍斷折之金，更以膠連續之處，使力士掣之，他處乃斷，所續之際終無所損也。天漢三年，帝幸北海祠躭山。四月西國王使至，獻靈膠四兩及吉光毛裘。武帝受以付外庫，不知膠、裘二物之妙用也。以爲西國雖遠，而上貢者不奇，稽留使者未遣。久之，武帝幸華林園，射虎而弩弦斷，使者從駕，又上膠一分，使口濡以續弩弦。帝驚曰，異物也。乃使武士數人，共對掣引，終日不脫，如未續時。其膠色青如碧玉，吉光毛裘黃色，蓋神馬之類也。裘入水數日不濡，入火不焦。帝於是乃悟，厚謝使者而遣去。又益思方朔之遠見。周穆王時，西胡獻昆吾刀及夜光常滿杯。刀長一尺，杯受三升。刀切玉如切泥，杯是白玉之精，光明照夜。冥夕出杯於中庭以向天，比明而水以滿杯中，汁甘而香美，斯實靈人之器。秦始至時，西胡獻切玉刀，無復常滿杯耳。如此膠之所出，從鳳麟洲來；劍之所出，從流洲來，並是西海中所有也。"這樣，我們就可以判定這裏的異文應當是"麟洲"。"環海"與"麟洲"相對，這樣纔能呼應前面的"震旦"與"天竺"相對。

嘉陵江：喜陵江

《續高僧傳》卷二十八《慧重傳》："又送于隆州禪寂寺，初至設齋，忽有野鹿，從南山下度喜陵江直趣塔所，人以手摩，自然依附，乃至下訖，其鹿方去。"按，"喜陵江"，金本作此，資、磧、普、南、徑、清本作"嘉陵江"。隆州在今閬中一帶，巴蜀之地的江，應當是"嘉陵江"。寫作"喜陵江"乃丟失部件訛誤。又，《法苑珠林》卷十八"感應緣"："唐武德中，以都水使者蘇長爲巴州刺史，長將家口赴任，渡嘉陵江中流，風起船沒。"按，"陵"，麗本作此，資、普、徑、宮本作"凌"。此亦當如是解。此感應緣出《集神州三寶感通錄》卷中，原文正是"嘉陵江"。

蔣州：蘇州

《續高僧傳》卷三十一"題頭"："隋蘇州栖霞寺釋法韻傳五"。按，"蘇州"，金、麗本作此，資、磧、普、南、徑、清本作"蔣州"。或許應當作"蔣州"，蔣州是南京在隋朝時期的名稱，栖霞寺祇可能在"蔣州"。《續高僧傳》所載，有金陵攝山栖霞寺，即蔣州栖霞寺，未見有蘇州栖霞寺。且依《續高僧傳》題名的命名規律，結合《法韻傳》，這個也應當是"蔣州"。

譙合：推合、樵合

《續高僧傳》卷三十一《慧明傳》："宣帝在位，太建五年，將事北征，觀兵河上。已遣大都督程文季等，領軍淮浦與齊對陣。雄氣相傾，帝甚憂及。乃於太極殿命龜卜之，試卦腹文，颯然長裂。君臣失色，爲不祥也。即請百僧齋。時一會臨中，猶猝未測所由。及行香訖，乃陳卜意。明抗聲歘致，又述緣曰：'卜徵龜破，可謂千里路通，既其文季前鋒，豈不一期程捷。'時以爲浮飾也。至四月中，次大小峴，與齊大戰。俘虜援兵二十餘萬。軍次譙合，呂梁彭越前無橫陣。故下勅云：'今歲出師薄伐邊服，所獲梁土，則江淮二百許城，東西五千餘里。然龜腹長文號千里也，遠驗明言，宛同符契。'故明承此勢，爲業復隆，偏意宗猷，達悟登白者，其量弘矣。不測其終。"按，"譙合"，金本作此，資作"推合"，磧、普、南、徑、清本作"樵合"。當從金本，"譙合"，地名，譙，今亳州，合，指合肥。據《南史》記載，"太建五年，都督吳明徹北討，至秦郡。秦郡前江浦通塗水，齊人並下大柱爲杙，柵水中。文季乃前領驍勇，拔開其柵，明徹率大軍自後而至，攻克秦郡。又別遣文季攻涇州，屠其城，進拔盱眙，仍隨明徹圍壽陽。文季臨事謹飭，御下嚴整，前後所克城壘，率皆決水爲堰，土木之功，動逾數萬。置陣役人，文季必先于諸將，夜則早起，迄暮不休，軍中莫不服其勤幹。每戰爲前鋒，齊軍深憚之，謂爲程彪。以功除散騎常侍，帶新安內史。累遷北徐州刺史，加都督。"（《南史・程靈洗傳》）

明帝渚宮：朋帝渚

《續高僧傳》卷十《慧曠傳》："十二出家，事江陵寶光寺澄法師。祇勤儀訓，肅奉帷筵，發明幽旨，頗超群輩。後辭朋帝渚，問道王。居律行寺，聽彭城講。玄關斯闢，大義已通，將事隨方，轉相弘教。乃與宗愷、准韻諸師，俱值真諦，受攝大乘、唯識等論，金鼓、光明等經。俄而真諦涅槃，法朋彫徙，乃共同學僧宗俱栖匡岫，分時敷說，法化彌隆。"按，"朋帝渚"，金本作此，資、磧、普、南、徑、清本作"明帝渚宮"。"朋帝渚"，應當作"明帝渚宮"。渚宮，春秋楚國的宮名，故址在今湖北省江陵縣，故可用以代指江陵。如唐劉禹錫《元和癸巳歲仲秋詔發江陵凱旋之辰卒爾成詠寄荆南嚴司空》："蠻水阻朝宗，兵符下渚宮。"本傳前言"事江陵寶光寺澄法師"，正是如此。

大同卅六年：大同世六年、大同三十六年

《續高僧傳》卷二十八《明誕傳》："又下穿掘得石，銘云：大同卅六年已後，開仁壽之化。依檢梁曆，有號大同，至今歲紀，髣髴符會。"按，"大同卅六年"，金本作此，資、磧、普、南、徑、清本作"大同三十六年"，麗本作"大同世六年"。金本與資、磧、普、南、徑、清本意思無差別，麗本的"世"應當是金本的"卅"的錯訛，而資、磧、普、南、徑、清本作"三十"應當是"卅"的轉寫。

元年：九年

《續高僧傳》卷二《彥琮傳》："大定元年正月，沙門曇延等同舉奏度，方蒙落髮。時年二十有五，至其年二月十三日，高祖受禪，改號開皇。即位講筵，四時相續，長安道俗，咸拜其塵。"按，"元年"，金本作此，資、磧、普、南、徑、清本作"九年"。"大定"是北朝北周靜帝宇文衍的年號，當公元581年，楊堅稱帝，建立隋朝，《隋書・禮儀志四》："周大定元年，靜帝遣兼太傅、上柱國、杞國公椿、大宗伯、大將軍、金城公顗，奉皇帝璽綬策書，禪位於隋。"《隋書·天文志下》："靜帝大定元年正月乙酉，歲星逆行，守右執法，熒惑掩房北第一星。占曰：'房爲明堂，布政之宮，無德者失之。'二月甲子，隋王稱尊號。"也就是說，北周歷史從來沒有"大定九年"，作"九年"乃"九"與"元"字形極爲相近，後人失察而誤讀。

建德：建武

《續高僧傳》卷九《寶海傳》："時年八十，謂門人法明曰：'吾死至矣，一無前慮，但悲去後圖塔湮滅耳。當露屍以遺鳥狩。'及建武之年果被除屏，令院宇荒蕪，惟餘一堂容像存焉。"按，"建武"，麗本作此，資、磧、普、南、徑、清本作"建德"。"令院宇荒蕪"，資、磧、普、南、徑、清本作"今院宇荒毀"。應當是"建德"，"建德"是周武帝年號，該事件應當發生在周武滅佛中。

初年：初平

《續高僧傳》卷十二《辯相傳》："大業之始召入東都，於内道場敷散如故。爲鄭擁逼，同固洛濱。武德初年，蒙勅延勞，還歸京室，重弘經論，更啓蒙心。今上昔在弘義，欽崇相德，延入宮中，通宵法論，亟動天顧。"按，"初年"，麗本作此，資、普、宮本作"初平"，或許應當從麗本作"初年"。像這種"年號+初年"的說法，在《續高僧傳》中屢見不鮮，本卷本傳下文即有"以貞觀初年，因疾纏身無由取逝"。另外在《續高僧傳》中還有多例，僅舉幾例以見一斑：卷二《彥琮傳》："仁壽初年，勅令送舍利于荆州。"卷十《僧曇傳》："曇以傳譯之美繼業終寺，即大業初年矣。"卷十二《寶襲傳》："貞觀初年，勅徵爲濟法上座。"卷十三《慧暠傳》："武德初年，下勅窮討。事本不實，誣者罪之。"卷十四《慧頵傳》："貞觀初年，拔思關表，廣流聞見，乃跪陳行意。"卷十四《三慧傳》："大業初年，以學功成采，下勅徵入慧日道場。"《漢語大詞典》："【初年】初期。宋羅大經《鶴林玉露》卷四：'孝宗初年，規恢之志甚銳。'《初刻拍案驚奇》卷二二：'直到乾符初年，郭七郎在家，想著這主本錢沒著落。'劉白羽《寫在太陽初升的時候·第二封》：'現在，雖然還是建設的初年，但處處卻閃露出新社會的光彩了。'"我們認爲在《續高僧傳》中這樣的用法已經非常成熟了，書證應當更早。

大寶：太寶、天保

《續高僧傳》卷一《拘那羅陀傳》："以大同十二年八月十五日，達于南海。沿路所經，乃停兩載。以太清二年閏八月，始屆京邑。武皇面申頂禮，於寶雲殿竭誠供養。諦欲傳翻經教，不羨秦時，更出新文，有逾齊日。屬道銷梁季，寇羯憑陵，法爲時崩，不果宣述。乃步入東土。又往富春令陸元哲，創奉問津，將事傳譯。招延英秀沙門寶瓊等二十餘人，翻十七地論。適得五卷，而國難未靜，側附通傳。至天保三年，爲侯景請，還在臺供養。于斯時也，兵饑相接，法幾頹焉。會元帝啓祚承聖清夷，乃止于金陵正觀寺，與願禪師等二十餘人，翻金光明經。"按，"天保"，麗本作此，資、磧、普、南、清本作"太寶"，徑本作"大寶"。由"會元帝啓祚承聖清夷，乃止于金陵正觀寺"可知，承聖爲公元552年南朝梁元帝始用的年號，拘那羅陀"爲侯景請，還在臺供養"應當在此之前，"天保"爲北齊文宣帝的年號，始於公元550年，"大寶"爲南朝梁簡文帝年號，始於公元550年，異文現象實在難以確定是非，看起來似乎時間上沒有不同，或者認爲二者皆通。其實祇要我們注意拘那羅陀此時的形跡就可以發現，他此時都是在南朝遊歷說法，記述這樣一個人的事跡，不太可能使用北朝的紀年；另外，前文後文講述的這些重大事件都是使用的南朝的紀年，中間同樣不可能突然出現一個北朝的紀年。如此，我們斷定，這個異文應作"大寶"，作"太寶"者，蓋古人"大"、"太"分別未必那麼嚴格，另外可能就是筆誤。

第三節　佛教文化類

心良田：心良

《續高僧傳》卷一《寶唱傳》："無由得申罔極，故留心釋典，以八部般若爲心良。"按，"心良"麗本作此，資、普、徑本作"心良田"。"心良"不辭。由以下的文字看，作"心良田"是，"心良田"也就是心田。《佛光大辭典》："【心田】指心。心如田圃，能納藏善惡之種子，隨緣滋生善惡之苗，故喻爲田。"[①]《大唐內典錄》卷四："以八部般若是十

[①] 慈怡編著：《佛光大辭典》，北京圖書館出版社2004年版。

方三世諸佛之母，能消除災障，蕩滌煩勞，故採衆經躬述注解。"（55/266c）亦可爲證。

爲兩：爲雨；三兩：三不

《續高僧傳》卷十四《智拔傳》："承帝京上德吉藏法師四海標領、三乘明匠，尋詣奉旨，欣擊素心。首尾兩遍，命令覆述。英俊鼓言，無非亂轍。藏親臨坐。拔問衆曰：'一乘爲兩，遂分爲三；亦可一乘爲兩，分爲三兩。'衆無敢答。藏曰：'拔公此問深得旨矣。'"按，"爲兩"，金本作此，資作"爲雨"。又"三兩"，金本作此，資、磧、普、南、徑、清本作"三不"。本書謂此當從金本。智拔在這裏討論的"一乘"、"兩乘"、"三乘"、"五乘"，"分爲三兩"就是三乘加兩乘，五乘。這是華嚴經義的一個核心問題，後世佛教判教的一個重要參照就是依據對此的理解。既然是《華嚴經》問題，我們從《華嚴經》中找依據：闍那崛多、笈多譯《添品妙法蓮華經》卷一："我有方便力，開示三乘法。一切諸世尊，皆說一乘道。今此諸大衆，皆應除疑惑。諸佛語無異，惟一無二乘。"《添品妙法蓮華經》卷三："佛告慧命摩訶迦葉：譬如作瓦器者等，和土泥而用作器。彼中或有盛沙糖器，或盛酥器，或盛乳酪器，或盛惡糞穢器。泥亦無有種種別異，而物著中，隨所受量，器則種種別異，施設如是。迦葉，此唯一乘，所謂大乘，無有二乘及以三乘。"當然，佛典中還有五乘的說法。本卷此處表現的是智拔對華嚴的理解，也就是說，他認爲一切歸於"一乘"。

方墳：芳墳；蘭杜：蘭社

《續高僧傳》卷七《法朗傳》："故陳主叔寶時在春宮，爲之頌曰……神之淨土，形沈終古，勒此方墳，用旌蘭杜。"按，"方墳"，麗本等作此，徑本作"芳墳"；"蘭杜"，麗本等作此，徑本作"蘭社"。"方墳"，梵語 stūpa 的意譯，指舍利塔。作"芳墳"者，蓋受本段文字文體的誘導，加之後文又有蘭杜，所以變成了芳香的芳以美之。"蘭杜"，指蘭花和杜若，"蘭杜"連言，在《全唐詩》中用例甚夥。特別有啓示意義的是王昌齡《同從弟南齋玩月憶山陰崔少府》："高臥南齋時，開帷月初吐。清輝淡水木，演漾在窗戶。苒苒幾盈虛，澄澄變今古。美人清江畔，是夜越吟苦。千里其如何，微風吹蘭杜。"蘭花和杜若，都能散發芳香。"千里其如何，微風吹蘭杜。"指崔少府的名聲到處皆知，就像蘭杜的香氣，雖隔千里也會隨風吹來。

雷次宗：當次宋

《續高僧傳》卷六《慧約傳》："齊中書郎汝南周顒爲剡令，欽服道素，側席加禮，於鍾山雷次宗舊館造草堂寺。亦號山茨，屈知寺任。此寺結宇山椒，疏壤幽岫。雖邑居非遠，而蕭條物外。既冥賞素誠，便有終焉之託。顒嘆曰：'山茨約主清虛滿世。'"按，"雷"，金本作此，資本作"當"；"宗"，金本作此，資本作"宋"。此當從金本。雷次宗，"蓮社十八賢"之一，《佛祖統紀》卷二十六有傳，言其"（元嘉）二十五年召拜散騎常侍不就，復徵詣京師，築室鍾山，謂之招隱館。"

三官：三宮

《續高僧傳》卷八《法上傳》："有弟子法存者……每年三駕皆往山寺有所覲禮。六軍既至，供出僧厨。存隨事指撝，前後給濟，三宮並足。後終於隋初。"按，"三宮"，金本作此，資、磧、普、南、徑、清本作"三官"。或當作"三官"爲是，作"三宮"殊爲費解。《北山錄》卷八："東魏高齊尚其統。宋齊梁陳尚其正。而復寺三官，屬其統正焉。"這個"三官"指僧職即寺院的僧職，南北朝時期，各寺置大統、僧統、都維那管理寺院。後世又有稱"三綱"者。①

念定：念守

《續高僧傳》卷十三《海順傳》："歲登具受，履操逾遠，志業尤勇，念守所持，誓無點累。"按，"念守"，麗本作此，資、磧、普、南、徑、清本作"念定"。本書謂作"念定"是，丁福保《佛學大辭典》："念定：（術語）正念與正定也。維摩經佛國品曰：'念定總持。'"《續高僧傳》卷十三《慧因傳》："（法）仁是鄉人少所供奉，清淨身心修行念定，卑弱著性有名門學。"此外，在卷二十《道哲傳》："弟子靜安道誠，並承習厥宗，匡務有敘。安掩迹林泉，念定存業，誠行感玄解，謙穆自修。""念定存業"，金本作此，資、磧、普作"念定在業"，南、徑、清本作"念趣在業"。

無性論：無論

《續高僧傳》卷十五《僧辯傳》："自辯置懷慈濟，愛法爲功，路見

---

① 謝重光、白文固：《中國僧官制度史》，青海人民出版社1990年版，第27頁。

貧苦，不簡人畜，皆盡其身命濟其危厄。講聽之務，惟其恆習，其《攝論》《中邊》《唯識》《思塵》《佛性》《無論》，並具出章疏，在世流布。"按，"無論"，麗本作此，資、磧、普、南、徑、清本作"無性論"。此或當作"無性論"。《大唐內典錄》載有陳真諦譯《三無性論》（二卷），《無性論》蓋指此。

恣：坐

《續高僧傳》卷十五《智徽傳》："又結河陽，乃請爲菩薩戒師，珍敬道風，誓爲善友。夏講《涅槃》，解恣便訖。"按，"恣"，麗本作此，宮本作"坐"。本書謂作"恣"可從。儘管看起來"解坐"更常見，但是這裏前言"夏講涅槃"，如果後文接"解坐便訖"，文意不通。儘管一般稍有言"解恣"者，但道宣作爲律學大師，對這個夏安居之後的佛事和日程是非常熟悉的，加上個人長期浸淫律學中，使用這樣的語詞也是非常正常的。佛家夏安居之後自恣日，自恣始於夏安居之竟日即在舊律爲七月十六日、新律爲八月十六日。本句的意思是智徽講完《涅槃》的時間恰是自恣結束時間。

統津：統律

《續高僧傳》卷十五《靈潤傳》："沙門智衍，即潤之猶子也。幼攜入道，勗以教宗，承明詞義，深有會擊，講攝論涅槃，近住藍田之法池寺，統律成匠，驅動時譽。"按，"統律"，麗本作此，資、磧、普、南、徑、清本作"統津"。本書以爲當從資、磧、普、南、徑、清本作"統津"。在《續高僧傳》中還有用例，如卷八《曇延傳》："及進具後，器度日新，機鑒俊拔，遐邇屬目。雖大觀奧典，而恐理在膚寸，乃更聽《華嚴》《大論》《十地》《地持》《佛性》《寶性》等諸部，皆超略前導，統津准的。"我們檢閱了衆多文獻也祇發現在本書中有這樣的用法，"統津"應當是道宣自己創造的語詞。"準的"是標準，那麼"統津"的詞義也應當與之相近。"統"，準則、標準。"津"有渡口、渡河的意思，那麼這個"津"是怎麼來的呢？爲什麼是"津"而不是"律"呢？看下面的例子：僧肇《肇論》卷一："經曰：'三箭中的，三獸渡河。'中渡無異，而有淺深之殊者，爲力不同故也。三乘衆生，俱濟緣起之津，同鑒四諦之的，絕僞即真，同升無爲。"後世的解釋就是：十二因緣如河津也，四真諦法如射的也。道宣應該正是根據這樣的經文創造出"統津"這樣的用法的。

爭利：同利

《續高僧傳》卷二十四《道安傳》："志在玄妙，軌真守撲，得度廣濟，普蒙福祿。如何無心仍著染濁，空爭長短，銖兩斗斛，與世同利，何異僮僕？經道不明德行不足。如是出家徒自毀辱。"按，"同利"，金本作此，磧、普、南、徑、清本作"爭利"。本書以爲應當作"爭利"。"爭利"纔能與前文的種種情形對應起來，同時，祇有作"爭利"也纔符合佛教的教義。而"同利"是佛家所倡導的，如：《長阿含經》卷十一："夫爲人者，當以五事親敬親族。云何爲五：一者給施；二者善言；三者利益；四者同利；五者不欺。"《中阿含經》卷三十三："惠施及愛言，常爲他行利。眾生等同利，名稱普遠至。"倡導"同利"的同時，佛家還反對與世俗"爭利"，如隋那連提耶舍譯《大方等大集經》卷四十四："又亦不得以眾僧物貯積，興生種種販賣，云有利益，招世譏嫌。又亦不得出貴收賤，與世爭利。"

屈：掘、握

（1）《續高僧傳》卷十二《智琚傳》："亡①前謂曰：'吾以《華嚴》《大品》《涅槃》《釋論》，此文言吾常吐納。今以四部義疏，付屬於汝。乃三握手，忽然而終。'"（2）卷十六《道珍傳》："及其終後，乃返掘兩指，人有捋者，雖伸還屈，如前故傳所紀。獲二果矣。"（3）卷十九《普明傳》："換衣纔竟，奄然就滅。春秋八十有六。經二宿，左手仍內屈三指。"（4）卷三十一《真觀傳》："不覺已滅逝於眾善之舊寺，從子至午，心頂俱煖，身體柔軟，顏色不變，右手內掘三指。"（5）卷二十六《慧峯傳》："終後屈一指，將②之雖伸還屈，時議謂證初果。"例（1）"握"，宮本作"掘"。按，不當爲"握手"，"握手"作爲離別的儀禮，本例是說明其死後證得的果報，作"掘"更是，掘，"屈"也。例（2）"掘"，麗本作"掘"，資、磧、普、南、徑、清、金、宮本作"握"。按，此或作"屈"是，"掘"可以解釋成增符字，"握"則可能是"掘"的形誤。例（3）"屈"，資、磧、普、南、徑、清、麗本同，金本作"掘"。當作

---

① "亡"，麗本作此，資、磧、普、南、徑、清本作"云"。似乎作"亡"更是，如果是"云"則是弟子明衍的敍述，似乎不如以第三者的口吻來敍述更好。

② 將，金本作此，資、磧、普、南、徑、清本作"捋"，本書謂作"捋"是。

"屈"，"掘"也應當讀作"屈"，祇不過是加了一個手旁，乃增符俗字也。這樣的姿態也是佛教徒常用的臨終姿勢。例（4）掘，資、磧、普、南、徑、清、宮本作"屈"，是。《續高僧傳》卷二十九《志湛傳》："寂無餘惱，端然氣絕，兩手各舒一指，有西天竺僧解云：'若二果者，舒兩指。驗湛初果也。"卷二十八《闍提斯那傳》："帝以事符大夏，陳迹東華，美其遠度，疑是證聖，引入大寶殿，躬屈四指，顧問群僚：'解朕意不？'僉皆莫委。因問斯那：'又解意不？'答曰：'檀越意謂貧道爲第四果人耶？實非是也。'帝甚異之。"如此，屈一指、二指、三指、四指應當喻指分別得預流果、一來果、不還果、阿羅漢果四果。

限終：恨終

《續高僧傳》卷十三《靜藏傳》："以武德九年十二月，因事入京，遇染時患，限終京室。"按，本卷金本缺。"限終"，麗本作此，資、磧、普、南、徑、清本作"恨終"。作"限終"是。"限"乃壽限。法護等譯《佛說大乘菩薩藏正法經》卷八："譬如有人壽限百歲，或於一時取以一毛端量一渧之水，析作百分，持詣佛所，作是白言：'世尊，我今持此水渧寄置佛所，後復來取，佛當與我。'佛即受之，以其水渧置在殑伽河中，隨流泛溢，次弟入於大海之中。爾時彼人過百歲已，來詣佛所，作是白言：'世尊，我昔以水渧寄佛所，願佛今時還當授我。'"（11/797b）"壽限百歲"即其在人世的時間有一百歲，"限終"就是命盡。死而有憾乃中土、儒家的觀念，僧人那裏向來都是"視死如歸"的。

今身：全身；枯骸：枯體

《續高僧傳》卷十七《慧思傳》："思曰：'此古寺也，吾昔曾住。'依言掘之，果獲之房殿基墌、僧用器皿。又往巖下。'吾此坐禪，賊斬吾首，由此命終，有今身也。'僉共尋覓，乃得枯骸一聚，又下細尋，便獲髑骨。思得而頂之，爲起勝塔，報昔恩也。故其往往傳事，驗如合契，其類非一。"按，"今身"，金本作"今身"，麗、普、南、徑、清本作"全身"。應當作"今身"是，今身乃往生的託生，如是合於佛家的多生思想。"骸"，資、磧、普、南、徑、清本作"體"。既然下文說了"一聚"，也就是一堆，則此應當作"枯骸"是，且下文也說"便獲骸骨"。後世的引文也反映了這個情況：《淨土往生傳》卷中《慧思傳》："又曰：'此吾昔之坐禪處也，群賊之來以斬吾首，自其命終有今身焉。'未移數步，且得枯骸一聚及於髑骨。"（51/115a）《景德傳燈錄》卷二十七："師曰：'此古寺也，吾昔曾居。'俾掘之，基址猶存。又指巖下曰：'吾此坐禪，賊斬吾首。'尋得枯骸一聚。"（51/431b）

翅：翹

《續高僧傳》卷二十《慧思傳》："又聞念慧相須譬諸輪翅，遂周尋聖教，備嘗弘旨。"按，"翅"，金、資、磧、普、南、徑、清宮本作此，麗本作"翹"。《大正藏》隸定作"翹"。本書謂作"翅"是，輪、翅皆須兩相待纔能發揮作用，言其相輔相成也。《法苑珠林》卷三十三："故入道必以智慧爲本，智慧必以福德爲基。譬猶鳥備二翼，儵舉萬尋；車足兩輪，一馳千里。"（53/537c）以翅翼作爲比喻佛典習見。如：《續高僧傳》卷二十"論"："真俗雙翼，空有二輪，帝網之所不拘，愛見莫之能引。"卷二十一《法顯傳》："因而返谷，靜處閑居，二翼之外，一無受畜。"卷二十一《惠仙傳》："既出家後，隨方問津，雖多涉獵，然以《華嚴》《涅槃》二部，爲始卒之極教也，迄於暮齒，耽味逾深。謂人曰：'斯之二寶，全如意珠，無忽忘而暫捨也。所以執卷自隨，有若雙翼。'"

五兵六法：五嶽六府

《續高僧傳》卷二十二《智保傳》："不執俗器，不觀音樂，五兵六法，誓不身經。"按，"五兵六法"，金本作此，資、磧、普、南、徑、清本作"五嶽六府"。本書謂作"五兵六法"是。《一切經音義》卷九："五兵：《周禮》：司兵掌五兵。鄭衆曰：五兵者，戈殳矛戟無夷也。""六法"，《佛光大辭典》："【六法】：（二）式叉摩那受持之六種學法。即染心相觸、盜人四錢、斷畜生命、小妄語、非時食、飲酒。一說不淫、不盜、不殺、不虛誑語、不飲酒、不非時食。"上例的"六法"即六種不應作。

聲價：聲駕

《續高僧傳》卷十二《智琚傳》："既蒙遺累即而演之，聲價載隆，玄素攸仰。"按，"價"，麗本作此，資、磧、普、南、徑、清、宮本作"駕"。作"價"是。上文有"名價"，可類比知之。

叵論：匹論

《續高僧傳》卷二十六《智慧傳》："及下舍利大放光明挺溢①山宇，道俗俱見，乃至出沒流轉，變狀匹論。"按，"匹論"，麗本作此，《大正藏》言資、普、徑、宮本作"叵論"，而且《大正藏》有＊號者，表明下面的"曇良傳"中的"待覓得石期至匹成"的"匹"也與此處的異文相同。此字金本作"叵"，據文義，"匹"當爲"叵"之訛。叵論，言其變狀萬千，難以言說也。前多見言"變轉……"與此同例。另外，這個"叵論"在句法功能上和"叵言"、"叵陳"是一樣的。《續高僧傳》卷二十一《靜之傳》："行至秦州被毒蛇螫，苦楚叵言。"卷三十《智興傳》："忽通夢其妻曰：'吾行從達於彭城，不幸病死，生於地獄，備經五苦，辛酸叵言。'"卷十七《智舜傳》："忽因旬假得不淨觀，腸腑流外驚厭叵陳。"

除入：徐入、陰入

《續高僧傳》卷十七《慧思傳》："又發空定心境廓然，夏竟受歲，慨無所獲，自傷昏沈。生爲空過，深懷慚愧，放身倚壁，背未至間，霍爾開悟。法華三昧大乘法門一念明達，十六特勝，背捨除入，便自通徹，不由他悟。"按，"除入"，金本作此，資、磧本作"徐入"，徑、清本作"陰入"。當作"除入"，佛家專名也。佛陀耶舍共竺佛念譯《長阿含經》卷九："云何八知法？謂八除入，內有色想，觀外色少，若好若醜，常觀常念，是爲初除入；內有色想，觀外色無量，若好若醜，常觀常念，是爲二除入；內無色想，外觀色少，若好若醜，常觀常念，是爲三除入；內無色想，外觀色無量，若好若醜，常觀常念，是爲四除入……是爲八除入。"

退僧：道僧

《續高僧傳》卷十八《法純傳》："逢於廢教退僧，潛匿城市。內持道服，外假俗衣。"按，以上是《大正藏》的標點。其中"退僧"麗本作"退"，資、磧、普、南、徑、清本作"道"。本書謂當作"退僧"是。如果作"道僧"，則說"道僧潛匿城市"，那樣，"道"和"僧"對

---

① 資、磧、普、南、徑、清、麗本作此，金本作"盈溢"。按，在《大正藏》中"挺溢"祇檢索到本例一個例子，可疑。當從金本作"盈溢"是。

舉，則"道"應當指"道士"，而這裏祇是說"法純"。"退僧"即所謂退僧還俗。《周高祖巡鄴除殄佛法有前僧任道林上表請開法事》（見《廣弘明集》卷十）："自國立政，惟貴於道；制化養民，寧高於德。止見道消國喪，未有兵強祚久。是以虐紂恃衆，禍傾帝業；周武修德，福集皇基；夫差驕戰，遂至滅身；勾踐以道，危而更安。以此論之，何關壞佛退僧方平東夏？"（52/154c）《續高僧傳》卷八《慧遠傳》："遠曰：'詔云退僧還衆崇孝養者，孔經亦云立身行道，以顯父母，即是孝行，何必還家方名爲孝？'"

第四節　物名人名類

阮韜：院韜、完韜

《續高僧傳》卷二十二《智文傳》："釋智文，姓陶，丹陽人，母齊中書院韜女也。"按，金本作"院"，麗本作"完"，資本作"阮"。作"阮"是。但"阮韜"似乎並沒有做過"中書"。《南齊書·阮韜傳》："阮韜字長明，陳留人，晉金紫光祿大夫裕玄孫也。韜少歷清官，爲南兗州別駕，刺史江夏王劉義恭逆求資費錢，韜曰：'此朝廷物。'執不與。宋孝武選侍中四人，並以風貌。王彧、謝莊爲一雙，韜與何偃爲一雙，常充兼假。泰始末，爲征南江州長史。桂陽王休範在鎮，數出行遊，韜性方峙，未嘗隨從。至散騎常侍，金紫光祿大夫，領始興王師。永明二年卒。"據此，阮韜不是"中書"，而是"侍中"。但是，這並不意味著阮韜的權勢小，因爲依據《通典》的說法："後魏、北齊皆爲集書省，掌諷議左右，從容獻納，領諸散騎常侍、侍郎及諫議大夫、給事中等官，兼以出入王命，位在中書之右，北齊常侍定限八員，如金紫光祿大夫。"[①]

三枚：三杖、三丈

《續高僧傳》卷二十八《曇良傳》："釋曇良……忽於州境獲石三枚，底廂及蓋，各是異縣。運來合之，宛是一物。衆嘉異之，具聞臺省。良性樂異迹，周覽觀之。"按，"三枚"，金本作此，資、磧本作"三杖"，普、南、徑、清本作"三丈"。或許應當是"三枚"。這裏要看石函的形

[①] （唐）杜佑：《通典》，中華書局1984年版，第123頁。

製，石函是盒子，乃多塊石頭組合而成，如果作"三丈"，則是一塊石頭，與下文不合。下文言"底廂及蓋，各是異縣。運來合之，宛是一物"。可見是分在三處，然後合在一起，這纔"宛是一物"。資、磧本"三杖"應當是"三枚"的訛誤，而晚出的普、南、徑、清本"三丈"則是在"三杖"的基礎上書手根據自己理解，認爲"三杖"不辭，臆測應爲"三丈"。

徹心：徹止

《續高僧傳》卷二十八《明馭傳》："又聞磬聲搖曳長遠，寺東巖上唱善哉聲，清暢徹止，追尋莫委。"按，"徹止"，金本作此，資、磧、普、南、徑、清本作"徹心"。此應當作"徹心"，"徹心"即貫穿心田，《法苑珠林》卷四十二"聖僧部第三"："乃有天香妙氣，洞鼻徹心。""徹止"，古代良犬名。《穆天子傳》卷一："狗，重工、徹止、藿猥……來白。"郭璞注："皆駿狗之名，亦猶宋鵲之類。"顯然與此毫無瓜葛。作"止"者應當是誤讀"心"之草寫所致。

熏爐：香爐

《續高僧傳》卷十五《智徽傳》："兼以課己行業，無虧六時，手執熏爐，約數承禮，夜不解衣，一生恒爾，清素寡欲，不樂交遊，敷化之餘，便營僧事，故澤部長幼，詠仰于今。"按，"熏爐"，麗本作此，資、磧、普、南、徑、清本作"香爐"。作"熏爐"可從，"熏爐"也就是香爐。《續高僧傳》卷十二《童真傳》："兼以陰雲四塞，雨雪俱零，冀得清霽見日，有符程限。真乃手執熏爐，興發大願。恰至下期，冬日垂照，時正在午，道俗同慶。"祈願時童真法師是手執"熏爐"。卷二十《志超傳》："所以日別分功，禮佛五百，禪結四時，身誡衆侶。有虧殿罰，而自執熏爐，隨唱屈禮，未嘗置地及以虧拜，及坐禪衆也，互相懲誡，纔有昏睡，親行勵率。"這個地方有異文。金本作"熏爐"，資、磧、普、南、徑、清本作"香爐"。同理，我們認爲這裏的異文也應當作"熏爐"。

圓桶：圓桶

《續高僧傳》卷九《智方傳》："何必昔佛國土有此高妙，即楊都福地，亦甚莊嚴。至如彌天七級，共日月爭光，同泰九層，與煙霞競色。方井則倒垂荷葉，圓桶則側布蓮華，似安住之居南，類尼佉之鎮北，耳聞目見，庶可聯衡。"按，"圓桶"，麗本作此，資、磧、普、南、徑、清本作"圓桷"。本書謂此當作"圓桷"。"桷"爲方形的椽子，以棱角爲其顯著特徵。本句前已言方井，指的天井，院子；後文也一定是與建築相關。

霊塔：露塔

《續高僧傳》卷十一《志念傳》："隋漢王諒作鎮晉陽，班條衛冀，搜選名德，預有弘宣。念與門學四百餘人，奉禮西并將承王供。諒乃於宮城之内更築子城，安置霊塔，別造精舍，名爲内城寺，引念居之，開義寺是也。"按，"霊塔"，麗本作此，徑、清本作"露塔"。或當從麗本作"霊塔"爲是，"霊塔"，即靈塔，"霊"乃"靈"的俗字異體。《金石文字辨異·平聲·青韻·霊字》引東魏《武定二年邑主造像頌》："曠彼霊山。"唐《朗空大師塔銘》："資霊河岳。"時建國注：霊：人的精神狀態。① "霊塔"又可作"寶塔"，《續高僧傳》卷二《彥琮傳》："仁壽初年，勅令送舍利于并州。時漢王諒，於所治城，隔内造寺，仍置寶塔，今所謂開義寺是也。" "霊塔"與"精舍"連言，說的是隋漢王諒築城建寺以迎志念。

玄鏡：懸鏡

《續高僧傳》卷十七《慧命傳》："若吞雲夢，如指諸掌，加以妙持淨戒，如護明珠，善執律儀，譬臨玄鏡。"按，"玄鏡"，金本作此，資、磧、普、南、徑、清本作"懸鏡"。當作"玄鏡"，"玄鏡"，明鏡也。《漢語大詞典》：【玄鏡】猶明鏡。三國魏曹植《學官頌》："玄鏡獨鑑，神明昭晰。"南朝梁沈約《爲始興王讓儀同表》："陛下道苞九舜，明出十堯，萬徹必理，一物興念，有紆玄鏡，暫垂止水。"此外，我們發現在佛典中"玄鏡"用例，如《宗鏡錄》卷三十二："又萬法即心，修何礙心，故云卷舒變化，唯心所在，壽殀得喪，唯心所宰。故詩三百，一言可蔽矣；教五千，一心能貫之。實入道之要津，修行之玄鏡。"

由巢：由甫、禽尚、禽魚

《續高僧傳》卷二十九《僧崖傳》："周氏滅法，栖隱于終南山之楩梓谷西坡，深林自庇，廓居世表，潔操泉石，連蹤由甫。"按，"由甫"，麗本作此，磧、普本作"禽尚"，南、徑、清本作"禽魚"。唐法藏集

---

① 時建國：《金石文字辨異校釋》，甘肅人民出版社2000年版，第448頁。

《華嚴經傳記》卷四《普安傳》作"連蹤巢甫"。這個本來並不複雜的記述，被這些錯訛的各版本異文弄得極度費解。其實《普安傳》原文的意思就是普安似乎是完全效做、效法古人作曠世隱士了。"連蹤"，蹤跡相連，比喻追隨，相隨。那麽緊接著"連蹤"的後文應當是先哲，"由甫"，應當是"由巢"，即許由與巢父。《晉書·元帝紀》："願陛下存舜禹至公之情，狹由巢抗矯之節，以社稷爲務，不以小行爲先。"元李壽卿《伍員吹簫》第四折："元來他也是個遯世的由巢。"也可簡稱"巢由"，《北山錄》卷九："棲禪者必慕巢由之高。"《高僧傳》卷四《竺法潛傳》："支遁遣使求買仰山之側沃洲小嶺，欲爲幽棲之處。潛答云：'欲來輒給，豈聞巢由買山而隱？'""禽尚"、"禽魚"的說法都衹可能是後世書手不明文義的臆想所致。

劉騰：劉滕

《續高僧傳》卷二十四《曇無最傳》："元魏正光元年，明帝加朝服大赦，請釋李兩宗上殿。齋訖侍中劉滕宣勅，請諸法師等與道士論義。時清道館道士姜斌，與最對論。"按，"劉滕"，金本、資、普、徑、宫本作此，麗本作"劉騰"。此時的佛典如《廣弘明集》《續集古今佛道論衡》《破邪論》《法苑珠林》等記載此事時都作"劉騰"，《北史》上記載的侍中也是劉騰，此人之名顯然爲"劉騰"無疑。在佛典中衹有後世徵引《續高僧傳》本傳材料的兩部典籍《新脩科分六學僧傳》卷十五、《高僧摘要》卷二寫作"劉滕"，大概他們依據的版本系統爲此一體系的。

秀：攜

《續高僧傳》卷二十二《智誘傳》："後以人請戒禁，行將諠擾，乃辭入龍居山寺。幽栖深阻，軌迹不通，延出辭疾。意欲登劍閣，廓清井絡。與誘書，令歸國化。便略答云：'辱使至止，并以誠言，披閱循環，一言三復。文清淥水，理破秋毫。貧道戒行多闕，化術無方，宅身荒谷，四十餘載。狎魚鳥以樵歌，習禪那思般若，以此卒歲，分填溝壑，不謂耆年有幸，運屬休明。伏惟相王殿下，德隆三古，道振百王。公攘臂而歸舊里，衣錦而旋本邑，百姓有再生之期，萬物起息肩之望。搢紳君子，捧玉帛而來儀；慷慨丈夫，委干戈而伏道。昔長卿返蜀，徒擅清文；鄧艾前來，未能偃武。公華陽甲族，井絡名家，捧日登朝，懷金問道，劍南長幼，並佇來蘇。豈藉微風，自然草靡，當勸諸首領越境參迎。'秀得書示軍衆。先作禮曰：'人物爭歸。律師之力也。'"按，"秀"，金本作此，資、磧、普、南、徑、清本作"攜"。此應當作"秀"。本傳前文說"益州總管蜀王秀，奏請還蜀"，祇不過後文的在介紹這個回信的時候沒有說清楚，祇是說"意欲登劍閣，廓清井絡。與詵書，令歸國化"，其實，"後以人請戒禁，行將諠擾，乃辭入龍居山寺。幽栖深阻，軌迹不通，延出辭疾"中的"以人請戒禁"的隱含主語就是"益州總管蜀王秀"。正因爲前面是他"奏請還蜀"的，所以纔會用"後以人請戒禁"來承接上文。後世《錦江禪燈》卷十八《成都智詵》的記錄來自本傳，但是文字以及意思有差異，很值得注意。

素和業：索和業

《續高僧傳》卷十九《法藏傳》："武候將軍索和業者，清信在懷，延至宅中，異礼奉養。"按，"索和業"，麗本作此，資、磧、普、南、徑、清本作"素和業"。當作"素和業"，"素和"，本地名，又爲中古時期的姓氏，後改爲"和"。《魏書·官氏志》："素和氏，後改爲和氏。"《北齊書·和士開傳》："和士開，字彥通，清都臨漳人也。其先西域商胡，本姓素和氏。""索和業"之"索"當爲"素"形近而訛。

劉讓：劉護

《續高僧傳》卷十九《智滿傳》："武德元年，乃詔滿所住宅爲義興寺，四事供養，一出國家。至三年以滿德爲物歸，道聲更遠。帝欲處之京室，下勅徵之。又以北蕃南侵，百姓情駭，都督弘農公劉讓啓留滿住，用鎮衆心。有勅特聽，同安朝寄。"按，"劉讓"，麗本作此，資、磧、普、南、徑、清本作"劉護"。或當爲"劉讓"。檢閱史書，此時祇有"劉讓"。

文祖：父祖

《續高僧傳》卷十四《道宗傳》："隋朝開教，便預剃落，住同州大興國寺。寺即文祖之生地也。"按，"文祖"，資、磧、普、南、徑、清本作"父祖"。當作"文祖"爲是，"文祖"，即文帝也。《廣弘明集》卷六"列代王臣滯惑解上"："第六帝孝文是稱文祖，改姓爲元，改代爲魏。去胡服定官名，衣冠華夏，移都河洛，佛法大興。"但《續高僧傳》此處的"文祖"指隋文帝。《道宣律師感通錄》："隋開皇九年，文祖遣使人柳顧言往定寺僧。"《續高僧傳》卷二十八《道密傳》："隋運興法，翻譯爲初，勅召入京住大興善。師資道成，復弘梵語，因循法本，留意傳持。會仁壽塔興，銓衡德望。尋下勅召送舍利于同州大興國寺。寺即文帝所生之地。其處本基，般若尼寺也。帝以後魏大統七年六月十三日，生於此寺中。"

慈慧：遜

《續高僧傳》卷十三《海順傳》："釋海順，姓任氏，河東蒲坂人。容貌方偉，音韻圓亮，長面目，少髭髯，儀服不群，於衆有異。少處寒素，生於田野，早喪慈父，與母孤居。孝愛之情，靡由師傅，廉直之性，獨拔懷抱。每恨家貧無資受業，故年在志學，尚未有聞，乃慷慨辭親，脫落求道出家。依于沙門道遜，道光玄冑，名扇儒宗，具見後傳。"按，"遜"，麗本作此，資、磧、普、南、徑、清本作"慈慧"。道遜、道慧兩位高僧在《續高僧傳》中都有記載，但綜觀二人的事跡，本書謂此當從資、磧、普、南、徑、清本爲是。理由有五：一是《道慧傳》在《續高僧傳》卷十四，滿足"具見後傳"的說法；二是《道慧傳》中關於道慧的記載是"河東虞鄉人也"，"晚住蒲州仁壽寺"，"道會晉川，行光河表"，與海順的故鄉蒲坂較近，如此，海順就近出家極爲可能；三是道慧"子史流略嘗頗遊處"，"三晉英髦望風騰集"；四是如果從資、磧、普、南、徑、清本作"慈慧"，則原文應當點斷作：依于沙門道遜，慧道光玄冑，名扇儒宗，具見後傳，這樣更符合古文行文習慣；五是《續高僧傳》卷二十《靜琳傳》、卷二十六《道英傳》中都有提及，但其事跡極爲簡略，傳記並未獨立，難說是"具見後傳"。據此，我們認爲從資、磧、普、南、徑、清本作"慈慧"爲是。

蕭穎冑：蕭穎

《續高僧傳》卷六《明徹傳》："齊太傅蕭穎深相欽屬，及領荊州，攜遊七澤，請於內第開講淨名。"按，"蕭穎"，金本作此，資、磧、普、南、徑、清本作"蕭穎冑"。當爲蕭穎冑，蕭穎冑爲蕭穎達兄長，曾在中興元年春三月乙酉，以尚書令行荊州刺史（見《梁書·蕭穎達傳》《南齊書·和帝紀》）。

秦世英：成世英

《續高僧傳》卷三《慧淨傳》："至貞觀十年，本寺開講。王公宰輔才辯有聲者，莫不畢集，時以爲榮望也。京輔停輪，盛言陳抗，皆稱機判，委綽有餘逸。黃巾蔡子晃、成世英，道門之秀，纔申論擊，因遂徵求，自覆義端，失其宗緒。淨乃安詞調引，晃等飲氣而旋。合坐解頤，貴識同美。"按，"成世英"，金本作此，徑、清本作"秦世英"。應當是"秦世英"。在《續高僧傳》中還出現過：《續高僧傳》卷二十五《法琳傳》："至十三年冬，有黃巾秦世英者，挾方術以邀榮，遂程器於儲貳，素嫉釋種，陰陳琳論謗訕皇宗，罪當調上。"初唐文獻中也有其他用例：彥琮《唐護法沙門法琳別傳》卷二："後十三年秋九月，有黃巾秦世英者，薄閑醮禁，粗解醫方，挾伎術以佞時，因得志於儲后。陰陳法師之論，言訕謗皇宗，毀黷先人，罪當調上。"

蕭愨：蕭懿

《續高僧傳》卷二《彥琮傳》："時煬帝在蕃，任總河北，承風請謁，延入高第，親論往還，允愜懸佇，即令住內堂。講金光明勝鬘般若等經，又奉別教撰修文疏，契旨卓陳，足爲稱首。又教住大興國寺。爾後王之新詠舊敍恒令和之，又遺蕭愨、諸葛穎等群賢迭往參問，談對名理，宗師有歸。"按，"又遺蕭愨"，金本作此，資、磧、普、南、徑、清本作"又遺蕭愨"，麗作"又遺蕭懿"。本書謂當作"又遺蕭愨"爲是，蕭愨，約北齊武成帝太寧元年前後在世，天保中，公元554年（前後）入齊。武平中，572年爲太子洗馬。陳後主時，爲齊州錄事參軍，待詔文林館。工於詩詠，《隋書·經籍志》記載"記室參軍《蕭愨集》九卷"。

陸開明：隆開明

《續高僧傳》卷二《彥琮傳》："時漸融泰，頗懷嘉賞，授禮部等官，並不就。與朝士王邵、辛德源、隆開明、唐怡等，情同琴瑟，號爲文外玄友。"按，"隆開明"，金本作此，資、磧、普、南、徑、清本作"陸開明"。當作"陸開明"，陸開明爲當代文士，《新唐書·藝文志》記載陸開明、宇文愷《東宮典記》七十卷。

李元操：李元撰

《續高僧傳》卷二《闍那崛多傳》："乃勑內史侍郎李元撰就大興善問諸大德有沙門法經彥琮等對云……"按，"李元撰"，金本作此，資、磧、普、南、徑、清本作"李元操"。當作"李元操"爲是。李元操，《隋書》多有記載，其爲隋高祖內史侍郎。

繹：譯

《續高僧傳》卷一《寶唱傳》："故元帝云：……廣如繹所撰《金樓子》述之。"按，"繹"，麗本作此，資、磧、普、南、徑、清本作"譯"。《金樓子》後世一直以爲乃梁元帝所作，《梁書》卷五《元帝本紀》："世祖孝元皇帝諱繹，字世誠，小字七符，高祖第七子也。"故本例當從麗本作"繹"爲是，二字偏旁相近而誤。

傅縡：傅繹

《續高僧傳》卷三十一《真觀傳》："學士傅繹在席嗟曰：'三千稱首七十當初，是上人者當爲酬對。'"按，"傅繹"，金本作此，磧、普、南、徑、清本作"傅縡"。應當作"傅縡"，傅縡，《陳書》卷三十有傳，言其博通群書、篤信佛教，寫有《明道論》。

抑（抑）：柳

《續高僧傳》卷十六《慧意傳》："有鄉人德廣郡守抑静，殊不信法。乃請意於宅，別立禪室百日行道。静息抑稟等四人每夜潛往，舉家同見禪室大明，意坐卓然，方生信向。"按，"抑静"，資、磧、普、南、徑、清本作"柳静"。但"静息抑稟"，《大正藏》寫作"静息抑稟"。後世《新脩科分六學僧傳》卷二十七引用作："其鄉里有柳静者，嘗爲德廣郡守，素不信，乃別請意於家，供養百日，且使其子四人抑稟等，夜往窺之。""抑"乃"抑"的俗寫，《漢隸字源·入聲·職韻》[1]《隸辨·入聲·職韻》[2]《金石文字辨異·入聲·職韻》[3]《碑別字新編·七畫》[4] 等皆有收錄。"抑"或亦可從，西晉"八王之亂"期間，一支司馬氏族人中避禍亂于巴山地區，以"抑"改其先祖司馬懿之"懿"，從此姓抑。此即今之所謂江州抑氏，他們尊司馬懿爲始祖。

拔公：昶公

《續高僧傳》卷十四《慧稜傳》："至十四年正月半，有感通寺昶法師曰夢見閻王請稜公講三論、拔公講法華如何。"按，"拔公"，金本作

---

[1] （宋）婁機：《漢隸字源》，鼎文书局1978年版，第547頁。
[2] 顧藹吉：《隸辨》，中華書局1986年版，第188頁。
[3] （清）邢澍著，時建國校：《金石文字辨異校釋》，第1224—1225頁。
[4] 秦公編：《碑別字新編》，第39頁。

此，磧、普、南、徑、清本作"昶公"。拔公就是下文獨立出傳記的智拔。智拔與慧稜都曾是閏法師弟子，智拔"恒在常濟，講法華經年別五遍"。且智拔與慧稜還另有交集："門人法長，後生穎萃，見住梵雲，領徒承業。貞觀十四年九月十七日，於清信士張英家，宿集豎義，開法華題。或問今昔開覆三一之旨者，答對如風響，解悟啓時心。便告稜法師曰：'智拔答畢，須彌來難。'"既然慧稜長智拔與於三論、智拔精於法華，則此處當作從金本"拔公"爲是。作"昶公"，殊無道理，昶公如果告訴別人自己夢見自己給閻王講經，豈不是在自吹自擂的同時又借稜公抬高自己？將"拔公"改成"昶公"是衹見上文，不見下文；衹見本傳，未見全書。

第 三 章

《續高僧傳》詞彙特點

第一節　《續高僧傳》的語言風格

　　語言風格是語言運用過程中受到不同的交際場合和不同的交際目的的制約而構成的特殊的言語氣氛，或者說是不同的民族、不同的時代、不同的流派以及個人在運用語言時所表現出來的各種特點的總和。總之，語言風格是指運用語言所表現出來的各種特點。語言中的一切要素都可以作爲考察語言風格的對象，如語音、詞彙、語法、修辭等等都是觀測點，語言風格研究中，人們還特別注重對同義形式的研究，這個問題我們在本書的最後一章會涉及。討論一個作家、一部作品的語言風格問題，可以採用多種視角，在"語言風格的成素系統"[①] 衆多的要素中，詞彙手段和詞彙表現是考察作品語言風格的一個特別重要的窗口。本章，我們主要考察《續高僧傳》中的一些比較有特點的詞彙現象，藉此來揭示其語言風格之一貌。討論《續高僧傳》的語言風格，當然不能脫離其時代性、文體特點以及作者的個人語言態度和語言習慣，《續高僧傳》的整體語言風格可以概括爲以下幾個方面。

一　繼承性與時代性

　　任何語料，都具有歷史的承繼性，都是繼承了前世的語言成分，包括語詞，即便我們今天通用的現代漢語，其中也蘊含著豐富的古代語言文化遺存，這是由語言的社會屬性決定的。有人詳盡考察了斷代專書，

[①] 黎運漢：《漢語風格學》，廣東教育出版社2000年版，第25頁。

得出的結論也是其中有大量的承古詞、歷代累積語言成分。① 產生於初唐時期的《續高僧傳》同樣如此，其間有大量的承繼古語成分。此乃通識，故本書不以此作爲重點，我們要著重揭示的是《續高僧傳》的時代性，即體現初唐時期語詞變化、詞彙新發展的成分。我們認爲初唐在漢語史上是非常值得注意的歷史階段，它承接著中古漢語至近代漢語的發展，乃漢語發展歷史進程中的過渡期，《續高僧傳》中出現的新質素，表明了中古漢語的新發展，這些新詞新義新語（俗語、俚語、俗諺等），也可以幫助我們認定其語言風格的文白交融的特點。

二　佛教僧傳文體特點

我國古代文章學對於文體的研究源遠流長，陸機《文賦》中說："體有萬殊，物無一量。紛紜揮霍，形難爲狀。辭程才以效伎，意司契而爲匠。在有無而僶俛，當淺深而不讓。雖離方而遯員，期窮形而盡相。故夫誇目者尚奢，愜心者貴當。言窮者無隘，論達者唯曠。詩緣情而綺靡，賦體物而瀏亮。碑披文以相質，誄纏綿而悽愴。銘博約而溫潤，箴頓挫而清壯。頌優遊以彬蔚，論精微而朗暢。奏平徹以閑雅，說煒曄而譎誑。雖區分之在茲，亦禁邪而制放。要辭達而理舉，故無取乎冗長。"曹丕《典論·論文》中說："蓋奏議宜雅，書論宜理，銘誄尚實，詩賦欲麗。"這些都是從文體差異的角度來考察風格的不同。語言特點是構成文體風格差異的重要因子，當然，我們也可以反過來說，文體的不同也限定、制約著語言風格的不同。那麼，依照過往文體分類，道宣的《續高僧傳》應當歸於什麼類型呢？我們認爲，就其本質而言，道宣《續高僧傳》雖名爲"傳"，但這個"傳"，與正史中的"傳"具有根本的不同。《續高僧傳》其實更加類似"銘誄"，故其文體要求應當"尚實"，這個尚實，不僅僅是指語言樸實，也指記載的故事、事跡要是事實，要確鑿無誤。當然，我們看到道宣的語言風格倒是一如既往地樸實，但是其記載高僧大德的事跡時，時不時會出現靈異故事，有些已經類似中古時期的怪異小說、類似唐傳奇了。之所以出現這樣的現象，當然不能理解爲道宣文風浮艷，或許祇能理解爲如下兩個方面的原因。一是其蒐集素材的方式

---

① 張能甫：《〈舊唐書〉詞彙研究》，巴蜀書社 2002 年版。

決定的，因爲《續高僧傳》作爲傳記，其實依然是私人撰寫的，與官方組織的修史相比，其能夠採用的手段畢竟有限，儘管道宣已經非常廣泛地去蒐集材料了，但作爲個人行爲，必定不能周全，一些傳記後面的補錄文字，就能夠說明這個問題。在其蒐集材料的諸多方法中，有廣泛訪問古老的做法，也就是廣泛收集人們傳誦的高僧故事。而我們知道中古時期的高僧，本來在傳教的過程中就有很多神異的做法，這在慧皎的《高僧傳》中多有其例。二是道宣的佛教信仰也促使他對這樣一些靈異故事篤信不疑，比如道宣還纂集了《道宣律師感通錄》，道宣特別蒐集這些奇異的感通故事，就是爲了進一步弘揚佛教、推動善男信女堅定信佛、向佛、崇佛並得果報，他自己作爲特別講求律法的高僧，定然堅信這些故事絕對可信，所以在其《續高僧傳》中也是不遺餘力地收錄這些神異故事。今天在我們看來是十分誕妄的傳奇故事，在道宣的思維與認識世界中，這些絕對是高僧大德的"事跡"。所以，並非是道宣沒有把握傳記的文體特點，也許恰恰相反，道宣正是認爲自己必須嚴守傳記文體的語言與內容的要求，纔將這些神異故事收集整理寫入《續高僧傳》的。

再進一步說，我們究竟應當如何理解《續高僧傳》的"傳"呢？古代修史作傳，乃史家之職，吳訥《文章辨體序說》："太史公創《史記》列傳，蓋以載一人之事，而爲體亦多不同。迨前後兩《漢書》、《三國》、《晉》、《唐》諸史，則第相祖襲而已。厥後世之學士大夫，或値忠孝才德之事，濾其湮沒弗白，或事跡雖微而卓然可爲法戒者，因爲立傳，以垂於世：此小傳、家傳、外傳之例也。"顧炎武《日知錄》卷十九"古人不爲人立傳"："列傳之名始于太史公，蓋史體也。不當作史之職，無爲人立傳者，故有碑、有志、有狀而無傳。梁任昉《文章緣起》言傳始於東方朔作《非有先生傳》，是以寓言而謂之傳。韓文公集中傳三篇：《太學生何蕃》《圬者王承福》《毛穎》。柳子厚集中傳六篇：《宋清》《郭橐駝》《童區寄》《梓人》《李赤》《蝜蝂》。《何蕃》僅采其一事而謂之傳。王承福之輩皆微者而謂之傳。《毛穎》《李赤》《蝜蝂》則戲耳而謂之傳，蓋比於稗官之屬耳。若《段太尉》，則不曰傳，曰'逸事狀'。子厚之不敢傳段太尉，以不當史任也。自宋以後，乃有爲人立傳者，侵史官之職矣。"由此可見，在古人的觀念中，私人作傳是不被正統所認同的。那麼，僧人如慧皎、道宣何以不懼而妄作傳記？其實這祇能理解他們所作的乃"逸事狀"之類也。

我們認爲,《續高僧傳》文體應該如此判定:一爲佛典,二爲小傳、(僧)家傳、外傳、逸事狀。關於佛典語言特點,俞理明《佛經文獻語言》認爲總體爲四字格結構①,帥志嵩《雙重因素影響下的僧傳語言:〈續高僧傳〉語言研究》認爲,《續高僧傳》文體上以四字格爲主,主要是一方面由於受到中土史官文化和喪葬文化(如墓誌銘)的影響,另一方面則是由於受到了漢譯佛典四字格的影響;語體上以文言成分爲主,主要是由於受到了中土文化如史傳語言和墓誌語言的影響。② 而在本書看來,說道宣《續高僧傳》受到中土史官文化的影響可能還需要更深入的研究,正如前文所言,我們覺得他們更應當被當作"逸事狀",我們不能因其名爲"傳"就聯想到其受到史家筆法的影響,相反,更應當看到《續高僧傳》每一篇傳記似乎都可以作爲傳主的墓誌銘。中古時期的墓誌銘、誄文,其句式大都整飭,多爲四六,而《續高僧傳》的語句與之非常相像,它們都是以比較整齊、比較嚴整的語句來述說一個人的生平事跡,歌頌緬懷這些先輩。不過既然是蓋棺定論,難免有一些讚美謬獎、誇大其詞的說法,祇是一般俗人的生平事跡,不太會出現《續高僧傳》中的高僧大德的靈異故事。所以,我們更應當將其與中古時期的墓誌銘、誄文相比照。如果這個基本觀點能夠確立,那麼作爲佛典的《續高僧傳》,其語體風格其實兼具了普通佛典的四字格而又與墓誌銘的文體風格非常相近:典雅、整飭。需要注意的是,《續高僧傳》畢竟不是爲文學而作,其文學性不是第一追求,不能與後世的傳記文學等量齊觀。《續高僧傳》在講述傳主生平事跡時,必然又有平實的特點,我們通過比較兩個它書異文的例子來看這個問題。

例一:

《法苑珠林》卷二十一徵引了《續高僧傳》卷二十六《道仙傳》,道世將原文"王達山足,忽雲雨雜流,雹雪崩下,水涌滿川,藏軍無計。事既窘迫,乃遙歸懺禮,因又天明雨霽,山路清夷,得至仙所。"改爲:

---

① 俞理明:《佛經文獻語言》,巴蜀書社1993年版,第32頁。
② 帥志嵩:《雙重因素影響下的僧傳語言:〈續高僧傳〉語言研究》,四川大學2002年碩士學位論文,第4—12頁。

"王達山足,忽降雨雜注雹雪,雷奔水涌,須臾滿川。軍藏無計,並憂沒命。事既窘迫,乃懺悔歸依,遙禮仙德。垂雲忽散,山路清夷,得達仙所。"改動後增加了"須臾"、"並憂沒命"、"垂雲忽散"等這些狀物繪景的描寫,同時也強化了急迫性,這對於場景的渲染是有幫助的,而道宣原文是僧傳,是傳記性文字,此誠如劉知幾《史通・敘事》所言:"夫國史之美者,以敘事爲工;而敘事之工者,以簡要爲主,簡之時義大矣哉!歷觀自古作者,權輿《尚書》,發蹤所載,務於寡事。《春秋》變體,其言貴於省文,斯蓋澆淳殊致,前後異跡,然則文約而事豐,此述作之尤美者也。始自兩漢,迄乎三國,國史之文,日傷煩富。逮晉已降,流宕逾遠。尋其冗句,摘其煩詞,一行之間,必謬增數字,尺紙之內,恒虛費數行。夫聚蚊成雷,群輕折軸,況於章句不節,言詞莫限,載之兼兩,曷足道哉!蓋敘事之體,其別有四:有直紀其才行者,有唯書其事跡者,有因言語而可知者,有假贊論而自見者。"

例二:

《法苑珠林》卷九十六徵引了《續高僧傳》卷二十九《會通傳》,《新脩科分六學僧傳》卷九"唐會通"基本沿襲了《續高僧傳》的文字。我們仔細研究該傳的文字,認爲關於會通傳記,大概從"釋會通,雍州萬年御宿川人"到"至曉身火俱滅,乃收其遺骨爲起白塔,勒銘存焉"。這樣就已經把釋會通的一生交代清楚了,其他的文字,可以看作燒身供佛的另外故事,可以獨立成爲"荆州比丘尼姊妹燒身事"、"并州城西書生燒身事"、"山僧善導上柳樹表事",但是道宣將這些故事編排在一起,它無助於會通個人事跡的升華,也很難看出有明確的目的,衹是以類而從、連貫而下。這樣的編排,從文章組織角度看,顯然是蕪雜的、堆積的。既然是同類故事的編排,倒是方便了道世《法苑珠林》的使用,《法苑珠林》對《會通傳》的文字改動極少,幾乎全文照搬。衹是"少欣道檢,遊泊林泉。苦節戒行,是其顧習"一句,《法苑珠林》作:"少欣儉素,游泊林泉。苦節戒行,是其本志。"比較而言,道世的語詞比之道宣更加準確而文雅,道宣確實比較平實、直白。這也或許正是史家筆法的必然要求,也是後人對道宣文筆評價不高的一個原因。

總之,從文體角度看,《續高僧傳》的語言風格是比較整飭、典雅的,同時,爲了敘述的需要,其遣詞造句又呈現出平實、直白的特點,二者是有機統一的。

三 獨創性

這個特點跟道宣個人語言態度與在佛教歷史上的崇高地位密切相關。道宣乃南山宗開宗始祖，其創發新思必然使用更多新語，他的很多著作不斷爲後世所遵從、所徵引，後世代有承繼的做法推動了道宣個人語詞的推廣，起碼是在佛家典籍中被比較經常地使用。同時也展現了道宣的語言文字觀和《續高僧傳》的語言風格。我們將在本章第三節詳細考察。

第二節 《續高僧傳》中的新詞新義

新詞的研究對於完整漢語詞彙史的構建非常重要，時賢多所論及，此不贅敍。對於新詞的判定標準前人也曾經討論過，我們這裏沿用學界通常的做法，以出現的時代、時間這一詞彙學史研究通則作爲判定標準。

勵力

《續高僧傳》卷十八《洪林傳》："至於僧法制度道俗二食，身先座首，勵力行奉，不以道德，用虧時衆。"按，"勵"有振奮義，"勵力"，努力、奮力、竭力義。《漢語大詞典》未見。看以下三例，皆當如是解：慧立、彥悰《大唐大慈恩寺三藏法師傳》卷二："彼公是時年向七十，氣力已衰，慶逢神器，乃勵力敷揚。"《釋門歸敬儀》："所以前修聞此，勵力勤觀。"（45/856b）《法苑珠林》卷十"灌帶部"："長安西明寺道宣律師者……專念四生，又思三會。忽以往緣，幽靈顧接，病漸瘳降。勵力虔仰，遂感冥應。"（53/353c）[①]

合雜

《續高僧傳》卷二《達摩笈多傳》："初開皇十三年，廣州有僧行塔懺法，以皮作帖子二枚，書爲善惡兩字，令人擲之，得善者吉；又行自

[①] "虔仰"，周叔迦、蘇晉仁校點本第342頁作"殷仰"，恐非。僧傳中多見"虔仰"而未見"殷仰"。如《高僧傳》卷三《求那跋陀羅傳》："見其神情朗徹，莫不虔仰。"《續高僧傳》卷十二《慧覺傳》："陳晉安王伯恭爲湘州刺史，深加禮異，並請講衆。南行弘演，吏部尚書毛喜、護軍將軍孫瑒，並鞠躬頂禮，虔仰殊常。"卷十五《法常傳》："新羅王子金慈藏，輕忽貴位，棄俗出家，遠聞虔仰，思睹言令，遂架山航海遠造京師。"

撲法，以爲滅罪，而男女合雜，妄承密行。"按，《唐五代語言詞典》[①]："合雜：繁多而雜亂貌。"例舉封演《封氏聞見記》以及《維摩詰講經文》，或許書證應當是以初唐爲更宜。

聯類

《續高僧傳》卷三《慧淨傳》："及貞觀十九年更崇翻譯，所司簡約，又無聯類，下召追赴，謝病乃止。"卷十五《慧休傳》："奉法自修，實罕聯類。"卷十五《靈潤傳》："魁質雄雅，形器八尺，動靜溫和，挺超聯類。"按，"聯類"，同類也。與"群伍"、"常佰"等同義，它們同處在一個語義場。如果"聯類"能夠成詞，則這個詞一定是屬於初唐階段的詞彙。《漢語大詞典》："聯類：聯接同類。南朝梁劉勰《文心雕龍·物色》：'是以詩人感物，聯類不窮。'"梁劉之遴《吊僧正京法師亡書》（見《廣弘明集》卷二十四）的用例也是"聯接同類"義："若乃五時九部流通解說，匹之前輩，聯類往賢，雖什肇融恒林安生遠，豈能相尚。"在道宣的文獻中，特別是《續高僧傳》中這個"聯接同類"的語義並不明顯，"聯接"的義素已經脫落，其詞已經完全固化了，衹可解釋成"同類"、"同樣"。"聯類"一詞體現了從中古到初唐時期詞彙的演變的一個特點。

逸口

《續高僧傳》卷四《玄奘傳》："相與稱讚，逸口傳聲。"卷二十二《慧光傳》："兼以劇談譎詭，態[②]新奇，變動物情，時談逸口。"卷十八《慧瓚傳》："僧衆邕熙，聲榮逸口。"法琳《辯正論》卷七："阿練託生，胡音逸口。（《冥祥記》云：琅瑘王珉其妻無子，常祈觀音乞兒。珉後路行，逢一胡僧，意甚悅之。僧曰：'我死當爲君子。'少時，道人果亡。三月間，珉妻有娠。及生能語，即解西域十六國音，大聰明，有器度，即晉尚書王淵明身也，故小名阿練。）"按，"逸口"即滿口、交口義。《漢語大詞典》："逸口：過分失實之言。《書·盤庚上》：'相時憸民，猶胥顧於箴言，其發有逸口。'孔傳：'言憸利小民尚相顧於箴誨，恐其動

[①] 江藍生、曹廣順：《唐五代語言詞典》，上海教育出版社1997年版。
[②] 態，資、磧、普、南、徑、清本作"態出"，是。如果是"態出新奇"，則又是四字句了，對應得更加工整。

有過口之患。'蔡沈集傳：'逸口，過言也。'"可以看出，《漢語大詞典》所釋義項乃貶義，而初唐佛典中的"逸口"則完全是褒義，詞義發生了明顯的變化。

莊

《續高僧傳》卷四《玄奘傳》："莊即目連之本村也。""莊野春林，與天花而合彩。"按，"莊"，村也。這是一個新詞。《漢語大詞典》在此義項下例舉杜甫文獻作爲書證，時代略晚。

流問

《續高僧傳》卷四《玄奘傳》："初奘既度蔥嶺，先遣侍人齎表陳露達國化也。下勑流問，令早相見。"卷二十八《道貴傳》："及建塔之初，下勑流問。"按，"流問"，慰問。《漢語大詞典》不見收錄，在《大正藏》中道宣用例比較早，可爲新詞。詳見本書第四章第二節"語詞理據考察"。

瞪視

《續高僧傳》卷五《法申傳》："而終日竟歲，瞪視四壁。"按，"瞪視"：睜大眼睛看。《漢語大詞典》在此義項例舉劉禹錫文爲書證。晚。

亞

《續高僧傳》卷一《菩提流支傳》："然其慧解與勒那相亞。"卷八《曇延傳》："昔中天佛履之門，遂曰瞿曇之號，今國城奉延所諱，亞是其倫。"卷十二《慧覺傳》："釋慧覺，俗姓范氏，齊人也。達量通鑒，罕附其倫。……時寺有二僧，俱名智達，遠公門人，善解當世，武德之初，京邑呈美。又有明幹者，亦亞其倫。相與傳燈，流芳不絕。"卷十三《慧因傳》："又寺初勝集，四海一期，名德相亞，通濟斯美。"按，"亞"，本義是接著。程湘清說"相亞"是相同的意思。① 《唐五代語言詞典》："亞：②同類，同等。杜甫《驄馬行》詩：'卿家舊賜公取之，天廄真龍比其亞。'《變文集》卷三《燕子賦》：'兩家損處，彼此相亞。'"例均晚。

沖洽

《續高僧傳》卷十二《慧覺傳》："覺威容宏雅，其狀若神，談吐抑

---

① 程湘清：《漢語史專書複音詞研究》，商務印書館 2003 年版，第 338 頁。

揚，汲引玄隱，披釋沖洽，聽徒竦戴。"卷八《法上傳》："又著《佛性論》二卷，《大乘義章》六卷，文理沖洽，詳略有聞。"《右清道衛長史李洽等議狀》（見《集沙門不應拜俗等事》卷五）："故魏東陽王丕曰：'佛法沖洽，非儒墨者所知。'"按，"洽"有"周遍、廣博"義，在漢語史上又有"沖玄"、"沖妙"等詞，"沖洽"與上二義同，乃玄妙之義。"沖洽"的用例都在初唐時期。《漢語大詞典》沒有收錄此詞。

銷釋

《續高僧傳》卷二十二《慧光傳》："南北音字，通貫幽微，悉爲心計之勞，事須文記。乃方事紙筆，綴述所聞，兼以意量，參互銷釋。"卷十九《法喜傳》："凡有遲疑，每爲銷釋。"按，《漢語大詞典》："銷釋：①消解；消散。《漢書·王尊傳》：'奸邪銷釋，吏民說服。'顏師古注：'釋，解也。'②消融。唐韓愈《苦寒》詩：'雪霜頓銷釋，土脈膏且粘。'"《一切經音義》卷十八："銷釋：上音消。顧野王云：銷，散也。《楚辭》減毀也。《說文》：鑠金也，形聲字也。"解釋同《漢語大詞典》。但是，這些解釋都是說其本義，在《續高僧傳》中，"銷釋"乃釋疑也，是在本義的基礎上產生出的新的"解釋、釋疑"的意思，如卷四《玄奘傳》："昔來攝論十二住義，中表銷釋十有二家。"

床心

《續高僧傳》卷二十《慧熙傳》："夜宿本房，但坐床心，兩頭塵合。"按，"床心"，床的中央。"心"有中心、中央的意思，《漢語大詞典》中沒有這個義項。這裏應當是個新詞。

簡敬

《續高僧傳》卷二十三《玄琬傳》："若不依佛取捨，仍恐賞罰乖宗，如其准教驗時，是則簡敬當理。"按，"敬"，資、磧、普、南、徑、清、宮本作"徑"。《漢語大詞典》："簡敬：謂省去表示尊敬的禮儀。"例舉唐牛僧儒《周秦行紀》，所舉書證時間略晚於道宣，在道宣之前似乎不見這樣的說法，這是一個新詞。

涯略

《續高僧傳》卷二十五《普應傳》："通涅槃攝論，有涯略之致。"按，《漢語大詞典》："涯略：猶概要。明楊慎《封君樂隱李公木質產生銘》：'涉獵書史，了其涯略。'"此書證太晚。以《續高僧傳》本例來看，這個詞，應當產生於初唐。致，意態，風度，情趣。

眼花

《續高僧傳》卷二十六《慧雲傳》："年十八，乘驢止于叔家。叔睹其驢快，將規害之，適持刀往，見東牆下黃衣人，揚拳逆叱。曰：'此道人方爲通法大士，何敢害也？'叔懼告婦。婦曰：'君心無剛，正眼花所致耳。'聞已復往。又見西牆下黃衣人云：'勿殺道人，若殺，大禍交及。'叔怖乃止。"按，"眼花"應當是俗語詞。《漢語大詞典》："眼花：眼目昏花，看東西模糊不清。唐杜甫《飲中八仙歌》：'知章騎馬似乘船，眼花落井水底眠。'"按，"眼花"是個口語詞，但道宣此處的用例也不是最早的，這個詞在中古即見：東晉跋陀羅、法顯譯《摩訶僧祇律》卷四："爾時帝釋復於狼前作跛腳羊，鳴喚而住。狼作是念：'前者是狗，我饑悶眼花，謂爲是羊。今所見者，此真是羊。'復更諦觀，看耳、角、毛、尾真實是羊。"（22/259b）

和可

《續高僧傳》卷二十八《慧誕傳》："初搆塔基，多逢伏石，掘得一所是古石函，傍推其際，眇不可測。因用令造置古函中，大小和可，宛如昔契。"按，"和可"，合適、適宜。《唐五代語言詞典》："和可：雙方商定共同認可。"與本例不合。這是一個聯合式的詞語。"和"、"可"皆合適、適宜義也。可爲新詞。在初唐佛典中還有用例：義淨譯《根本說一切有部毗奈耶藥事》卷十三："妃欲産時，散放遊行，寒供暖具，熱給涼資，衣服所須，問醫方食，六味和可，衆寶瓔珞，以莊嚴身，猶如天女。"（24/60c）

漉

《續高僧傳》卷二十九《法泰傳》："擔行至地名莋橋，橋忽斷，泰在後。負擔人俱墜水中，人浮得出，擔沒不見。泰於岸上，搥胸號哭，曰：'錢衣豈非閑事？何忍溺經？'即高聲唱言：'如能爲漉得者，賞錢兩貫！'"按，"漉"，打撈，撈也。《漢語大詞典》："漉：③過濾。……亦指用網撈取。唐白居易《寄皇甫七》詩：'鄰女偷新果，家僮漉小魚。'"《大詞典》此釋概括性不強。以本例看，這個"漉"就是"撈"，下文"時有一人聞之，脫衣入水沒……償所漉人……"等可以證明，而且，在唐代"撈漉"已經同義複合成詞，也可以作爲一個證據。這也是一個新興的詞義。

推勘

《續高僧傳》卷二十五《法琳傳》："仍訪琳身，據法推勘。"按，《漢語大詞典》："推勘：①審問。唐劉肅《大唐新語·公直》：'近者朝臣多被周興、來俊臣推勘，遞相牽引。'"所舉書證時代晚。這個詞至少應當是初唐時期產生的，在唐佛典及中土文獻都有用例：《續高僧傳》卷六《曇鸞傳》："承江南陶隱居者，方術所歸，廣博弘贍，海內宗重，遂往從之。既達梁朝，時大通中也，乃通名云：'北國虜僧曇鸞故來奉謁。'時所司疑爲細作，推勘無有異詞，以事奏聞。"《貞觀政要》"君臣鑒戒第六"："魏徵對曰：'臣往在隋朝，曾聞有盜發，煬帝令於士澄捕逐。但有疑似，苦加拷掠，枉承賊者二千餘人，並令同日斬決。大理丞張元濟怪之，試尋其狀。乃有六七人，盜發之日，先禁他所，被放纔出，亦遭推勘，不勝苦痛，自誣行盜。元濟因此更事究尋，二千人內惟九人逗遛不明。官人有諳識者，就九人內四人非賊。有司以煬帝已令斬決，遂不執奏，並殺之。'"

慘

《續高僧傳》卷二十七《智曠傳》："仁州刺史謂爲詭惑，鞭背百下，無慘無破。"按，"慘"，痛也。《漢語大詞典》："慘：⑦疼痛。"例舉《太平廣記》卷三〇七引《河東記·党國清》，《河東記》晚於《續高僧傳》，此可視爲新詞義、新義項。

沒命

《續高僧傳》卷二十三《道興傳》："時天下大亂，賊寇交橫，死者山積。興爲沙彌語諸徒曰：'人身難得持戒第一。'母爲賊掠將去，離城六十里，興沒命尋逐，至已，被傷未絕。賊見曰：'此僧誠爲至孝，逐母至此。'便不盡命。乃背負母還城。"按，"沒命"，拼命也。《漢語大詞典》："沒命：①猶捨命。《三國志·魏志·明帝紀》：'直臣楊阜、高堂隆等各數切諫'裴松之注引三國魏魚豢《魏略》：'常恐至死無以報國，是以投軀沒命，冒昧以聞。'②喪身，死亡。沒，通'歿'。"按，在這裏"沒"以現代音來說應當讀成 mò 的。《漢語大詞典》："沒2命：①猶拼命。金董解元《西廂記諸宮調》卷三：'酒來後滿盞家沒命地飲，面磨羅地甚情緒。'"我們注意到，在詞條"沒2"中，《漢語大詞典》注：

"［méi］①（或讀 mò）無，沒有。"例舉唐袁暉《三月閨情》詩。但是詳細地玩味《續高僧傳》本例，我們以爲將"沒命"解釋成"拼命"至爲確當。在這裏它是一個修飾性成分，"拼命"這個詞義既然本來就來自一種比喻，那麼在具備了這種情形之後，"捨命"的詞義自然後引申出"拼命"的意思。史書中有"沒命軍"、"沒命社"，可以解釋成"敢死軍"、"亡命之徒"，也可以理解爲跟人拼命的一幫人。如：《新唐書·南詔傳下》："大中時，李琢爲安南經略使，苛墨自私，以斗鹽易一牛，夷人不堪，結南詔將段酋遷陷安南都護府，號'白衣沒命軍'。"《宋史·薛顏傳》："仁宗即位，遷給事中。丁謂分司西京，以顏雅與善，徙知應天府，又徙耀州。部有豪姓李甲，結客數十人，號'沒命社'，少不如意，則推一人以死鬥之，積數年，爲鄉人患，莫敢發。顏至，大索其黨，會赦當免，特杖甲流海上，餘悉籍於軍。"

年世帝代

《續高僧傳》卷八《法上傳》："且而景行既宣，逸嚮遐被。致有高句麗國大丞相王高德，乃深懷正法，崇重大乘，欲播此釋風被于海曲。然莫測法教始末緣由，西徂東壤年世帝代。故具錄事條，遣僧向鄴，啓所未聞事。"按，"世"，金本作此，資、磧、普、南、徑、清本作"三十"。本書以爲此當爲"世"，後世佛典記錄王高德此事皆爲"世"，"年世"，年數；年代。劉勰《文心雕龍·原道》："炎皞遺事，紀在《三墳》，而年世渺邈，聲采靡追。"《新唐書·關播傳》："太公古賢臣，今其下稱亞聖。孔子十哲，皆當時弟子，今所配年世不同，請罷之。"我們看下文言"上答略云：佛以姬周昭王二十四年甲寅歲生，十九出家，三十成道。當穆王二十四年癸未之歲，穆王聞西方有化人出，便即西入而竟不還。以此爲驗，四十九年在世。滅度已來，至今齊代武平七年丙申，凡經一千四百六十五年。後漢明帝永平十年，經法初來。魏晉相傳，至今流布。"也明白無誤地說明法上在這裏是給王德清說明了在漢地佛教的流傳統系、年代，且沒有出現"三十"的說法。將"世"誤爲"三十"者，大概是將"世"誤讀成了"卅"，同時也受到後文"帝代"的影響，進而根據字義轉寫成爲"三十"。

另外，《漢語大詞典》收錄了"年世"，而沒有收錄"帝代"一詞，就本例來看，既然"帝代"與"年世"連文，則若"年世"能獨立成詞，那麼"帝代"也應該能獨立成詞。"帝代"在文獻中有很多用例，應該能夠獨立。看以下例子：《釋迦方誌》卷下："遙見二人至乃石像立，高七尺波中捧，上置通玄寺。銘其背一名惟衛，二名迦葉。莫測帝代，而字迹分明。"《廣弘明集》卷十二《決對傅奕廢佛法僧事》："此並梵音所演，天竺所傳。論其龍窟經廚十分而未盡，鷲山法藏萬倍而何窮。今之所翻，蓋少多耳。考其帝代，尋其圖史，典誥明據，奚可致疑。"道宣《集神州三寶感通錄》卷上："又計銘記四百年後始崩，則塔是後漢時所造，後周無諡文者，前周大遠。未知古老所傳周文是何帝代，但知塔甄巨萬，終非下俗所立耳。""帝代"一詞似乎爲道宣最早使用，例子似乎都始見道宣文獻。後來仍有用例，如：彥琮《唐護法沙門法琳別傳》卷下："並是帝王，豈有倏爾歸心，則銷痾蕩瘵；暫然廢毀，即國喪身亡。是知帝代遷訛，自關運數脩短，皇王興替，計亦非由信毀。何爲妄陳禍福，詭述妖祥。"

第三節　《續高僧傳》語言的創造性

爲了研究的便利，現代結構語言學將語言研究界定在靜態語言學中，而現實的語言卻總是處在變化之中的，所以將靜態研究和動態研究結合起來就成了新時期語言學的一個方向。一般來說，在語言各部門中詞彙的發展又是最爲迅速的，所以在詞彙研究中，明確對變化現象展開討論具有重要意義。楊振蘭說："交流信息、傳達思想和情感的需求決定了詞彙'爲我所用'的表達理念在每一個交際者中的所有交際活動中都存在，這就促使主體根據需要對詞彙作隨時隨地的調整（當然是在遵循諸多應用規則和客觀規律基礎之上的調整，絕非任意妄爲），從而使詞彙在動態過程中形成一系列變異，產生一系列變體，體現一系列變化特點、模式、規律和價值。"楊氏在文中還說到了一個有趣的概念：動態詞彙學。其旨趣是有意識地將詞彙研究置於變化的過程中加以考察。[①] 筆者在《初唐佛

---

① 楊振蘭：《漢語詞彙的語用探析》，見葛本儀主編《漢語詞彙學》，山東大學出版社2003年版，第448—449頁。

典詞彙研究》中曾經討論過隨機詞、偶發詞的現象①，也正是著眼於詞彙的變化展開的研究，本書將《續高僧傳》中這類具有動態特點的詞彙歸類考察，同樣是出於這樣的考慮。

道宣文獻語料成分比較複雜，多有纂集之作，所以並不是所有出現在其文獻中的語詞都能看成是道宣的個人言語，故而在考察道宣語言的靈活性、創造性時，對這些語詞是否爲道宣原創，還得作進一步考辨。但是，《續高僧傳》與道宣其他文獻有所不同，儘管在寫作《續高僧傳》時，道宣也使用了已有素材、既成文獻作爲參考，但是與其他撰集之作不同，《續高僧傳》畢竟是道宣創作的作品，其中的語詞，就來源而言，一般來說比較單純，大都是出自道宣的個人心理詞典，應該可以看成道宣的個人語言。道宣乃一代宗師，其著作又不斷被後世所徵引，故而其創造的語詞也就不斷地被後世所沿用，這樣，道宣個人言語的創造性就不僅僅表現爲"偶發詞"、"隨機詞"或單純的個人言語，所以對其語彙的研究，同樣可以作爲漢語詞彙史中一個比較重要的環節。

賈寶書將言語詞劃分爲"非語言言語詞"和"語言言語詞"兩類，認爲"逐漸爲社會全民所普遍接受，這種言語詞在達到一定頻率時就會被概括進入到言語符號系統中，成爲備用的造句單位"的叫語言言語詞，而另一種"不被整個社會成員共同承認，不能進入語言符號系統。它或者轉瞬即逝，如某些偶發詞語像'陽謀'（由'陰謀'仿造而來）、'婆理'（由'公理'仿造而來）、'小衆化'（由'大衆化'仿造而來）、'有聊'（由'無聊'仿造而來）等等；或者在言語中使用，但不能取得全民認可，僅局限在某一狹小的範圍內"的詞，則爲非語言言語詞。② 我們不能完全同意賈氏的觀點。如果將這樣的說法應用於漢語詞彙史的研究，則祇可能被認爲過於理想化了，甚至可以說是根本不了解語言史、語料史的客觀情況。在漢語史上，由於特定歷史文化因素的制約，語詞的傳播不可能與擁有現代傳媒系統的今天等觀，而今一個語詞要進入"全民語言系統"，也許用不了一個星期的時間，但在古代，一些語詞大概祇能處在"某一狹小範圍內"；再加之歷史留給我們的可以考察其語言

---

① 王紹峯：《初唐佛典詞彙研究》，第 257—277 頁。
② 賈寶書：《漢語的詞和詞彙探析》，葛本儀主編《漢語詞彙學》，第 17—24 頁。

面貌的文獻又總是不充足、不完備的，在這種情況下，詞彙史研究在很多時候、大多情況下都不大可能肯定地說某個詞是某一時期的"全民語詞"。在語詞訓釋中某些"孤證"、"無可考"的現象似乎能從一個角度來佐證這一點。鑒於此，本書並不強分語言言語詞或非語言言語詞，而祇是從有無歷史繼承的角度來考察這些語言現象，並由此大致確定其對於漢語詞彙史的價值，我們不討論這些語詞"是否得到社會全體成員的認可""是否進入全民語言"。

第一類，儘管是道宣首創，但後世多有繼承，這本身就已經說明了它們在詞彙史上應當有自己的地位。

海湊

《續高僧傳》卷五《法雲傳》："學徒海湊，四眾盈堂。"按，佛典作品喜歡用"海"來進行比喻，"海湊"一詞也是道宣的個人語彙，乃道宣首創，在《大藏經》中發現的後來其他文獻"海湊"一詞的用例，都是徵引自道宣文獻，它們應當視為引用、繼承道宣語言的結果。

綱管

《續高僧傳》卷二十五《慈藏傳》："並委僧統，藏令僧尼五部各增舊習，更置綱管，監察維持，半月說戒，依律懺除。春冬總試，令知持犯。又置巡使，遍歷諸寺，誡勵說法，嚴飾佛像，管理眾業，鎮以為常。據斯以言，護法菩薩即斯人矣。"按，"綱管"應當是道宣的創造，在筆者所掌握的文獻中是道宣第一個使用這個詞，後世追隨者也僅限於贊寧。這說明"僧傳"一類的作品，在語言方面有其繼承的自足性封閉性。"綱管"，應當是管理僧徒的僧職人員。"綱"，綱維、法度也。一然著《三國遺事》卷四載上引《慈藏傳》事，文作："藏值斯嘉會，勇激弘通，令僧尼五部各增舊學，半月說戒。冬春總試，令知持犯。置員管維持之。又遣巡使，歷檢外寺，誡礪僧失，嚴飾經像，為恒式。一代護法於斯盛矣。"（49/1005c）其中的"員管"也應當作"綱管"，此當為作者不明道宣原義而改。"綱管"一詞屢見《續高僧傳》，如：《續高僧傳》卷二十五《明瞻傳》："開皇三年，勅召翻譯，住大興善。眾睹德望可宗，舉知寺任，辭而不免，便綱管之。"卷二十二《法願傳》："又勅任并州大興國寺主，頻登綱管，善御大眾。"卷十九《法藏傳》："大業二年，元德太子薨，凡營福業經像佛殿皆委於藏。大業末歲，下勅九宮，並為寺宇度僧，綱管相續維持。以藏名稱洽聞，乃補充太平宮寺上座。"卷二十三《曇光傳》："以光有素德，景行難擁，遂勅召住天宮寺。又以教受新成衆徒，胥集綱管之任，非人不傳，因又召爲寺之上座。"宋贊寧使用的例子應是繼承道宣而來：《宋高僧傳》卷十六《法相傳》："尋充依止，兼衆推爲寺綱管，恒施二衆歸戒。"卷十四《道岸傳》："銓擇網管，統帥僧徒者，有司之任也。"按，此兩處文字不同，一作"綱管"，一作"網管"，本書謂當作"綱管"是，《宋高僧傳》中華書局范祥雍先生點校本失校。

配名

《續高僧傳》卷二十九《玄覽傳》："貞觀年初，入京蒙度，配名弘福。"按，《漢語大詞典》："配名：齊名。《晉書·皇甫謐傳》：'今聖帝龍興，配名前哲，仁道不遠，斯亦然乎！'"與此例不合。"配名"，即出家登記名籍。在《大正藏》中僅見6例，其中還至少有2例應當排除。看來此爲道宣的個人創造無疑也。《宋高僧傳》卷十五《齊翰傳》："翰綺歲從父至山寺，蹈高靜無塵之躅，惻然有宿命之知，固請舍家。至天寶八載八月五日，奉制度配名永定寺。"此亦爲對道宣語彙的繼承。

殷贍

《續高僧傳》卷二十八《道顏傳》："初學遠公《涅槃》《十地》，領牒樞紐，最所殷贍。"按，"殷贍"，是個新詞，始于道宣，在其文獻中例凡四見，足見該詞極爲成熟。殷，衆多也；贍，豐也。其義近同，近義而複合。其他例如：《續高僧傳》卷一《法泰傳》："愷素積道風，詞力殷贍。"卷三十《道積傳》："而弊衣菲食，輕財重命，普救殷贍，追靜歸閑。"《漢語大詞典》"殷贍"條所舉書證爲唐封演的《封氏聞見記·道祭》："玄宗朝，海內殷贍，送葬者或當衢設祭，張施帷幙，有假花、假果、粉人、麫粻之屬。"時代略晚。在漢語史早期即有"殷充"、"殷阜"、"殷衆"、"殷富"、"殷煩"、"殷實"、"殷繁"、"殷雜"等組合，這些詞都是並列複合，所以，在這個規律的支配下而類推出"殷贍"是極爲自然的事。正是由於道宣遣詞造句具有很大的創造性，纔會在他這裏首次出現。

反蹤

《續高僧傳》卷十九《智璪傳》："貧道無他，可棄藥反蹤，不須見逐。"按，"反蹤"即返回、回去。"反蹤"的說法，爲道宣首創，在

《大正藏》中祇有二例，後世的《神僧傳》卷五《智璪傳》的文字乃引用道宣本處的表述。在《智璪傳》下文有"反路"、"還返舊蹤"，其義相同。這種現象可以看成語素替換。

結慘

《續高僧傳》卷十六《曇詢傳》："又感猛虎遶院，悲吼兩宵，雲昏三日，天地結慘。"按，"結慘"爲詞，祇在道宣的文獻中出現，後世《法苑珠林》及《神僧傳》中的"結慘"都是引用《續高僧傳》中的用法。《集古今佛道論衡》卷丁："因疾卒於洛邑。幽明結慘，道俗悲涼。"（52/391b）本例乃敍述性文字，應當也是道宣的語言。味文義，"結慘"乃悲傷、悲痛義。

屯赴（填赴）

《續高僧傳》卷二十九《普濟傳》："開皇之始，大闡法門。思願既滿，即事捐捨。引衆集於炭谷之西崖，廣發弘誓，自投而殞。遠方填赴，充於巖谷，爲建白塔于高峯焉。"卷三《慧賾傳》："每有官供勝集，必召而處其中。公卿執紙，請書填赴。賾隨紙賦筆，飛驟如風，藻蔚雄態，綺華當世。故在所流詠，耽玩極多，懸諸屏障，或銘座右。"卷十五《慧眺傳》："從受歸戒者七千餘人，填赴山河，爲建大齋於墓所。"按，"填赴"，同"屯赴"，言人雲集也，"填"又可寫作"闐"。"填赴"，在《大正藏》中祇有四例，三例在《續高僧傳》，另一例爲引後世從《續高僧傳》中所引。"屯赴"的情況與"填赴"基本相同。"屯赴"共出現11例，其中7例出現在《續高僧傳》中，其餘的例子爲後世徵引《續高僧傳》的，如：《續高僧傳》卷四《玄奘傳》："道俗相趨，屯赴闐闠。"卷十五《智徽傳》："僞鄭之初，洛城恒閉。徽以兵戈方始，開悟未因，乃杖錫出城，思濟鄉壤。于時守衛嚴防，梗澀難通，而徽安行限閾，守當不覺，斯固善神之所送也。既達高平，道俗欣赴，世接屯①難，饑餒相委，乃遺以糧粒，拯濟寔多，皂素賴之，皆餐法味。便即四時長講，屢有升堂。外施衣帛，悉供講衆。頻值儉歲，米食不豐，異客暴來，兩倍過舊。徽以聽侶不安，爲營別院，四方學士，同萃其中。財法兩施，無

---

① "屯"，麗本作此，資、磧、普、南、徑、清本作"此"。按，或作"此"是，指前文的"僞鄭"之禍。"屯難"的說法在《大正藏》中祇此一例。

時寧舍。懷州都督鄖國公張亮，欽抱德教，遠延講說，道俗屯赴。"卷十七《玄景傳》："故每振法鼓，動即千人屯赴。"卷二十六《道英傳》："蒲晉一川，化行之所，聞哀屯赴，如喪重親。"卷二十《道哲傳》："山俗道侶，相從屯赴。"又同卷《慧思傳》："道志之倫，往往屯赴。"

另外，《漢語大詞典》："殷殷屯屯：繁盛貌。漢桓寬《鹽鐵論·國疾》：'文景之際，建元之始，民樸而歸本，吏廉而自重，殷殷屯屯，人衍而家富。'""殷殷闐闐：衆盛貌。唐歐陽詹《回鸞賦》：'蒙籠焉霓虹之縈儀鳳，髣髴焉江霧之送遊龍，若夷若夏，乃愚乃賢，振振駢駢，殷殷闐闐。'""殷殷軫軫：盛大衆多貌。"例舉漢揚雄《羽獵賦》。"殷殷屯屯"、"殷殷闐闐"、"殷殷軫軫"其實是一個詞的不同書寫形式，記音字不同而已。

夙少

《續高僧傳》卷十《智閏傳》："河北夙少，望塵許焉。"卷二十五《智實傳》："時來投者日恒僅百，夙少欣欣，曾不告倦。"按，"夙"有早年、早義，又有晚舊、晚義，如在"夙儒"、"夙舊"等語詞中即晚舊義。"夙少"，即老少。後世如《宋高僧傳》卷二十《大川傳》："綿竹之人無夙少，率皆宗奉。"此當是對道宣詞語的繼承。社會方言有自足性特點，所以佛典語言的繼承首先在其內部繼承，另外，同一文體的語言又表現出比較強的繼承性，前面說及的《續高僧傳》對《高僧傳》語言的繼承等可以作爲明證，而《宋高僧傳》又繼承《續高僧傳》的語詞，其理一也。

第二類，可能是比較純粹的個人言語，它們或是活用，或是利用語言規律創造。

剗迹（跡）

《續高僧傳》卷九《慧藏傳》："屬周毀經道，剗迹人間。遷息煙霞，保護承網。"卷十七《智顗傳》："未剗迹雲峯，終焉其致。"卷十八《曇遷傳》："衆僧等或剗迹幽巖，或逃竄異境。"按，《一切經音義》卷九十二音《續高僧傳》卷九："剗跡：《廣雅》云：剗，削也。《聲類》云：平也。《古今正字》從刀戔聲。戔音殘也。"卷九十九音《廣弘明集》卷二十九："剗跡：《廣雅》：剗，削也。《聲類》：平也。或從金作鏟。《集》作'鏟'非也。""剗跡"，即息隱、隱跡也。"剗跡"、"剗跡"祇出現在道宣文獻中，是道宣的首創。《魔答嶽魔文》（見《廣弘明集》卷二十九）："勅咆勃校尉弓劍隨身，鴆毒鷹揚戈戟在手，嚴毅士卒警固賄城，使平岔將軍銷聲鏟跡。勅正勤御史且停監察。"（52/346a）儘管這個《檄魔文》是道安所書，但這個答語中的"剗跡"應當視作道宣的語言。

風府

《續高僧傳》卷十四《道悉傳》："以貞觀元年卒於山舍，春秋六十七。悉撫之灑涙，與弟子道基等闍毘遺陰，收其餘塵，散之風府。"按，"風府"即風。但是這個"風府"的說法，在《大正藏》中祇有這麼一個例子。這個是道宣極端的個人言語。

架山

《續高僧傳》卷十五《法常傳》："新羅王子金慈藏，輕忽貴位，棄俗出家。遠聞虔仰，思睹言令，遂架山航海，遠造京師。"按，"架山航海"，即跋山涉水，"架"，陵也，翻越、跨越也。"架山"在此時的文獻語料庫中，包括魏晉南北朝隋唐及《大正藏》中祇檢到這麼一個例子，應當是道宣的個人言語。

齒年

《續高僧傳》卷十五《智徽傳》："故齒年學稔，爲諸沙彌之卓秀者也。"按，以"齒"記年的說法，見本書第六章"《續高僧傳》若干語義系統考察"部分。"齒年"即年齡，"齒年"連言，在《大正藏》中祇有這麼一個例子，這個詞是道宣的獨創，同義複詞連言的現象，不僅是道宣的個人言語風格的問題，更是初唐時期整個時代的語言特點，它體現了詞彙雙音化的趨勢。

勤注

《續高僧傳》卷十八《法純傳》："文帝聞純懷素，請爲戒師。自辭德薄，不敢聞命。帝勤注不已。遂處禁中，爲傳戒法。四事厚禮。"按，"勤注"，宮本作"勒住"。本書謂當作"勤注"，"勤注"即慇懃注情也。在《大正藏》中共檢索到6例，全部出自道宣作品，"勤注"也應當看作道宣個人創造的言語。另5例如下：《續高僧傳》卷二十五《明贍傳》："竭誠勤注①，想觀西方。"卷七《警韶傳》："又爲新安殿下黃司空等共

---

① 按，此"注"，資、磧、普、南、徑、清本作"住"。本書以爲當以"注"爲是。以下例子不再有異文。

僧三請，不免勤注，又於王府略說維摩。"卷十七《曇崇傳》："博誦法言，勤注無絕。"卷五《僧旻傳》："凡所施爲，不爲名利。勤注教勖，形於言晤。"《集古今佛道論衡》卷丙："常以翻譯而爲命家，今在北山玉華宮寺，領徒翻經，勤注不絕。"（52/387b）本例乃道宣的敍述性文字，也應當看作出自其手。

虛仰

《續高僧傳》卷十九《道林傳》："文皇親命出家，苦辭不可，乃啓曰：'貧道聞山林之士，往而不返，皓然之氣，獨結林泉，望得連蹤既往，故應義絕凡貫。陛下大敞法門，載清海陸，乞以此名遺虛仰者。'"按，"虛仰"，謙敬語。《大正藏》所見三例都出自道宣筆下。另兩個如下：《續高僧傳》卷二十一《法融傳》："明昧迴遑，用增虛仰。必願開剖盤結，伏志遵承。"卷十八《僧照傳》："素以前虛仰景行，重謁山門，卑處身心，方陳對晤。"

冠肇

《續高僧傳》卷十九《智滿傳》："（滿）七歲出家，隨師請業。凡所受道，如說修行。年登冠肇，進受具戒。"按，"冠"，金本作此，資、磧、普、南、徑、清本作"冠冕"。本書謂此袛應當作"冠"。"冠肇"，年齡段的表示法，"冠"，冠禮也，"冠肇"即剛剛加冠。"冠肇"一詞，在《大正藏》中共檢索到了6例，全部出現在《續高僧傳》中，中土文獻不見，它是道宣的個人言語無疑也。《續高僧傳》卷二十一《法融傳》："年未冠肇。"卷二十二《慧光傳》："及年登冠肇，學行略周。"卷七《警韶傳》："年登冠肇，還鄉受戒。"卷十九《智滿傳》："年登冠肇，進受具戒。"卷十三《道傑傳》："歲將冠肇，垂翼東飛。"又同卷《慧璧傳》："冠肇已後，周遊訪道，無擇夷險。"

行科

《續高僧傳》卷十九《智滿傳》："自滿捨俗從道，六十餘年，潔己清貞，冰霜取喻，弊衣節食，纔止饑寒，頻經斷穀，用約貪染，目不邪視，言不浮華，淨色子女①未嘗瞻對，弱年登歲者不宿房中，受具多夏者

---

① 子女，麗本同；資、磧、普、南、徑、清本作"子女來"。按，這個"來"似乎應當是衍文。因要寫"未"而誤書，後未改定而已。

方令近侍。約時臨衆，誡以行科，餘則靜處小房，晬朝方出。"按，所謂"行科"，就是行動的科條，其詞源結構應當作如是解。在《大正藏》中衹有道宣的文獻中出現這個用法。《續高僧傳》卷二《彥琮傳》："自爾專習律檢，進討行科。"卷十八《慧瓚傳》："開皇弘法，返跡東川，於趙州西封龍山引攝學徒，安居結業。大小經律，互談文義，宗重行科，以戒爲主，心用所指，法依爲基。"

迴趾

《續高僧傳》卷二十《靜琳傳》："又於覺法師所聽受《十地》，迴趾鄴都，炬法師所採聽《華嚴》《楞伽》《思益》，皆通貫精理，妙思英拔。"按，"迴趾"義同上"反蹤"。"迴趾"一詞在《大正藏》中也衹檢索到本例一例。

夏第

《續高僧傳》卷二十《慧斌傳》："及獻后云背，禪定攸興。下勑徵延，乃旋京邑。于時名望盛德，八表一期，各擅英髦，人程鱗翼。而斌夏第最小，聲稱彌隆。衣鉢之外，更無箱襆。容質清素，挺異恒倫。緇素目屬，莫不迴向。斯亦象季清厲之僧也。"按，"夏第"義同"僧臘"，指出家的時間。"夏第"的說法，在《大正藏》中衹有本例一例。

府俞（藏俞）

《續高僧傳》卷二十一《法融傳》："時有前修負氣，望日盱衡，乍聞高價，驚惶府俞。"按，《漢語大詞典》："俞［shù］：④泛指人體的某些部位。南朝梁簡文帝《勸醫論》：'患起膏肓，痾興府俞。'"其本義應當指人的內臟，而在道宣的文獻中又有發展，喻指內心。"府俞"一詞，《大正藏》共檢索到了3例，全是道宣的文獻。《續高僧傳》卷二十五《曇選傳》："其慈濟之深，感激府俞。"《列代王臣滯惑解》（見《廣弘明集》卷六）："炫之此奏，大同劉畫之詞，言多庸猥，不經周孔。故雖上事終委而不施行，而奕美之徹於府俞，致使淨遊浪宕之語，備寫不遺。斯仍曲士之沈鬱，非通人之留意也。"（52/128b）此乃道宣敍述文字，故亦可看作是道宣的個人言語。另有"藏俞"一詞，同"府俞"，衹不過在構詞上換了一個語素而已。《續高僧傳》卷二十《志超傳》："厭世從道，貫徹藏俞。"佛經中"貫徹"與"心懷"的搭配如《出曜經》卷二十六："檀越施主値聞聲者，則聞道教貫徹心懷。"（4/750a）"藏俞"在《大正藏》中衹檢索到本例一個例子，這也是道宣創造的。

提拾

《續高僧傳》卷二十三《玄琬傳》："於仁壽二年，提拾有緣，便事鑪錘。"按，"提拾"，義同"提挈"、"提攜"。拾，侯夾切，入洽，匣；挈，苦結切，入屑，溪，中古二者音近。"提拾"在《大正藏》、中土文獻中衹有兩個用例，都是道宣的文獻。另一例是《西明寺僧道宣等上雍州牧沛王論沙門不應拜俗啓》（見《廣弘明集》卷二十五）："所以干冒，陳款披露，冀得俯被鴻私，載垂提拾。"（52/284c）

登繼

《續高僧傳》卷二十三《慧滿傳》："所居草室忽爲火燒，風焰俱盛，將延西及。滿索水潠之，因即風迴火滅，得無燒爇。斯戒德之威，頗難登繼。"按，"登"，企及也；"繼"，爲繼，"頗難登繼"應當是別人難以爲繼、他人不可企及之義。在《大正藏》中衹檢索到了這麼一個例子，中土文獻也沒有用例。這個大概是道宣的個人創造。

齊競

《續高僧傳》卷二十三《慧進傳》："隋文末曆，有同寺僧，弊進學業，叵難齊競。"按，"齊競"在《大正藏》、中土文獻中也衹檢到此一用例，它和前文的"登繼"義近，也是道宣的個人言語。

鋪發

《續高僧傳》卷二十八《僧蓋傳》："初營石函本惟青色，及磨治了，變爲鮮錦，布彩鋪發。"按，"發"，金、麗本作此，資、磧、普、南、徑、清本作"螺"。作"發"可從。在道宣的語彙中，有"鋪發"一詞，乃諸多中土文獻所不見，在《大正藏》中也衹有道宣文獻中纔有，其乃"鋪排、絢爛"之義。如：《續高僧傳》卷十一《吉藏傳》："時沙門僧粲，自號三國論師。雄辯河傾，吐言折角。最先徵問，往還四十餘番。藏對引飛激，注贍滔然，兼之間施體貌，詞采鋪發。合席變情，報然而退。"《大唐內典錄》卷五："（彥琮）以宇內塔寺靈相極多，足感人心，開洽誠信。江表梁室，著記十卷，東都後魏，亦流五軸，而渭陰帝里名寺勝塔獨亡述紀，琮憤斯事，創就纂結。文寔鋪發，事亦典據。"（55/283b）

緣構

《續高僧傳》卷二十九《普安傳》："周尋緣構，乃云田遺生女之願也。"按，"緣構"，當即因緣。"緣構"大多出現在道宣的文獻中，還有個別是引用道宣文獻或後世說解、引用的例子，也許這是一個道宣自己創造的詞。《續高僧傳》卷二十五《慈藏傳》："自昔東蕃有來西學，經術雖聞，無行戒檢，緣構既重，今則三學備焉。是知通法護法，代有斯人，中濁邊清，於斯驗矣。"而在《釋門章服儀》中我們看到了這樣的例子："且淨行滅惑，作福難諧，機緣構接，開其供施，用舍本貪，不遮財淨，致雜受報。"（45/836c）這個"機緣構接"也許是它的本來形式。

命的

《續高僧傳》卷十三《僧鳳傳》："以《般若》爲心田，以《涅槃》爲意得，講《法華經》百有餘遍，製疏命的，亦是一家。"卷七《寶瓊傳》："或遇勍手，時逢命的。"卷二十七《道穆傳》："敘言命的，無爽風聲。"按，"命的"，即中的。我們調查了《大正藏》以及中古中土文獻，祇發現了三個例子："命的"爲道宣的個人言語。

奴賊、郎賊

《續高僧傳》卷十九《僧定傳》："大業末歲，棲南山大和寺，群盜來劫，定初不怖。盜曰：'豈不聞世間有奴賊耶？'定曰：'縱有郎賊，吾尚不怖，況奴賊耶？'因剝其衣服，曾無吝色。"按，"郎"、"奴"，本來是主僕的關係，在這裏比喻其勢力的大小，也體現了口語色彩。《大正藏》中祇有這麼個"奴賊"、"郎賊"的例子。

師女

《續高僧傳》卷十七《曇崇傳》："時處大內爲述淨業，文帝禮接，自稱師兒；獻後延德，又稱師女。"按，"師兒"、"師女"，也是仿詞。但同上例一樣，這個也許還不能作爲道宣的個人言語，而應當看成《續高僧傳》記錄的仿詞現象。但它體現道宣個人語言的一個特點：創新性、靈活性。

鼓舞、巾褐

《續高僧傳》卷五《法雲傳》："永元元年，曾受毘陵郡請，道俗傾家，異端必集。弘振風猷，道被京城，鼓舞知歸，巾褐識反。"按，"鼓舞"乃古代臣子朝見皇帝時的一種禮儀。此詞名詞化、指稱化了，借指那些"舞蹈"的人,即朝臣、士大夫,與下文"巾褐"相對。"巾褐",借代手法。指道教徒。《續高僧傳》卷二十七《智曠傳》:"深悟虛假,遂不婚娶,專求離俗。初值巾褐,誘以神仙,先受符籙,次陳章醮。"

才筆

《續高僧傳》卷一《寶唱傳》:"于時佛教隆盛,無德稱焉,道俗才筆,互陳文理。"按,"筆",麗本作此,資、普、徑、宮本作"華"。本書謂作"才筆"是。在《大正藏》中凡六見,中古即有,原來祇是指富有才華的文筆,這裏是活用了,借代的手法,指人。這也是道宣的用詞特點,或者說是詞彙通過修辭的方式產生了新義。梁荀濟《敍列代王臣滯惑解下》(見《廣弘明集》卷七):"俗中恒士尚不虛言,濟寔鄙夫,輕馳才筆。"(52/130a)宗炳《答何衡陽難釋白黑論》(見《弘明集》卷三):"敬覽來論,抑裁佛化,畢志儒業,意義撿著,才筆辯核。善可以警策世情,實中區之美談也。"(52/20b)

第四節 《續高僧傳》中的特殊詞彙現象

本節討論《續高僧傳》中幾個比較值得注意的詞彙現象,如構詞詞素的用法、反訓以及與現代用法差異較大的詞語搭配用法等。需要說明的是,漢語發展到唐代,構詞法已經比較完善了,故而此處祇舉幾個比較特殊的例子,並不對構詞法作全面的論述,對這個時期的漢語史研究實在沒有那個必要了;反訓是漢語史上的重大問題,但也是一個老話題了,所以本章也祇是通過若干例子來揭示它們在《續高僧傳》中的具體情況而已;對語詞搭配變化的考察是對詞語組合關係的歷時變化進行研究,它所關注的是一個詞在不同的歷時時期組合關係有哪些不同,以及在這種不同中表現出來的詞義方面、語法功能方面的差異。應該說對於漢語史研究來說,這項研究具有非常重大意義,本處僅是舉幾個例子以見其一斑。

一 構詞詞素問題

朱慶之、王雲路先生等曾對中古漢語複音詞中特殊的構詞語素進行

第三章 《續高僧傳》詞彙特點 / 161

了較爲詳盡的探討①，在《續高僧傳》中，我們也發現了一些比較活躍的、帶有比較特殊色彩的構詞成分，它們或爲佛典所獨有，或是道宣個人的言語習慣，值得關注。當然，它們也體現了漢語詞彙的發展面貌。看下面的例子。

頭

"頭"作爲詞素，在中古極爲活躍。"X＋頭"的構詞在唐代更是大行其道。《續高僧傳》卷二十九《僧崖傳》："見像如木頭，聞經如風過馬耳。"同時，在道宣文獻中還出現了"表頭"、"幕頭"的說法，如：《集古今佛道論衡》卷丙："屬武德初，薛舉東逼，乃選翹勇僧千人入於戎幕，有僧法雅，躬爲幕頭。"（52/383a）又，卷丁："正月九日，楊州界豫章郡吳丘縣南嶽道士褚善信以爲表頭。"（52/398c）當然，"表頭"、"幕頭"的"頭"和"木頭"的"頭"並不是一回事。

董志翹先生在探討"頭"作爲尾碼的用法時認爲：（1）在前代已有的表示方位的"前頭"、"後頭"、"上頭"等的基礎上，更多地加在"東"、"西"、"南"、"北"等方位詞後面，構成了"東頭"、"西頭"、"南頭"、"北頭"等用法。（2）由處所名詞及一般物名後加"頭"構成的處所名詞普遍出現，有"庫頭"、"市頭"、"門頭"、"山頭"等。② 我們注意到這些用法在《續高僧傳》中已有用例，也就是說，這類的用法在初唐時期已經出現。如：《續高僧傳》卷一《曇曜傳》："去恒安西北三十里，武周山谷北面石崖，就而鐫之，建立佛寺，名曰靈巖。龕之大者，舉高二十餘丈，可受三千許人。面別鐫像，窮諸巧麗。龕別異狀，駭動人神，櫛比相連，三十餘里。東頭僧寺，恒共千人。"卷二十六《僧照傳》："逐微迤東北上數里，得石渠，闊兩三步，水西流，清而且徹。帶渠藥草，延蔓委地。渠北有瓦舍三口，形甚古陋，庭前穀穗縱橫，鳥雀殘食。東頭屋裏，有數架黃帙，中間有鐵臼兩具，亦有釜器，並附遊塵，都無炊爨之跡。西頭屋內，有一沙門，端坐儼然，飛塵沒膝。""東

---

① 這方面的成果較多，不一一羅列。可參看：朱慶之《佛典與中古漢語詞彙研究》，文津出版社1992年版；王雲路《中古漢語詞彙史》，商務印書館2010年版。
② 董志翹：《〈入唐求法巡禮行記〉詞彙研究》，中國社會科學出版社2000年版，第194—196頁。

頭—中間—西頭", 這樣對空間的分別與表述, 能清晰地表明這裏的"東頭"、"西頭"指稱的就是方位。

彩（采）

《漢語大詞典》:"彩:①光彩;色彩。《文選·宋玉〈神女賦〉》:'目略微眄,精彩相授,志態橫出,不可勝記。'②文彩。"王雲路言"精彩"乃眼、目光,其"彩"爲"光"義。① 其說是。我們看到在道宣的文獻中,"彩"（采）十分活躍,大體可以分出這樣五個方面。

(1) 光。有"光采"、"星彩"、"日采"、"雪采"等。

《續高僧傳》卷四《玄奘傳》:"爾夜對講,忽失燈明,又觀所佩珠璫瓔珞,不見光采,但有通明晃朗,內外洞然,而不測其由也。"卷三《慧淨傳》:"日光通漢室,星彩晦周朝。"卷十二《寶襲傳》:"願將限下滿舍利時,得見日采。"卷十三《海順傳》:"我欲刺股銼刀,懸頭屋梁,書臨雪采,牒映螢光。"

(2) 風采。"風采"本身即其例,另有"神采"、"英采"、"鴻彩"。

《續高僧傳》卷九《慧哲傳》:"時彭城寺寶瓊者,善講說,有風采,形相奇白,世號白瓊。"卷十二《善冑傳》:"而冑覆述豎義,神采秀發。"卷十三《道基傳》:"(慧)景清慧獨舉,詮暢玄津,文疏抽引,亟發英采。"卷十三《神迥傳》:"年未及冠,鬱爲鴻彩。"

(3) 文采。包括"文采"以及"詞采"、"義采"、"章采"。

《續高僧傳》卷五《法雲傳》:"文采雖異而理義倫通。"卷九《道莊傳》:"詞采豐逸,屢動人心。"卷十《淨願傳》:"至於分暢深伏,標舉綱門,坐者不覺,離席膝前,皆美其義采之英拔也。"卷十一《法侃傳》:"聽其開釋,皆周涉正理,遵修章采。"

(4) "聲彩"、"名采"、"榮采"、"符采"。

《續高僧傳》卷九《智方傳》:"寶海頻來擊難,發其聲彩。"卷十《淨願傳》:"後因法集,願欲矜其名采。"卷十四《三慧傳》:"時復闡弘,重移榮采。頗傳筆記,後學稱尋。"按,"榮采",資、磧、普、南、徑、清、宮本作"榮彩"。本書以爲作"榮"是,"榮"與"名"、"聲"等義近,可以類推成詞,而"榮采"則似乎無解。卷二十三《法礪傳》:

---

① 王雲路:《"精彩"探源》,《中國語文》1996年第3期。

"時慧休法師道聲遠被，見重世猷，贊擊神理，文義相接。故得符采相照，律觀高邈，休有功焉。"按，"采"，金本作"來"，資、普、徑、宮本作"彩"。本書以爲作"符采"可從，"符彩"在後世還是比較通行的，其具體詞義可以借助下例來揣測。《宋高僧傳》卷二十五《鴻楚傳》："生而符彩且異群兒。"卷六《端甫傳》："而甫符彩超邁，辭理響捷。"卷四《窺基傳》："其符彩則項負玉枕，面部宏偉，交手十指，若印契焉。"

（5）"落采"、"駐采"。在這樣的搭配中，"采"仍然是"光"的意思，不過略有引申。

"落采"指剃度、落髮出家。大概在佛家看來他們剃除鬚髮、穿著壞色衣，是最無光采的了。《續高僧傳》卷十二《靈幹傳》："開皇三年，於洛州淨土寺方得落采，出家標相，自此繁興。"卷十三《圓光傳》："既爰初落采，即稟具戒，遊歷講肆，具盡嘉謀。"卷十四《智正傳》："年十一將欲落采，父母諸戚對之泣淚，而顏色無改。"卷十五《玄會傳》："自落采之後，即預講席。"

"駐采"，今天有"駐顏"一詞，與此相近。唐釋法琳《十喻九箴篇》（見《廣弘明集》卷十三）："琁璣文者，皆是求神仙不死之道，其次則養我今日身命，駐采延華儻至三五百年，以此爲真耳。"（52/185a）沈約《竟陵王解講疏》（見《廣弘明集》卷十九）："駐采辰緯，停華日月。"（52/232c）《續高僧傳》卷十四《慧頵傳》："又旁詢莊老《三洞》、《三清》、楊子《太玄》、葛生《內訣》，莫不鏡識根源，究尋支派。末乃思其真際，崇尚自然，駐采練形，終期羽化。"

結

丁福保《佛學大詞典》："【結】（術語）結集之義，系縛之義。煩惱之異名。爲煩惱因而結集生死，故謂之結，又系縛眾生，而不使解脫，故謂之結。即爲生死之因者。大乘義章五本曰：'結集生死，目之爲結。結縛生死，亦名爲結。'同五末曰：'煩惱闇惑，結縛行人，故名爲結。又能縛心，亦名爲結。亦能結集一切生死故。'三藏法數二十四曰：'結即系縛之義。謂眾生因煩惱妄惑造諸惡業。而爲眾苦系縛。流轉三界不能出離。故云結也。'"佛典有"二結"、"三結"、"四結"、"五結"、"九結"之說。玄奘譯《阿毗達磨藏顯宗論》卷二十七："論曰：結有九種：

一，愛結；二，恚結；三，慢結；四，無明結；五，見結；六，取結；七，疑結；八，嫉結；九，慳結。以此九種於境於生有系縛能，故名爲結。"

在這九結中，道宣《續高僧傳》出現了"愛結"、"怨結"（蓋同"恚結"）、"悋結"、"慳結"（同"慳悋結"）。但是，"悲結"、"憾結"、"愚結"、"軫結"、"酸結"、"慍結"等則不見於以上的分類中，也許我們可以說這些情愫都已被那些"結"所涵蓋，但是從語言文字的角度來看，二者還是不同的。這些結構中的"結"應當解釋成構詞的實語素，泛指一切情感，附著在前面的語素後。羅列如下。

愛結

《續高僧傳》卷十六《僧實傳》："嘗與諸僮共遊狡戲，或摘葉獻香，或聚砂成塔，鄉閭敬焉，知將能信奉之漸也。親眷愛結，不許出家，喻以極言，久而方遂，年二十六乃得剃落。"卷十五《志寬傳》："告門徒曰：'生死長遠，有待者皆爾。汝等但自觀身如幻，便無愛結自纏。'"

怨結

《續高僧傳》卷十八《曇遷傳》："吾等薄運所鍾，屢逢群盜。若怨結不解，來報莫窮。衆可哀彼愚迷，自責往業，各舍什物，爲賊營懺，冀於來世爲法知識。"

悋結（悋結）

《續高僧傳》卷二十《曇韻傳》："曾以夏坐，山饒土蚤，既不屏除，氈如血凝。但自咎責，願以相酬，情無悋結。"按，"悋結"應是"慳悋結"的省稱，一般翻譯作"慳結"或"慳悋結"。

悲結

《續高僧傳》卷二十三《玄琬傳》："（玄琬沒世）爾時雲高風靜，水淨油香。七衆彌山，一心悲結。"

憾結

《續高僧傳》卷二十五《智實傳》："實雖處俗壤，而兵役得停，欣泰其心，曾無憾結。"按，在《大正藏》中祇有兩個例子，另一個是《生經》中的"憾結而終"。

愚結

《續高僧傳》卷二十七"論"："是知生死大期，自有恒數，初果分齊，餘未詳論，而忽廁以凡心，籌諸聖慮，通成愚結，知何不爲。"按，《大正藏》"愚結"僅此一例。

迷結

《續高僧傳》卷二十八"論"："然後要約法句，誦鎮心神，廣說緣本，用疎迷結。遂能條貫本支，釋疑滯以通化；統略玄旨，附事用以徵治。"

慍結

《續高僧傳》卷十三《圓光傳》："光性在虛閑，情多汎愛，言常含笑，慍結不形。"按，"慍結"，《大正藏》中共檢到三例，另外兩例是後世引用道宣的《續高僧傳》。

軫結

《續高僧傳》卷二十一《法融傳》："道俗哀慕，宮僚軫結。"卷二十《僧徹傳》："有孤山者，一曰介山，即介子推之故地也，其山陽介村是也，遂依而結業。蔭以石巖，汲以下隙。積歲崇道，物莫不高之。各舍財力，共營圖構。地本高險，古絕源泉，念矜勞倦，中宵軫結，晨行巖險（資、磧、普、南、徑、清本作'隒'），見如潤濕，以刃導之，應手泉湧。"按，例二"矜"，資、磧、普、南、徑、清本作"務"。本書謂或許作"務"是。"軫結"，"軫"，悲痛義，《漢語大詞典》不見"軫結"，在"魏晉南北朝隋唐五代"的文獻中也沒有檢到，《大正藏》僅此二例。

酸結

《續高僧傳》卷二十九《大志傳》："讀其遺誓，用曉道俗，合衆皆酸結矣。"按，這個詞早在《賢愚經》中即已出現。

二 反訓問題

反訓問題是個老話題了，對這個聚訟紛紜的話題，本書不擬展開。有一點我們想說明：不管是贊成還是反對這一提法，但有一點可能是無法否認的，即在漢語史上確實存在這樣的現象：或共時平面有於一個詞形中同時具有兩個相反的意思，或歷時發展中，詞義向相反的方向引申。其實二者有共通的地方：即便是在歷時狀態下的正反同詞，也必然有短暫的共時存在期。初唐作爲漢語史的過渡期，在《續高僧傳》中也有反訓現象的存在。我們以爲，一旦出現正反同詞的現象，應當將其看作在原詞語基礎上孳乳分化出了新詞，如此，在認知上或許更容易接受些。

荏苒

"荏苒"一詞既有時間久的意思，又有時間短的意思。但二者是有一個基本點的，即儘管時光久長，而人們祇覺得如同彈指一瞬，一個是從客觀的角度來說明時間的短暫，一個是從人的主觀感受來說時間流逝之快捷——儘管事實上時間已經經歷了一個比較長遠的過程。

《續高僧傳》卷一《法泰傳》："晝談恒講，夜請新宗，因循荏苒，乃經涼燠。"卷十二《淨業傳》："九年復召住禪定寺，聯翩荏苒，微壅清曠。"卷九《靈裕傳》："乃迴投憑師聽於地論，荏苒法席，終於三年。"《四分比丘尼鈔》卷四："今時尼衆慕道者希專機尋，紡績是常，作務精勤，經教多忘。貧者貪美不休，富則轉生紛擾，還復仿習，惡法愈興，荏苒流行，致乖常式。"（續藏經64/140a）又同卷："又華夷方隔，經律未學，雖剃髮似尼，無妨風俗，仍在容畜非法之服，爲佛法瑕疵。荏苒流行，致成常式。"（續藏經64/148a）按，《漢語大詞典》："荏苒：①（時間）漸漸過去。常形容時光易逝。②磋砣，拖延時間。③輾轉遷徙。"義項一例舉漢丁廙《寡婦賦》，義項二例舉唐劉知幾《史通·古今正史》，義項三例舉唐杜甫《宿府》詩。從《漢語大詞典》所羅列的義項中我們已經能夠大致看出這樣的分別了。再看唐人的解說，如《一切經音義》卷四十八："荏苒：謂儵忽須臾也。"卷七十一："言須臾也。"《一切經音義》卷四："《考聲》云：草荏苒者，漸次相因經歷時日謂之荏苒。"卷八："荏苒者，漸次相因、經歷時日謂之荏苒。"卷三十五："荏苒猶因循不覺盈時也。"卷九十二"音續高僧傳"："按，荏苒若今之因循蹉砣之類是也。"一謂"須臾"，一謂"因循"、"輾轉"，而"因循"在唐時有盤桓、耽擱義，"輾轉"則更是要"漸次經歷"，故而"荏苒"可作如是分析。

逡巡

《續高僧傳》卷二十七《法行傳》："宣帝惡之，令追將戮。隨使至焉，抗不前，曰：'吾償命於此地。'尋有使至，隨致命，盡遂斬之，而無有血。臨終說衆要偈，辭理切附，不可具載，皆述業報不可逃避。及戮訖，逡巡間屍靈遂失。"按，"逡巡"，《唐五代語言詞典》有釋："①迅速。②頃刻。羅隱《春日登上元石頭故城》詩：'萬里傷心極目春，東南王氣只逡巡。'《變文集》卷五《父母恩重經講經文》：'若是冤家託蔭來，阿娘身命逡巡失。'③逗留，拖延。"在這個解釋中已經呈現出"反訓"的情況："迅速"而又"逗留、拖延"。

綻

《續高僧傳》卷十五《慧休傳》："補綻衣服，不勞人助。"卷十五《志寬傳》："後於中夜室內大明，及觀房外，與晝無異。乃自縫綻衣帛，不謂神光所照。"按，"縫綻"義一。"綻"常見的詞義是綻開，這裏是縫的意思，《一切經音義》卷五十六："縫綻：（下）徒莧反，《說文》補縫也。"卷九十三"音續高僧傳卷十五"："補綻：（下）棖限反。裳綻裂，紉針請補綴。鄭注《禮記》云：綻，解也。《文字典說》云：綻，裂也。從衣，定聲。""綻"在上例就是縫補的意思，"補綻"、"縫綻"乃同義連言，慧琳羅列的鄭注《禮記》、《文字典說》的證據與例子的用法不合，慧琳使用的材料不夠精審其例夥矣。《漢語大詞典》："綻裂：衣縫脫線開裂。"例舉《禮記·內則》："衣裳綻裂，紉箴請補綴。"鄭玄注："綻猶解也。"後來的花朵開放義正是在此基礎上引申得來的。《續高僧傳》卷十七《智顗傳》："遂使千支花錠，七夜恬耀。""錠"，資、磧、普、南、徑、清本作"綻"。按，由下例看，應當是"綻"，開放也。《隋天台智者大師別傳》："七夜恬靜，千枝華耀，皆法王之力也。"（50/194b）但是"綻"又有縫補的意思。《玉臺新詠·豔歌行》："故衣誰當補，新衣誰當綻。"既有開裂的意思，又有縫合的意思，二者相反相對。縱觀上文，可以看出"綻"有兩個相對相反的義項，也就是反訓。當然，這種對立並非從初唐開始。

繩

《續高僧傳》卷二十三《慧進傳》："隋文末曆，有同寺僧，弊進學業，匹難齊競。陰而嫉之。進曰：'相與出家，同遵律業。潛加繩扇，豈不以身名致嫌乎？昔聞無靜行者惟在空生，聖立芳規，義非自結。餘雖不敏，請從雅喻。'即日往謝，擲棄公名，揭襆而出。眾有止之。進曰：'餘不滯於去留也，爲緣故耳。'"按，"繩"，宮本作"蠅"。本書謂作"繩"是。《漢語大詞典》："繩：⑥糾正；彈劾。《書·囧命》：'繩愆糾謬，格其非心，俾克紹先烈。'孔穎達疏：'木不正者，以繩正之，繩謂彈正。'……《漢書·匡衡張禹等傳贊》：'彼以古人之迹見繩，烏能勝其任乎！'顏師古注引如淳曰：'迹謂既明且哲也。繩謂抨彈之也。'"綜觀《漢語大詞典》中的書證，都是從正面的角度出發來匡正、糾正的，即以正確的來斧正錯誤的；但是本書的這個例子卻完全是從貶抑的、非正面的角度來干預正面的，這裏祇能解釋成誣陷、構扇。詞義因切入事物的角度不同而發生了變化。我們注意到"繩"還有"稱譽"的意思（《漢語大詞典》義項⑨），更是和本例成相反相對的態勢。本例"繩扇"同義語素並列。

三　詞語搭配問題

詞義的變化不光體現在義項的增減、指稱的轉移等方面，其搭配、修飾的對象的改變也是古今詞義變化的一個重要方面。有些詞彙在唐代的使用範圍比今天要大，這也許是唐人的語言習慣問題。

溫柔

《續高僧傳》卷十三《慧因傳》："刑部尚書沈叔安，溫彝弘雅，達信通神。"按，"溫彝"，麗本作此，資、磧、普、南、徑、清本作"溫柔"，本卷金本缺。本書謂作"溫柔"更可信，"溫彝"似乎不辭。此時的一些詞在今天看來是女性化的，但是都可以來修飾男人。如：《大唐西域求法高僧傳》卷下"僧道宏"："於是乎畢志南海，共赴金洲，擬寫三藏，德被千秋。識悟聰敏，葉性溫柔。"《續高僧傳》卷十八《智通傳》："觀斯上人，雖稟性溫柔，爲人清潔，其所修習，則福德偏長。"

都麗

《續高僧傳》卷六《慧超傳》："忽見大力善神，形甚都麗。"按，"都麗"，義近閑都、美麗，可以修飾男人、神人。正像"美麗"可以修飾男人一樣。如：《大唐大慈恩寺三藏法師傳》卷十："法師形長七尺板，身赤白色，眉目疎朗，端嚴若塑，美麗如畫。"這樣的詞如果在今天來使用的話，就祇能用來修飾女性，而在唐代它們都是用在男性身上的。這個特點正如古代的"佳人"與現代"佳人"的變化近似。

將養

《續高僧傳》卷十三《神照傳》："初平素日，一狗將養，所住①恒

---

① 麗本作此，資、磧、普、南、徑、清本作"往"。

隨。"按,"將養",一般以爲都是指人、身體。《漢語大詞典》:"將養:①撫養。②養息;調養。"但本例如果用現代漢語來說,則也許可以說成是"豢養"、"養"。

第四章

《續高僧傳》疑難字詞考釋

第一節　《續高僧傳》疑難字詞考釋

《續高僧傳》中的疑難語詞，指的是可能會影響我們閱讀的語詞，特別是其中有些詞語帶有比較明顯的佛教色彩或在佛典中有特別的意義，故也需要對其進行考察。當然，在具體考釋中，我們也儘可能地聯繫中土文獻以相參證。

機捷

《續高僧傳》卷八《曇延傳》："有陳躬使周弘正者，博考經籍，辯逸懸河，遊說三國，抗敍無擬。以周建德中年銜命入秦，帝訝其機捷，舉朝惡采。"卷十二《靈幹傳》："然其善於世數，機捷樞要辯注難加。"按，"機捷"，機敏也，多指談話、辯論機警。《一切經音義》卷九十三："機捷：潛葉反。《考聲》云，慧也，疾也，戰勝也，健也。"我們在《高僧傳》中也發現了該詞的用例，《高僧傳》卷一《曇摩難提傳》："然而情度敏達，學兼內外，性好譏諫，無所迴避。苻堅末年，寵惑鮮卑，隳於治政，正因歌諫曰：'昔聞孟津河，千里作一曲，此水本自清，是誰攪令濁？'堅動容曰：'是朕也。'又歌曰：'北園有一棗，布葉垂重陰，外雖饒棘刺，內實有赤心。'堅笑曰：'將非趙文業耶。'其調戲機捷，皆此類也。"另外在道宣其他文獻也有用力，如《淨心誡觀法》："機捷調戲，伎兒中來。"（45/825b）玩味文意，其義應當就是機敏的意思。

書語

《續高僧傳》卷一《僧伽婆羅傳》："乃解數國書語。"卷四《玄奘傳》："廣就諸蕃，遍學書語。"按，"書語"應當是文字的意思。"梵書語"即梵文,"天竺書語"即天竺文字,"諸國書語"即各國文字。同樣的例子還見於道宣的其他文獻,如:《釋迦方誌》卷上:"雪山以南名婆羅門國,與胡隔絕,書語不同。故五天竺諸婆羅門書爲天書,語爲天語,謂劫初成梵天來下,因昧地脂,便有人焉。從本語書天法不斷,故彼風俗事天者多,以生有所因故也。胡本西戎,無聞道術,書語國別,傳譯方通。神州書語所出無本。且論書契,可以事求。伏義八卦,文王重之,蒼頡鳥迹,其文不行。漢時許慎方出《說文》,字止九千,以類而序。今漸被世,文言三萬,此則隨人隨代,會意出生,不比五天,書語一定。"本例也是文字的意思。再如,《釋迦氏譜》:"此方有述胡書胡語者,此曲指嶺北三十六蕃,實惟戎胡,不參大夏,故大宛月支書語各別,不於天竺佛生之地,相去數萬,無得混同。大雪山南,五天之國,書語承天萬代恒定,所遵既勝,明知非邊。震旦文言,下方蟲鳥,或出凡情,曾無典據,義非中矣。"(50/88a)

流

《續高僧傳》卷九《慧藏傳》:"十一出家,即流聽視;未登冠具,屢講涅槃。"卷九《法澄傳》:"仁壽三年,奉令關壤,居於日嚴,廣流視聽。"卷十《淨願傳》:"有鑽注聖言,依解製節,廣流章疏,晚入京輔,採略未聞。"卷十二《慧遷傳》:"又從遠公重流前業。"按,所謂"流聽視",即不拘偏授、不局一師,四處遊歷聽採也。流,流通、弘通、傳布、學習。再如,《續高僧傳》卷一《菩提流支傳》:"遍通三藏,妙入總持,志在弘法,廣流視聽。"卷十五《慧休傳》:"神會幽陳,廣疏聽視。"按,本卷金本缺。疏,麗本作此,資、磧、普、南、徑、清本作"流"。本書謂作"流"是。在同時代的佛典中也能見到用例,如彥琮《唐護法沙門法琳別傳》卷下:"並悉文遒旨婉,桂馥蘭葩,盛傳緇素,流乎視聽矣。"(50/212c)在道宣的其他文獻中也有用例,《量處輕重儀·序》:"雖體相諧允,文據的明,猶恐意用未周,事須廣流視聽。"(45/840a)

天廕(庭瘵)

《續高僧傳》卷一《寶唱傳》:"將及三十,天廕既崩。"又,本傳:"深以庭瘵早傾,常懷哀感。"按,"天廕"指父親。此時習見"所天"一詞,"天"是依靠義。這裏的"天廕"用的實義、字面義,即其所指望、依靠、仰仗者也。《漢語大詞典》："天廕：指父親的蔭庇。五代殷鵬《贈太傅羅周敬墓誌銘》：'早失天廕，幼奉母儀。'"例二"廕"，資、普、徑、宮本作"陰"。按，此當同上文"天廕"的"廕"。即蔭蔽也。再如，北涼曇無讖譯《佛本行經》卷二："車匿牽馬還，望絕心悲塞。隨路號泣行，不能自開割。先與太子俱，一宿之徑路。今舍太子還，生奪天蔭故。"(4/14b) "庭蔭"中古本來是可據字面意思來理解的，如：《道士支曇諦誅》(見《廣弘明集》卷二十三)："蔚矣昆嶺，崗阜丘墟，連峯雲秀，迴壑迂餘，庭蔭蕭條，階繞清渠，翳然其遠，蕭爾其虛，眇眇玄風，憒憒僧徒，味道閑室，寂焉神居。"(52/264a) 但到了道宣時期，這個詞已經引申出新的詞義：所依仗的、所仰仗的。借指乃父，相當於"所天"。如，《大唐內典錄》卷四："武帝蕭衍……帝以庭蔭早傾常懷哀感，每歎曰：'雖有四海之尊，無以得申罔極。'"(55/266c) "庭"亦"天"也。如"天庭"即同義連言。《漢語大詞典》："天：①人的頭頂。⑦依靠對象；賴以生存、不可或缺之事物。""天庭：相術指人兩眉之間。亦指前額中央。《三國志·魏志·管輅傳》：'此二人天庭及口耳之間同有兇氣。'""庭"也有指"額部中央"的意思，《漢語大詞典》："庭：⑥指額部中央。參見'天庭'、'庭角'。"

　　約勒

　　《續高僧傳》卷二十一《曇倫傳》："守護僧物約勒家人曰：'犬有別食，莫與僧粥。'家人以爲常事，不用倫言。"按，"約"與"勒"同義，"約勒"乃同義複合。希麟《續一切經音義》卷十"誥誓"條："《爾雅》云：誥誓，謹也。郭璞注云：皆所以約勒謹戒衆也。"唐代又有"約束"一詞，與"約勒"義近。《唐五代語言詞典》："約束：①管教。②囑咐。"《四分律刪繁補闕行事鈔》："凡施法事，貴在首領。衆主上座，先須約勒，但見非法即須糾正，不得默坐，致招罪失。"(40/23a)

　　約量

　　《續高僧傳》卷一《寶唱傳》："匠人約量，晨作夕停。"按，"約量"，約束、約定。這個"約"是以……來衡量，也就是核定、考核的意思。如果在這個基礎上再稍作虛化，則可以用作"約束、約定"的意思了。如道宣《釋迦氏譜》："二以里數約量明之，剡浮洲者，須彌山南一域之都名也。"(50/87b) 順便辨析一下此時的"約"的用法：《漢語大詞典》："約：⑭估量。唐白居易《自題小草亭》詩：'綠醅量盞飲，紅稻約升炊。'"按，"約"、"量"對文。漢語史上又有"約度"一詞，《漢語大詞典》："約度（—duó）：估計；衡量。宋司馬光《乞不添屯軍馬》：'臣竊謂大凡添屯軍馬，先須約度本處糧草可以贍養與否。'宋蘇軾《乞將上供封樁斛斗應副浙西諸郡接續糶米劄子》：'欲乞聖慈速降指揮，令兩浙運司，限一兩日內，約度浙西諸郡合糶米斛，酌中數目，直至來年七月終，除見在外，合用若干石入，急遽奏聞。'"《漢語大詞典》釋義中的"估計"似乎有望文生義之嫌。《唐五代語言詞典》："約：①攔，隔斷。劉肅《大唐新語》卷四：'司農卿姜師度，明於川途，善於溝洫，嘗于薊北約魏帝舊渠，傍海新創，號曰平房渠，以避海難饋運利焉。'駱賓王《春晚從李長史遊》詩：'古藤依格上，野徑約山隈。'②依，依據。慧立、彥悰《大慈恩寺三藏法師傳》：'法師因申疑滯，約《俱舍》、《婆沙》等問之，其酬對甚精熟。'《大正藏》卷四七《鎮州臨濟慧照禪師語錄》：'道流，約山僧見處，與釋迦不別。'《祖唐集》卷一六'南泉和尚'：'若約某甲見處，和尚亦須放下手中物。'"按，釋義可商。"平房渠"，《大唐新語》本作"平虜渠"，《唐五代語言詞典》引文誤。且本例的"約"不能解釋成攔斷，而是依據、依的意思，也就是仿照這個舊渠的規模而造一個新渠。姜師度開溝修渠之事兩唐書均見，《舊唐書》文字與《大唐新語》幾同，《新唐書·姜師度傳》則作："姜師度，魏州魏人。擢明經，調丹陵尉、龍崗令，有清白稱。神龍初，試爲易州刺史、河北道巡察，兼支度營田使。好興作，始廨溝於薊門，以限奚、契丹，循魏武帝故跡，並海鑿平虜渠，以通餉路，罷海運，省功多。"如此可見，將"約"解釋爲"攔、隔斷"非是。這個"約"既能與"循"同義，則可見姜師度是參照學習了"魏武舊渠"，同時，其所舉駱賓王例"依"、"約"對文，也應當放到義項②爲宜，解釋作"依、倚"。①

甲里

《續高僧傳》卷一《寶唱傳》："於青溪西岸建陽城門路東起大智度寺，京師甲里，爽塏通博，朝市之中途，川陸之顯要。"按，"甲"，資、普、徑、宮本作"夾"。"甲里"乃"甲族之里"義。"甲"、"夾"異文

---

① 王紹峯：《"北約魏帝舊渠"正讀》，《古漢語研究》2004年第4期。

乃常見現象。同卷下文《菩提流支傳》有："三藏法師流支房內經論梵本，可有萬甲。"資、磧、普、南、徑、清、宮本作"夾"。經典都是用梵貝葉裝，本例作"夾"是。但這個"甲"、"夾"異文也可以用來證明上例的"甲里"。另有"甲族"一詞，與"甲里"義同。如，《續高僧傳》卷二《彥琮傳》："世號衣冠，門稱甲族。"卷二十二《智誒傳》："昔長卿返蜀，徒擅清文。鄧艾前來，未能偃武。公華陽甲族，未絡名家，捧日登朝，懷金問道，劍南長幼，並俟來蘇。"《大唐內典錄》卷五："（陳霸先）擁兵稱王都於金陵，以姓爲國。其先吳興長城人，代爲甲族。"（55/273a）等等，皆可比勘。

引勞（勞接）

《續高僧傳》卷一《菩提流支傳》："宣武皇帝，下勅引勞，供擬殷華。"按，"勞"是勞問、招待、款待。在漢語史上又有"接引"一詞，《漢語大詞典》："接引：①接待；招待。③佛教語。"其中義項一例舉晉葛洪《抱樸子·刺驕》。"勞接"中的"接"正是這個意思。如，《續高僧傳》卷三《波羅頗迦羅蜜多羅傳》："重頻慰問，勞接殊倫。"這樣，"接引"中的"引"也就是"接"，招待義。於是就有了"引勞"這樣的組合。其實，"接濟"中的"接"也是招待的意思。再如，《續高僧傳》卷十八《曇遷傳》："天性仁慈，寡於貪競。雖帝王贈捨遠近獻餉，一無自給，並資僧衆，或濟接貧薄。""濟"，容易理解。"濟接"與"接濟"乃同素異構，詞義也是一樣的，都是拯救、挽救的意思。"接濟"後世有了"在物質上援助"的意思。《漢語大詞典》："接濟：在物質上援助。宋蘇軾《論葉溫叟分擘度牒不公狀》：'又緣杭州自來土產米穀不多，全仰蘇、湖、常、秀等州般運斛斗接濟。'"宋惟淨等譯《金色童子因緣經》卷十："我今淪墜險惡流中，誰爲濟接？我今爲彼貧窮艱險逼逐怖畏，誰爲救護？"（14/886c）

倫通

《續高僧傳》卷一《拘那羅陀傳》："便與前梁舊齒，重覆所翻，其有文旨乖競者，皆鎔冶成範，始末倫通，至文帝天嘉四年……"按，本卷金本缺。"倫"，麗本作此，資、磧、普、南、徑、清、宮本作輪。"輪通"、"倫通"《大正藏》都有13個用例，但二者的用法、意思似乎不一樣，此處或許應當是"倫通"，但諸辭書未解釋"倫通"。"倫通"在佛典中大致有兩種用法。

其一，指器識、識悟深遠、弘遠。如：《高僧傳》卷五《道安傳》："安法師器識倫通，風韻標朗。"卷八《慧次傳》："清鑒倫通，超然孤拔。"《續高僧傳》卷十三《慧因傳》："因稟靈溫裕，清鑒儉通，徽音深靡，緇素欽屬。"按，"儉"，麗本作此，資、磧、普、南、徑、清、宮本作"倫"。《續高僧傳》卷二十二"論"："通情則恐投於坑阱，取解則曲媚於門侶，如斯懷挾，未曰倫通，以此求心，心可知矣。"卷十六《信行傳》："識悟倫通。"作爲品格方面的形容詞，應當是"倫"。下文有"清穆僧倫"、"備清遐道"。《續高僧傳》卷十《靖玄傳》："識度淹弘，清鑒懸遠。"卷八《曇延傳》："曇延法師器識弘偉，風神爽拔。"而同樣是形容"識悟"的詞，在僧傳中還有這樣一些：《大唐西域求法高僧傳》卷下："識悟聰敏，葉性溫柔。"《高僧傳》卷七《慧靜傳》："容貌甚黑而識悟清遠。"《高僧傳》卷十三《慧重傳》："稟性清敏，識悟深沈。"《續高僧傳》卷十八《法純傳》："兼以立性閑穆，識悟清爽。"卷十九《智周傳》："惟周風情閑澹，識悟淹遠。"與之相反的是"剋峭"一詞：如，《續高僧傳》卷二十二《法願傳》："斯亦貞梗之嚴令也，太爲克峭，未是倫通。"

其二，指義理、文義深遠、通達。如：《續高僧傳》卷五《法雲傳》："文采雖異而理義倫通。"卷十四《道基傳》："乃又綴大乘章抄八卷，並詞致清遠，風教倫通。"按，這個"倫"本字也許應當寫作"輪"，"輪"即法輪，佛經以法輪爲喻，言能破除愚癡，又有所謂的"智慧輪"等，所謂"輪通"正是在這個意義上構成的。同時代佛典也有用例，如：《大方廣佛華嚴經》卷三十四："如來放光明，分別佛菩薩。能起智慧輪，通達諸佛法。水依風輪住，地依於水輪。眾寶樹依地，虛空無所依。智輪依如來，慈悲依智慧。功德依方便，法身無所依。"（9/615c）

元情

《續高僧傳》卷一《拘那羅陀傳》："太守王方奢，述稟元情，重申邀請。"按，"元情"同"本情"，衷心之情愫。諸辭書未見，而且在魏晉南北朝隋唐乃至宋金元等文獻都未見。"元情"在《大正藏》中祇檢索到5例，其中較早的一是本例，其餘的例子都是是繼承道宣《續高僧傳》的。這也可以看成道宣自己創造的語詞。漢語史上還有"元心"一詞，元心即本心。下文還有"本情"的說法。如,《續高僧傳》卷一《拘那羅陀傳》:"躬自稽顙致留三日,方紆本情。"

無指

《續高僧傳》卷一《拘那羅陀傳》:"諦顧此業緣,西還無措。"按,麗本作此,資、磧、普、南、徑、清本作"指"。《續高僧傳》卷八《法上傳》:"時屬大荒,投寄無指。"金本作"指",資、磧、普、南、徑、清本作"措"。卷十三《神照傳》:"惟母及身,萍流無託。未幾母崩,投造無詣。朝求木實,夕宿屍所。""詣",麗本作此,資、磧、普、南、徑、清本作"指"。卷二十三《靜藹傳》:"大鼓徒揚,資訪無指。"按,也許作"指"更好一些。"無指"即無指望了,沒有希望了。若作"無措",則僅僅是沒有辦法了。"指"似乎義更長。"投造無指"說的是沒有指望。

所詣

《續高僧傳》卷二十七《智顯傳》:"少出家,戒操貞峻,立操耿介,勇銳居懷,聞川聞見莫不高賞,車務坐禪,人不知其所詣。"按,"所詣"乃志趣、志向義,謂終極目的、最高追求。《漢語大詞典》不見收錄。《續高僧傳》中多有用例,如《續高僧傳》卷二十六《道英傳》:"余冥目坐禪,窮尋理性,如有所詣(資、磧、普、南本作'旨')。及開目後,還合常識。"卷十八《智通傳》:"師本修德,所詣豈在人耶?""所詣"也就是所之、所適、所到的地方。這也是中土文獻中的通常用法。但是在佛典中,卻似乎有了隱喻之義,其所"詣"的對象比較虛化一些,如:《北史·崔宏傳》:"初,姚興死之前歲,太史奏熒惑在匏瓜星中,一夜忽然亡失,不知所在。或謂下入危亡之國,將爲童謠妖言,而後行其災禍。帝乃召諸碩儒,與史官求其所詣。浩對曰:'案《春秋左氏傳》說神降於莘,其至之日,各其物也。請以日辰推之。庚午之夕,辛未之朝,天有陰雲,熒惑之亡,當在此二日之內。庚與午,皆主於秦,辛爲西夷。今姚興據咸陽,是熒惑入秦矣。'諸人皆作色曰:'天上失星,人安能知其所詣,而妄說無徵之言!'"

揭

《續高僧傳》卷一《拘那羅陀傳》:"諦乃鋪舒坐具在於水上,加坐其內,如乘舟焉,浮波達岸。既登接對而坐具不濕,依常敷置。有時或以荷葉搨水，乘之而度。"麗本作"搨"，資、磧本作"昴"，普、南、徑、清本作蹋。按，這個"搨"也可寫作"搭"，相近的事可以參看下例：《續高僧傳》卷二十七《無相禪師傳》："相以一時渡水，齊返還無船，乃缽安水中，曰：'何爲常擎汝？汝可自渡水。'便取芭蕉葉搭水，立上而渡，缽隨後來，須臾達岸。"例二的"搭"其實應當像例一一樣作"搨"。這個"搨"通"拓"，義爲：鋪也，攤也。此時的"搨"比較常見的義項是"拓"，即在鍾鼎等銘文上蒙上置來模印。唐王建《原上新居》詩十三首之十一："古碣憑人搨，閑詩任客吟。""搨"即通"拓"。但是這個動作的中心正是覆蓋，所以本處取其意義的核心而使之泛化，表示覆、鋪之義。《漢語方言大詞典》"拓"條義項（10）言其在中原官話、湘語中有"敷貼、壓住"義，晉語中有"拓鋪"一詞，乃"把割倒的糧食作物鋪開曬著"義①，其實這個"拓"在中原官話中讀成"tā"音。筆者家鄉話（安徽泗縣方言）中也有類似的說法，如："麵條不夠了，再搨（tā）點油餅。""搨"字又可作"搨"，見《龍龕手鏡·手部》②，資、磧作"昴"，乃"搨"丟失了"扌"旁，普、南、徑、清本作"蹋"，蓋因上下文義而改換了偏旁，由"扌"旁的"搨"變成了"足"旁的"蹋"了。

指訂

《續高僧傳》卷一《法泰傳》："敘撰諦之翻譯歷，始末指訂，並卷部時節人世詳備，廣有成敘。"按，《一切經音義》卷九十一："指訂：珽丁反。蒼頡篇云：'訂，評議也。'平聲字也。""指訂"應當就是與本書下面的"指藃"義近，也與"指摘"義近，乃指點、點評義，《一切經音義》的說法並不完全可從。既然是想撰一個"翻譯歷"，但似乎並沒有完成，所以是沒有"指訂"，也就是沒有具體完成、沒有完全落實。卷八《法上傳》："後漢明帝永平十年，經法初來，魏晉相傳，至今流布。上廣答緣緒，文極指訂。今略舉梗槩，以示所傳。""文極指訂"和下句的"略舉梗槩"相對而言，其義應當是相反相對的。與"梗槩"相對的詞，必當是"具體"。卷二十七《通闍梨傳》："後輒自營土窟於寺北擬終事，

---

① 許寶華、[日] 宮田一郎主編：《漢語方言大詞典》，中華書局1999年版。
② 行均：《龍龕手鏡》，中華書局1985年版，第216頁。

時未之驗也。不久告僧云：'尋常命終，須有付囑。'引諸財物，指訂囑授。極有分明。經三日而神氣爽健，而云將去。忽不知所在，便就窟視之。門已塞，開一小孔。在土撮臥，氣已終矣。""指訂囑授"就是指點吩咐給予。道宣《量處輕重儀》："余以亡物輕重抑斷寔難，諸師傳授，指訂非據，所以博觀中表，遜問嘉猷，獲本衆多，口斷非一，核其精贍，程節者希。余以不敏，敢援前傑，輒抽直筆，隨事殺青，言復義重，望光修撰。"（45/853c）本例"指訂"乃點評義。

"指訂"一詞，不見《四部叢刊》，在《大正藏》中凡 11 見，其爲道宣最先使用，《續高僧傳》3 例、《大唐內典錄》2 例、《量處輕重儀》1 例（《大唐內典錄》與《續高僧傳》有 1 例重復，因爲使用的材料是一致），其他的用例分別出現在《歷代三寶紀》（2 例）、《宋高僧傳》（3 例）中，《歷代三寶紀》是直接使用的道宣的材料，還難以說得上是繼承，而《宋高僧傳》則可以看成是贊寧承襲了道宣語彙的衣鉢。這個也有意思，說明在同類的文獻中，一些語詞的繼承性更強烈一些，同時，也說明了語詞具有某類文體的自足性、封閉性，也可以說明道宣肯定從《高僧傳》《出三藏記集傳》中繼承了一些詞彙。同樣，這個例子也可以用來說明道宣《續高僧傳》在漢語史詞彙上的價值。到了《宋高僧傳》中，"指訂"有了進一步的引申，似乎指點、點化的意味更強烈了一些。這一定是因爲受到佛教中國化的典範——禪宗的影響。看下面的例子，其語境無一能與禪宗脫離干系：《宋高僧傳》卷八《慧明傳》："高宗之世依忍禪師法席，極意研尋，初無證悟，若喪家之犬焉。忽聞五祖密付衣鉢與盧居士，率同意數十許人，躡跡急追至大庾嶺，明最先見，餘輩未及。能祖見已，便擲袈裟。明曰：'我來爲法非望衣鉢也。'時能祖便於嶺首一向指訂，明皆洞達，悲喜交至。"卷十二《從諫傳》："越壯室之年，忽深信佛理，遂舍妻孥求僧披剃焉。甫登戒地，頗護心珠，因悟禪那，頓了玄理，方數十載，同好之者自遠而來請問，諫一一指訂，俾其開覺。"卷十三《慧棱傳》："於吳苑通玄寺登戒已，聞南方有禪學，遂遊閩嶺謁雪峯，提耳指訂，頓明本性。"

指覈（核）

《續高僧傳》卷二《彥琮傳》："開皇三年，隋高祖幸道壇，見畫老子化胡象，大生怪異，勅集諸沙門道士，共論其本。又勅朝秀蘇威楊素何妥張賓等有參玄理者，詳計奏聞。時琮預在此筵，當掌言務，試舉大綱，未及指覈，道士自伏，陳其矯詐，因作辯教論。"按，"指覈"，據文義，相對"舉大綱"來說，應當是還沒有具體闡發，前有"指訂"，其義應同。在《大正藏》中就本例一個用例，《一切經音義》卷九十一："指核：幸革反，核實也。"

休強

《續高僧傳》卷二《那連提黎耶舍傳》："拒諫行之而神志休強，說導無倦。"卷二十七《智曠傳》："三期屢滿，靡剋昇天，而氣力休強。"按，"休"很早即有美義，《詩·小雅·菁菁者莪》："既見君子，我心則休。""休強"即健壯、健康、強壯，"休"、"強"同義複合。這個詞中古早已出現。如：《高僧傳》卷十一《僧從傳》："年垂百歲而氣力休強，禮誦無輟。"下例"休健"的構詞與此近。

休健

《續高僧傳》卷二十七《通闍梨傳》："唐貞觀末，年已八十，氣力休健。"按，"休健"一詞，比較早見於中古史書，《宋書·謝莊傳》："若才堪事任，而體氣休健，承寵異之遇，處自效之塗，豈苟欲思閑辭事邪。"諸詞典未見。在佛典中，主要集中在道宣的《續高僧傳》，如：卷十九《法喜傳》："系心不散，覺轉休健。"卷二十《釋道綽》："加以報力休健，容色盛發。"卷二十八《道端傳》："忽有神泉湧頂，流者非一。舊痾夙瘤，飲無不愈。別有一泉，病飲尋差。若咽酒肉，必重發動，審量持戒，永除休健。"卷二十九《寶相傳》："終於即世。然身絕患惱，休健翕習。"《漢語大詞典》："翕習：①威盛貌。⑤會聚。"本例"休健"與"翕習"同義連言。比較接近的詞語，如"爽健"、"干健"：卷十五《慧休傳》："春秋九十有八，見住慈潤，爽健如前。"卷二十六《圓通傳》："語通曰：'是爾干健不返。放使入山餧虎。'""健"有高強、高明義。《漢語大詞典》："健：④高強；高明。"例舉《戰國策·秦策》。"爽健"、"干健"，皆健壯也。蔣宗福言："仙健：老年人身體健康而矍鑠。或作'鮮健'。……'仙'有輕盈的意思，《篇海類編·人部》：'仙，輕捷兒。'以此形容步履輕捷，正是老年人身體健康的表現。就四川話記音準確而言，作'仙健'爲長，故不取'鮮健'。"① "仙健"也許與"休健"有音轉的關係？當然，方言中有音無字、近音字記詞的現象非常普遍，溯源的工作應當更加審慎纔是。

定鼎

《續高僧傳》卷二《闍那崛多傳》："宜建都邑，定鼎之基，永固無窮之業。"卷九《法澄傳》："帝徙駕東都，定鼎伊雒。"卷二《達摩笈多傳》："煬帝定鼎東都。""定鼎"，辭書未見。此當定基、登基之義。"鼎"乃傳國重器，故而又是國家權力的象徵。

俗緣

"俗緣"應當有下面三個義項。其一，俗務、俗網、世俗之事。《續高僧傳》卷二十《靜琳傳》："七歲投僧出家，役以田疇，無乖道訓，不果本望，深惟非法也。自顧而言曰：'此而未舍，與俗何殊？'更從一師，服膺正化。遭周滅法，且附俗緣。年在弱冠，希期無息。"卷七《亡名傳》："自捨俗緣，十有五載。"卷三《慧淨傳》："法師昔在俗緣，門稱通德。"這個詞不僅出現在《續高僧傳》中，在其他佛典中也屢見。如蕭齊曇景譯《佛說未曾有因緣經》卷下："我等不堪修出家道。所以者何？從昔以來爲利養故，行於邪濁，有虛無實，受人供養，負債滋多。爲是等故，實懷憂懼，今欲舍道，還歸俗緣。"（17/584b）義淨譯《根本說一切有部毗奈耶藥事》卷六："時此寶光，後於異時，見老病死，心懷憂惱，即棄俗緣，趣於山林。"（24/25b）彥琮《唐護法沙門法琳別傳》卷上："但僧尼入道，本斷俗緣。"（50/200c）其二，與世俗的族姓有關，其義又可分出三個部分，三者的關係是相關聯的。（1）宗族、氏族。《續高僧傳》卷十一《志念傳》："釋志念，俗緣陳氏，冀州信都人。"而近似的表述，在其他的地方則又作：《續高僧傳》卷三十一《道紀傳》："釋道紀，未詳氏族。"卷二十七《智曠傳》："釋智曠，姓王，本族太原，中居徐部。"（2）姓、俗姓。如《續高僧傳》卷八《曇延傳》："釋曇延，俗緣王氏，蒲州桑泉人也。"卷二《彥琮傳》："釋彥琮，俗緣李氏，趙郡柏人人也。"與這樣的表述可資比較的如：《續高僧傳》卷十四《智琰傳》"：釋智琰，字明璨，俗姓朱氏，吳郡吳人。"卷十七《慧思

---

① 蔣宗福：《四川方言詞語考釋》，巴蜀書社 2002 年版，第 708 頁。

傳》："釋慧思，俗姓李氏，武津人也。"卷七《洪偃傳》："釋洪偃，俗姓謝氏，會稽山陰人。"（3）在前宗族的基礎上，又進一步引申爲指同族的人，也就是親戚。《續高僧傳》卷二《彥琮傳》："因卒於館。……俗緣哀悼，歸葬柏人。"卷二十八《智嶷傳》："敬重佛宗，雖晝權俗緣令依學侶，而夜私誦法華，竟文純熟，二親初不知也。"這個"俗緣"可以指俗世、世俗的親眷，可以指其"二親"，下文有"二親初不知也"。卷三十《慧震傳》："至終年初，又請衆僧，讀經行道，作三七日。俗緣昆季，內外皆集。""俗緣"，世俗親戚。卷三十《道積傳》："既出家後，訶責本緣，挫拉無情，轉增和忍。"按，"本緣"亦自家親眷，和"俗緣"同。其三，籍貫，家鄉。同"生緣"。這個義項應當和宗族義關係密切，往古宗族總是長期聚居於某地，故此"俗緣"可有此義。《南海寄歸內法傳》卷四"四十古德不爲"："斯二師者，並太山金輿谷聖人朗禪師所造神通寺之大德也，俗緣在乎德貝二州矣。"王邦維先生《南海寄歸內法傳校注》注釋："俗緣在乎德貝二州矣：謂原籍在德州、貝州。"[1]《續高僧傳》卷二十八《法朗傳》："仁壽二年，勅召送舍利於陝州大興國寺，寺即皇考武元本生處也。故置寺建塔，仰謝昔緣。"這個"昔緣"也類同"俗緣"、"生緣"。《唐五代語言詞典》衹有"本貫"，其釋義爲："本貫：本鄉，籍貫。《變文集》卷三《燕子賦》：'大宅居山所，此乃是吾莊。本貫屬京兆，生緣在帝鄉。'"

掩抑慧燈（掩燈）

《續高僧傳》卷三《波羅頗迦羅蜜多羅傳》："四年之譯，三帙獻功，掩抑慧燈，望照惑累，用茲弘道，未敢有聞。"按，"抑"，資本、宮本作"仰"。應當作"抑"，"掩抑"即掩也。"掩"和"掩抑"一樣本來是壓制的意思。如：《廣異記·安宜坊書生》："鬼負書生從門隙中出，前至五橋。道傍一塚，天窗中有火光。鬼復負書生上天窗側，俯見一婦人，對病小兒啼哭，其夫在傍假寐。鬼遂透下，以手掩燈。婦人懼，呵其夫云：'兒今垂死，何忍貪臥。適有惡物掩火，可強起明燈。'夫起添燭。"這裏的"掩燈"乃使燈火暗下來的意思，但"掩抑慧燈"卻不同於這個"掩燈"。"掩燈"的說法，在《全唐詩》中屢見，在那裏似乎應當解釋爲

---

[1] 王邦維：《南海寄歸內法傳校注》，中華書局1995年版，第228頁。

"點燈",如:齊己《除夜》:"夜久誰同坐,爐寒鼎亦澄。亂松飄雨雪,一室掩香燈。白髮添新歲,清吟減舊朋。明朝待晴旭,池上看春冰。"賈島《題青龍寺鏡公房》:"一夕曾留宿,終南搖落時。孤燈岡(一作龕)舍掩,殘磬雪風吹。樹老因寒折,泉深出井遲。疏慵豈有事,多失上方期。"李咸用《冬夜與修睦上人宿遠公亭,寄南嶽玄泰禪師》:"丈室掩孤燈,更深霰雹增。相看雲夢客,共憶祝融僧。語合茶忘味,吟歆卷有棱。楚南山水秀,行止豈無憑。"有意思的是,這些詩歌大都與僧人有關,看來說及僧人而用"掩燈"已經成爲一個通例了。之所以會出現這樣的用法,大概僧人佛寺燈火的突出特點就是幽深。如:雍陶《宿大徹禪師故院》:"竹房誰繼生前事,松月空懸過去心。秋磬數聲天欲曉,影堂斜掩一燈深。"本例恰是如此。

所由

《續高僧傳》卷四《玄奘傳》:"元魏靈太后胡氏,奉信情深。遣沙門道生等齎大幡長七百餘尺,往彼掛之,腳纔及地,即斯塔也。亦不測雀離名生所由。"卷八《曇延傳》:"至六年亢旱,朝野荒然。勅請三百僧於正殿祈雨,累日無應。帝曰:'天不降雨,有何所由?'延曰:'事由一二。'帝退與僚宰議之,不達意故。勅京兆太守蘇威,問延一二所由。答曰:'陛下萬機之主,群臣毘讚之官,並通治術,俱愆玄化。故雨與不雨,事由一二耳。'"卷二十五《通達傳》:"常以飲水噉菜,任性遊縱,或攬折蒿藿,生宛而食,至於桃杏瓜果,必生吞皮核。人問所由,云:'信施難棄也。'"道宣其他文獻用例:《集神州三寶感通錄》:"唐初相州大慈寺塔被焚,余至彼問焚所由。僧云:'大業末歲,群盜互陣,寺在三爵臺西葛屨山上,四鄉來投,築城固守,人物擁聚,尺地不空。塔之上下,重復皆滿。於中穢汙,不可見聞。及賊平,人出糞穢狼藉,寺僧無力可用屏除。忽然火起,焚蕩都盡,唯東南角太子思惟像殿得存,可謂火淨以除其臭穢也。'"(52/410a)例多不煩舉。綜觀上舉諸例,皆是"問(測、知)所由",而且語境也是解釋、推定其原委,"所由"作緣故、原因解十分明顯。"所由"一詞,《漢語大詞典》收錄了三個義項"所經歷的道路"、"所自,所從來"、"見'所由官'"。"所由"作爲有關的官吏義早已被收入辭書,但"所由"表示原因卻不被看成一個詞,所以辭書不收。就文獻出現的頻率來看,"所由"表示原因完全可以成詞。也許這個詞義比較顯豁，能望字見義，故而不被重視，但作爲大型辭書、漢語詞彙史研究來說，這個詞義還是應當被注意的。

年算

《續高僧傳》卷四《玄奘傳》："彼有說云，五月八日神來降者，上座部云十五日者，與此方述微復不同。豈有異耶？至如東夏所尚素王爲聖，將定年算，前達尚迷，況復歷有三代，述時紀號，猶自差舛。""年算"即年頭、年代。又有壽命義。道安《二教論》（見《廣弘明集》卷八）："慈仁不殺則壽命延長，多殘掠獵則年算減夭。"（52/141c）《漢語大詞典》："年算：猶年齡。《太平廣記》卷三三七引南朝齊祖沖之《述異記》：'君年算雖少，然先有福業，應受顯要。'唐羅隱《簡令生日》詩：'龜銜玉柄增年算，鶴舞瓊筵獻壽杯。'前蜀杜光庭《徐耕司空九曜醮詞》：'解已成之災厄，赦既往之罪尤……潛增年算，克賜乂安。'"由《漢語大詞典》所給的書證可以看出，將"年算"解釋爲"年齡"本來就不妥當，應解作"壽命"爲是。

古老

（1）《續高僧傳》卷二十六《賈逸傳》："時蜀郡又有揚祐師者，佯狂岷絡。古老百歲者云：'初見至今，貌常不改，可年四十。'"（2）卷三十《僧明傳》："顧問古老，無知來者，其地久荒榛梗，素非寺所。"（3）明槩《對決付奕廢佛法僧事》（見《廣弘明集》卷十二）："聞古老相傳云，昔漢高祖，應二十四氣，祭二十四山。遂（磧砂藏本作逮）王有天下。"《唐研究》（卷七）有一篇評論王邦維先生著作的文章將"古老相傳"翻譯成 old tradition，這其實是不準確的，"古老"應當是個名詞，就是"老輩、老輩人"。① 例（1）這個"古老"已經完全證明了前多見的"古老傳云"的"古老"是人。例（2）這個"古老"是證明"古老傳云"的極好的證明。"古老"作"顧問"的賓語，而且下文也說"無知來者"，顯然這個"古老"是現在的人，是能說話的人。例（3）"聞古老相傳云……""古老"是"相傳"的邏輯主語，應當是一個動作的發出者，"古老"在這裏作兼語。再看其他的例子：（4）《集神州

---

① Max Deeg：《王邦維〈大唐西域求法高僧傳校注〉》，見榮新江主編《唐研究》（卷七），北京大學出版社 2001 年版，第 466—467 頁。

三寶感通錄》："宪有衣資什物，並婁鳩捨，乃有心擬造像，不知何模樣，並訪古老，亦有畫圖，即以模鑄，一治便成，無有缺少，當鑄像時……"（52/415a）（5）《續高僧傳》卷四《玄奘傳》："城東有池，中有天金光浮水上，古老傳云彌勒下生用爲首飾。"另外的一些關於傳說的表述也可以作爲旁證：（6）《釋迦方誌》卷下："又往赤城山宴坐。此山與天台瀑布四明連屬，父老云'天台山有聖寺'。"（7）《續高僧傳》卷十一《慧海傳》："父老傳云，此水流竭不定，但有善事相投，必即泄流奔注。"（8）《集古今佛道論衡》卷乙："訊問耆舊：'此塚是誰？'"（52/378c）（9）《大唐大慈恩寺三藏法師傳》卷三："耆舊相傳，此伽藍南庵沒羅園中有池，池有龍名那爛陀，傍建伽藍，故以爲號。"例（6）、（7）、（8）、（9）的"父老"、"耆舊"義同"古老傳云"中的"古老"。"古老"是活人，"古老"一詞在《高僧傳》中就已經出現了：（10）《高僧傳序錄》："嘗以暇日，遇覽群作，輒搜撿雜錄數十餘家，及晉宋齊梁春秋書史，秦趙燕涼荒朝僞曆，地理雜篇，孤文片記，並博咨古老，廣訪先達，校其有無，取其同異。"

國命

《續高僧傳》卷四《玄奘傳》："比來國命往還，率由此地。"《釋迦方誌》卷上："城南十餘里，孤山特秀，寺居重疊，狀若雲霞。松竹魚龍，隨人馴附，就人取食，犯者滅門。比者國命並從此國而往還矣。"按，"國命"，乃當奉國之命的人，也就是國使。《漢語大詞典》未見這個義項。又有"信命"一說，義同之：《續高僧傳》卷四《玄奘傳》："是則天竺信命自奘而通。"《四分律刪繁補闕行事鈔》卷上："若僧差作信命，不應作。"（40/19c）

俯仰

《續高僧傳》卷五《僧旻傳》："年十六而回亡，哀容俯仰，率由自至。喪禮畢，移住莊嚴，師仰曇景。"卷十三《海順傳》："至於人物聚集，頗勞低仰。"卷二十四《道安傳》："故得君王不望其報，父母不望其力，普天之人莫不歸揖，捐妻減養，供奉衣食，屈身（磧、普、清本作'伸'）俯仰，不辭勞役（或作恨）者，以其志行清潔通於神明，淡泊虛白可奇可貴故。"按，例二"低仰"同"俯仰"，例三或作"屈伸"，亦可從。"屈伸"與"俯仰"義當近。"俯仰"乃接待、週旋、承事義。

《唐五代語言詞典》："俯仰：思考，斟酌。《北史》卷六〇《李密傳》：'化及默然，俯仰良久。乃瞋目大言曰："共你論相殺事，何須作書傳雅語！"'"沒有收錄這個意思。

散

（1）《續高僧傳》卷十二《辯相傳》："大業之始召入東都，於內道場敷散如故。"（2）卷六《慧開傳》："後忽割略前習，專攻名教，處衆演散，咸慶新聞。"（3）卷二十八《辯寂傳》："晚綜前業，演散京華。"（4）卷六《法貞傳》："亟相延請，累宵言散，用袪鄙吝。"按，"散"本有散佈、分發的意思：《書·武成》："散鹿臺之財，發鉅橋之粟。"在《續高僧傳》中，這種用法的例子也能見到，如《續高僧傳》卷十五《慧璿傳》："至七月十四日講盂蘭盆經竟，斂手曰：'生常信施，今須通散。'"由於是佛教文獻，所以這個"散"在《續高僧傳》中還有其特定的色彩意義，即：弘法、布化、說教。例（2）金本"散"，磧、普、南、徑、清本作"教"。當作"散"。例（3）金本明白無誤地寫作"散"。例（4）散義同。"散"弘法、講法。另外，"散"也可以理解爲"布"，敷化也。"布"、"敷"同，其基本的義核都可以分析出"散"的義素，所以在這個義項上也可以同義。

卑牧

《續高僧傳》卷二十九《道積傳》："又有沙門洪遠僧恩，並誦涅槃，皂素回向。遠志尚敦愨，情捐名利，徵入會昌，隆禮供給，恩道心清，肅成節動人，弘福禪定，兩以崇德，而卑牧自處，蒙俗罕知。"卷八《曇延傳》："自延之蒞道，勢總權衡，而卑牧自居，克念成治。"卷十一《慧海傳》："並從容辭讓，無何而退，不欲顯黜於前，故英雄敬其卑牧。""卑牧"應當是來自"卑以自牧"的節縮。《漢語大詞典》："卑以自牧：謂以謙卑自守。語出《易·謙》：'謙謙君子，卑以自牧也。'王弼注：'牧，養也。'高亨注：'余謂牧猶守也，卑以自牧謂以謙卑自守也。'"《漢語大詞典》收錄了同樣來源於"卑以自牧"的"自牧"一詞，沒有收錄"卑牧"。在中古中土文獻中也有用例，"卑牧"應當能夠成詞。如：《宋書·王弘傳》："遠擬隆周經國之體，近述《大易》卑牧之志。"王筠《觀海詩》（《先秦漢魏晉南北朝詩·梁詩》卷二十四）："卑牧會善下，智流心不爭。借悟雖由外，鑒至成銅鏡。"

輕貶

《續高僧傳》卷十五《道洪傳》："以貞觀末年，微覺輕貶。纔經（他本作及）一句，奄爾長逝。"卷八《慧遠傳》："及覺輕貶，於房外香湯洗浴，即在外宿。至曉入房，食粥倚床而臥。問曰：'早晚？'答云：'今可卯時。'乃曰：'吾今覺冷氣至臍，去死可二三寸在，可除倚床。'自跏其足，正身斂目，不許扶侍。未言其卒，驗方知化。"按，"輕貶"，病情稍緩。本字應當作"輕便"，《漢語大詞典》："輕便：②輕健；輕捷。《後漢書·華佗傳》：'體有不快，起作一禽之戲，怡而汗出，因以著粉，身體輕便而欲食。'唐張鷟《朝野僉載》卷四：'周夏官侍郎侯知一年老，勅放致仕。上表不伏，於朝堂踴躍馳走，以示輕便。'"

自在人

《續高僧傳》卷九《靈裕傳》："帝語蘇威曰：'朕知裕師綱正，是自在人，誠不可屈節。'"按，"自在人"，本來是指佛，丁福保《佛學大詞典》："【自在人】（雜語）如來所持之我德具八大自在，故稱佛曰自在人。易行品曰：'自度亦度彼，我禮自在人。'"《佛光大辭典》："【自在人】指諸佛。依據十住毗婆沙論卷十五載，諸佛于諸神通、自心、滅盡、聖如意、壽命等五事中得自在，故稱自在人。"但《續高僧傳》本例是說"裕師"是不受拘束的佛中人，或許可以理解爲"自在＋人"這樣的結構。丁福保《佛學大詞典》："【自在】（術語）進退無礙，謂之自在。又心離煩惱之係縛，通達無礙。謂之自在。法華經序品曰：'盡諸有結，心得自在。'唯識演秘四末曰：'施爲無擁，名爲自在。'"義淨《根本說一切有部毗奈耶》中的說法也能提供一點旁證：《根本說一切有部毗奈耶》卷十二："有二家長者，一自在，一非自在。言自在者，是爲主義，於自男女取與隨情，若往官司或衆人集處，雖說虛事，人亦信受，是名自在。不自在者，是卑下義，於自男女取與無力，若往官司或衆人集處，雖說實事人不信受，是名不自在。"（23/687c）

經題

《續高僧傳》卷四《玄奘傳》："奘又請經題，上乃出之名《大唐三藏聖教序》。"按，"經題"，據下句此當指"大唐三藏聖教序"，也就是"歸敬序"。《大唐故三藏玄奘法師行狀》卷一："法師更請經題，恩勅方許。至其年八月四日，制序訖，凡七百八十言。題云《大唐三藏聖教序》，通冠新經之首。""經題"本來是指經的題目。《佛光大辭典》："【經題】即經典之標題。又作首題。一般而言，梵文佛典不論經、律、論，皆於卷首置歸敬序，其次爲本文，至末尾始揭示標題。西藏譯佛典，初列梵名及西藏譯名，次有歸敬序及本文，終則附有西藏譯名及翻譯校訂等後記。漢譯佛典則大多省略歸敬序，而于本文之前置首題及譯題，後面則設尾題。"此釋與本處所說不同。《續高僧傳》卷四《玄奘傳》："請製經序。""經序"也就是上面所說的"經題"。

許

《續高僧傳》卷二十六《道仙傳》："益州今猶有木景，白疊尚存，云是聖人仙闍梨許。"按，"許"是助詞，表屬格。相當於現代漢語"的"。《唐五代語言詞典》："許：⑤助詞。猶'馨''生'，用於形容詞、動詞後，不爲義。"本書不完全同意這樣的說法，認爲"誰許"即誰的，"許"爲結構助詞，用於疑問代詞"誰"的後面，並有疑問語氣詞的功能。① 此處選取幾例以爲佐證：《四分律刪繁補闕行事鈔》："不得遙占，云是我許。"（40/112a）義淨譯《根本說一切有部毗奈耶破僧事》卷三："爾時惡性提婆達多王子，從于內出，見彼寶象種種莊嚴，心貪愛念。即問使曰：'此象誰許？'使人報曰：'釋迦太子天文占相作金輪王，爲此因故，薜舍離城諸人將此寶象獻上太子。'……當時難陀王子，次從內出，見此死象，問其人等：'此象誰許，何人打死？'……爾時釋迦太子從內出來，見此死象問衆人等：'此象誰許？'……"（24/111a）《根本說一切有部毗奈耶》卷六："復有親密女人私相謂曰：'汝雖欲隱，相貌已彰。'遂報有娠，問言誰許，答是小軍。"（23/655a）《根本說一切有部毗奈耶》卷六："時親密女私告之曰：'汝先所云是小軍許，何因今日云我先無？'"（23/655c）

行調

《續高僧傳》卷十二《道判傳》："勅給國書，並資行調。"卷四《玄奘傳》："經於五年，晨夕無輟，將事博議，未忍東旋。賢誡曰：'吾老矣。見子殉命求法，經途十年方至，今日不辭朽老，力爲伸明。

---

① 王紹峯：《〈唐五代語言詞典〉補》，《阜陽師範學院學報》2003年第3期。

法貴流通，豈期獨善？更參他部，恐失時緣，智無涯也，惟佛乃窮。人命如露，非旦則夕。即可還也。'便爲裝行調，付給經論。"按，"調"，資也，費也。"行調"，行李、盤纏、路費。而在《大唐大慈恩寺三藏法師傳》中則作如下表述：《大唐大慈恩寺三藏法師傳》卷五："戒賢謂法師曰：'仁意定何如？'報曰：'此國是佛生處，非不愛樂。但玄奘來意者，爲求大法，廣利群生。自到已來，蒙師爲說瑜伽師地論，決諸疑網；禮見聖迹，及聞諸部甚深之旨，私心慰慶，誠不虛行，願以所聞，歸還翻譯，使有緣之徒同得聞見，用報師恩。由是不願停住。'戒賢喜曰：'此菩薩意也，吾心望爾，爾亦如是。任爲裝束，諸人不須苦留。'言訖還房。""行調"組合祇見於道宣的《續高僧傳》，也許可以看成是道宣的個人語彙。

階漸

《續高僧傳》卷十二《道判傳》："方登階漸，會武帝滅法，與藹西奔於太白山。"卷二十一《智巖傳》："此而不悟非癡如何？唯佛不癡，自除階漸。"在道宣其他文獻中也有用例：《量處輕重儀》："今一方禪侶並不服之，皆以布艾爲衣裳，可謂學大乘行之階漸也。"（45/852c）《漢語大詞典》："階漸：循序漸進的途徑。宋朱熹《學·總論爲學之方》：'爲學雖有階漸，然合下立志，亦須略見義理大概規模。'""階漸"中古即見：道安《二教論》（見《廣弘明集》卷八）："吾當告子，古之明大道者，五變而形名可舉，九變而賞罰可言，所以方內階漸猶未可頓者也。"（52/142a）

冠具

《續高僧傳》卷十四《慧持傳》："少機警，美姿制。棲遊之方，欣其言晤。履歷名邦，將挹道化。……年登冠具，身長七尺，色相光偉，執持威容，不妄迴視，故俗又目曰象王持也。"按，"年"，資、磧、普、南、徑、清本作"本年"。本書謂，此不必，作"年"即可。"具"，資、磧、普、南、徑、清、宮本作"其"。按，"具"與"其"因形近易訛，《續高僧傳》中已見"具儀"、"其儀"的異文情況。本例應當作"具"。"冠具"，是一個中西合璧的年齡段表示法詞語。"冠"則是中土的冠禮，"具"卻是佛教的"受具足戒"。這樣的組合很有意思。有證據表明這個詞是從道宣這裏成詞的，而且也主要衹出現在他的《續高僧傳》中。①

方遠

（1）《續高僧傳》卷八《曇遵傳》："褰帷開戶，標樹方遠，形無妄涉，口不俗談。"（2）《續高僧傳》卷二十八《道生傳》："雖雅尚未齊而思力方遠，仁正致懷聲色無染。"（3）《齊竟陵王題佛光文》（見《廣弘明集》卷十六）："泣明臺之不臨，慟高山之方遠。"按，這種用法早在中古就已經出現：（4）《高僧傳》卷九《佛圖澄傳》："若暴虐恣意殺害非罪，雖復傾財事法無解殃禍。願陛下省欲興慈，廣及一切，則佛教永隆，福祚方遠。"（5）《續高僧傳》卷十二《寶襲傳》："開皇十六年，勅補爲大論衆主，於通法寺四時講化，方遠總集。"（6）《續高僧傳》卷十四《道慈傳》："所以方遠傳譽，更振由來。"（7）《續高僧傳》卷十五《玄鑒傳》："方遠皆詣，謂爲大聖。""方遠"，《漢語大詞典》未見，依現有佛典材料看，"方遠"有兩個意思。①高遠、長遠。例（1）、（2）、（3）、（4）當作如是解。②遠近，相當於"四方遠近"。例（5）、（6）、（7）可作此解。

元席

《續高僧傳》卷十五《玄會傳》："於時同侶同業相推元席，而讓以成治，雅爲學宗，性慕人法，不濫尊嚴。"按，"元"，磧、普、南、徑、清本作"先"。本書謂作"元"是，"元"有原來、原先、元首、第一的意思，"元席"即排位第一的座位。卷二十《道昂傳》："每昇元席，文義弘遠，妙思霜霏，難問銳指，擅步漳鄴。"卷二十《慧熙傳》："預有元席，皆共憚之。"卷十《智凝傳》："長打將了，便就元席，說法既竟，還依福事。"卷十一《慧海傳》："時有沙門智矩、吉藏、慧乘等三十餘人，並煬帝所欽，日嚴同止，請義開演雜心，顧惟不競，即就元席，既對前達，不事附文，提舉綱紐，標會幽體，談述玄極，不覺時延。其爲時賢所重如此。"《大正藏》中"元席"共9例，7例出現在《續高僧傳》中，

---

① 我們這裏的所謂"中西合璧"詞卻不同於梁曉虹《佛教詞語的構造與漢語詞彙的發展》所說的"合璧詞"（梁曉虹《佛教詞語的構造與漢語詞彙的發展》，北京語言學院出版社1994年版），梁先生是從組合形式的角度來分析其詞彙構成的，本書此處主要是從語義結構來分析詞彙構成的。

另外兩例出現在《宋高僧傳》中,《宋高僧傳》中的兩個例子應當是對道宣語詞的繼承,"元席"可以看作是道宣自創的個人語彙。

零房

《續高僧傳》卷十六《佛陀傳》:"年漸遲暮,不預僧倫,委諸學徒,自相成業。躬移寺外,別處零房。感一善神常隨影護,亦令設食而祠饗之。後報欲終,在房門之壁手畫神像,於今尚存。"卷十七《僧善傳》:"居住馬頭山中大行禪道,蒲虞晉絳荷襆相諠,衆聚繁多,遂分爲四部,即東西二林杯盤大黃等處是也。皆零房別室,星散林巖。""零房"與"別室"義當相近,都是指的本寺以外的房子。與此可以比勘的有"別院"一詞,《佛光大辭典》:"【別院】除一宗之本山以外,在各地所特設之寺院,均稱爲別院。如台灣高雄佛光山有臺北別院普門寺、高雄別院普賢寺等。""零房"似乎也是道宣的發明,在《大正藏》中祇有這麼兩個例子。

狡戲

《續高僧傳》卷十六《僧實傳》:"幼懷雅亮,清卓不倫。嘗與諸僮共遊狡戲,或摘葉獻香,或聚砂成塔,鄉閭敬焉,知將能信奉之漸也。""狡戲"即遊戲。在稍早的佛典中也有用例:《佛本行集經》卷五十七:"爾時難陀或有同行諸比丘輩而告之言:'長老難陀汝於先時不閉諸根,於諸飲食不知厭足,恒求妙好床褥臥具安隱睡眠,本無厭倦。或時戲笑,心意不定,狡猾□語,不曾精勤,恒常懈怠,亦無正念,多諸忘失,威儀漏缺,無禪無定,不能攝心,諸根逸浪,不可具說。云何今者諸根調伏,飲食知足,初夜後夜,不曾睡眠,無復狡戲,攝歛身心,又不□語,勇猛精進,正念正勤,已得禪定,心不漏逸,諸根不浪?長老今日何因得爾?'(3/916a)"無復狡戲"正對應上文的"或時戲笑,心意不定"此對文似亦可爲證。《一切經音義》卷一:"狡戲:古巧反。《方言》:凡小兒多詐而獪,謂之狡獪也。"《漢語大詞典》:"狡獪:①兒戲;遊戲。《太平廣記》卷三六〇引三國魏曹丕《列異傳·傅氏女》:'北地傅尚書小女,嘗拆荻作鼠,以狡獪。'……宋陸遊《示子遹》詩:'詩爲六藝一,豈用資狡獪。'自注:'晉人謂戲爲狡獪,今閩語尚爾。'""狡戲"與"狡獪"義同。

省事

《續高僧傳》卷十七《慧命傳》："命省事取紙援筆而裁釋子賦，紙盡辭窮。"卷十七《玄景傳》："釋玄景，姓石氏，滄州人。十八被舉秀才，至鄴都，爲和王省事。讀書一遍便究文義，須便輒引，曾無所遺。"例一"省事"在句中作兼語，是後一個動作的發出者，乃名詞無疑也。例二"爲……省事"即給……作辦事員，"省事"乃隨從、侍從義。《漢語大詞典》："省事：①視事；處理政務。②懂事；明白事理。"義項一例舉《後漢書·恒焉傳》，義項二例舉唐韓愈《與崔群書》："自省事以來，又見賢者恒不遇，不賢者比肩青紫。"既然此時的"省事"有明白事理的意思，自然可以作爲名詞，表示伶俐的侍從、嘍囉。再看其他表示同樣意義的詞：《續高僧傳》卷二十三《靜藹傳》："屬隋興運，轉牧冀州，爰命所部，從事趙絢。""從事"，名詞，即隨從、侍從。《漢語大詞典》："從事：⑥官名。漢以後三公及州郡長官皆自辟僚屬，多以從事爲稱。"《續高僧傳》卷二十六《圓通傳》："和上年可九十許，眉面峯秀，狀類梵僧，憑案理文書，旁有過事者，通禮謁卻立。和上命曰：'既住官寺，厚供難舍，何能自屈？此寺誠無可觀。'通具述意故，乃令安置。""過"，資、磧、普、南、徑、清、宮本作"通"。按，作"通"是。"通事"，《漢語大詞典》："通事：③官名。掌管呈遞奏章、傳達皇帝旨意等事。"

引費

《續高僧傳》卷十七《曇崇傳》："勅爲追匠杜崇，令其繕續。料錢三千餘貫計，塼八十萬。帝以功業引費，恐有匱竭，又送身所著衣及皇后所服者總一千三百對，以助隨喜。"按，"引"，資、磧、普、南、徑、清本作"別"。"別費"在電子版的《大正藏》中沒有檢到一個用例。"引費"可爲詞，乃"浪費"義。看下面的例子：卷八《慧遠傳》："愚民向信，傾竭珍財，廣興寺塔，既虛引費，不足以留。"同樣的語句在其他文獻中也保留著：惠遠《周祖平齊召僧敘廢立抗拒事》（見《廣弘明集》卷十）："愚人向信，傾竭珍財，徒爲引費，故須除蕩。"（52/153b）《集古今佛道論衡》卷乙《周武平齊大集僧徒問以興廢慧遠法師抗詔事》："愚人向信，傾竭珍財，徒爲引費，故須除蕩。"（52/374a）

優及

《續高僧傳》卷十八《僧照傳》："照曰：'蒙天子優及，遠延仁壽。

但道在幽通，未假面奉。"按，在《大正藏》中檢到的例子還有：道宣《四分律刪繁補闕行事鈔》卷下一："初德物俱具，依法與之。若德具物不具，乃至俱缺，並隨事商度。若德缺物具，理非賞法，而事勞有功，亦須優及。"（40/116a）其他用例都是後世注疏作品。另外《續高僧傳》還有"優給"一詞，卷十八《僧照傳》："吾今居此安泰，寧有樂過斯者乎？彼城邑遺僧，波波順俗，用斯優給，一何傾附。"本卷金本缺，"優給"，麗本作此，資、磧、普、南、徑、清本作"優洽"。作"優給"是。《漢語大詞典》："優給：〈—jǐ〉：①從優給予；從優資助。②優裕之供給。"義項一例舉《舊唐書·憲宗紀下》，義項二例舉《太平廣記》。本書謂"優及"和"優給"應當是一個詞，祇是記音的字形不同而已。

誡期

《續高僧傳》卷十九《道林傳》："從生至終，儉約爲務。女人生染之本，偏所誡期，故林一生常不親面，不爲說法，不從取食。"按，在《大正藏》中祇有三個例子，另兩個例子是：《續高僧傳》卷二十三《智首傳》："每於晦望說戒，先具法物，花香交飾，鑾發堂中。預在聽徒，合掌跪坐，一衆兢竦。終於前事，說欲陳淨，偏所誡期。每講出罪，濯諸沈累，故持律之士多往參焉。"義淨譯《根本說一切有部毘奈耶出家事》卷一："後於異時，其央伽王，以國充人實，追計舊怨，即繕甲治兵，盛興軍旅，誡期誓衆，共來誅滅。"（23/1020b）"誡期"應當是同義複合而成，"誡"，告誡；"期"，希望。"誡期"爲初唐時期的新詞。

流味

《續高僧傳》卷十九《法藏傳》："忽遇甘杏七枚，即而啖之，流味濃美。"按，甘杏"流味濃美"，看來這個"流味"應該能夠成詞。中土文獻、《漢語大詞典》未見，此隋唐之際的新詞。在《大正藏》中例子不多，而這不多的例子中，大都集中在道宣的文獻中。如《續高僧傳》卷二十八《慧銓傳》："自釋化東傳，流味彌遠。"卷二十二"論"："有宋文世，彌沙塞部五分一本開譯楊都，覺壽所傳，生嚴其筆，文極鋪要，深可弘通，郢匠輟斤，流味無日。"卷十八《曇遷傳》："一句有餘，流味在口。"卷十三《道嶽傳》："余前學群部，悉是古德所傳，流味廣周，未盡於後。"隋彥琮《通極論》（見《廣弘明集》卷四）："至如餓鬼不睹川流，病人不覺美味，罪關於餓病，豈流味之無也？"（52/116b）根據以上的例子，可以歸納出兩個義項：①美味、香味，名詞；②留香，動詞。

無事人

《續高僧傳》卷十九《法藏傳》："帝聞，愀然改色，乃曰：'真人護法祐我群生，此則護鵝比丘。朕不殺無事人也，宜捨其刑，一不須問。'"按，"無事"與"省事"、"省緣"等詞的意義相近，"省事"、"省緣"參見筆者《初唐佛典詞彙研究》第四章第一節"初唐佛典詞彙的構詞理據與考源"①，"無事人"就是指佛徒。"無事人"這個詞在後世的禪宗語錄中多見，但道宣本處是個最早的源頭。《佛祖歷代通載》卷十六："溈山靈祐禪師示寂，師嘗示衆曰：'夫道人之心，質直無偽，無背無面，無詐妄心，行一切時，視聽尋常，更無委曲，亦不閉眼塞耳，但不附物即得。從上諸聖秖是說濁邊過患，若無如許多惡覺情見想習之事，譬如秋水澄渟，清淨無爲，澹濘無礙，喚作道人，亦名無事人。"（49/640a）《永源寂室和尚語》卷下"答鎌倉源左典廄"："三世諸佛秖是個無事人，諸化祖師亦秖是個無事人。"（續藏經81/125c）

神景

《續高僧傳》卷十九《慧超傳》："時年七十餘，坐若神景，色貌逾潔。"按，"神景"即神像。《法苑珠林》卷六十二"宋陳安居廢祀神事佛有徵"："宋陳安居者，襄陽縣人也。伯父少事巫俗，鼓舞祭祀。神景廟宇，充滿其宅。"《法苑珠林》卷三十六"梁沙門釋慧釗"感應緣："於是競以香華貢奉，每有靈驗。南人李叔獻結願乞本州，後果爲交州刺史。乃造沈香神景。世人以神重名華，因號爲華娘神。"與"神景"相近的有"景像"一詞，義同。《續高僧傳》卷十《法彥傳》："又勅送於沂州善應寺，掘基深丈乃得金沙，濤汰成純，凡二升許，光耀奪目。又感黃牛自至塔前，屈膝前足，兩拜而止，迴身，又禮文帝，比景象一拜。"《集神州三寶感通錄》卷上："光瑞出沒，開信於一時；景像垂容，陳迹於萬代。"（52/404a）

正業

《續高僧傳》卷二十五《明贍傳》："正業之暇了無他涉，內通大小，外綜丘墳，子史書素，情所欣狎。"《漢語大詞典》："正業：①古指大學

---

① 《初唐佛典詞彙研究》，第238—256頁。

中規定的課業。②正當的職業。"義項一例舉《禮記·學記》，義項二例舉《二十年目睹之怪現狀》。《佛光大辭典》："【正業】（一）……八正道之一。又作正行、諦行。即身口意三業清淨，遠離殺生、不與取、邪淫等一切邪妄。（二）又作正行、正定業。謂決定之行業。唐代善導大師在所撰觀經散善義之中，謂一心專念彌陀名號而念念不捨之行，是爲正定業。日本淨土真宗依之而主張他力念佛爲決定往生之業，稱爲正業。"《佛學常見辭彙》："【正業】正當的行業，以正當的行業來維持生命，不做不道德的事業，是八正道之一。"① 按，在《續高僧傳》"正業"中，一般是在"八正道"的這個意義上來使用的，大多似乎乃專心修行義，這些例子的"正業"大概能和"副業、輔業"成相反相對的情勢，或者理解爲"主業"。如：《續高僧傳》卷二十九《寶相傳》："又志存正業，翹注晨霄，蚤虱流身，不暇觀采。"卷二十二《智保傳》："進受具後，正業禁司，擁節專制，挺超群侶。"卷十六《法懍傳》："禪念爲本，依閑誦經……後棲默山，以禪靜爲正業。"卷十七《曇崇傳》："天子昔所承名，今親正業。"卷十四《三慧傳》："崇履涅槃，以爲正業。"卷十五《靈睿傳》："常業大乘，後隨入京，流聽諸法，常講大乘，以爲正業。"②

自業

《續高僧傳》卷二十《道綽傳》："又年常自業，穿諸木欒子以爲數法，遺諸四衆，教其稱念。"按，這裏的"自業"即自己親自做，不是他人代做。與佛教通常說的"自業自得"的"自業"不同。

附口

《續高僧傳》卷二十一《惠寬傳》："（寬）年五六歲與姊信相於靜處坐禪，二親怪問，答曰：'佛來爲說般若聖智界入等法門，共姊評論法相。'父是異道，不解其言。附口錄得，二百餘紙。有龍懷寺會師，聞有

---

① 陳義孝編：《佛學常見辭彙》，台灣文津出版社 1988 年版。
② 揭示這樣詞彙的意義對於漢語史研究是有意義的，蔣冀騁先生在談到此類研究時說："我們想編一部佛經詞典。是佛經詞典，不是佛學詞典。它側重於語言，就是著眼於漢語史，考察詞義的歷史發展。我們可以有把握地說，佛經中許多詞語未爲中土文獻所收錄，只存在於或大量存在於漢譯佛典中。撰一部完整的漢語史，缺了這一塊就有了缺憾了。至於那些名詞術語，也要涉及。祇不過不像佛學詞典那樣，從佛學的角度說得那樣詳盡，那樣無懈可擊。我們的想法是簡明扼要，便利初學。"（蔣冀騁《新編佛經詞典初論》，《語言研究》2003 年第 1 期）

奇相，至其所，父以示之。會曰：'併合佛經，無所參錯。'"按，"附口"，《大詞典》未見。"附"本有隨義，故"附口"即同"隨口"。言極爲熟悉、如數家珍也。再看其他的例子：《宋高僧傳》卷五《道氤傳》："幸附口錄向所導文一本，置於篋笥。"中土文獻亦見用例：《舊五代史·鄭琮傳》："鄭琮，太原人也。始事唐武皇爲五院軍小校，屢有軍功。莊宗在河上，爲馬步都虞候。戎伍之事，一睹不忘，凡所詰問，應答如流，故所在知名。唐同光末，從明宗伐魏州，時軍情有變，明宗退守魏縣，未知趨向。安重誨將征兵于四方，琮在帳前，歷數諸道屯軍及主將姓名，附口傳檄，相次而至。"

稽留

（1）《續高僧傳》卷二十一《法融傳》："初融住幽栖寺，去佛窟十五里。將事尋討，值執藏顯法師者稽留，日夕諮請，經久許之。"（2）卷十八《曇遷傳》："護國之神不許他境，事同迦延之出罽賓爲羅刹之稽留也。"（3）卷十三《慧暠傳》："自暠一位僧伍，精勵在先，日止一餐。七十餘載，隨得便噉，無待營求，不限朝中，趣得便止。所以蜀部豐都，芬羞兼列，每旦填供，常充寺門，暠並命入僧，自無一受。旦講若下，食惟一椀，自餘餅菜，還送入僧。有學士導勤，見其羸弱，恐法事稽留，爲告外衆，令辦厚供。"按，《漢語大詞典》："稽留：①遲延；停留。"例舉《墨子·號令》。例（1）、（2）指"挽留"，這個挽留常常帶有脅迫性，非被留者心甘情願。例（3）則是停留、滯留。

披括

《續高僧傳》卷二十三《智首傳》："首乃銜慨披栝，往往發蒙，商略古今，具陳人世。"按，"栝"，磧、南、清本作"括"。本書謂作"括"是。"披括"乃甄別、鑒定、權衡義。《南史·劉之遴傳》："昔在弱年，久經研味，一從遺置，迄將五紀。兼晚秋晷促，機事罕暇，夜分求衣，未遑披括。須待夏景，試欲推尋，若溫故可求，別酬所問也。"在《大正藏》中例子很少，而且大都是道宣的。《四分律刪繁補闕行事鈔》卷中："及論此戒，各並三卷五卷述之，必善加披括，方能免患。"（40/55a）《四分律刪繁補闕行事鈔·序》："曇瑗、僧祐、靈裕諸師已下及江表、關內、河南、蜀部諸餘流傳者，並具披括，一如義鈔。"（40/3c）

好人

《續高僧傳》卷二十四《智炫傳》："顧謂炫師曰：'能解此三難，真是好人。'"卷二十六《慧簡傳》："寐夢向人曰：'僕以漢末居此數百年，爲性剛直，多所不堪，君誠淨行好人，特相容耳。'"按，"好人"，即好手。①

烈亮

《續高僧傳》卷二十五《普應傳》："初總持寺有僧普應者，亦烈亮之士也。通涅槃攝論，有涯略之致。以傅奕上事群僧蒙然無敢諫者，應乃入秘書太史局公集。……斯亦彭享強捍，僧傑不可抑也。"卷六《曇准傳》："此北道人，非直美容止，善言笑，烈亮恢廓，雅有器度，至於言論，深有情致。"卷二十七《法沖傳》："貞觀初年，下勑有私度者處以極刑。沖誓亡身，便即剃落。時嶧陽山多有逃僧避難，資給告窮，便造詣州宰曰：'如有死事，沖身當之，但施道糧，終獲福祐。'守宰等嘉其烈亮，昌綱周濟。"按，"烈亮"一詞，《漢語大詞典》不見，《大正藏》共四例，其中《神僧傳》的例子還是引用《續高僧傳》中的，也就是說，《大正藏》中祇是道宣特別愛好使用這個詞。在中土文獻《梁書》中也檢到了一個例子：《梁書·張稷傳》："稷性烈亮，善與人交。歷官無蓄聚，俸祿皆頒之親故，家無餘財。初去吳興郡，以仆射徵，道由吳，鄉候稷者滿水陸。稷單裝徑還京師，人莫之識，其率素如此。"需要說明的是，《梁書》乃唐姚思廉所撰，據方一新師說，這些記述性的文字應當看作作者時代的語言②，所以，應當認定"烈亮"乃初唐時期的產生的詞彙。同樣是形容普應的品格，彥琮在《唐護法沙門法琳別傳》卷上是這樣說的："總持道場釋普應者，戒行精苦，博物不群。屬弈狂言，因製《破邪論》二卷。"味以上諸例，"烈亮"應當是高風亮節、傲岸、剛烈、耿直等義。

敘接（言晤）

（1）《續高僧傳》卷二十六《勒那漫提傳》："又勑令修理永寧寺，見提有異術。常送餉祇承冀有聞見，而提視之平平，初無敘接，文心恨

---

① 王雲路、方一新師《中古漢語語詞例釋》第 212 頁："佳手、手、上手：手藝高的人。猶言好手，高手。"與此可相比勘。

② 方一新：《東漢魏晉南北朝史書詞語箋釋》，黃山書社 1997 年版，第 9 頁。

之。"（2）卷二十五《普應傳》："禿丁妖語，不勞敘接。"（3）卷二十《靜琳傳》："所以京室僧寺五十有餘，至於敘接賓禮，僧儀邕穆者，莫高於弘法矣。"（4）《集神州三寶感通錄》卷下："遂見棟宇宏壯，圖塔瓌奇，神僧敘接，宛同素識。"（52/423b）按，"敘接"，交談、言晤。中古新詞。《漢語大詞典》未見。值得注意的是"言晤"這個詞似乎也應當和佛有關係。在《漢語大詞典》："言晤：晤面交談。《宋書·張敷傳》：'時義恭就太祖求一學義沙門，此沙門求見發遣，會敷赴假還江陵……上謂曰："撫軍須一意懷道人，卿可以後艞載之，道中可得言晤。"'"其實這個"言晤"也許沒有了"晤面"的意思，祇可解釋成"交談"即可。二人一起上路，路上自然已經"晤面"，所以"言晤"祇是交談、敘話的意思。另外，在大量的中古中土文獻中祇檢到了這麼一個用例，所以《漢語大詞典》也就祇給出了這麼一個書證。我們看佛典中的例子：（5）費長房《歷代三寶紀》卷七："上直爾對之，便已卓然，出於物表，況其聰辯言晤者乎。"（49/69a）（6）《續高僧傳》卷五《僧旻傳》："凡所施爲，不爲名利，勤注教勖，形於言晤。"（7）卷十五《義褒傳》："于時英彥皆預席端，歎其悚拔之神奇，伏其辯給之銛利。宰輔冠蓋，傾仰德音，留連言晤，寫送無絕。"（8）卷十四《智正傳》："靜恭無事不涉人世，有請便講，詳論正理，無請便止，安心止觀。世情言晤，不附其口，貞梗自課，六時無憩。"（9）卷十三《僧鳳傳》："年及從心，更新誠致，縶維塵境，放曠山林，言晤相諠，終事畢矣。"（10）卷十八《洪林傳》："少履釋門，稟受清化，率志都雅，言晤精穆。"（11）卷二十三《慧滿傳》："言晤答對，初無昏昧。"例（5）、（8）、（9）、（11）都是明白地形容言辭、答對的，沒有晤面的意思；例（6）、（7）、（10）也應如是解。

本生

《續高僧傳》卷二十七《法通傳》："後歲餘，歸本生覲母。"卷二十八《法朗傳》："仁壽二年，勅召送舍利於陝州大興國寺，寺即皇考武元本生處也。故置寺建塔，仰謝昔緣。"例一的"本生"即本生地也，故鄉、故里。"歸本生覲母"也就是常見的"報生恩"。再看一個例子：《宋高僧傳》卷八《慧朗傳》："……乃問朗曰：'子將何之？'答曰：'欲往天台，求佛大法。'因同行十數里，憩林樹下，而指訓之曰：'法常寂然，彼亦如也。何必適遠，當化有緣，宜歸本生，度無量衆。'言畢，求之無方，豁然本心悟佛知見，林棲谷飲，凡經數載，乃卻歸故邑慧安寺。"前言令其"歸本生"，後文言"卻歸故邑"，可見這個"本生"就是故鄉。例二的"元本生處"可以作爲前文的"本生"的一個注腳。

山世

《續高僧傳》卷二十八《靈達傳》："達後連尋定業，追訪山也，不顧名實，頭陀林塚，雖逢神鬼都不怖憚。"卷二十六《僧順傳》："唐運初興，巡棲山也，年既遲暮，欲事終心。"按，例一金本作"山也"，麗本作"山世"，資、磧、普、南、徑、清本作"山野"。例二金本也寫作"山也"，普、南、徑、清、麗本作"山世"。本書謂或作"山世"是。山，指的是釋門，世，指的是俗間。在《續高僧傳》中多見"山世"連言對舉者，皆此義：卷二十《志超傳》："以貞觀十五年三月十一日卒於城寺，春秋七十有一。山世同嗟，賓主齊慟。"卷二十五《慧侶傳》："末住栖霞，安志靈靜，往還自任，不拘山世。"卷七《慧勇傳》："于時攝山詮尚，直轡一乘，橫行山世，隨機引悟，有願遵焉。"卷十九《智藏傳》："後文帝勅左衛大將軍晉王廣就山引見，藏曰：'山世乃異，適道不殊。貧道居山日積，意未移想。陛下國主之體，不奪物情爲宗。'王具聞帝，帝歎訝久之。"卷十六《僧稠傳》："既道張山世，望重天心。"卷十七《智顗傳》："往還山世，不染俗塵。" 在道宣的其他文獻中也有用例：《四分律刪繁補闕行事鈔·序》："三以報有強弱，教亦重聽。就制則深防限分，約行則山世不同。"（40/2a）在後世的佛典中也能見到用例：《宋高僧傳》卷八《玄覺傳》："初覺與左溪朗公爲道契，朗貽書招覺山棲，覺由是念朗之滯見於山，拘情於講，回書激勸，其辭婉麗，其理明白。俾其山世一如，喧靜互用，趣入之意，暗詮於是，達者韙之。終，勅諡號無相，塔曰淨光焉。"

唐突

《續高僧傳》卷三十一《真觀傳》："遂往興皇聽摩訶衍，質疑明難，唐突玄門。朗公精通綽然，復加脂粉：'吾出講八年，無一問至此。能使妙義開神，真吾師矣。'"按，這個"唐突"似乎是說其在"玄門"如何得意、肆意的意思，也許和"游泳"等義是一致的，而且是褒義。"唐突"或許應當解釋成"奔突"、"衝突"等。《漢語大詞典》："唐突：

①橫衝直撞；亂闖。《詩·小雅·漸漸之石》'有豕白蹢，烝涉波矣'漢鄭玄箋：'豕之性能水，又唐突難禁制。'②冒犯；褻瀆。《後漢書·孔融傳》：'融爲九列，不尊朝儀，禿巾微行，唐突宮掖。'唐高適《同觀陳十六史興碑》詩：'西晉何披猖，五胡相唐突。'清孔尚任《桃花扇·哄丁》：'你是軟鬍子，如何也來與祭；唐突先師，玷辱斯文。'"釋義與此不合。在同時代還有相近的用例：陸龜蒙《奉酬襲美先輩吳中苦雨一百韻》："況余居低下，本是蛙蚓窟。邇來增號呼，得以恣唐突。先誇屋舍好，又恃頭角凸。厚地雖直方，身能遍穿穴。"段成式《哭李群玉》："酒裏詩中三十年，縱橫唐突世喧喧。明時不作禰衡死，傲盡公卿歸九泉。"李商隱《驕兒詩》："截得青篔簹，騎走恣唐突。"劉禹錫《磨鏡篇》："流塵翳明鏡，歲久看如漆。門前負局人，爲我一磨拂。萍開綠池滿，暈盡金波溢。白日照空心，圓光走幽室。山神妖氣沮，野魅真形出。卻思未磨時，瓦礫來唐突。"

狼狽

《續高僧傳》卷五《僧旻傳》："時竟陵王世子蕭照冑出守會稽，要旻共往，征虜別之。旻曰：'吾止講席，相識未嘗修詣。'承其得郡，便狼狽遠別，意所不欲。衆因是亦止。"按，"狼狽"，急速也。《一切經音義》卷八十九："狼狽：《考聲》：猝遽也。"卷八十五："狼狽：《考聲》云：失次序也，遽猝也。"邵則遂使用了《宋書》《南史》《世說新語》中的例子也證明了中古"狼狽"有"急速"義。①江藍生考釋了王梵志詩"巡來莫多飲，性少須自監，勿使聞狼狽，教他諸客嫌"中的"聞狼狽"的"聞"②，也許在江先生等的考釋中，更應當注意這個"狼狽"是不是通常所說的那個意思。江先生在文中說："前兩句說：酒席宴上依次酌酒時不要多喝，酒量不大應該自我約束。"江先生將"聞"解釋成"見"，是。本書要說的是，這裏的"狼狽"可以理解爲匆忙、慌忙、忙亂，言其吃相惡劣不雅，不一定如張錫厚、郭在貽先生那樣解釋成窘境義的"狼狽相"。佛典中多見這樣的用例，佛經中研究受齋時要"徐徐

---

① 邵則遂：《"狼狽"有"急速"義》，《中國語文》1989年第2期。
② 江藍生：《演繹法與近代漢語詞語考釋》，《近代漢語探源》，商務印書館2000年版，第299—308頁。

食",所以狼吞虎咽等是佛所不許的。如:東晉佛陀跋陀羅、法顯譯《摩訶僧祇律》卷三十四"明威儀法之一(上坐法)":"爾時祇洹精舍檀越設供,飯比丘僧。第一上座不來,羹飯已冷。檀越言:'比丘僧集未?'答言:'未集。''誰不來?'答言:'第一上座不來。'檀越嫌言:'我舍家業,來欲飯僧,而比丘不集。'上座時至方來,亦不歎食咒願,狼狽食已便去。年少問言:'上座來未?'答言:'已來,食竟便去。'年少嫌言:'上座來亦不令人知,去亦不令人知。'……上座法:當徐徐食,不得速食竟住看,令年少狼狽食不飽,應相望看,不得食竟便在前出去,應待行淨水,隨順咒願已,然後乃出。"(22/500b)宋佛陀什、竺道生等譯《五分律》卷九:"爾時阿難常受王供養,晨朝著衣持鉢入於後宮。時王與末利夫人同寢未起,夫人見阿難來,即便狼狽被衣下床,所被之衣極細而滑,不覺墮落,慚羞蹲地。"(22/63a)

輴駕

《續高僧傳》卷十四《道宗傳》:"貞觀十二年,遘疾卒於所住,春秋八十有五。門徒弟子五百餘人,奉佩法訓,無因景仰,乃竭情厚葬。故輴駕連陰,幢蓋相接,數里之間,皁白斯滿,墳於城東,立碑表德。"按,東大寺沙門凝然述《梵網戒本疏日珠鈔》卷三十八:"經:盛死之具者。處行云:盛死之具者,輀輬櫬輴歛服等具也,或可棺言攝櫬也。"(續藏經62/192a)是則"輴駕"乃送葬的葬具。

以上,我們考察的部分疑難詞,《續高僧傳》中還有一些字需要辨識,這些字所記錄的語詞也許並不繁難,但是它們自身多俗體、多變異,加之流傳過程中還可能時有漫漶,字體不完整,等等,也給我們閱讀帶來不便,故結合異文考訂若干,權且羅列與此。

㩱

《續高僧傳》卷二十九《普安傳》:"豬既得脫,繞安三匝,以鼻㩱觸,若有愛敬。"按,"㩱",麗本作此,資本作"㩱",磧、普、南、徑、清本作"㖃"。《法苑珠林》卷二十八"感應緣"徵引了本傳,麗本文字作"㩱",磧、普、南、徑、宮本作"㖃"。《一切經音義》卷九十四音《續高僧傳》卷二十七:"㩱觸:上悔迴反。《埤蒼》云:㩱,豕㩱地也。《古今正字》義同,從豕,虫聲。"《廣韻·灰韻》:"㩱,豕掘地也。"《集韻·灰韻》:"㩱,豕發土也。或作狉。"《根本說一切有部毗奈耶》卷三十一遂以繩縛猪安在船上，猪相㹸觸，搖動舩艜，其猪及船一時傾沒，救濟無處，猪並命終。按，這個"㹸"金本作此，他本作"蟸"。二者一也。《一切經音義》卷六十一音《根本說一切有部毘奈耶律》第三十一卷："蟸觸：上呼回反，《集訓》云：豕蟸地也。《文字典說》：豕掘地也。從豕，從虫。虫音毀。"依台灣《異體字字典》，蟸另有兩個異體字：豗、豗。此外，在《一切經音義》中還有關於此的解說：卷五十五，"蟸地：上音灰，《埤蒼》云：蟸，豕以鼻掣地取蟲謂之蟸也古今。《正字》從虫豕聲，掣音，肯㒹反。"卷七十八："蟸觸：上賄限反，讀與灰同。《埤蒼》：豕掘地也。《字書》云：豕蟸地也。《古今正字》：從虫豕聲。經文從鼻作鼾，古字未詳。"《龍龕手鏡·鼻部》載，鼾或作鼾，火廻反，豬食也。䶹：俗，火廻反。① 蟸與以上三字音同，"蟸"乃形聲字。《續高僧傳》資本字體可能是麗本之訛，磧、普、南、徑、清的"㖊"爲後人據意結合字形改定。

吏

《續高僧傳》卷二《那連提黎耶舍傳》："耶舍每於宣譯之暇，時陳神呪，冥救顯助，立功多矣。未幾授昭玄都，俄轉爲統。所獲供祿，不專自資，好起慈惠，樂興福業，設供飯僧，施諸貧乏，獄囚繫畜，咸將濟之。市廛吏所，多造義井，親自漉水，津給衆生。"按，"吏"，金本作此，資、磧、普、南、徑、清本作"內"，麗本作"閙"。本例金本"吏"字形明白無誤地顯示就是"官吏"的"吏"，但是就佛典習慣而言，一般與"市廛"連言的，多爲"閙所"，作"吏所"，不辭。其實這個字應當與"閙"的俗字"吏"是近似的，祇不過文字的下半部分寫法略有不同。《四聲篇海·人部》："吏，與閙同。"這個字形已經與"吏"比較接近，又有作"吏"者，見《字彙·人部》："吏，奴教切，音閙，義同。"或寫作"吏"《正字通·人部》："吏，同閙。"敦煌材料中有作"丙"（P.2965），② 該字形也正是資、磧、普、南、徑、清本作"內"的源頭，蓋"丙""內"形近易訛。本例"閙"的金本俗字"吏"可爲異體字增添新形式。

---

① 《龍龕手鏡》，第363頁。
② 黃徵：《敦煌俗字典》，上海教育出版社2005年版，第287頁。

夏

《續高僧傳》卷十五"論"："故使說法天禽被于念處，盤特庸叓具列賢愚。辯俊異之前生，顯頑嚚之後報。泠然釋相，可不誡歟？"按，"庸叓"，麗本作此，資、磧、普、南、徑、清本作"庸叟"。此或當從資、磧、普、南、徑、清本作"庸叟"爲是。"叓"，看似"叓"，但"叓"沒有此類用法。"叓"實乃"叟"，道宣《釋迦氏譜》卷一："又李叟西奔崑崙，抑亦朝宗有據。"金本作"叟"，資、磧、普、南、徑作"叟"。考"叟"的俗字有作"叟"者（《佛教難字字典·又部》①），"叟"應當是"叟"稍加變異，而"叓"又是"叟"的變異。

墥

《續高僧傳》卷十六《佛陀禪師傳》："時又入洛，將度有緣。沙門慧光，年立十二。在天門街井欄上，反踢蹀墥，一連五百，眾人諠競，異而觀之。佛陀因見惟曰：'此小兒世戲有工，道業亦應無昧。'意欲引度。權以杖打頭，聲響清徹，既善聲論，知堪法器。乃問："能出家不？"光曰："固其本懷耳。"遂度之。解冠終古。具如別傳。"按，"墥"，麗、磧、普、南、徑、清本作"鏑"。《一切經音義》卷九十三音《續高僧傳》卷十六："踢蹀碥：上談合反。次恬叶反，傳文作蹲，誤也。下惰和反，《字書》正從石作碨。傳文從金作鏑，俗字者也。"卷四十二："金碨：墮和反。《考聲》云：碨，圜兒。也作碨。"卷九十："擲碨：徒禾反。圓薄而小，形似輾碨，手擲以爲戲，亦曰拋碨，云擲樗者是也。乃江鄉吳越之文言，非經史之通語也。此字本無，諸儒各隨意作之，故無定體，今並書出，未知孰真。《集訓》從土作墥，《考聲》從石作碨，《韻詮》從木作㮠。《文字集略》及《韻英》從石作碨，今且爲正。"慧琳的意思最後一個字字無定體，或從金，或從石，或從木，大概是形聲字，隨著這個事物的材質的不同而選用了不同的意符，且就現在流傳下來的文獻看，似乎可以遵從慧琳的看法，雖然"未知孰真"，但還應當是"碨"。如此，金本的"墥"應當是"《集訓》從土作墥"的"墥"丟失了中間的"阝"所致。作爲現在的整理本，我們或許應當采信慧琳的說法，作"碨"，同時出注：踢蹀碨：類似樗蒲，古代一種遊戲。

---

① 竹林居士：《佛教難字字典》，常春樹書坊1988年版，第39頁。

第四章 《續高僧傳》疑難字詞考釋 / 203

壑

《續高僧傳》卷十六《僧可傳》："可命筆述意曰：說此真法皆如實，與真理幽竟不殊。本迷摩尼謂瓦礫，豁然自覺是真珠。無明智慧等無異，當知萬法即皆如。愍此二見之徒輩，申詞措筆作斯書。觀身與佛不差別，何須更覓彼無餘。"按，"壑"，金本作此，資、磧、普、南、徑、清本作"豁"。當從資、磧、普、南、徑、清本作"豁"。"豁然"，習見，"壑然"，未有用於人開悟者。"壑"俗字形體繁複，有𡷗、𡹬、𡺲等，其中部分字形與"豁"的俗字𧯦、𧯥、𧯧、𧯨相近或者相同，故此容易發生錯訛。

頊

《續高僧傳》卷二十"論"："神用沒於詞令，定相腐於脣吻，排小捨大獨建一家，攝濟住持居然乖僻。智論所敘，前傳具彰，頊世已來，宗斯者衆。"按，"頊世"，金本作此，資、磧、普、南、徑、清本作"頃世"。應當作"頃世"。"頊"，極難辨認，《中華大藏經》出校注以爲是"禎"，左衣右頁，未必識度準確。這個"頊"，似"頓"，但若與"世"組合成"頓世"，則又不辭也，該字似應爲"顑"的草寫，據台灣異體字字典"顑"爲"頃"之"田百畝"一義之異體。不管是在什麽意思上的異體，字形接近就有可能在書寫的過程中發生訛誤，從而產生此類異文現象。如是，此字或應是"頃"。我們在道宣其他文獻中也發現了類似的現象。道宣《廣弘明集》卷三所載梁阮孝緒《七錄序》："竊以**頊**世文詞，總謂之集，變翰爲集，於名尤顯。故序文集，錄爲內篇第四。"（52/108b）金本作"**頊**"，資、磧、普、南、徑、清本作"頃"，麗本作"傾"。金本的"**頊**"，極類"頊"，玩索上例文義，此應當是"頃世"，"頃世"，近世、近代也。"**頊**"的寫法聲符變異。

扷

《續高僧傳》卷二十九《僧崖傳》："而燒臂掌骨五枚如殘燭燼，忽然各生並長三寸，白如珂雪。僧尼斂曰：'若菩薩滅後，願奉舍利起塔供養。'崖乃以口嚙新生五骨，扷而折之，吐施大衆，曰："可爲塔也。"'按，"扷"，麗本作此，資、磧、普、南、徑、清本作"拔"。首先，我們從可以比勘的文例來看，《法苑珠林》卷九十六"感應緣"徵引本傳作"拔而折之"，也就是說，從語義角度，"扷"應該是拔出的拔。《一切經音義》卷四十七："扙箭：上辨八反，論作拔，誤也。"我們查考了徐時儀校訂的本子，文字即此。但我們認爲先流傳的本子關於本條的說法可能未必是慧琳的原文了。因爲這個辨八反的"扙"必然應當作"拔"。《一切經音義》卷二十四："拔濟：上辨八反。《顧野王》云：拔，引而出之也。《考聲》云：抽也，救也。《說文》：擢也，從手，犮聲。犮音盤鉢反。犮字從犬而丿。經文從犮作挷者，非也。"但是，值得注意的是，在《一切經音義》卷二十四："拔鏃：上辨八反。考聲云：拔抽也。顧野王謂引而出之也。說文從手犮聲。犮音蒲未反。俗皆從犮作挷，非也。"也就是說，卷四十七的"作拔誤也"與卷二十四的"作拔者非也"一樣，應當都是和卷二十四"拔鏃"一條說的，其實是作"從犮作挷，非也"。即：正體應當是"拔"，而俗字一般寫作"挷"，所以慧琳纔會有如此的註釋文字。還是回到本例，"扙"應當是"拔"俗字的變異，"拔"的俗寫體有很多，諸如挷、抆、抜、挷、抚、扶等，這些字體，不管是右邊上面的"丿"的變成"丶"還是丟失，都既有可能變成"扙"字形。這是從文字演變的可能性來探討。總之，不管是語義上，文例上，還是字形演變的可能性上來看，這個"扙"應當是"拔"，無疑也。

乖

《續高僧傳》卷二十《曇韻傳》："唐運伊始，兵接定陽，屢逢屯喪，本業無毀。以夜係晝，攝心乖逸。幽棲積久，衣服故弊，蚤虱聚結，曾不棄捐，任其唼噉，寄以調伏。"按，"乖逸"，金本作此，資、磧、普、南、徑、清本作"無逸"，宮本作"永"。"乖"，就字形來看應當是"乖"，但"乖逸"不辭，作"無逸"合於文理。"無逸"，不耽樂，不中止放棄。在《續高僧傳》中還有用例，如卷七《寶瓊傳》："月落參橫，清誦無逸。"卷三十"論"："謂衆將散，恐涉亂緣，故以唄約令無逸也。"《四分律刪繁補闕行事鈔·序》："縱成持也，持之寔難，如淫則三時無樂，毀訾則始終慈救，既是根本貪瞋，何能禁心無逸。"（40/2a）

絹衺

《續高僧傳·序》："昔梁沙門金陵釋寶唱撰《名僧傳》，會稽釋惠皎撰《高僧傳》，創發異部，品藻恒流，詳覈可觀，華質有據，而絹衺吳越，敘略魏燕，良以博觀未周，故得隨聞成采；加以有梁之盛，明德云繁，薄傳五三，數非通敏，斯則同世相侮，事積由來；中原隱括，未傳簡錄。時無雅贍，誰爲譜之？致使歷代高風颯焉終古。"按，"緝哀"，麗本作此，資、磧本作"揖哀"，普、南、徑、清本作"緝袤"。就文意來看，道宣在這裏主要說梁惠皎《高僧傳》在收錄高僧方面，偏在江左吳越，而魏燕中原等地僧人收錄過少①，而道宣《唐高僧傳》則蒐羅較爲齊備，吳越魏燕中原高僧，一概加以收錄。"緝"有聚集義，"哀"亦有聚集義，顏延之《陽給事誄》(《文選》卷十六)："立乎將卒之間，以緝華裔之衆。"李善注："緝，會聚也。""緝""哀"連言，仍爲收集、蒐集義。同時，我們注意到在漢語史上還有哀集、哀彙、哀聚、哀積等詞，都有蒐集、會聚等義，如，"哀集"：《新唐書·文藝傳中·王維》："寶應中，代宗語縉曰：'朕嘗於諸王座聞維樂章，今傳幾何？'遣中人王承華往取，縉哀集數十百篇上之。""哀彙"：《新唐書·劉璿傳》："(璿)遷刑部侍郎，乃哀彙勅令可用者，由武德迄大中，凡二千八百六十五事，類而析之，參訂重輕，號《大中刑律統類》以聞。""哀聚"：宋沈括《夢溪筆談·書畫》："王羲之書，舊傳惟《樂毅論》乃羲之親書于石，其佗皆紙素所傳。唐太宗哀聚二王墨蹟，惟《樂毅論》石本在。其後隨太宗入昭陵。""哀積"：《新唐書·南蠻傳中·南詔下》："天子謂然，即詔師望爲節度使，治邛州……哀積無厭，私賄以百萬計。"故此，本書以爲本詞應當作"緝哀"爲是。下條亦可爲證。

絹

《續高僧傳》卷一《曇曜傳》："釋曇曜，未詳何許人也。少出家，攝行堅貞，風鑒閑約。以元魏和平年，住北臺昭玄統，綏絹僧衆，妙得其心。住恒安石窟通樂寺，即魏帝之所造也。"按，"綏絹"，麗本作此，普、南、徑、清本作"綏輯"。按，"綏絹"，《大正藏》隸定作"綏緝"。作"綏輯"、"綏緝"，並誤。本書以爲此字當是"綏緝"，"緝"有和、理等義，可與"綏"(安撫義)同義。同卷下文《法泰傳》中"綴緝經論，絓是前翻，不應缺少"，麗本即寫作"絹"，字形與本處相近。《續高僧傳》卷十五"論"："又置昭玄十統，肅清正法，使夫二百萬衆綏緝無塵法，上一人誠有功矣。"卷十九《法藏傳》："綏緝少達，無替所臨。"

---

① 當然，這主要還是《高僧傳》成書之時處於南北朝時期，天下分南北劃界而治，惠皎身居江南，其所收錄者，當然祇能是"偏在江左諸僧"。

卷二十二《慧光傳》："初在京洛任國僧都，後召入鄴，綏緝有功，轉爲國統。"並可爲證。

嶅

《續高僧傳》卷二《彦琮傳》："釋彦琮，俗緣李氏，趙郡柏人人也，世號衣冠，門稱甲族。少而聰敏，才藻清新，識洞幽微，情符水鏡，遇物斯覽，事罕再詳。初投信都僧邊法師，因試令誦《須大拏經》，減七千言，一日便了。更誦《大方等經》，數日亦度。邊異之也。至于十歲，方許出家，改名道江，以慧聲洋溢如江河之望也。聽《十地論》，榮譽流振，州邑所推。十二在巁嶅山誦《法華經》，不久尋究。"按，"巁嶅山"，金本作此，資、磧、普、南、徑、清本作"巁嵍山"。《龍龕手鏡·山部》："嵍，音毛。""嶅，或作嵍，今音務，丘山也。"① "嶅""嵍"形體構造不同，但都是形聲字，二者爲異體字。《漢語大詞典》："【巁嵍】即堯山。"但是《漢語大詞典》卻沒有關於"堯山"的解釋，可見《漢語大詞典》的詞彙系統還有待完善。

伓

《續高僧傳》卷二《彦琮傳》："斯乃立操虛宗，遊情靡測，講誦相沿，初未伓捨。"按，"伓捨"，金本作此，資、磧、普、南、徑、清本作"休舍"。"伓"當即"休"字，增符罷了；資、磧、普、南、徑、清本作"舍"也就是"捨"，古今字也。"休捨"乃休止義。

宜

《續高僧傳》卷二《彦琮傳》："雙林早潛，一味初損，千聖同志，九旬共集，雜碎之條，尋詭本誡，水鵠之頌，俄舛昔經。一聖纔亡，法門即減，千年已遠，人心轉偽，既乏瀉水之聞，寮宜懸河之說，欲求冥會，詎可得乎。"按，"寮宜"，金本作此，資、磧、普、南、徑、清本作"復寡"。《晉書·郭象傳》："聽象語，如懸河瀉水，注而不竭。""既乏瀉水之聞，寮宜懸河之說"，兩句前後對文，前句說"既乏"，後文接"復寡"，符合互文規律要求，另外，作"寮宜"，語義不詳。故此本書以爲應當從衆本作"復寡"。"復"是如何錯成了"寮"的，就字形、語音來說，都不太容易找到線索；但"寡"錯成了"宜"，很有可能是丟失了

---

① 《龍龕手鏡》，第76頁。

"寡"的最下面的字形"分",然後有因爲字形比較相近的有一個"宜"字,於是便寫成了"宜"。

陕

《續高僧傳》卷五《法寵傳》:"寺本陕小,帝爲宣武王修福,下勑王人繕改張飾,以待寵焉,因立名爲宣武寺也。"按,"陕小",麗本作此,資、磧、普、南、徑、清本作"陋小"。"陕小",《大正藏》本作"陜小","陜小",語義不明。本書以爲應當作"陋小"。"陕",就是"陋"。"陋小"即狹小,一些版本中的"陜小",可以看成"狹小"的俗體,在《隸辨·入聲·洽韻·陜字》引《徐氏紀產碑》就出現了"狹"寫作"陜"的情況。①

函

《續高僧傳》卷六《慧約傳》:"大同一年又勑,改所居竹山里爲智者里。縉雲舊壤,傳芳圖諜,山川靈異,擅奇函夏。福地仙鄉,此焉攸立。"按,"函",金本作此,資、宮本作"亟",《大正藏》本選擇作"函"字。金本的"函"就字形來說,如果轉化爲楷書印刷字體,似乎應當是資本等的"亟",然而若作"亟",語義費解。本句是說縉雲這個地方,山川靈異,專美。後文應當是一個地方。考古有"函夏"一詞,指中國、全國,與此密合。如:《漢書·揚雄傳上》:"以函夏之大漢兮,彼曾何足與比功?"顏師古注引服虔曰:"函夏,函諸夏也。"後以"函夏"指全國。北魏楊衒之《洛陽伽藍記·龍華寺》:"寒暑攸叶,日月載融,帝世光宅,函夏同風。"

綍

《續高僧傳》卷七《寶瓊傳》:"梁高祖三教妙旨,罔不疎通,選揚名德,分寄弘道。瓊之高義簡在帝心,爰降綸紱,入壽光殿。言重茂林,更輕雲閣。便辭還鄉,之建安寺。"按,"綸紱",麗本作此,磧、普、南、徑、清本作"綸綍"。本書謂此當從磧、普、南、徑、清本作"綸綍"爲是。"綸綍",指皇帝的詔令。《禮記·緇衣》:"王言如絲,其出如綸;王言如綸,其出如綍。"鄭玄注:"言,言出彌大也。"孔穎達疏:"'王言如綸,其出如綍'者,亦言漸大,出如綍也。綍又大於綸。"麗本

---

① 《隸辨》,第195頁。

的"紙"當即"紴"。紴、綍,同音,通假。

睱

《續高僧傳》卷七《寶瓊傳》:"宣揚之睱,綽有餘閑。兼採玄儒,每窮子史,彫虫稿隸,體物摛玄,並入性靈,悉能該洽。又可謂不撓大猷,無遺小道也。"按,"睱",金本作此,資、磧、普、南、徑、清本作"暇"。"睱",當"暇"的俗字。"睱"應當是"暇"的俗寫,"日"旁與"目"旁,僅多一筆。《金石文字辨異·暇字》引《北魏弔比干文》曾出現"睱",當即本字,稍稍變異而已。又"窮",金本作此,資、磧、普、南、徑、清本作"窺"。就文意而言,下文既然說"不撓大猷,無遺小道",本處或許作"窺"更宜。

䇂辛

《續高僧傳》卷十《靖嵩傳》:"隋煬昔鎮楊越,立四道場,教旨載馳,嵩終謝遣,及登紫極又有勅徵召,固䇂辛乃止。"按,"䇂辛",金本作此,資、磧、普、南、徑、清本作"辭"。就文意而言,本例應當是辭讓的"辭",無疑也。但金本"䇂辛"這個字形值得注意。我們在一些辭書上發現在考訂"辭"的俗字時,一般都是羅列辝、辤、辝、辞等,這些字形的特點就是其"辛"旁在右,而本例在左。這個"䇂辛"顯然就是"辝"的偏旁左右倒置了一下。《龍龕手鏡·辛部》收錄"辝"等,沒有收錄"䇂辛"。

沅、坑

《續高僧傳》卷十《靖玄傳》:"皇隋肇運,便業李張,名預黃巾,身同觀宇。呼吸沆瀣,吐納陰沉。每思五千道德良非造真,七誡超昇本為浮詭,乃捨其巾褐,服此伽梨。"按,"沆瀣",金本作此,資本作"沉瀣"。此當為"沆瀣",本指夜間的水氣或露水。道家鼓吹成仙不食五穀,吸風飲露,《楚辭·遠遊》:"餐六氣而飲沆瀣兮,漱正陽而含朝霞。"王逸注:"《陵陽子明經》言:春食朝霞……冬飲沆瀣。沆瀣者,北方夜半氣也。"《文選·嵇康〈琴賦〉》:"餐沆瀣兮帶朝霞。"張銑注:"沆瀣,清露也。"《龍龕手鏡·水部》:"沅,通;沆,正;沉,今。"① 現在一般大型字書"沆"也祇是收錄了沆、沅等字形,而沒有"沅"的寫法,

---

① 《龍龕手鏡》,第231頁。

"沇"可以看作複合了以上兩種字形而出現的新的俗字。《續高僧傳》卷十《靖嵩傳》："然其扣頭手膝按地之所悉成坈跡，狀若人模，其景行徵明爲若此也。""坈跡"，磧、普、南、徑、清本作"軌跡"。"坈"即坑，右側字符乃尣，就文意而言，應當是"坈跡"。敦煌材料P.3704有"坈"這個字形①，可見"兀"這個偏旁除了宂、冘、允等字形外，似乎還可以寫作"尣"，這也正可看作"沇"字體出現的依據。又，"沇""坈"兩個字形出現在同一卷中，或許是一個書手的書寫習慣。

引

《續高僧傳》卷十三《慧因傳》："又造長干辯法師，稟學三論。窮實相之微言，引滿字之幽旨，寫水一器，青更逾藍。"按，"引滿"，麗本等作此，南本作"泓滿"。此當從麗本等作"引滿"，"引滿"也就是"弘滿"。《法苑珠林》徵引了本傳的文字，如：《法苑珠林》卷八十五："唐西京大莊嚴寺釋慧因，俗姓于，吳郡海鹽人也。稟靈溫裕，清鑒倫通。後造長干辯法師所，稟學三論，窮實相之微言，弘滿字之幽旨，瀉水一器，青更逾藍。"資、磧、普、南、徑、清本字均作"弘滿"，可爲證。另外，"滿字"本爲漢地對梵語音節結構的認識，後也衍生出了比喻義，"滿字善義以譬常住"，如：《出三藏記集》卷一："又梵書製文有半字滿字。所以名半字者，義未具足，故字體半偏，猶漢文月字虧其傍也。所以名滿字者，理既究竟，故字體圓滿，猶漢文日字盈其形也。故半字惡義以譬煩惱，滿字善義以譬常住。又半字爲體，如漢文言字，滿字爲體，如漢文諸字。以者配言方成諸字，諸字兩合即滿之例也。言字單立即半之類也，半字雖單爲字根本，緣有半字得成滿字。"

杭

《續高僧傳》卷十四《智琰傳》："以英少之質參諸耆德，通情則高衝折機，縱難亦大車杭軸。"按，"杭軸"，金本作此，資、普本作"抒軸"，磧、南、徑、清本作"杼軸"，麗本作"梐軸"。本書謂，首先"抒軸"、"杼軸"不可從，本例是說"大車"，"抒軸"、"杼軸"是織機部件。作"梐軸"可從。"梐"，爲塞於車輪下的制動之木。《易·姤》："繫於金梐。"王弼注："梐者，制動之主。"孔穎達疏引馬融曰："梐者，

---

① 《敦煌俗字典》，第222頁。

在車之下，所以止輪，令不動者也。"現在我們要考證這個"杌"楷書到底應當是個什麼字。"柅"的異體字"柅"，"柅"又可寫作"棍"（台灣《異體字字典》），手寫求速度，極易省簡寫成"杌"，也就是說，這個"杌"應當就是"柅"的手寫形式。

欸

《續高僧傳》卷十四《道愻傳》："經夕忽有異花遶屍周匝，披地踊出，莖長一二尺許，上發鮮榮，似欸冬色，而形相全異。七衆驚奉，悲慶誼山。有折將入城示諸耆宿，乃內水瓶中者，至明年五月猶不菱悴。後拔之於地，方始枯矣。其冥祥所感希世如此。"按，"似欸"，金本作此，南、清本作"似疑"。《大正藏》楷書印刷體爲"欸"，而我們知道"欸"是"款"的異體字，"欸冬"就是"款冬"。晉葛洪《抱樸子·廣譬》："凝冰慘慄，而不能凋款冬之華。"晉郭璞《爾雅圖贊·款冬》："款冬之生，擢穎堅冰。"漢劉歆《西京雜記》卷五："葶藶死於盛夏，欸冬華於嚴寒。"款冬爲多年生草本植物，嚴冬開花，葉似葵而大，花黃色。"似欸冬色"，正是此意。《法苑珠林》卷二十四"感應緣"引用了本傳，其文字作："當夜降雪，周三四里。乃掃路通行，陳屍山嶺，經夕忽有異華，繞屍周匝，備地涌出。可五百枝，長二尺許，上發鮮榮，似欸冬華，而形相全異。大衆驚慟，悲慶誼山。乃折入城，示諸耆宿，乃內水瓶，至來年五月猶不菱瘁。自非宿祐所資，豈感冥祥嘉應也。""欸"，《法苑珠林》麗本作此，磧、普、南、徑、清本作"凝"。"似欸冬華，而形相全異"，既然是"形相全異"，怎麼可能又"似欸冬華"呢？《法苑珠林》的說法顯然不如《續高僧傳》的描述，以《續高僧傳》的意思，該花顏色與款冬基本無疑，乍看好像是，但"形相全異"，即又不是款冬。《法苑珠林》的改動顯然沒有《續高僧傳》原文更加傳神。爲什麼款冬在這裏很形成如此複雜的異文呢？本書以爲"款"使用了異體字"欸"是一個方面，另外一個重要的方面是前有"似"字，跟人們心理聯想提供了基礎，"疑似"常用，於是《續高僧傳》南、清本便想當然地把"似欸"寫成"似疑"；《法苑珠林》文字中有"冬華"的字樣，而這個冥祥又恰恰出現在冬天，冬天的花瓣上有凝霜凝雪，是很自然的事情，於是《法苑珠林》的磧、普、南、徑、清本徑直把"欸"寫成了"凝"。所有這些原因歸納起來，一是由於沒有準確識別"款冬"，二是未能正確理解本句

第四章 《續高僧傳》疑難字詞考釋 / 211

句子結構而擅自進行結構的重新分析。

憪

《續高僧傳》卷十四《慧稜傳》:"釋慧稜,姓申屠氏,西隆人。胎中父亡,惟母鞠育。三藏憪慧,思願聞法。"按,"憪慧",金本作此,資、磧、普、南、徑、清本作"儇慧"。當作"儇慧","儇",聰明智慧,《說文·人部》:"儇,慧也。""憪",也就是"憪",與文意不合,應當是偏旁訛誤。①

塡

《續高僧傳》卷十五《法常傳》:"十四年,有僧犯過,下勅普責京寺。大德綱維因集於玄武門,召常上殿,論及僧過,常曰:'僧等蒙荷恩惠得預法門,不能躬奉教網,致有上聞天聽,特由常等寡於訓誨,恥愧難陳。'遂引涅槃付屬之旨,上然之,因宥大理獄囚百有餘人。又延設供,食訖而退。及李道居先,不勝此位,率僧邀駕隨塡表上,既不蒙遂,因染餘疾,的無痛所,右脇而終于住寺。春秋七十有九。"按,"隨塡",資、普、徑、宮本諸本作"隨類"。塡乃頓的俗字。《碑別字新編·頓字》引《漢寶憲碑》。② 道宣的另一文獻《集古今佛道論衡》卷三"太宗勅道先佛後僧等上諫事"同樣記錄了該事件,其文作:"及尊黃老,令在僧前,實攜京邑大德法常、慧淨、法琳等十餘人,隨頓上表,以死上請。不許之。"(52/383a)"隨頓上表"與本處的"隨塡表上"相同,亦可證此當作"頓"而非"類"。"隨頓"的說法怎麼解釋呢?"頓",本有頓時、立刻義,"隨",有立即、馬上義,二者結合起來,也滿足了初唐佛典習慣四字一句的句式要求。

窀

《續高僧傳》卷二十三《慧旻傳》:"未終三日,異香滿寺,舉衆怪問,曰:'吾後日當去矣。生死人之常也,寄世本若行雲,慎無哭泣,各念無常,早求自度。窀事殯葬,律有恒儀,碑誌飾詞,一不須作。能依此

---

① 徐時儀先生《一切經音義三種校本合刊》卷九十三:"慧懁:圭玄反。《韻英》:急之也。"可能未必確當。首先,這個詞目可能有問題,其當爲"懁慧"而不是"慧懁",其次它的文字原始形態本應當是"儇慧"。

② 《碑別字新編》,第 273 頁。

訣，吾何言哉！'"按，"亗事"，金本作此，磧、南、清本作"畏事"。就文義看，顯然應當是"喪事"。台灣《異體字字典》收錄了"喪"的異體字"亗"，並言此字出現在《廣碑別字・十二畫・喪字》引《唐華州鄭縣主簿李景陽墓誌》中，"亗"與"亗"基本構成部分非常相近，"亗"祇是底部稍異，此當爲"喪"無疑也。

喙

《續高僧傳》卷二十八《智光傳》："其夜銅鍾洪洪自鳴，連霄至旦，驚駭人畜，及至食時其聲乃止。"按，"洪洪"，金本作此，普、南、徑、清本作"喙喙"。先看"喙喙"，這兩個字應當是一個字，第一個的寫法即喙，第二個字是第一個字的草筆字。喙，《四聲篇海・口部》："喙，胡計切，與嘰同。"《集韻・平聲・齊韻》："嘰嘰，聲也。"也就是說，"嘰嘰"是個象聲詞，"喙喙"與之同。問題是這個象聲詞像的是什麼聲音。"嘰"齊韻字，一般認爲齊韻字似乎不太能像大鐘的鳴聲，《字匯・口部》："嘰，古溪切，音雞嘰嘰聲也。""喙喙"，祇是像雞叫的象聲詞，顯然與本例不合。此應當從金本作"洪洪"，此時已經有了"聲若洪鐘"、"聲如洪鐘"，以"洪洪"來擬銅鐘的自鳴聲，這樣纔能"驚駭人畜"。

第二節　語詞理據考察

傳統訓詁學一直強調探源的工作，但探源不應當祇限於系聯同源詞，因爲在詞彙大發展過程中會不斷地派生出新的詞彙，雙音化之後的詞彙仍有溯源的工作要做，祇有把新詞的理據、源頭搞清楚，纔能理順詞義系統，也纔能最終保證釋義的準確性。當下中古漢語詞彙研究已經取得了長足進展，對口語詞、俗語詞以及疑難詞語的考釋也都取得了令人矚目的成就，隨著研究的深入，人們已經不再滿足僅僅解釋語詞在句中的用法，而是要不斷地探究詞彙的成因、音義結合的原由等，以求知其然知其所以然。以下是《續高僧傳》中的一些雙音詞，由於出現的文獻比較集中在佛典，特別是一些詞彙可能是偶發詞、隨機詞，所以對它們的考釋更應當依靠對其理據的考察。

得急

《續高僧傳》卷二十七《慧因傳》:"後有二人,寺北竊食辛肉,虎來擁遶,哮吼將噉,其人得急,逃竄無方。因聞往救,虎乃潛退。"按,急,宮本作"惣"。"得急",急也。"得急"在《續高僧傳》中還有其他用例:卷二十一《善伏傳》:"有義興令,素不信,嫌伏動衆,將加私度之罪。伏昆季貽之。其人忽即狗登繩床,衆蛇惱患,不久除名往常州。筮之,卦云:'由犯賢聖,罪不可救。'其人得急,就伏求免。"這個用法早在《百喻經》即已見到:《百喻經》卷四"老母捉熊喻":"昔有一老母在樹下臥,熊欲來搏。爾時老母繞樹走避,熊尋後逐,一手抱樹,欲捉老母。老母得急,即時合樹捺熊兩手,熊不得動。"(4/557a)在中土文獻中也能見到用例:《齊民要術》卷六"養牛馬驢騾第五十六":"唇不覆齒,少食。上唇欲得急,下唇欲得緩;上唇欲得方,下唇欲得厚而多理。""得急"和"得緩"的構造方式是一樣的,這個"得"都虛化了,其詞素義在這樣的組合中都不再顯現。

掃土

《續高僧傳》卷十四《慧頵傳》:"及天厭陳德,隋運克昌,金陵講席,掃土俱盡。"按,"掃土"應當和"掃地"是一樣的意思,構詞的方式也一樣。但是在一般的詞典中,如《唐五代語言詞典》卻衹有"掃地",其釋爲:"掃地:①全都,一切。副詞。"其實這也正是"掃土"本處的意思。這樣的語言現象即"語素替換"來進行解釋。① 這個詞中古即見,吳康居國沙門康僧會譯《六度集經》卷六:"諸穀苗稼,掃土皆盡。"(3/33b)

弥敬

《續高僧傳》卷一《曇曜傳》:"太平真君七年,司徒崔皓邪佞諛詞,令帝崇重道士寇謙之,拜爲天師,弥敬老氏,虔劉釋種,焚毀寺塔。"按,"弥敬",麗本作此,其他諸本作"珍敬"。"弥敬"應該就是"弥(彌)敬",衹不過俗寫成了簡體而已。關於"彌敬",我們的大型辭書《漢語大詞典》衹收錄了一個義項:用於送小兒滿月禮的敬詞。與本例顯然不合。再看《續高僧傳》中的一個例子:《續高僧傳》卷二十四《智

---

① 王紹峯:《初唐佛典詞彙研究》,第 257—277 頁。

舜傳》:"處山積歲,剪剃無人,便以火燒髮,弊服遺食,屢結寒炎,度景分功,無忘造次。性少貪惱,手不執財,每見貧餒,淚垂盈面,或解衣以給,或割口以施。由此內撤外化,所親之中,見其彌敬,十人出家,並依舜行。"麗本作"弥敬",資、磧、普、南、徑、清本作"弘敬"。先說"弥敬"與"珍敬"的異文。在漢語史上,有"珍敬"一詞,初唐佛典也多見,如:《大唐西域記》卷六"劫比羅伐窣堵國·太子坐樹陰處":"城東北四十餘里有窣堵波,是太子坐樹陰,觀耕田,於此習定而得離欲。淨飯王見太子坐樹陰入寂定,日光廻照,樹影不移,心知靈聖,更深珍敬。"卷八"摩揭陀國上·德慧伽藍及遺事":"初,此山中有外道摩沓婆者,祖僧佉之法而習道焉。學窮內外,言極空有,名高前列,德重當時。君王珍敬,謂之國寶,臣庶宗仰,咸曰家師。"卷八"摩揭陀國上·德慧伽藍及遺事":"初,摩沓婆論敗之後,十數淨行逃難隣國,告諸外道恥辱之事,招募英俊,來雪前恥。王既珍敬德慧,躬往請曰:'今諸外道不自量力,結黨連群,敢聲論鼓,唯願大師摧諸異道。'德慧曰:'宜集論者。'"季羨林先生等中華書局本將該字定作"珍敬"。同時,我們也看到了這樣一個很有意趣的例子,如《續高僧傳》卷八《智徽傳》:"釋智徽……受具已後,神思高正,戒行明潔,然平恕儉約,見者欽屬。歆慕弘道,歲常講《涅槃》《十地》《地持》《維摩》《勝鬘》,用為恒業,聲務廣被,遠近追風,提襆裹糧,尋造非一。隋煬御曆,珍敬彌隆,大業七年,下詔延請入於東都內道場,禮異恒倫,日增榮供。"本例特別有意思,"珍敬彌隆"這樣的說法值得注意,正是有表達"珍敬彌隆"這樣意思的可能,纔有了"珍敬"、"弥敬"異文的現象。但是,本書以爲,"珍敬"就是"珍敬","弥敬"乃"珍敬彌隆"的節縮,"弥敬"詞義大致相當於"珍敬彌隆"。一般辭書之所以沒有收錄"彌敬"的這個義項,大概是把"彌敬"看作一個結構而不是一個詞,"彌"有愈加、更加義,似乎意思也可通,特別是在有比較前提與基礎之上說到敬重、禮敬時,可能更應當這樣理解,如:《大唐西域記》卷一"屈支國·阿奢理貳伽藍及其傳說":"會場西北,渡河至阿奢理貳伽藍(唐言奇特)。庭宇顯敞,佛像工飾。僧徒肅穆,精勤匪怠,並是耆艾宿德,碩學高才,遠方俊彥,慕義至止。國王、大臣、士、庶、豪右四事供養,久而彌敬。"《大唐西域求法高僧傳》卷下"智弘律師":"隨聽隨譯實有功夫,善護浮囊無虧片檢，常坐不臥知足清廉，奉上謙下久而彌敬。"但上舉一些例子如《續高僧傳》卷二十四《智舜傳》例，已經能夠看出"彌敬"中"彌"的詞義已經脫落，已經可以看成一個比較成熟的語詞了。所以，我們認爲當"彌敬"中"彌"的詞義已經脫落時，便可以認定該詞成形。至於本例"弥敬"資、磧、普、南、徑、清本作"珍敬"，應當看作"弥敬"成熟過程中還沒有被衆人所接受，又因字形較近而改易所指；《續高僧傳》卷二十四《智舜傳》"彌敬"，資、磧、普、南、徑、清本作"弘敬"，完全是受字形簡化後相近而致誤。

埵

《續高僧傳》卷二《那連提黎耶舍傳》："然其面首形偉，特異常倫，頂起肉髻，聳若雲峯，目正處中，上下量等，耳高且長，輪埵成具。見人榮相，未比於斯，固是傳法之碩德也。"按，"埵"，金本作此，資、磧、普、南、徑、清本作"睡"。作"埵"可從，"埵"即"埵"，《說文解字·土部》："埵，堅土也。从土垂聲，讀若朵。"這個詞一直到中古都還比較活躍：北魏賈思勰《齊民要術·煮膠》："取净乾盆，置竈埵上。"埵，乃上面帶圓形的土堆。佛教在描述釋迦牟尼相好時，總是強調其耳垂的特別：後秦鳩摩羅什譯《摩訶般若波羅蜜經》卷二十四："云何爲八十隨形好？一者無見頂；二者鼻直高好孔不現；三者眉如初生月，紺琉璃色；四者耳輪埵成……"（8/395c）玄奘譯《大般若波羅蜜多經》卷三百八十一："云何如來、應、正等覺八十隨好？……世尊雙眉高顯光潤形如初月，是四十一；世尊耳厚廣大脩長輪埵成就，是四十二；世尊兩耳綺麗齊平離衆過失，是四十三。"（6/968b）大概這樣形製與佛祖的耳朵的特點外形有相近之處，故借原來表示土堆的"埵"表示耳垂了。作"睡"應當是"𦣞"的誤植，因爲借"埵"表示耳垂，而漢字有表意特點，於是後人更換了形符，造出了"𦣞"來記錄"耳垂"義，《龍龕手鏡·耳部》："𦣞，俗通，丁果反，耳𦣞也。"[①] 佛經中其他記錄佛相的異文都應如此處理：梁真諦譯《佛說無上依經》卷下："何者如來八十種好？一者無見頂，二者頂骨無頏，三者額廣平正，四者眉高而長，形如初月紺琉璃色，五者廣長眼，六者鼻高圓直孔不現，七者耳廣厚長輪埵

---

① 釋行均：《龍龕手鏡》，第 314 頁。

成就。"（16/474c）埵，宫本作"睡"。唐地婆訶羅譯《大乘百福相經》："三者眉如初月又紺青色，四者耳輪埵成，五者身堅如那羅延。"（16/329b）埵，資、宫本作睡。其字在佛典中還有瑅、垛、朵等字形，如：《一切經音義》卷九音《摩訶般若波羅蜜經》："輪埵：丁果反，小累也，今取其義。經文從耳從玉作睡瑅二形，非也。"《一切經音義》卷四音《大般若波羅蜜多經》第三百八十一卷："輪埵：下當果反，《通俗文》作垛，亦通也。"《一切經音義》卷八十六："垂埵：都果反，字書耳垂下貌，或作朵，並通，從土垂聲。"

另外，《漢語大字典》："耳聮，即耳朵。""聮"一字，造字原理與"睡"一也。《漢語大詞典》在收錄"耳朵"一詞時，使用了五代的例子，《漢語大詞典》："【耳朵】1. 聽覺和平衡器官。人和哺乳動物的耳朵分爲外耳、中耳、內耳三部分。也用以指聽覺。五代徐仲雅《閒居》殘句：'屋面盡生人耳朵，籬頭多是老翁鬚。'《前漢書平話》卷中：'太后令宫人揪住耳朵，將藥酒灌之，即死。'……"我們在晚唐時期的文獻還檢到了其他例子，如：《古尊宿語錄》卷十六《雲門匡真禪師廣錄》卷中："師云：蝦蟇入爾耳朵裏，毒蛇穿爾眼睛中，且向葛藤處會取。"《五燈會元》卷十七《南康軍兜率志恩禪師》："搊定釋迦鼻孔，揭卻觀音耳朵。"玩味此二句文義，"耳朵"應當指整個耳部，而並非先前的"埵"的意思了。

在我們看來，現代漢語中的"耳朵"一詞應當是中古時期"耳"與"埵"經常連言的結果，最終導致了二者凝固成詞，本來僅指耳垂的"埵"附於"耳"後，成就了雙音節詞，至於寫成"朵"或者其他字形，是音同互用，表現了文字的符號性，加之"朵"一字書寫便利，識度容易，後世便普遍採用了"耳朵"這樣的字形。大概到了元代，"耳朵"作爲口語詞已經流行開了，元曲中已有很多"耳朵"用例。至於清《佛說造像量度經序》中關於"耳朵，俗謂耳椿，遮攬洞門旁立，豎半指，橫一指，而中有凹，正對小眼角，上凸圓而上凸區，形如將開未開之華朵"（21/943a）的說法，祇能看作對佛像美好的讚頌，連俗語源都還可能算不上，不能理解成"耳朵"一詞的構詞理據是其形狀"如將開未開之華朵"。

最後，我們推測，之所以後出現可能出現"耳埵"這樣的連言，乃佛家強調佛祖相好的結果，是中原造像規製的要求推動了遍佈俗間的佛像其耳垂給人們帶來的深刻印象的結果，也就是說，在這個詞的形成過程中，佛教文化起到了至關重要的決定性的作用。

秋賊

《續高僧傳》卷四《玄奘傳》："又東南行二千餘里，經於四國。順殑伽河側，忽被秋賊須人祭天，同舟八十許人悉被執縛，唯選奘公堪充天食。"按，賊則賊矣，奈何稱"秋賊"？《大正藏》衹有《根本說一切有部毗奈耶》、《善見律毗婆沙》以及《續高僧傳》本處計30次出現了這個詞，這三篇文獻，兩個是律僧作品，一個是外國和尚的譯經，"秋"是從梵文中嚴格對應而硬譯過來的，又可作"迦提月賊"，如義淨譯《根本說一切有部毗奈耶》卷四十五："時憍薩羅國至八月半後多有賊盜，名爲秋賊。"（23/871c）蕭齊僧伽跋陀羅譯《善見律毗婆沙》卷十五："迦提月賊者，迦提月無雨，秋賊起。"（24/779a）丁福保《佛學大詞典》："【迦絺那月】（雜名）又作迦提月……如此舊譯家，涉於八月之前半，又新譯家，跨於八月與九月之兩月，故八月又翻九月。飾宗記六末曰：'迦栗底迦，舊名迦提者訛，八月也。'西域記二曰：'頞濕縛庾闍月，迦刺底迦月，末伽始羅月，當此從七月十六日至十月十五日。'一切經音義十一曰：'迦利邸迦，唐言昴星。每年九月十五日，月臨昴宿故。取此星爲九月名，古名迦提，訛略不正也。'"如此，這個"迦提月"大致在秋天應當是沒有問題的，"秋賊"所以得名，正因爲此。

羅捕

《續高僧傳》卷二十九《玄覽傳》："釋玄覽，姓李，隨州房子人，昆季五人，最處其末。伯父任蒲州萬泉令，久而無子，養之若親。年十三，心慕出家，深見俗過，遂逃迸山谷。北達汾州超禪師所，見其言情博遠，即依而出家。令既失之，遣人羅捕，雖復藏竄，不免捉獲。口云：'身屬伯耳，心屬諸佛，終無俗志，願深照也。'伯乃潸而放之。"按，"羅捕"，即捕也。《漢語大詞典》："羅捕：搜索捕捉。唐柳宗元《三戒·永某氏之鼠》：'假五六貓，闔門撤瓦灌穴，購僮羅捕之，殺鼠如丘。'""羅"本義爲捕鳥的網，後又引申爲動詞用法，張網捕鳥，進一步引申，則可能擺脫具體的工具特徵而泛化指稱所有的捕捉，本例的"羅捕"乃同義複合。但是，柳宗元的例子可能還沒有完全擺脫"網"的影子，因爲這裏的捕鼠，難說不是用類似的辦法，作爲詞典的書證，不如使用《續高僧傳》本例更典型一些。

收隱

《續高僧傳》卷二十一《僧倫傳》："又於武陽理律師所聽始半夏，見五色光如車輪，照倫心上，衆並同見。即於光中禮五十三佛，猶未滅，更禮三十五佛，光乃收隱。"《中天竺舍衛國祇洹寺圖經》下卷："鈴是耆婆用藥所作，佛滅後耆婆收隱。"（45/893c）按，"收隱"祇見於道宣文獻。"收隱"即"收藏"。"隱"本即有"藏"義，此亦語素替換。

虛簡

《續高僧傳》卷八《道愼傳》："釋道愼，姓史，高陽人。十四出家，誦聽依業。受具已後，入洛從光師學於地論，後稟上統而志涅槃，性度夷簡，風量陶然。"按，"夷簡"，金本作此，資、磧、普、南、徑、清本作"虛簡"。二者皆可通。"夷簡"，《漢語大詞典》收錄，其釋爲：平易質樸。例舉《晉書·曹志傳》："少好學，以才行稱，夷簡有大度，兼善騎射。"《梁書·庾詵傳》："而性託夷簡，特愛林泉。"唐玄奘《大唐西域記·摩揭陀國下》："志尚夷簡，情悅山林，跡居幻境，心遊真際。"與此同時，《漢語大詞典》等辭書沒有收錄"虛簡"一詞，其實"虛簡"在中古已經完全能夠獨立成詞，"虛簡"應當與"夷簡"同義，均可釋爲：平易質樸。如：《高僧傳》卷七《僧弼傳》："釋僧弼，本吳人，性度虛簡，儀止方直。"《續高僧傳》卷十四："釋道慇，姓張氏，河東虞鄉人也。神氣高邈，器度虛簡。"卷十七智顗："尚書令楊素，性度虛簡。"如果說這些都還祇是佛典的話，我們在看中土的其他文獻：《魏書》卷二十七："史臣曰：……顗壯烈顯達，亮寬厚致位，紹立虛簡之操，弼有風格之名，世載不隕，青紫兼列，盛矣！"《晉書》卷六十一《周馥傳》："馥有二子：密、矯。密，字泰玄。性虛簡，時人稱爲清士，位至尚書郎。矯，字正玄。亦有才干。"《晉書》卷七十五《王國寶傳》："臣聞道尚虛簡，政貴平靜。"用例如此繁豐，而且分佈也比較廣泛，我們完全有理由認爲"虛簡"已經完全能夠獨立成詞了。

懺蕩、灰蕩

《續高僧傳》卷五《法寵傳》："年三十八，正勝寺法願道人善通樊許之術，謂寵曰：'君年滿四十當死，無可避處。唯有祈誠諸佛，懺悔先

第四章 《續高僧傳》疑難字詞考釋 / 219

愆，越脫或可冀耳。'寵因引鏡驗之，見面有黑氣，於是貨賣衣缽資餘，並市香供，飛舟東逝，直至海鹽，居在光興。閉房禮懺，杜絕人物，晝忘食息，夜不解衣。迄年四十，歲暮之夕，忽覺兩耳腫痛，彌生怖懅。其夜懺禮已達四更，聞戶外有人言曰：'君死業已盡。'遽即開戶，都無所見。明晨借問，僉言黑氣都除，兩耳乃是生骨，斯實懺蕩之基。功不虛也。"道宣集《四分律刪補隨機羯磨》："諸師不披律部，但以五懺爲宗，遂即雷同一概，輕重共同懺蕩。"（40/508b）《大唐內典錄（續）》："經留在莊，並老子五千文同在一處，忽爲外火延燒，堂是草覆，一時灰蕩。"（52/340a）按，"蕩"，作爲一個很活躍的詞素，"蕩"有除義，有毀壞、破壞義。《國語·周語下》："夫周，高山、廣川、大藪也，故能生是良材，而幽王蕩以爲魁陵、糞土、溝瀆。"佛典中又見"蕩除"，如：《南海寄歸內法傳》卷二"衣食所須"："隨緣濟命，蕩除業習。"又有"焚蕩"，如：《道宣律師感通錄》："又發惡願：'彼害我者，及未成聖，我當害之。若不加害，惡業便盡，我無以報。'共吐大火，焚燒寺舍及彼聚落，一時焚蕩。縱盜得活，又以大水而漂殺之，無一孑遺。"（52/437c）《集神州三寶感通錄》卷上："僧云：'大業末歲，群盜互陣，寺在三爵臺西葛屨山上，四鄉來投，築城固守。人物擁聚，尺地不空，塔之上下，重復皆滿。於中穢汙，不可見聞。及賊平，人出，糞穢狼藉，寺僧無力可用屏除。忽然火起，焚蕩都盡，唯東南角太子思惟像殿得存，可謂火淨以除其臭穢也。'"（52/409c）"懺蕩"，即懺除都盡；"灰蕩"，義近"焚蕩"。"灰蕩"的說法也是起自道宣，在《大唐內典錄》以及後世徵引道宣文獻資料的佛教典籍中還能見到"灰蕩"的說法。我們注意到與"懺蕩"義同的還有"懺除"一詞，僅舉道宣文獻例，如：《續高僧傳》卷二十五《慈藏傳》："……並委僧統。藏令僧尼五部，各增舊習。更置綱管，監察維持，半月說戒，依律懺除。春冬總試，令知持犯。又置巡使，遍歷諸寺，誠勵說法，嚴飾佛像，營理眾業。鎮以爲常。"《四分律刪繁補闕行事鈔》卷中："若無其受，隨無所生。既起惡業，名曰過非。爲護受體不令塵染，懺除往業，名防過非。"（40/53b）同卷："夫結成罪種，理須懺除。"（40/96a）也許"懺蕩"是類推過來的也難說一定。

卻想

《續高僧傳》卷二《那連提黎耶舍傳》："爾日雖聞，情無領悟。晚來卻想，悔將何及。"按，在《大正藏》中祇見到兩個例子，另一個例子是《開元釋教錄》對本例的徵引。在中土文獻中，唐詩中用例較多，不具，而《漢語大詞典》卻沒有收錄"卻想"。"卻想"即回想，其構詞的方式是一樣的。

忽忽

《續高僧傳》卷六："臨盡之間，忽忽如夢。"按，金、麗本作"忽忽"，資、磧、普、南、徑、清、宮本作"怱怱"。"怱怱"，即"恍忽"。《法苑珠林》卷四十五"引證部"："世間無常，恍忽如夢。"王雲路言"忽忽"猶"昏昏"①，可參。其實這個詞應當是中古時期的"匆匆"，郭在貽對"匆匆"的解釋是"疲頓、困乏、心緒惡劣"。②"匆匆"的本義應當就是"恍惚"。

飡悅

《續高僧傳》卷六《法開傳》："先相陵駕之者，望風飲氣，永相隱避，以至於死。開因爾講筵相接，道俗嘆服。沙門智藏，後遊禹穴，講化成論。開往觀之，鯁難累日，賓僚飡悅。"按，"飡悅"，僅見此例。詞義近同"飲氣"，也就是後來的"服氣"。在漢語史上，"悅"有"服"義，《漢語大詞典》不見"飡悅"，收錄有"餐服"，釋義爲"猶言欣賞信服"，例舉《晉書·賀循傳》："餐服玄風，景羨高矩，常願棄結駟之軒軌，策柴篳而造門。""悅"與"服"，語素替換。

稱敍

《續高僧傳》卷八《曇延傳》："而性協書籍，鄉邦稱敍。"卷九《智脫傳》："殷勤稱敍曰：'法師才學鉤深，古今罕例。'"卷三《慧賾傳》："又善導達衆首，舒暢物情，爲諸文雄之所稱敍。"按，"稱敍"，稱讚。在漢語史上有"稱述"，《漢語大詞典》："稱述：稱揚述說。《史記·陳杞世家》：'杞小微，其事不足稱述。'"有"稱陳"，義同"稱述"，又有"稱許"、"稱道"，都是稱述、讚揚的意思。"陳"、"許"、"述"、"道"能和"稱"組合成表示讚揚的語詞，那麼與之義近的"敍"自然也應當

---

① 王雲路：《讀〈諸病源候論校注〉劄記》，《古籍整理研究學刊》1995 年第 1、2 期合刊。

② 郭在貽：《釋"匆匆"、"無賴"》，《中國語文》1981 年第 1 期。

可以。這正是"稱敍"成詞的理據。又，方一新師《中古漢語詞義求證論略》中說到了"讚述"乃"贊"義，與本例"稱敍"的"敍"可相比勘。①

鶩譽

《續高僧傳》卷十一《慧海傳》："當即鶩譽兩河，甫爲稱首。"按，"鶩"，南、徑、清本"鶩"作"鷔"。本書謂或當作"鶩"。"鶩"本有馳義，《戰國策·齊策》："魏王身被甲厎劍，挑趙索戰。邯鄲之中鶩，河山之間亂。"鮑彪注："鶩：亂馳也。"故"鶩譽"應當和"馳譽"義同。此外，後來"鶩"又有傳揚義，這個更可以說明"鶩譽"同"馳譽"。"鶩譽兩河"，即名聲傳揚於兩河。"鶩譽"在《大正藏》中祇檢索到了這麽一個例子。在漢語史上很早就有"馳名"一詞，《後漢書·任文公傳》："文公遂以占術馳名。"又有"馳聲"、"馳譽"的說法，其義與"馳名"同。"馳"、"鶩"義同，都是傳揚傳播的意思。"馳譽"、"馳聲"在《續高僧傳》中都能見到用例：《續高僧傳》卷九《靈裕傳》："由此鄴下擅名，遐邇馳譽。"卷十二《寶襲傳》："齊末馳聲廣於東土。""馳名"、"馳聲"、"馳譽"與"鶩譽"的結構相同。

連洏

《續高僧傳》卷十二《靈幹傳》："帝心增感，歔欷連洏。"按，"連洏"，資、普、徑本作"漣濡"，宮本作"漣洏"。《一切經音義》卷九十三對本例的注釋是："連洏：下耳之反。《韻略》云：連洏者，泣淚流皃。"在《大正藏》中祇檢索到這麽一個例子。《漢語大詞典》："漣洏：亦作'漣而'。淚流貌。漢王粲《贈蔡子篤》詩：'中心孔悼，涕淚漣洏。'""漣洏"本字應當作"漣如"，"洏"與"如"音近，且受到"漣"的偏旁同化。洏，日母字，《廣韻》如之切。《易·屯上六》："乘馬班如，泣血漣如。"

剋峭

《續高僧傳》卷二十二《法願傳》："太爲剋峭，未是倫通。至今此部，猶多滯結云。"按，這個"剋峭"在《大正藏》中僅見二例，都出現在道宣的《續高僧傳》中。《中華大藏經》言資、磧、普、南、徑、清

---

① 方一新：《中古漢語詞義求證論略》，《浙江大學學報》2002年第5期。

本作"剋削"。《續高僧傳》第十六《信行傳》："初信行勃興異迹，時成致譏，通論所詳，未須甄別。但奉行剋峭，偏薄不倫，至於佛宗，亦萬衢之一術耳。"按，《中華大藏經》本例"剋峭"下未言有異文。其實這個詞應當寫作"刻削"，乃刻薄、尖刻、不圓通義。《後漢書·周紆傳》："周紆字文通，下邳徐人也。爲人刻削少恩，好韓非之術。"《後漢書·宋均傳》："均性寬和，不喜文法，常以爲吏能弘厚，雖貪污放縱，猶無所害；至於苛察之人，身或廉法，而巧黠刻削，毒加百姓，災害流亡所由而作。"

剗迹（跡）

《續高僧傳》卷九《慧藏傳》："剗迹人間。"卷二十九《法誠傳》："便剗迹開林，披雲附景。"按，《一切經音義》卷九十二"音續高僧傳第九卷"："剗跡：上察眼反。《廣雅》云：剗，削也。""削跡"，削蹤匿跡，謂隱居，《莊子》已見。"剗"有消除義，故可成"剗跡"一詞。

重親

《續高僧傳》卷二十六《道英傳》："化行之所，聞哀屯赴，如喪重親。"按，"重親"當讀如"zhòng 親"，即至親。佛經多見"尊祖重親"的說法，又有"重親友"等。《漢語大詞典》："重2 親：婚姻之復結婚姻，俗說親上加親。②祖父母與父母並稱。"這些似乎都與佛典中的"重親"不合，佛典中的"重親"如果按《漢語大詞典》的注音方式，應當讀作"重1 親"，即讀成"zhòng 親"而不是"chóng 親"。"重1 親"即尊貴親屬，《佛本行集經》卷十七："今日欲求解脫法故，而暫舍離所愛重親當來世中。"（3/730c）《法苑珠林》卷八十八"戒相部"："又智度論云飲酒有三十五過失。何等三十五？……二十八貴重親屬及諸知識所共擯棄。"

一紀

《續高僧傳》卷十七《智顗傳》："坐必面西，年一紀來，口不妄啟。"按，"一紀"，資、磧、普、南、徑、清、宮本作"大已"。本書謂此或當作"一紀"。《續高僧傳》卷十九《智周傳》："時大莊嚴礪法師者，義府經笥，道映雄伯，負帙淹留，專功一紀，究盡端漘，更同寒水。"卷十二《慧遷傳》："又從遠公重流前業，義不再緣。周經一紀，並通《涅槃》《地持》。"卷六《慧約傳》："又隨靜住剡之梵居寺，服勤就養，年踰一紀。"卷八《曇遵傳》："因從稟學，功踰一紀。"卷九《靈裕傳》："又從安遊榮等三師聽雜心義，嵩林二師學成實論。功將一紀，解貫二乘。""一紀"應當是十二歲，看下例：《續高僧傳》卷三十一《真觀傳》："覺已歎曰：'昔六十二應終，講法華力，更延一紀。今七十四復致斯應，生期畢矣。'"七十四減去六十二正好是十二。日本照遠撰《資行鈔》（事鈔下二末）："記：十二年者，極一紀故（云云）。濟抄云：謂年年支干次第寅卯等回，更終至第十二年，一匝方盡，是名一紀也（云云）。"（續藏經62/756b）照遠的說法或許揭示了這個"一紀"的詞義來源。

身城

《續高僧傳》卷十八《真慧傳》："真早厭身城，父母留礙，逼納妻室，不免外情。玉潔之志，涅而逾淨。"卷二十七"論"："是以達人知身城之假合，如塵無性；鑒命算之若流，惟心生滅。"按，"身城"，佛家語詞，比喻身體。義淨《大唐西域求法高僧傳》卷下《遊鷲嶺詠懷》雜言詩："剏逢饑命棄身城，更爲求人崩意樹。"王邦維先生注：身城比喻身體，如城護心。南本《大般涅槃經》卷一：'頭爲殿堂，心王處中，如是身城，諸佛世尊之所棄捨，凡夫愚人常所味著。'（12/606c）本書《重歸南海傳》中《貞固傳》：'隟馴不留，身城難保。'"[1] 按，對王先生說的"如城護心"應當正確理解。"如城護心"並不意味著佛家喜愛、珍視這個"城"，恰恰相反，佛家多言"厭離"、"棄身"。如：義淨譯《根本說一切有部毗奈耶雜事》卷十二："如是臭穢身，猶如朽城郭。日夜煩惱逼，遷流無暫停。身城骨牆壁，血肉作塗泥。畫彩貪瞋癡，隨處而莊飾。可惡骨身城，血肉相連合。常被惡知識，內外苦相煎。難陀汝當知，如我之所說。晝夜常繫念，勿思於欲境。若欲遠離者，常作如是觀。勤求解脫處，速超生死海。"（24/260b）隋天台智者大師說《淨土十疑論》"第十疑"："問：'今欲決定求生西方，未知作何行業，以何爲種子，得生彼國？又凡夫俗人皆有妻子，未知不斷婬欲得生彼否？'答：'欲決定生西方者，具有二種行，定得生彼：一者厭離行，二者欣願行。言厭離行者，凡夫無始已來，爲五欲纏縛，輪迴五道，備受衆苦。不起心厭離

---

[1] 王邦維：《大唐西域求法高僧傳校注》，中華書局1988年版，第199頁。

五欲，未有出期。爲此常觀此身，膿血屎尿，一切惡露，不淨臭穢。故涅槃經云，如是身城，愚癡羅刹止住其中，誰有智者當樂此身？又經云，此身衆苦所集，一切皆不淨，扼縛癰瘡等根本無義利，上至諸天，身皆亦如是。行者若行若坐，若睡若覺，常觀此身，唯苦無樂，深生厭離。"（47/80c）

嚻俗

《續高僧傳》卷十九《灌頂傳》："初頂化流嚻俗，神用弘方。"按，這個詞應當是道宣最早開始使用的。《續高僧傳》卷十三《海順傳》："本公若乘龍之遊，濯足雲表。吾雖攀戀，自恨縈身嚻俗，昇沈相異，徒爲悲矣。"唐慧祥《古清涼傳》卷上："昔高齊之代，有比丘尼法秘，惠心天悟，眞志獨拔，脫落嚻俗，自遠居之，積五十年，初無轉足。"（51/1095c）"嚻"有喧嘩、輕浮義，在崇尚清靜無爲的佛家看來，我們的這個世界當然就是一個喧嚷、輕浮的世界了，所以以"嚻俗"言之。《漢語大詞典》："嚻俗：②塵俗；塵世。唐康駢《劇談錄·道流相夏侯譙公》：'倘能擺脫嚻俗，相隨學道，即三十年內白日升天。'"康駢乃唐僖宗時人，時代晚。

俗壤

《續高僧傳》卷二十《曇榮傳》："屬周廢二教，韜形俗壤。雖外同其塵，而內服道味。"卷二十五《智寶傳》："寶雖處俗壤，而兵役得停，欣泰其心，曾無憾結。"卷十四《道宗傳》："周武廢道，隱形俗壤，內蘊明禁，外附世塵。"按，"俗壤"一詞，僅見於道宣《續高僧傳》。排比以上諸例，可以看出"俗壤"指的是塵世、俗世。佛家一般以"俗塵"來指稱俗世。《大唐西域記》卷十二"朅盤陀國"："幼而穎悟，早離俗塵，遊心典籍，棲神玄旨。"《續高僧傳》卷十三《道傑傳》："情厭俗塵，父母留戀，抑奪不許。"《漢語大詞典》："俗塵：①人間。唐太宗《謁並州大興國寺》詩：'對此留餘想，超然離俗塵。'""塵"、"壤"義近，故可替換。

形報

《續高僧傳》卷二十《明淨傳》："晚爲山幽地濕，形報苦之，還返海隅，住蒙山側。"按，"形報苦之"的"報苦"，金本作"報告"，資、磧、普、南、徑、清、麗本作"苦"。本書謂作"形報苦之"是。"形報"應當指身體。《釋門章服儀》："良以自餘裙帔，唯擬遮寒。事不獲已，開濟形苦，生涯形報，終入死門。"（45/836b）佛經以爲現世的生命體都是因緣假合而成，所以是"報"，在佛典中有"身報"一詞，即指身體。《量處輕重儀·本》："但中下之徒，心同上士，而身報尪悴，有願無施。"（45/850b）"形報"的構詞與"身報"同。

煩梗

《續高僧傳》卷二十《慧斌傳》："而情厭煩梗，懷慕出世。"按，這個"煩梗"純粹是道宣的個人言語。在《大正藏》中祇檢索到四例。另外三例是：《續高僧傳》卷三《慧賾傳》："預有衣冠士族，皆來展造門庭，莫不贊其洽聞博達，機捷之謂也。末厭煩梗，思濟清神。乃從應禪師，稟資心學。"卷二十《靜琳傳》："雖復聽徒欣泰，而志逾煩梗。"又，卷二十二《覺朗傳》："末厭煩梗，南棲太和。"據文義，"煩梗"應當是"俗累、俗務、世俗"等義，而"厭煩梗"則是厭俗，"逾煩梗"則是超俗。"梗"有梗阻、阻礙義，故可與"煩"組合。

志梗

《續高僧傳》卷二十二《法願傳》："齊昭玄大統法上，嘉其神慧，與語終朝，深通志梗。"按，"梗"，資、磧、普、南、徑、清、宮本作"便"。本書謂當作"梗"。《續高僧傳》卷三十一《法韻傳》："又聞泰嶽靈巖，因往追蹤。般舟苦行，特立志梗潔，不希名聞。擔石破薪，供給爲任。""梗潔"的說法在《大正藏》中祇檢索到了這麼一個例子，它也應當是"骨梗潔己"的縮略，《續高僧傳》卷三十《道積傳》："斯則骨梗潔己，清貞高蹈，河東英俊，莫與同風。""骨梗潔己"的說法也祇有一個例子。在道宣的語彙中，"梗"大概是一個比較活躍的構詞語素。比如還有"誼梗"的說法：《續高僧傳》卷三十一《法韻傳》："年至三十，弊於誼梗，邀延疏請，日別重疊，乃於正旦，割繩永斷。"值得注意的是，"煩梗"、"誼梗"的"梗"和"志梗"的"梗"應當不是一回事。

寒厲

《續高僧傳》卷四《玄奘傳》："突厥常法，夏居北野，花草繁茂，放牧爲勝，冬處山中，用遮寒厲，故有兩牙王都。"按，"寒厲"，嚴寒也。《漢語大詞典》例舉明《徐霞客遊記》，太晚。《大正藏》一共檢索到3例，另外兩個例子分別是：《釋迦方誌》卷上："山阜連屬，極寒厲也。"《續高僧傳》卷二十《曇韻傳》："然此山寒厲，林生澗谷。"其實"寒厲"還有更早的用例。《齊民要術》卷七"造神麴並酒·第六十四"："浸麴，冬十日，春七日，候麴發，氣香沫起，便釀。隆冬寒厲，雖日茹甕，麴汁猶凍……"在漢語史上有"寒酷"一詞，表示寒冬，而"寒酷"表示嚴寒在《南齊書·孝義傳·崔懷傳》已經見到用例。"寒酷"這個詞也多見於道宣的文獻，《道宣律師感通錄》："寒酷之國。"（52/435b）《續高僧傳》卷二十五《道會傳》："衣服襤縷，不勝寒酷。"我們認爲"寒厲"一詞乃是從"寒酷"類推而來的，"厲"、"酷"作爲獨立的詞來說，都是程度副詞，義核相同，所以它們作爲構詞詞素可以互換、類推。

格詞

《續高僧傳》卷二十二《智文傳》："宣帝命旅，剋有淮淝，一戰不功，千金日喪。轉輸運力，遂倩衆僧。文深護正法，不懼嚴誅，乃格詞曰：'聖上誠異宇文廢滅三寶，君子爲國，必在禮義，豈宜以勝福田爲胥下之役？非止延敵輕漢，亦恐致罪尤深。'有勅許焉。"按，"格詞"，《大正藏》中祇檢索到兩個例子：《續高僧傳》卷二十四"論"："有隋御寓，深信釋門，兼陳李館，爲收恒俗。二世纘曆，同政前朝，悼像化之徽猷，襲宋桓之致敬。于時緇素相望慘然。明瞻法師屈起臨對，夙未強術，衆或漏言。及觀其厲色格詞，抗楊嚴詔，皆謂禍碎其身首也。"與"格詞"接近的有一個詞"梗詞"。《大正藏》中也祇出現二例，而且也都出現在道宣的文獻中。《周高祖武皇帝將滅佛法有安法師上論事》（見《集古今佛道論衡》卷乙）："援引卓明，從旦至午。交言支任，抗對如流。梗詞厲色，鏗然無撓。"（52/373c）《續高僧傳》卷二十三《靜藹傳》："援引經論子史傳記，談敍正義，據證顯然。然旦至午，言無不詣，明不可滅之理。交言支任，抗對如流，梗詞厲色，鏗然無撓。"綜觀以上四例，可以看出，"格詞"、"梗詞"都出現在對皇上的旨意有自己的看法，而在發表這些不同見解的時候，就都可以叫"格詞"、"梗詞"了。所以"格詞"、"梗詞"的意思應當是"抗旨"，祇是這樣說可能更婉轉一些，"格詞"、"梗詞"乃"抗旨"婉詞。"格、梗"在這個搭配中使用的是"抗、阻"的義素義。

推覈

《續高僧傳》卷十《淨願傳》："推覈經論，夙有成規。"按，"推覈"，同"推核"，推求考校義。《漢語大詞典》："推覈：審問。"例舉《魏書·孟表傳》，與本例不同。"覈"本有"查驗、核實"義。《漢語大詞典》："推驗：②推步驗證。"例舉《隋書·天文志上》。既然"推驗"能有證明義，那麼"推覈"也可以有這個義項。《大唐內典錄》卷十："若有一字異者，共相推核，得便擯之。"（55/333c）希麟《續一切經音義》卷十："推劾：恒得反。顧野王云：案獄相告證之辭也。《說文》：推有罪人也，從力亥聲。或從刃從刀作'亥刃'、'亥刀'二形皆非。"

注引

《續高僧傳》卷二十七《衛元嵩傳》："於鐵窗中見一人極瘦，身作鐵色，著鐵枷鎖。祈見，泣曰：'大家，何因苦困乃爾？'答曰：'我大遭苦困，汝不見耳？今得至此，大是快樂！'祈曰：'作何罪業受此苦困？'答曰：'汝不知耶？我以信衛元嵩言，毀廢佛法，故受此苦。'祈曰：'大家，何不注引衛元嵩來？'帝曰：'我尋注之。'"按，"注引"，即"引"。《續高僧傳》卷十一《吉藏傳》："故目學之長，勿過於藏，注引宏廣，咸由此焉。"《漢語大詞典》："注：④引入；入。《漢書·溝洫志》……顏師古注：'注，引也。'"又："引：⑦株連；攀供。""注引"乃同義複合。又有"拘引"一詞，與此義近。道宣《淨心誡觀法》："九者欲火燒心，不恥父母，不懼刀杖，或未嫁妊身，或奔逐他逃，或拘引他人，向家造過。"（45/824b）"拘引"亦"引"。

篇聚

《續高僧傳》卷二十八《法朗傳》："學涉三藏，偏鏡毘尼。開割篇聚，不阻名問。"按，"割"，資、磧、普、南、徑、清、宮本作"剖"。或當爲"剖"，"開剖"分析也。"篇聚"，《漢語大詞典》未見。"篇聚"應當與"篇什"同義，"什"本身就有聚合的意思。在漢語史上既有"篇什"、"篇章"，則完全可以有"篇聚"一詞。《高僧傳》卷十一"論"："五師雖同取佛律而各據一邊，故篇聚或時輕重，罪目不無優降，依之修學，並能得道。"《續高僧傳》卷二十八"論"："故使慢水覆心，膏盲誰遣。至於決斷篇聚，判析僞真，由來未知。"

專到

《續高僧傳》卷二十九《僧崖傳》："又爲四衆說法誦經，或及諸切詞要義，則頷頭微笑。時或心怠，私有言者，崖顧曰：'我在山中，初不識字。今聞經語，句句與心相應，何不至心靜聽？若乖此者，則空燒此手，何異樵頭耶？'於是大衆懍然，莫不專到。"按，"專到"，即上文的"至心"。專，專心；到，至也，至心。下例的"專到"與"用心尤至"一個意思：《法苑珠林》卷二十三"宋王球字叔達感應緣"："宋王球，字叔達，太原人也。爲涪陵太守。以元嘉九年於郡失守，系在刑獄，著一重鎖，釘鍱堅固。球先精進，既在囹圄，用心尤至。獄中百餘人，並多饑餓，球每食，皆分施之。日自持齋，至心念觀世音。夜夢昇高座，見一沙門，以一卷經與之……又見一車輪。沙門曰：此五道輪也。既覺，鎖皆斷脫。球心知神力，彌增專到。因自釘治其鎖，經三日而被原宥。"在漢語史上早有"專至"一詞，《高僧傳》卷三《智猛傳》："少襲法服，修業專至。諷誦之聲，以夜續日。"《續高僧傳》卷四《玄奘傳》："又頻祈請，咸有顯證，懷此專至，益增翹勵。"《漢語大詞典》："專至：專心致志。唐元稹《唐故開府儀同三司南陽郡王張公碑文》：'以檢儉同士卒勞苦，居餘官皆謹慎專至如不及。'"書證時代晚。"專到"應是在已有的"專至"基礎上類推而來的。

作心

《續高僧傳》卷二十九《僧崖傳》："又曰：'常云代衆生受苦，爲實得不？'答曰：'既作心代受，何以不得？'"按，"作"，宮本作"泣"。本書謂作"作心"是，"作心"乃"誠心"、"下定決心"也。佛典多見，如義淨譯《根本說一切有部苾芻尼毗奈耶》卷十七："乃往古昔，於婆羅痆斯城中有一金寶作師，娶妻未久遂誕一女，容儀端正，顏色超絕，甚可愛樂。女年長大，其父命過。遂生鵝趣，得爲鵝王。女受貧苦，甚大艱辛。父爲鵝王，憶前生事，作心觀女，若爲存濟。遂見貧窮，受諸苦惱。戀愛女故，飛往寶洲，銜一寶珠於晨朝時置女門下……"(23/997b)《根本說一切有部毗奈耶雜事》卷七："六衆苾芻雖復年邁，常爲掉舉。諸苾芻告曰：'仁今年暮，掉舉未休。'聞已默然。遂告難陀鄔波難陀曰：'諸黑缽者極爲多事，輒行誡勖。我等宜可作恥辱事，令其羞赧。'從是作心伺求其便。"(24/232c) 與"作心"相近詞有"作意"，二者應當看作語素替換。《唐五代語言詞典》："作意：①留意，注意。②有意，特意。"《漢語大詞典》："作意：①著意；加意。②注意。③起意；決意。④著作的本意。"二詞典均未收錄"作心"，其實"作心"在一些義項上應當和"作意"是同義詞。"作"有興起、發生的意思，也可以說，"作心"與"興心"同義。《離騷》中即有"各興心而嫉妒"，後世代有承用：姚秦竺佛念譯《出曜經》卷一有"興心起意，害此輩人。"（4/613c）唐《封氏聞見記》卷十"侮謔"條有："舉意三江竭，興心四海枯。南遊李邕死，北望守珪殂。"而《漢語大詞典》："興心：①打定注意，存心。②猶言想到。"義項一例舉元關漢卿《單刀會》、元楊梓《豫讓吞炭》、元蕭德祥《殺狗勸夫》，義項二例舉《金瓶梅詞話》，書證也晚了。

路首

《續高僧傳》卷三十《慧震傳》："暠之還南，得袈裟二百①領以贈路首。"按，"路首"，即路口、路頭。《漢語大詞典》未收"路首"，祇有"路頭"。這也是語素替換的問題。值得注意的是，並不是所有的替換都是以新的口語語素來替換舊有的，即便是現代漢語中也多有詞彙中還保留著古語素，這正說明了它們是固定的詞彙，語素一旦進入詞彙並且固定了下來，就具有了相當的穩定性，它是以一個詞的一個部分出現而不是以一個舊詞的面目出現，所以就不再容易被替代。《續高僧傳》卷二十九《僧崖傳》："以周武成元年六月，於益州城西路首，以布裹左右五指燒之。"卷二《那連提黎耶舍傳》："昔有聖王，於其路首，作毗沙門天王石像，手指人路。"義淨譯《根本說一切有部苾芻尼毗奈耶》卷十二："至日晡後當出村外，路首相迎。"（23/968b）

邕肅

《續高僧傳》卷八《曇延傳》："延形長九尺五寸，手垂過膝，目光外發，長可尺餘，容止邕肅，慈誘汎博，可謂堂堂然也。"按，"邕肅"，金本作此，資、磧、普、南、徑、清本作"肅邕"。其實二者同義，皆可通。問題在《漢語大詞典》中收錄了"肅邕"一詞而沒有"邕肅"，其實"邕肅"與"肅邕"均為同義語素複合而成複合詞，此類複合詞在漢

---

① 二百，資、磧、普、南、徑、清本作三百。

語詞彙史上順次顛倒是常態，也就是說，既然有"肅邕"一詞，必當有"邕肅"一詞。儘管在《詩經》中已經出現了"肅邕"，如：《詩·周頌·清廟》："於穆清廟，肅雝顯相。"但後世佛典中大概同樣是依照《詩經》(《詩·大雅·思齊》："雝雝在宫，肅肅在廟。")中的用例，不斷出現"邕邕肅肅"以及"邕肅"這樣的表達，如：《高僧傳》卷六《僧肇傳》："禪師於瓦官寺教習禪道，門徒數百，日夜匪懈，邕邕肅肅，致自欣樂。"《弘明集》卷六《道恒法師釋駁論》："使德行卓然，爲時宗仰儀容，邕肅爲物軌則。"(52/35b)《宋高僧傳》卷八《法持傳》："釋法持，俗姓張氏，潤州江寧人也。儀貌邕肅，膚體至潤。"中土文獻也有用例，如：《晉書》卷八十五《檀憑之傳》："檀憑之，字慶子，高平人也。少有志力。閨門邕肅，爲世所稱。從兄子韶兄弟五人，皆稚弱而孤，憑之撫養若已所生。"如是，我們說，金本的"邕肅"亦可從。

投造

《續高僧傳》卷二十《曇榮傳》："榮形解雄邃，稱病設方，諸有湌飲，咸歆至澤。禮供日隆，投告填委。"按，"投告"，金本作此，資、磧、普、南、徑、清本作"投造"。"投告"與"投造"異文在《續高僧傳》其他地方還能見到，如：卷八《曇延傳》："凡有資財，散給悲敬，故四遠飄寓，投告偏多。""投告"，金本作此，資、磧、普、南、徑、清本作"投造"。卷十三《曇藏傳》："占者謂爲壽短，二親哀之，即爲姻媾。既本非情，慮有推逼，遂逃亡山澤，惟念誰度。行至外野，少非遊踐，莫知投告，但念觀音。久值一人，貌黑而驅二牛，因問所從，可得宿不。便告藏曰：'西行有寺，不遠當至。'尋聞鍾聲，忽見僧寺，因求剃落，便遂本心。""投告"，麗本作此，磧、普、南、徑、清本作"投造"。《漢語大詞典》收錄了"投告"，其釋爲"投奔告助"，例舉宋司馬光《涑水記聞》卷十二："或更有山禺所部來投告者，令李士彬等祗爲彼意婉順約回，務令安靜。"例子過晚。"投告"一詞，在初唐佛典已經出現，如玄奘譯《大寶積經卷》四十四："舍利子，若有樂處居家耽嗜不捨，當知即是樂處塚間。是故我說樂處居家，如住塚間，及曠野處，無所投告，即爲喪失諸白淨法。"(11/258b)《續高僧傳》中沒有異文出現的也有，如：卷二《那連提黎耶舍傳》："但以寺接山阜，野火所焚，各相差遣四遠投告。"《漢語大詞典》沒有收錄

"投造"一詞。其實"投造"完全可以成詞，"投"有"投靠、投奔"義。南朝宋劉義慶《世說新語·賞譽下》："王敦爲大將軍，鎮豫章，衛玠避亂，從洛投敦。"而"造"有至、到、去義，如：《周禮·地官·司門》："凡四方之賓客造焉，則以告。"鄭玄注："造，猶至也。"漢語史上能體現"造"這一語義的語詞有造見、造訪、造請、造謁、造謝、造詣等。元魏吉迦夜、曇曜譯《雜寶藏經》卷十："今以困苦，來見投造，一身孤單，竟何能爲？"玄奘譯《阿毘達磨順正理論》卷四十四："八施者何？一隨至施，二怖畏施，三報恩施，四求報施，五習先施，六希天施，七要名施，八爲莊嚴心。爲資助心，爲資瑜伽，爲得上義而行惠施。隨至施者，謂隨有情投造已來，隨宜施與衣服飲食，非深敬重。怖畏施者……"此外，《續高僧傳》中投造沒有異文者另有十例。此可以成詞當無疑也。既然"投造"、"投告"都能成詞，那麼其詞義的差別還是可以通過構詞語素略加分別的。"投造"應當是同義複合詞，就是投奔；"投告"是投奔而求告，其義比之"投造"更豐富一些。在一些異文情況下，如何辨別，就應當充分依據語境來判定了。就卷二十《曇榮傳》本例而言，或許應當是"投告"，卷八《曇延傳》例、卷十三《曇藏傳》例亦如之。

序曆

《續高僧傳》卷九《羅雲傳》："雲兄弟五人，皆爲法師，而雲最小，神彩特達。入室弟子十人，椿詵澄憩等，傳道開化，岷蜀江淮，故未敘歷。"按，"敘歷"，麗本作此，資、磧、普、南、徑本作"序曆"。本書謂此當作"序曆"爲是。在道宣文獻中還有這樣的說法。道宣《妙法蓮華經弘傳序》："妙法蓮華經者，統諸佛降靈之本致也。蘊結大夏，出彼千齡。東傳震旦，三百餘載。西晉惠帝永康年中，長安青門燉煌菩薩竺法護者，初翻此經，名正法華。東晉安帝隆安年中，後秦弘始，龜茲沙門鳩摩羅什次翻此經，名妙法蓮華。隋氏仁壽，大興善寺北天竺沙門闍那笈多後所翻者，同名妙法。三經重沓，文旨互陳。時所宗尚，皆弘秦本。自餘支品、別偈，不無其流，具如序曆，故所非述。"（9/1b）此段文字，金本不存，麗本無此"弘傳序"，資、磧、普、南、徑、清本此均作"序曆"。就這僅見的兩個例子看，"序曆"應該是記載的意思。"入室弟子十人，椿詵澄憩等，傳道開化，岷蜀江淮，故未敘歷"，意思大概是他們也都繼承了羅雲的衣鉢，不過遠方開化去了，所以本傳沒有記載；"自餘支品、別偈，不無其流，具如序曆，故所非述"，這個"弘傳序"乃道宣所述，但他沒有述"自餘支品、別偈"，原因是另有記載，也就是"具如序曆"，所以不用在本處"述"了。後世高僧對此"具如序歷，故所非述"也有解釋，部分比較可取的，雖然他們看到的可能是"序歷"，如通理述《法華指掌疏懸示》："具猶同也，向下借喻言之，故云同如。序，歲序也。歷，歷法也。言一歲之中，有二十四序，有天下者，爲歷法以載之，敬天道以授人時，名曰序歷。今取此爲喻者，以二經品目支異，偈頌差別，不過法隨人變，要皆明佛道以度衆生，亦如序歷。雖節令早晚，氣候延促，不過數依時遷，要皆敬天道以授人時，非有彼此得失也。故者，承上起下之詞。非，猶不也。以二經之中，雖有品偈支別，較之此經，實無彼此得失，同如序歷，因時制宜一般，故所以不述也。"（續藏經33/480C）"序歷"一詞，不見其他文獻，應該是道宣的個人言語。但這個用法應當是有來由、有根據的。漢語史上有"歷序"一詞，其義爲歷法。《周書・武帝紀上》："歷序六家，以陰陽爲首。"道宣也許是在"歷序"一詞的基礎上，把它的詞序做了顛倒。

罔或

《續高僧傳》卷九《慧弼傳》："年登弱冠，握錐淮海。值寶梁明上，盛弘新實，天宮晃公又敷心論，遂窮神追討，務盡教源。所以六足八揵，四真五聚，明若指掌，罔或有遺。"按，"或"，金本作此，資、普、宮本作"惑"。"罔或"就是無有、沒有。如：《續高僧傳》卷五《智藏傳》："宰文宣王，建立正典紹隆釋教，將講淨名，選窮上首。乃招集精解二十餘僧，探授符策，乃得於藏，年臘最小，獨居末坐。敷述義理，罔或抗衡。道俗僉然，彌崇高譽。"《宋高僧傳》卷二十五《法正傳》："釋法正，不知何許人也。寬曠其懷，慎修厥行，司辰于三業，御史于六根，以其日諷金剛般若三七過，執持恭恪，罔或云懈。"中古史書也經常見到用例，如：《南史・梁武帝紀》："分遣内侍周省四方，觀政聽謠，訪賢舉滯。其有田野不闢，獄訟無章，忘公徇私，侵漁是務者，悉隨事以聞。若懷寶迷邦，蘊奇待價，蓄響藏真，不求聞達，各依名騰奏，罔或遺隱。"《晉書・裴秀傳》："大晉龍興，混一六合，以清宇宙，始於庸蜀，深入其岨。文皇帝乃命有司，撰訪吳蜀地域。蜀土既定，六軍所經，地域遠近，山川險易，征路迂直，校驗圖記，罔或有差。今上考《禹貢》山海川流，原隰陂澤，古之九州，及今之十六州，郡國系縣，疆界鄉陬，及古國盟會舊名，水陸徑路，爲地圖十八篇。"本書認爲，其實"罔或"就其出現的頻次來說，也完全有資格獨立成詞，既然"莫或"能夠獨立成詞，《漢語大詞典》都能夠收錄，而"罔""莫"同義，附加同樣的語素"或"成詞，詞彙的體系性纔展現得更充分。

擁盛

《續高僧傳》卷十《靖嵩傳》："隋文封禪岱宗，鑾駕齊魯。關中義學因從過于徐部。詣嵩法肆，伏膺受業。由此門徒推盛，章疏大行。"按，"推"，金本作此，資、磧、普、南、徑、清本作"擁"。"推"，應作"擁"爲是。"擁"有"聚集"義，《後漢書·鄭太傳》："而明公擁之，以爲爪牙。"《三國志·蜀書·諸葛亮傳》："今操已擁百萬之眾，挾天子以令諸侯，此誠不可與爭鋒。"《續高僧傳》在其他地方出現了兩例"擁盛"的說法，如：《續高僧傳》卷十二《慧覺傳》："年八歲出家，研精法相。其初伏業，即興皇朗法師也。學門擁盛，咸暢玄風，入室之徒，莫非人傑。"卷二十"論"："又如慧瓚禪主，嘉尚頭陀，行化晉趙，門庭擁盛，威儀所擬，無越律宗，神解所通，法依爲詣。""擁盛"一詞，大概就是盛集、雲集義。值得注意的是，這個詞祇出現在《續高僧傳》中，應當是道宣的個人言語。

縱達

《續高僧傳》卷十《靖玄傳》："有令於大興善道場盛弘法會，飛軒鳴玉，杖錫挈瓶，總萃觀風，德音通被，縱達論體，舒散疑蹤，能使難者由門，解宣盡力。"按，"縱達"，資、磧、普、南、徑、清本作"縱遠"。本書以爲或應當作"縱達"，"縱"有廣泛義，現在仍有"縱觀"一詞，"縱達"本例應當爲明達、洞達、通達之義，意思是說其對各類的論無不通曉。這個詞頻繁出現在佛典中，較早出現的是中古僧祐《出三藏記集》卷十一："于時天竺有外道論師，云是優樓佉弟子，明鑒縱達，每述譏正之辯，歷國命訓，莫能制者。"後來在《續高僧傳》中更是頻繁出現，除本例外，凡八見，僅舉二例：卷十一《吉藏傳》："加又縱達論宗頗懷簡略，御衆之德非其所長。"卷二十八《法周傳》："釋法周，不知何許人。狀相長偉，言語高大，涅槃攝論，是所留神。稠會勝集，每預登踐。身相孤拔，多或顧問，由是振名者。復繫於德矣。初住曲池之靜覺寺，林竹叢萃，蓮沼槃遊，縱達一方，用爲自得。京華時偶形相義舉如周者可有十人，同氣相求，數來歡聚，偃仰茂林，賦詠風月，時即號之爲曲池十智也。"當然，這個詞也不祇出現在佛典中，在史書中也有用例，如：《舊唐書・傅奕傳》："貞觀十三年卒，年八十五。臨終誡其子曰：'老、莊玄一之篇，周、孔《六經》之說，是爲名教，汝宜習之。妖胡亂華，舉時皆惑，唯獨竊歎，衆不我從，悲夫！汝等勿學也。古人裸葬，汝宜行之。'奕生平遇患，未嘗請醫服藥，雖究陰陽數術之書，而並不之信。又嘗醉臥，蹶然起曰：'吾其死矣！'因自爲墓誌曰：'傅奕，青山白雲人也。因酒醉死，嗚呼哀哉！'其縱達皆此類。注《老子》，並撰《音義》，又集魏、晉已來駁佛教者爲《高識傳》十卷，行於世。"儘管可以認爲傅奕乃涉佛人物，但不管是《舊唐書》本處的語言還是上舉佛典的敍述文字，都與佛教教義無關，僅是語言描述，也就是說，"縱達"作爲漢語詞彙史上的一個語詞，是應該爲詞彙史承認，也應當被大型辭書所收錄的，但遺憾的是《漢語大詞典》並沒有收錄"縱達"一詞，當補。

纏懷

《續高僧傳》卷十《法瓚傳》："釋法瓚，齊州人也。安心寂定，樂居巖穴。頭陀苦行，是所纏懷。隱於泰岳之阜，開蒙訓接，善知方便，兼以達解諦義，時揚清論。"按，"纏"，金本作此，磧、普、南、徑、清本作"經"。本書謂二者皆可。"經懷"、"纏懷"義近，都有經心、縈懷義。一般辭書都會收錄"經懷"一詞，但沒有收錄"纏懷"。仔細考察"纏懷"的構詞方式，以及同類詞彙的構成特點，我們認爲"纏懷"也應當具備了成詞的條件。"經"有纏繞義，與此相類的"縈"與"懷"搭配，可以構成"縈懷"一詞，《漢語大詞典》收錄，並給出了唐《霍小玉傳》中的書證。如此，則"纏"與"懷"的搭配也應當大致在同時代成詞纔比較符合詞彙發展的規律。但"纏懷"，一般都是用於表達消極、不良情緒的。先看道宣的例子，《續高僧傳》卷十三《道岳傳》："至六年秋八月，岳兄曠公從化，悲痛纏懷。"卷二十七《法沖傳》："汝形同外道，邪述纏懷，苟講佛經，終歸名利。"再看義淨的例子：義淨譯《金光明最勝王經》卷十："夫人聞已，憂惱纏懷，如被箭中。"（16/452c）《根本說一切有部毘奈耶》卷七："作是念已，憂苦纏懷。"（23/659b）卷九："是時老母恥辱纏懷。"（23/673b）《根本說一切有部毘奈耶藥事》卷十四："既失男女，復離賢夫，苦中生苦，愁毒纏懷。"（24/67c）再看稍早一點玄奘的例子：玄奘譯《阿毘達磨俱舍論》卷十五："五由愁憂。謂因喪失親愛等事，愁毒纏懷，心遂發狂。"之所以出現這樣的語用色彩，我們認爲這應當和佛家對"纏"這一意象的使用有關，丁福保《佛學大辭典》"纏：（術語）煩惱之異名。以煩惱能使人之心身不自在故也。"既然"纏"是煩惱的異名，則"纏懷"必當爲煩惱情愫，在我們當下看來，大概也就是不良情緒了。這也可能是佛教賦予漢語語詞一定色彩的方式。另外一處初唐佛典異文大概可以看成反例，道宣《集古今佛道論衡》卷乙"周祖東巡滅法已久任道林請興佛事"："初帝深信佛宗，曾無有二。流俗讖緯，黑衣當王，以僧緇服，彌所纏懷。所以太祖入關，便改衣幡悉爲皁色，用厭不祥。"（52/377c）纏懷，資、普、徑、宫本作"經壞"。按照我們以上的分析，大概作"經懷"更爲合宜。

後銳

《續高僧傳》卷十五《義褒傳》："褒敬竭義筵，縱思披擇。諸方後銳，將事別輪。"按，"後銳"，麗本作此，資、磧、普、南、徑、清本作"俊銳"。或許"後銳"可從。《續高僧傳》中"後銳"的用法較多：如《續高僧傳》卷二十一《法融傳》："永徽中，江寧令李修本，即右僕射靜之猶子，生知信向，崇重至乘。欽融嘉德，與諸士俗步往幽栖，請出州講。融不許。乃至三返，方遂之。舊齒未之許，後銳所商推。及登元座，有光前傑，答對若雲雨，瀉送等懸河，皆曰聞所未聞。可謂中興大法於斯人也。聽衆道俗三千餘人，講解大集，時稱榮觀。"卷二十五《道會傳》："釋道會，姓史，犍爲武陽人。初出家，住益州嚴遠寺。器宇高簡，雅調逸群，四方道俗，日夕參候。猶以蜀門小陝，聞見非廣，乃入京詢訪，經十餘年，經論史籍，博究宗領。還蜀欲大開釋教，導引後銳。"道宣其他文獻也有用例：道宣《量處輕重儀》："此之十斷，粗相且開，而第六門中條緒非一，律中通列諸物，例竝入僧，後別牒五三，用分輕相。此即物類亦有兩斷，輕重隨義可知，相傳隨義約判，亦是一途匡濟。而就律文卒撿，傍附交加，後銳前修，猶懷綴慮，沈於初學，疑妨是難，終未濟時，故且刪削。"（45/840c）此外，《廣弘明集》卷二十七《統略淨住子淨行法門序》（道宣）："但以初學或昧未能瞻及，輒又隱括略成一卷，撮梗概之貞明，摘扶疎之茂美，足以啓初心之跬步，標後銳之前縱。"（52/306a）按，此例是道宣自己寫作的"序"，金本作"後"。他本如之。

"俊銳"應當是"後銳"的錯訛。中土文獻沒有"俊銳"這樣的說法，檢索大正藏，可以發現"俊銳"的寫法都出現在道宣文獻中，而道宣文獻的幾處都有異文，這讓我們非常懷疑"俊銳"是後人的誤解而寫成的，或許根本沒有的這個詞，看例子：（1）《續高僧傳》卷十一《普曠傳》："剛梗嚴毅，卓犖不群，言議酬捷，孤然天挺。後遊聚落，採拾遺文，因過講席，聽其餘論，素未開解，聞即憲章。便搆心曲，陳論高座，發言新奇，卒難解釋。皆歎其俊銳，莫肯前驅。每與周武對揚三寶，析理開神，有聲朝典。"（2）《大唐内典錄》卷八："若夫凡識昏迷，妙藉開智，有教無類，俗諺常談。而頃代俊銳，神解不凡，弊於墮學，忽於披覽。入藏見經三千餘卷，未曾通歷，明智何從，徒喪一生虛張六識，邪正莫辯，真妄混然，隨俗而流，無由反本。惜哉。"（55/302b）以上二例，例（1）麗本作"俊"，宮本作"後"。"皆歎其後銳"是表明其儘管後學，但見解精到。"後銳"可從。例（2）金本作"俊"，普、徑本作"後"。"頃代"就是近代的意思，此例是說當下後學情形，可從"後銳"。《漢語大詞典》沒有收錄"後銳"一詞，但我們認爲這個搭配是可以成詞了，如在中古時期已經出現了後彥、後哲、後賢、後學等語詞，出現"後銳"的說法也是符合語言發展規律的。

面方

《續高僧傳》卷十六《僧稠傳》："又初勅造寺，面方十里，令息心之士閒道經行。稠曰：'十里大廣，損妨居民，恐非遠濟。請半減之。'勅乃以方五里爲定。"按，"而方"，金本作此，資、磧、普、南、徑、清本作"面方"。此或當從"面方"爲是。道宣《集神州三寶感通錄》卷上也出現了"面方"的用法，其文作："坊州玉華宮寺南二十里許，大高嶺，俗號檀臺山。上有古塔，基甚宏壯，面方四十三尺，上有一層甎塔，四面開戶。石門高七尺餘，廣五尺餘。"（52/409b）《法苑珠林》卷三十八對此作了徵引，其文作："坊州玉華宮寺南二十里許，大高嶺，俗號檀臺山。上有古塔，基甚宏壯，面方四十三尺，上有一層甎身，四面開戶。石門高七尺餘，廣五尺餘。"如是，我們大致可以判定，"面方"應當是四面方正，或者是正方形的四條邊長總和。但這個詞好像最早出現在道宣的文獻中，道世《法苑珠林》祇是引用，也就是說，這個"面方"也許應當看作道宣的個人語彙。

秀竦

《續高僧傳》卷十六《法懍傳》："陽山中泉石松竹秀竦清曠，嶺接桃源，古稱名地。"按，"秀竦"，金本作此，資、磧、普、南、徑、清本作"秀竦"。本書謂當作"秀竦"，作"秀竦"不辭。佛典有"秀拔"一詞，出現較早，如：梁僧祐《出三藏記集》卷十一"訶梨跋摩傳序第八"："幼則神期秀拔，長則思周變通。"《續高僧傳》卷十七《慧命傳》："天挺英姿，秀拔群表。"又有"秀挺"的用法，如：《續高僧傳》卷十五《玄會傳》："年十二，精苦絕倫，欣志捐俗，而儀相秀挺，有異神童。"在我們看來，既然"秀"可以與語詞"挺"、"拔"搭配，理論上也可以通過類推的方式，與"挺"、"拔"的同義詞"竦"搭配，形成"秀竦"一詞。值得注意的是，《漢語大詞典》收錄了"秀聳"【秀聳】猶秀拔。《宣和書譜·薛貽矩》：'貽矩風儀秀聳，所與遊者，咸一時之英傑。'宋郭彖《睽車志》卷四：'嘗於市肆遇異人，風采秀聳。'"我們認爲作爲一個語詞的出現，"秀聳"應該是起碼在初唐時期，祇不過它的形式是"秀竦"罷了。

匠導

《續高僧傳》卷三十一《道紀傳》："迴首告其屬曰：'吾講成實，積三十載，開悟匠導，望有功夫，解本擬行斯遺誡也。今解而不行，還如根本不解矣，徒失前功，終無後利。往不可追，來猶可及。請並返京，吾當別計。'"按，"匠導"，金本作此，資、磧、普、南、徑、清本作"正道"。應當作"匠導"。我們先看道宣的文獻用例，如《大唐內典錄》卷四："弘覺法師弟子僧嚳，師徒匠導，名重二秦。"（55/264c）《廣弘明集》卷二十九道安《檄魔文》："撫育黎元善安卿士，匠導群賢，慰喻有疾。"（52/344b）此例在隋代譯經中也有用例，如：闍那崛多譯《佛本行集經》卷九："大王智慧勿作是言，大王往昔高曾祖父，以行福業功德緣故，得度衆生，到於彼岸。如是匠導，託作王兒，不但獨爲治化人民令得安樂而爲王子。"(3/659b)"匠導"或許本應當是名匠、導師,後來引申出高明的指導、點化、開悟等義,如《廣弘明集》例,《道紀傳》本例也是這樣的用法。

流慰（問）

《續高僧傳》卷二十二《法超傳》:"天子下勅流慰,並令有司葬鍾山開善寺墓。"按,金、麗本作"流慰",資、磧、普、南、徑、清本作"疏慰"。本書謂當作"流慰"是。但我們在衆多文獻中祇檢到這麼一個例子。在道宣文獻中又有"流問"的說法,如:《上幸東都又召西京僧道士等往論事》(見《集古今佛道論衡》卷丁):"不意法柱忽崩,仁舟淪沒,因疾卒於洛邑,幽明結慘,道俗悲涼。下詔流問,並給賻贈。"(52/391b)本例儘管也出現在《集古今佛道論衡》這樣的纂集作品中,但因是道宣的敍述文字,故而可以作爲道宣個人言語來對待。《續高僧傳》卷二十八《道貴傳》:"晚在京師住隨法寺,擁其道德,閑守形心。及建塔之初,下勅流問。"卷四《玄奘傳》:"初奘既度葱嶺,先遣侍人,齎表陳露達國化也。下勅流問,令早相見。"卷二十五《智實傳》:"龍門深浚,奉見無由,天意高懸,流問何日。"觀上舉諸例,多是與"下勅"、"下詔"連用,《智實傳》的例子也是說等待皇帝的"流問"的,可見"流問"當解作"慰問",而"流慰"則與"流問"同,也可以認爲是"問"、"慰"同義語素的替換使然。

現前

《續高僧傳》卷二十八《法朗傳》:"函外東面雙樹間,現前死鳥傾臥,須臾起立。鳥上有三金花,其鳥西南而行,至臥佛下,住立不動。"卷十七《智顗傳》:"有爲之結已離,無生之忍現前。"按,《漢語大詞典》:"現前:①出現於眼前。《宋書·夷蠻傳·呵羅單國》:'呵羅單國跋摩以頂禮足,猶如現前,以體布地,如殿陛道,供養恭敬,如奉世尊。'②眼前,目前。宋朱敦儒《好事近》詞:'受用現前活計,且行歌行樂。'""現前"一詞是梵語翻譯而的,《佛光大辭典》:"【現前】梵語……即顯現於眼前或於目前存在之意。又稱現在前。依成唯識論卷九所說,就欲界入見道者而言,色、無色之上二界爲不現前界,欲界則爲現前界。對四方僧伽而言,常住僧伽稱爲現前僧伽,其所用之資具稱爲現前僧物。"

勤至

《續高僧傳》卷三十《智興傳》："大業五年仲冬，次掌維那，時鐘所役，奉佩勤至，僧徒無擾。"卷六《慧韶傳》："如有謬忘及講聽眠失者，皆代受罰。對衆謝曰：'斯則訓導不明耳，故身令獎物。'其勤至若此。"卷十五《玄會傳》："自落采之後即預講席，專志涅槃，勤至之功，倫等推尚。"按，中古前期，這個意思一般是用"其勤至矣"來表達。如：《漢書·甘延壽傳》："千里之鎬猶以爲遠，況萬里之外，其勤至矣！""至"乃至到、周備的意思。"勤至"並不在一個語言層面上，而祇是橫向的組合，後來"勤至"纔凝結成一個詞，就現代人的音讀而言，也發生了變化。以前是"其勤/至矣"，而後來"勤至"成爲一個不可分割的語音單位了，再後來，"至"的語素義更加弱化，在"勤至"的前後甚至都可以再附加表示程度之甚的修飾性成分，如"彌"、"甚"等。"勤至"固定組合，在中土文獻中也有很多用例，說明這個詞是可以成詞的，但是《漢語大詞典》並未收錄。再看"勤至"附加修飾性成分的例子：《續高僧傳》卷十八《智通傳》："臨將捨命，彌加勤至。"《法苑珠林》卷九十五"感應緣"："誦法華經數年，勤至不倦。"《法苑珠林》卷十四"感應緣"："勤至彌甚。"

土葬

《續高僧傳》卷二十九"論"："然西域本葬，其流四焉。火葬焚以蒸薪，水葬沈於深澗，土葬埋於岸旁，林葬棄之中野。法王輪王，同依火祀，世重常習，餘者希行。東夏所傳惟聞林土，水火兩設，世罕其蹤。故瓦掩虞棺，廢林薪之始也，夏后聖周，行瓦棺之事也，殷人以木槨櫬，藤緘之也。中古文昌，仁育成治，雖明窆葬，行者猶希。故掩骼埋胔堋而瘞也。上古墓而不墳，未通庶類，赫胥盧陵之後，現即因山爲陵。下古相沿，同行土葬。""火葬"乃古代印度的葬法，隨佛教傳入中國，諸多辭書早已揭示。本書在此要討論的是作爲語詞來說，"土葬"也是在"四葬"的葬法傳入中國之後而產生的。《佛光大辭典》："【四葬】爲行於印度之四種葬法，即水葬、火葬、土葬、林葬。法苑珠林卷九十七送終篇記載西域之葬法有水漂、火焚、土埋、施林等四種，即屬印度之四葬方式。大唐西域記卷二（大五一·八七七下）：'送終殯葬其儀有三，一曰火葬，積薪焚燎；二曰水葬，沈流漂散；三曰野葬，棄林飼獸。'火葬，又作荼毗，如來與輪王必依火葬之法，餘人則可采四葬之任一法。今印度人雖不問四姓之別，多依火葬，然首陀羅族與濕婆教徒用土葬，或用更簡易之水葬。火葬，系將棺木置於積薪之上而後點火，其後以金屬器收其遺骨，或投入恆河；今多爲死者築墓存之。此四葬系與四大相配而行，土葬、水葬、火葬與地、水、火相當，林葬則與空大相當。又我國與日本古來即行土葬，佛教傳來之後，始兼行火葬，迄今猶然。"中國古代葬法以土葬爲主，但依《列子·楊朱》所載，古代似亦曾行火葬與棄葬等法。① 但是，作爲一種葬俗的形成，"土葬"還是應當看作受到了一定的佛教文化影響。並且，儘管古代中國一直在使用土葬的葬法，但是，一個語詞的産生和事物的出現是兩回事。《漢語大詞典》："土葬：處理死人遺體的一種方法。我國一般是把屍體裝進棺材，埋在地裏。"例舉《南史·扶南傳》。在佛教分別葬法方式傳入中國以前，漢語沒有必要出現"火葬"、"土葬"這樣的對子。中土文獻中比較早出現這四葬的說法的見《梁書》，《梁書·扶南國傳》："扶南國在日南郡之南，海西大灣中。去日南可七千里，在林邑西南三千餘里。城去海五百里，有大江，廣十里，西北流，東入於海。其國輪廣三千餘里。土地洿下而平博，氣候風俗，大較與林邑同。出金、銀、銅、錫、沈木香、象牙、孔翠、五色鸚鵡。……今其國人皆醜黑拳髮，所居不穿井，數十家共一池引汲之。俗事天神。天神以銅爲像，二面者四手，四面者八手，手各有所持，或小兒，或鳥獸，或日月。其王出入乘象，嬪侍亦然。王坐則偏踞翹膝，垂左膝至地，以白疊敷前，設金盆香爐於其上。國俗，居喪則剃除鬚髮。死者有四葬，水葬則投之江流；火葬則焚爲灰燼；土葬則瘞埋之；鳥葬則棄之中野。人性貪吝，無禮義，男女恣其奔隨。"按，《梁書》乃唐姚思廉所撰，其語言的時代性應謹慎地對待。本書以爲關於四葬的明確的提法應當出在唐代。需要說明的是，這裏不是探討中國境內或漢人或其他少數民族風俗中有沒有這四種葬法，風俗的來源變遷是一回事；語詞的産生又是一回事，在"土葬"一詞的産生中，佛教文化起了至關重要

---

① 《列子·楊朱》原文作："平仲曰：'既死，豈在我哉？焚之亦可，沈之亦可，瘞之亦可，露之亦可，衣薪而棄諸溝壑亦可，袞衣繡裳而納諸石槨亦可，唯所遇焉。'"（列禦寇：《列子》，張湛注，中華書局1985年版，第88頁）

的作用。正是天竺（道宣所謂的"中國"）中有了這樣四種葬法，纔使得中土有必要認識和區分對於埋葬這一現象的語言表達。在更早時期，對於土葬我們有自己的表達，如：《莊子·列禦寇》在談到土葬的時候祇是說"在下"，並沒有明確的專有名詞："莊子將死，弟子欲厚葬之。莊子曰：'吾以天地爲棺槨，以日月爲連璧，星辰爲珠璣，萬物爲齎送。吾葬具豈不備邪？何以加此！'弟子曰：'吾恐烏鳶之食夫子也。'莊子曰：'在上爲烏鳶食，在下爲螻蟻食，奪彼與此，何其偏也！'"在後世，"土葬"、"火葬"等詞因這些葬俗的綿延不絕而被繼承了下來，甚至有的學者認爲日語中的"火葬"還是從漢語輸入的①，而另一方面，"水葬"、"鳥葬"兩個詞又由於華夏不使用它們所指稱的喪葬方式而消失在歷史的長河裏了。②

---

① ［日］佐藤素子：《中國佛學的東傳和日本民俗》，《佛教與中國文化》，文史知識編輯部編，中華書局1988年版，第345—348頁。

② 與此可以類比的如"肉眼"，因爲眼睛本來就是肉的，無須再特別加上"肉"字，之所以會有"肉眼"的說法，就是因爲還有其他的"眼"，《俗語佛源》第一百零二頁："肉眼：《金剛經》中說佛有五眼——肉眼、天眼、慧眼、法眼、佛眼。對於佛來說，五眼祇是一智所顯示，一眼所具足的五種功能。如果分別而論，凡人所具有的肉眼層次最低。後用'肉眼'、'肉眼凡胎'指普通的人不具有超凡的智慧、功能。"

第 五 章

《續高僧傳》語彙研究

詞彙是一個大系統，它包括語言中所有的詞以及與詞功能相當的固定短語，所以本書將語彙研究置於詞彙研究的框架之內。這些固定短語包括成語、俗語以及謠諺等，成語、俗語詞、謠諺一般都來自民間，即便是古語的遺留，也都俚俗化了。而今在我們重視中古漢語口語詞的同時，也應當加強對這些語彙的研究。佛教對於漢地民俗、民間宗教影響至深，具體表現的第一步當然是民俗事項，而俗語言則是這些宗教思想以及事項的載體，比如大量的佛教教義已經成爲人們的口頭語，諸如"放下屠刀，立地成佛"、"閑時不燒香，臨時抱佛腳"，等等。通過考察這些俗語言，一定能夠幫助我們更加具體深刻地理解佛教對漢地民俗的滲透，同時也能從另外一個角度揭示佛教對中國文化的影響。儘管成語與諺語各有區別，但在固定性、經典性方面它們具有一致的特點，所以我們將成語也放在語彙部分來論說；諢名是通過稱名將一些比較顯著的特徵加以突出和誇張，同樣具有濃郁的口語色彩，故而本章一併考察。

第一節 《續高僧傳》與成語

成語與佛教關係的研究，是漢語詞彙史上一個重要課題，該研究旨在揭示漢語詞彙的來源以及組成情況，對於我們比較深刻地了解漢語大有裨益。儘管一些專門以漢語固定短語語彙爲研究對象的成果在溯源方面會追及佛典，但是它們大都沒有明確地提出哪些語詞其實是受到了佛教文化的影響，沒有提及這些語詞同"外來詞"一樣，也是"異文化的使者"。在這個領域中，比較早的研究成果有朱瑞玟《成語與佛教》以及中國佛教文化研究所編《俗語佛源》兩本書。①朱書分七個部分，分別從七個側面揭示了成語與佛教的關係，後來，朱氏又在此書的基礎上編著了《佛教成語》。②它們都是立足漢語語詞來審視佛典佛源，朱氏的意趣在於闡明二者之間的關係，故而舉凡能與佛教挂上關係的成語，悉皆收錄。但由於"關係"的伸縮性太大，這一做法似乎造成了"大而無當"的情勢，如朱書收錄了"仙露明珠"，這個成語是唐太宗《大唐三藏聖教序》中稱讚玄奘的話"松風水月，未足比其清華；仙露明珠，詎能方其朗潤"凝縮而成的，比喻書法秀逸、圓潤。這樣的成語，本是出自李世民手筆，儘管也能說和佛教有關係，但是如果說它受到了佛教的影響，實在是無法令人信服。《俗語佛源》則明確地提出要解釋漢語語彙的佛源問題了，該書的研究視角與朱氏的著作似乎不同，它已經能夠完全站立在佛典的基礎上來說明佛教文化對漢語的影響，從詞彙到成語再到固定語，一一闡明其源，特別是其對佛理教義在詞義形成中的作用、所扮演的角色等的說解，更能給人以醍醐灌頂之感。前言二書在佛典與成語關係研究方面取得了非凡成就，其方法和思路都是值得稱道的，但後世的一些詞典似乎在這個問題上略顯草率了一些，對於與佛典有關的成語存有率性而爲、以意度之的現象，對這些成語的來源和形成過程沒有進行專門的探討，故而其釋義探源必然存有不足之處，今略舉幾例以見一斑。

空谷傳響

《漢大成語大詞典》③："'空谷傳聲'：山谷裏的迴聲。語出南朝梁武帝《淨業賦》：'若虛谷之應聲，似遊形之有影。'《千字文》：'空谷傳聲，虛堂習聽。'"按，儘管梁武帝有《千字文》，但是這個有"空谷傳聲，虛堂習聽"八字的《千字文》一般題"梁勅員外散騎侍郎周興嗣"撰，將二者都列在梁武名下，不妥。《一切經音義》卷七："諸響：虛兩反。空谷應聲也。"《續高僧傳》卷十八《智通傳》："譬猶明鏡現形，空谷應聲。影響之來，豈云④遠乎？""空谷傳響"也應當是來自佛教。

---

① 朱瑞玟：《成語與佛教》，北京經濟學院出版社1989年版；中國佛教文化研究所編：《俗語佛源》，上海人民出版社1993年版。
② 朱瑞玟：《佛教成語》，漢語大詞典出版社2003年版。
③ 漢大成語大詞典編委會：《漢大成語大詞典》，漢語大詞典出版社1997年版。
④ 本卷金本缺，麗本作"云"，資、磧、普、南、徑、清本作"足"。

有目共睹、有目共見

《漢大成語大詞典》："'有目共睹'：同'有目共見'。草明《乘風破浪》四：'有目共睹，一年祇長個三萬四萬噸。'艾蕪《〈桂花村的孩子們〉序言》：'他就在農村中不斷地寫作，寫出許多堅實優秀的作品，廣大讀者都是有目共睹的。'""'有目共見'：謂人人都看見，極其明顯。清陳確《大學辨一·翠薄山房帖》：'《大學》紛紛言先言後見，有目共見。'"按，這個成語有更早的源頭：《續高僧傳》卷二十八《玄鏡傳》："從卯至酉，方始歇滅。當此之時，有目皆睹。"同卷《寶巖傳》："四月三日，夜放大光明照天地，有目皆見。"現代漢語"有目共睹"、"有目共見"，"有目皆睹"、"有目皆見"同之。

進退惟咎

《漢大成語大詞典》："進退惟咎：謂進退兩難而動輒得咎。唐道宣《統論前議優劣並贊》：'披瀝丹款，未紆黃道，進退惟咎，投措靡由。'"按，《漢大成語大詞典》所舉的唐道宣《統論前議優劣並贊》例子在道宣編纂的其他集子中可以見到，《廣弘明集》卷二十五"贊"中麗本作"谷"，資、普、徑、宮本作"咎"；《集沙門不應拜俗等事》卷六麗本作"谷"，徑、宮本作"咎"。顯然，"咎"應當是來自"谷"訛誤。也許這個"咎"祇應當是"谷"，也就是說，在漢語史上根本沒有"進退惟咎"這樣的成語，有的祇是"進退惟谷"，"進退惟咎"是"進退惟谷"之訛。再看其他相關證據：《續高僧傳》卷十六《佛陀傳》："勤苦勵節如救身衣，進退惟谷，莫知投厝。"按，"谷"，資、磧、清本作"咎"。《高僧傳》卷四《支遁傳》："進退惟谷，不知所厝。"《續高僧傳》卷二十三《靜藹傳》："進退惟谷，高蹈可乎。"金本作"谷"，《中華大藏經》未言有異文。僧傳的語言有自足性、繼承性。《續高僧傳》也許是繼承自《高僧傳》的，而《高僧傳》中的"進退惟谷"也不是自己的創造，它是來自《詩經》中的用例。"進退惟谷"出自《詩·大雅·桑柔》。1999年出版的《漢語成語辭海》中收錄了"進退惟谷"、"進退維谷"、"進退唯谷"，沒有收錄"進退惟咎"。①《漢大成語大詞典》後出，卻未能"轉精"，未免可惜。另外，《集古今佛道論衡》卷丁："又道士諸經唯有莊

---

① 朱祖延主編：《漢語成語辭海》，武漢出版社1999年版。

老，餘皆僞詤，偷竊佛教安置縱橫，首尾蹈機，進退惟咎。"（52/391c）這個"咎"也應當是"谷"。

第二節 《續高僧傳》中的俗語研究

黃征先生曾對俗語詞、口語詞、方言詞概念以及彼此的分界作了辨明①，但是，我們今天一般使用的"口語詞"和俗語詞也還仍然沒有明確的界定。本書沿用這種朦朦朧朧的做法。口語詞、俗語詞（詞彙）研究，應當包括結構上大於詞彙的俗語（語彙）的研究，這樣一個比較闊大的視野對於漢語史研究是有益的。② 本書將俗語詞和俗語放在一起來討論，其中的罵詈語詞，更能體現這種俚俗的特點。

一 罵詈語

莊申將唐代罵人話分出了五種，即"田舍漢（田舍子、田舍奴）"、"獠（獠奴）"、"'豎子'以及與'豎'有關的罵人語"、"'狗輩'、'鼠輩'與'狗鼠輩'"、"賊以及與'賊'有關的罵人語"。③ 在道宣的文獻中，"田舍漢"一類的罵人話沒有出現，"獠"一詞雖然出現，但都是用在稱川南等地的土獠人，而並不構成罵詈的意思；其他三類都有體現，大概這三類語詞乃漢語罵詈的通用語，但是應當說明的是，它們並不具有時代特徵，而應當被看作是古語的遺留。以下分類揭示《續高僧傳》中罵詈語詞的使用情況。

第一類，以畜牲為喻體。有佛徒被罵的，也有佛徒罵詈他人的，不管是被罵還是罵人，這些罵詈語之所以能夠起到罵詈的作用，說明罵人者和被罵者都認同這樣的文化語境。這一點很有意思，給人的一般感覺

---

① 黃征：《漢語俗語詞研究的幾個理論問題》，《杭州大學學報》1992年第2期。
② 溫端政等在對21世紀俗語研究進行展望時說："繼續進行資料收集工作。漢語俗語浩如煙海，20世紀和20世紀以前都做了大量的俗語語料的收集工作。資料的來源有兩個方面，一是口頭的，收集對象主要是語條；二是書面的，除了語條之外，還記錄了上下文和出處。這兩方面的工作都很有意義。"（溫端政、周薦：《二十世紀的漢語俗語研究》，書海出版社2000年版，第376—377頁）
③ 莊申：《唐代的罵人語》，（台灣）中國唐代學會主編《第二屆國際唐代學術會議論文集》，文津出版社1994年版，第128—136頁。

是原本在佛教看來萬物有靈、衆生平等的，但其實還是有差別的，印順《佛法概論》中有這樣的論說：

> 有情是生死死生，生生不已的。一旦"本有"的生命結束，即轉爲另一新生命——"後有"的創生。從一切有情新生長育的形態去分別起來，可分爲四類，即胎、卵、濕、化——四生。胎生，如人、牛、羊等；卵生，如雞、鴨、雀、鴿等；濕生，如蟲、蟻、魚、蝦等；化生，如初人等。佛說四生，是約有情的最初出生到成長期間的形態不同而分別的。……從生長的過程說：胎生繁複於卵生，卵生繁複於濕生，濕生繁複於化生。從産生所依的因緣說：胎生與卵生，必依賴二性和合的助緣；濕生中，即有但以自身分裂成爲新的生命；化生更不需此肉體的憑藉，即隨業發生。依胎、卵、濕、化的次第說，化生應爲有情中最低級的。但從來的傳說，化生是極高的——天，也是極低的——地獄，而且還遍於鬼、畜、人三趣中。①

複雜是複雜了一點，但也可以看出，其實並不是一切有靈含識皆平等，特別是在佛教中國化以後，這樣的人畜差別更加明顯。但是，以畜牲罵人，大概還是中土固有文化使然。在傳統的中國文化中，人是萬靈之長，"非人"自然是對其基本性徵的否定，故而構成罵詈。"先佛漢語"中早有以畜牲詈人的語言。如以"鼠"罵人等，先秦即習見，漢代也有用例，《史記·李斯列傳》："人之賢不肖譬如鼠者，在所自處耳。"在這些罵詈語言中，人們往往把社會習慣對動物的好惡、愛憎體現在詈詞上，因而動物喻體的使用也帶有鮮明的社會心理色彩，比較常見的不外乎"豬"、"狗"、"鼠"、"驢"等這些傳統文化中醜陋、愚蠢的意象。

畜、畜牲：(1)《續高僧傳》卷三《慧淨傳》："晃曰：'言不領者，請爲重釋。'淨啓令曰：'昔有二人，一名蛇奴，道畢忘掃；一名身子，一聞千解。然則蛇奴再聞不悟，身子一唱便領。此非授道不明，但是納法非俊。'晃曰：'法師言不出脣，何所可領？'淨曰：'菩薩說法，聲振

---

① 印順：《佛法概論》，上海古籍出版社1998年版，第40—41頁。

十方，道士在坐，如迷如醉。豈直形體聾瞽，其智抑亦有之。'晃曰：'野干說法，何由可聞？'淨曰：'天宮嚴衛，理絕狩蹤，道士魂迷，謂人爲畜。'"（2）《續高僧傳》卷九《羅雲傳》："時松滋有道士姓俞（抽祐反）者。……成曰：'汝既諱喚先生，請除先字，還依舊姓，名曰俞生。'所以句句之中常銜'俞生'。於時大衆，欣笑無已。"例（1）的"謂人爲畜"自然不是尊敬的說法，實在是罵人，也就是所謂"野干"也。例（2）是通過諧音來罵人，實際上也就是罵人爲"畜牲"。

狗：（1）《續高僧傳》卷十五《義褒傳》："李榮不勝其憤，曰：'如此解義，何須遠從吳來？'褒答曰：'三吳之地，本出英賢；橫目狗身，舊無人物。'"（2）《續高僧傳》卷二十三《靜藹傳》："因見橫枝格樹，戲自稱身，遇爲藹見，初不呵止，三日已後方召責云：'腹中他食，何得輒戲？如此自養，名爲兩足狗也？'"例（1）的"橫目狗身"說的是"蜀"，典出《三國志·吳書·薛綜傳》，薛綜罵蜀國的使者張奉："蜀者，何也？有犬爲獨，無犬爲蜀，橫目苟身，蟲入其腹。"裴松之注："松之見諸書本'苟身'或作'句身'，以爲既云'橫目'則宜曰'句身'。"借罵地方來罵人。例（2）則是一種比喻的說法，將其比作狗，所不同者，僅狗爲四足罷了。

驢：《續高僧傳》卷二十七《明解傳》："行次將仕，乃脫袈裟：'吾今脫此驢皮，預在人矣。'"按，"驢皮"乃作爲喻體來比喻袈裟的一個說法，其中隱含的意思也就是說和尚爲驢。

第二類，以生理特徵作爲罵詈的突破口，主要是生理上的缺陷。因爲多涉及僧人，剔髮的特徵成爲人們詬病的一個焦點，而"綠精鬍子"則明顯是對異族、外來事物傳統歧視心理造成的，至於以"平而無頭"來譏諷道士，也許是和尚在飽受了生理特徵遭人嘲諷後得到的一點啓示吧。

禿、禿丁：《續高僧傳》卷二十五《普應傳》："禿丁妖語，不勞敍接。"按，"禿丁"是罵人的話。經過檢索發現，這個詞之所以能成詞，應當感謝傅奕，罵和尚爲"禿丁"始自傅奕。傅奕《上減省寺塔廢僧尼事》（見《廣弘明集》卷十一）："搢紳門裏翻受禿丁邪戒，儒士學中倒說妖胡浪語。"（52/160b）後來法琳撰書，斥破傅奕可爲證明：法琳《破邪論》卷上："念傅奕下愚之甚，愧凡僧禿丁之呵，惡之極也，罪莫大焉。自尊盧赫胥已來，天地開闢之後，未有如奕之狂悖也，不任斷骨痛心之至。"（52/477b）《唐護法沙門法琳別傳》卷上："奕乃公然宣佈遐邇，禿丁之誚閭里盛傳，胡鬼之謠昌言酒席。"（50/199a）又，卷下："奕謂僧是禿丁，佛爲胡鬼，斯言可忍，孰不可容！"（50/212a）《漢語大詞典》："禿丁：對僧人的譏稱。《說郛》卷四六引宋孫光憲《北夢瑣言》：'高駢鎮蜀日，因巡邊至資中郡，有開元佛寺夜僧禮贊，命軍好不容易悉擒械之，曰："此寺十年後當有禿丁數千作亂，我以是厭之。"'"所舉書證顯然過晚。當然，作爲一種生理上的特徵，也並不是在所有的時候、所有的語境中都是罵人的，也有的和尚比較放曠而以"禿"自名的：《蜀檮杌・逸文》："詩僧可朋，有詩號《玉壘集》。《題洞庭》詩曰：'水涵天影潤，山拔地形高。'又《舊居》詩曰：'傷心盡日有啼鳥，獨步殘春空落花。'自號醉髡。"《太平廣記》卷九十一有"阿禿師"一條，其文爲："北齊初，并州阿禿師者，亦不知鄉土姓名所出。爾朱未滅之前，已在晉陽，遊諸郡邑，不居寺舍，出入民間，語讖必有徵驗。每行市里，人衆圍繞之，因大呼，以手指胸曰：'憐你百姓無所知，不識并州阿禿師。'人遂以此名焉。"看得出，在這裏，"阿禿師"似乎也沒有貶義。

第三類，直接罵詈其無知、愚蠢、不肖。

鈍丁、豎子：《續高僧傳》卷二十二"論"："邪說富於脣吻，邪求滿於胸臆，謂捧鉢爲鈍丁，號持瓶爲豎子。"按，莊申在文中推溯了"豎子"一詞的歷史，認爲在《史記・平原君虞卿列傳》中毛遂向楚王求援中所說的"白起，小豎子耳"爲其早源，但是認爲在唐代似乎比較晚（見於《大唐新語》《新唐書》以及杜甫的詩歌等），其實在初唐時期佛典中，已經有了用例。像這樣歷代傳承的語詞，祇要考察的文獻更周全一些，其理路是比較容易梳理清晰的。另外，"鈍丁"也是罵人的話。

庸夫、豎伍：《續高僧傳》卷二十九"論"："睹塗塔爲庸夫，謂引材爲豎伍。"按，以"庸夫"、"豎伍"罵人，也是古語的繼承，是從社會地位的角度來損毀他人，言其低賤、無能、無知。"伍"相當於"輩"等，"豎伍"同"豎"，"豎"乃罵詈之詞，上文已說。以"庸夫"罵人，類似罵人爲"奴"。《方言》卷三："臧、甬、侮、獲，奴婢賤稱也。荊淮海岱雜齊之間罵奴曰臧，罵婢曰獲。……皆異方罵奴婢之醜稱也。自關而東，陳魏之間，保庸謂之甬。"

二 俗語諺語

第一類，俗詞語。文獻明確使用了"世曰"、"俗所謂"說明了這些語詞乃是俗間的說法，而這些語詞也確乎罕見於一般文獻。

落花：《續高僧傳》卷三十"論"："世有法事，號曰落花。通引皂素，開大施門，打刹唱舉，抽撤泉貝，別請設坐，廣說施緣，或建立塔寺，或繕造僧務，隨物讚祝，其紛若花。"按，"法事"稱爲"落花"乃是民間俗稱。在本處，道宣還解釋了"落花"一詞的來源問題。在後世道宣文獻的注釋中又有"落花師"一詞，可以作爲佐證：《資行鈔》（事鈔上二之末）："言因利求利者，謂如落花師爲他說法，令他舍慳，遂求物入己者是也。"（續藏經62/407a）《資行鈔》（事鈔下三之末）："濟云：如落花師及古來諸愚僧，爲他受五八之戒，元不解受翻邪三歸，或有指說五八之相爲得戒時節，如是施化，皆是出唯心也，皆是事起非法，言成犯濫也。"（續藏經62/799c）

普盆錢：《續高僧傳》卷三十《德美傳》："故自開皇之末，終於大業十年，年別大施，其例咸爾。默將滅度，以普福田業委於美，美頂行之。故悲敬兩田，年常一施，或給衣服，或濟餱糧，及諸造福處，多有匱竭，皆來祈造，通皆賑給。又至夏末，諸寺受盆，隨有盆處，皆送物往，故俗所謂普盆錢也。"按，《法苑珠林》卷八十六"感應緣"引用作："故自開皇之末，終於大業十年，年別大施，其例咸爾。默將滅度，以普福田，用委於美。美頂行之。悲敬兩田，年別一會。又普盆錢，夏末常施。"這個詞大概是可以被佛教信徒所接受的。

第二類，俗語言。結構單位大於詞的俗語，口語化色彩非常濃郁。這些句子的特點是協韻，便於上口。以下分三類論說。

1. 民間俗語

它們大都說明了樸素的道理。

如盲問孔，蹶者訪路：《續高僧傳》卷十七《智顗傳》："有問其位者，答曰：'汝等孅種善根，問他功德，如盲問乳，蹶者訪路。'"按，"乳"，資、磧、宮本作"孔"。"孔"似乎更合情理。

2. 民間流言

這在歷史上歷代都曾經出現過，特別是在改朝換代的關節點時期。

拗羊頭搋羊頭：《續高僧傳》卷二十六《賈逸傳》："大業五年，天下清晏。逸與諸群小戲於水側，或騎橋檻，手弄之云：'拗羊頭！搋羊頭！'衆人倚看，笑其所作。及江都禍亂，咸契前言。"按，"江都禍亂"指煬帝崩于江都。羊，楊也，煬也。

石鼓若鳴，則方隅不靜：《續高僧傳》卷二十六《圓通傳》："今石窟寺僧，每聞異鍾唄響洞發山林，故知神宮仙寺不無其實。余往相部尋鼓山焉，在故鄴之西北也，望見橫石，狀若鼓形。俗諺云：'石鼓若鳴，則方隅不靜。'隋末屢聞其聲，四海沸騰，斯固非妄。"按，本例同上，也是民間的流言，讖語也。

3. 對人物的褒揚

大頭傑難人殺：《續高僧傳》卷十三《道傑傳》："乃歷遊講肆，觀略同異，凡經六載，感陳難擊。故并州語曰：'大頭傑難人殺。'然其例並雖少，而一徵一責，能令流汗。"按，這個"并州語"的"語"也就是前面的"諺"。"難人殺"，即"難人死"，也就是難死人。

錢唐有真觀，當天下一半：《續高僧傳》卷三十一《真觀傳》："時人語曰：'錢唐有真觀，當天下一半。'"按，這個俗語，乃品藻、品評之語。義爲真觀學識半天下也。

京師極望，道場法上：《續高僧傳》卷八《法上傳》："既慧業有聞，衆皆陳請。乃講《十地》《地持》《楞伽》《涅槃》等部，輪次相續，並著文疏。又偏洞算數，明了機調，綱紀法化，難繼其塵。故時人語曰：'京師極望，道場法上。'斯言允矣。"按，"京師極望，道場法上"是對法上的聲望的極度褒揚。

河南一遍照，英聲不徒召：《續高僧傳》卷十三《神照傳》："爲師疾而返，後因遂講之，初後通冠。時人語曰：'河南一遍照，英聲不徒召。'"按，"河南一遍照，英聲不徒召"言神照的的英名並非浪得而是名實相副。

黑沙彌若來，高座逢災：《續高僧傳》卷八《法上傳》："年暨學歲，創講《法華》。酬抗疑難，無不歎伏。善機問，好徵核，決通非據，昌言勝負，而形色非美，故時人諺曰：'黑沙彌若來，高座逢災也。'"按，這是一個順口溜，因法上形象不佳，膚色又黑，但是辯才無礙，故有此說。

第三節 《續高僧傳》中的諢名

譚名即綽號，也可以看作是稱謂的一種，稱謂系統在詞彙系統中屬於比較完整的一類，也最能體現文化特質，對人物、事物的不同稱名能折射出人們的心理特徵、審美觀念，反映該時代的文化特點。對《續高僧傳》中的稱名現象的研究，能幫助我們理解佛典語言的豐富性，見出其修辭手法，因爲稱名大都是抓住某一主要特徵加以誇大突出，或使用比喻的手法令其更加顯著。以下分別從命名的不同角度對《續高僧傳》中的一些稱名現象加以探討。

一 以行爲舉止特徵來命名

象王哲、象王持：《續高僧傳》卷九《慧哲傳》："哲從容如常，不失規矩，時瀉靴水，安行達寺，行步詳序，視瞻不眄，轉身徐顧，無妄乖越，時人呼爲象王哲也。"卷十四《慧持傳》："身長七尺，色相光偉，執持威容，不妄迴視，故俗又目曰象王持也。"

癡明：卷十五《法敏傳》："明居此席，不移八載，口無談述，身無妄涉，衆目癡明。"

矇叟：卷二十八《僧昕傳》："初衆見其低目寡言，絕杜論道，皆號爲矇叟也。"

臥倫：卷二十一《曇倫傳》："進具已後，讀經禮佛，都所不爲，但閉房不出。行住坐臥，唯離念心，以終其志……時人目之爲臥倫也。"

二 以形貌特點來命名

胡明：《續高僧傳》卷三十一《慧明傳》："貌儀象胡，故世以胡明爲目。"因爲像胡，所以人們就叫他"胡明"。

長足安：卷十三《道嶽傳》："時太白寺慧安者，倜儻多知，世數闊達，方丈一字，方寸千文，醫術有工，經道偏練，日行四百，相同誇父，世俗所謂長足安是也。"

無臂林：卷十六《僧可傳》："後林又被賊斫其臂，叫號通夕。可爲治裹，乞食供林。林怪可手不便，怒之。可曰：'餅食在前，何不自裹？'

林曰：'我無臂也，可不知耶？'可曰：'我亦無臂，復何可怒？'因相委問，方知有功。故世云無臂林矣。"

白朗：卷五《僧若傳》："（慧）朗肌貌霜潔，時人目爲白朗。"

烏凱：卷十四《智凱傳》："身相黑色，故號烏凱。"智凱皮膚黝黑，以此特徵而命名。

楊大眼：卷二十八《智揆傳》："又楊大眼者，先患兩目，冥無所見。牽來至輿，乞願求恩，即見舍利如本明淨。斯例復衆。"按，這個很有意思，叫"楊大眼"而目盲。

三　從對佛典的領悟來命名

得意布（思玄布）、得意棱：《續高僧傳》卷七《慧布傳》："至於洞達清玄，妙知論旨者，皆無與尚，時號之爲得意布，或云思玄布也。"卷十四《慧棱傳》："吐言質樸，談理入微，時人同號得意棱也。"

青布明：卷二十一《惠明傳》："明於法席二十五年，衆侶千僧，解玄第一，持衣大布，二十餘載，時共目之青布明也。"

豹選：卷二十五《曇選傳》："每有衆集，居於座元。酬問往還，以繫節爲要，吐言開令，宏放終古，僧侶乃多，莫敢摧挫，時人目爲豹選者也。"

律虎：卷二十二《法願傳》："法願霜情啓旦，孤映羣篇，挫拉言初，流威滅後。所以履歷談對，衆皆杜詞。故得立破衆家，百有餘計，並莫敢當其鋒銳也。時以其彭亨罕敵，號之爲律虎焉。"

義窟：卷十七《智顗傳》："禹穴慧榮住莊嚴寺，道跨吳會，世稱義窟，辯號懸流。""窟"，資、磧、普、南、徑、清本作"虎"。"義窟"乃解義深遠之謂也。

烏雲、烏瓊、白瓊：卷三十一《法稱傳》："時有智雲，亦善經唄。對前白者，世號烏雲。"因爲前文有"白雲經師"，所以此處說"對前白者"，智雲號"烏雲"，這個是一個仿詞的用法。卷九《慧哲傳》："釋慧哲……微銜紫相，世號烏瓊。……時彭城寺寶瓊者，善講說，有風采，形相奇白，世號白瓊。"這是從其相貌的角度來稱說，但是在卷七《寶瓊傳》則說："彼郡一旦老少相喧，競云建安伽藍白龍出現。奔排到寺，惟見瓊講，有識之士異而目之爲白瓊焉。"這多少有增添了神異的色彩。而其實這樣的命名仍應看作是來自其膚色的緣故。

沙安：卷九《法安傳》："時聽涅槃，每立異義，令衆難之，人雖巨衆，無能屈者，由是聲聞楚越。一時朗公知其穎拔，令論義。應命構擊，問領如向，往復既久便止。朗曰：'爾義窮乎？'對曰：'義若恒沙，何可盡也？'時學門名安者多，目之爲沙安。"

筆海：卷二十九"論"："有陳真觀，因而廣之……引經教如對佛，述厭欣如寫面，卷雖二十，覽者不覺其繁，文乃重生，讀人不嫌其妨，世稱筆海，固匪浮言。"

神鸞、聖沙彌：卷六《曇鸞傳》："魏主重之號爲神鸞焉。"卷二十二《慧光傳》："所習經誥，便爲人說，辭既清靡，理亦高華，時人號之聖沙彌也。"卷八《法上傳》："神氣高爽，照曉詞論，所在推之，咸謂聖沙彌也。"

四 以德行聲望命名

仙闍梨：《續高僧傳》卷二十六《道仙傳》："隋蜀王秀，作鎮岷絡。有聞王者，尋遣追召。全不承命。王勃然動色，親領兵仗，往彼擒之，必若固蹤，可即加刃。仙聞兵至，都無畏懼，索僧伽梨，被已，端坐念佛。王達山足，忽雲雨雜流，雹雪崩下，水湧滿川，藏軍無計。事既窘迫，乃遙歸懺禮。因又天明雨霽，山路清夷，得至仙所。王躬盡敬，便爲說法，重發信心。乃邀還成都之靜衆寺，厚禮崇仰，舉郭恭敬，號爲仙闍梨焉。"

聖尼：卷二十一《惠寬傳》："時隨蜀王秀在益，請入城內。妃爲造精舍，鎮恒供養。嘗出於路，人有疑者。尼召來曰：'莫於三寶所生異心，自受罪苦。'彼人悔過。有造功德須物者，燒香祈請，掘地獲金，無不充足。斯事非一。至於食飲，欲食便食，不食乃經歲序。時人目之聖尼。"

東土菩薩：卷二十四《曇無最傳》："天竺沙門菩提留支見而禮之，號爲東土菩薩。"

一代佛日：卷十五《志寬傳》："時州部遇旱，諸祈不遂。官民素承嘉績，乃同請焉。寬爲置壇場，以身自誓：'不降雨者，不處室房。'曝形兩日，密雲垂布，三日已後，合境滂流。民賴來蘇，有年斯在。昔在蜀土，亦以此致譽。故使遍洽，時諺號爲一代佛日。"

毗曇孔子、席中杞梓：卷十一《志念傳》："有高昌國慧嵩法師，統解小乘，世號毗曇孔子。學匡天下，衆侶塵隨。沙門道猷、智洪、晃覺、散魏等，並稱席中杞梓、慧苑琳琅。"丁福保《佛學大詞典》："【毗曇孔子】（雜語）釋氏要覽下曰：'西秦慧嵩，善阿毗曇論，時重號毗曇孔子。'"

通人、僧傑：卷四"論"："往者西涼法讖，世號通人；後秦童壽，時稱僧傑。"卷十二《敬脫傳》："時共目之以爲僧傑。"

五　使用節縮的方式來命名

玄門二傑：《續高僧傳》卷二十三《靜藹傳》："沙門曇延、道安者，世號玄門二傑。"

三英：卷十四《智琰傳》："惟琰幼小矜莊，立性端儼，精誠在操，苦節彌勤，口辭雜味，日無再飯，非義理而不履，非法言而不談。美貌奇姿，乃超衆表，牆岸整肅，冰雪凜懷。陳臨海王弟道安法師，厭世出家，內外通博。沙門遍知，學優業淨，交遊二子。時號三英。"

曲池十智：卷二十八《法周傳》："釋法周，不知何許人。狀相長偉，言語高大，涅槃攝論，是所留神，稱會勝集，每預登踐，身相孤拔，多或顧問，由是振名者，復系於德矣。初住曲池之靜覺寺，林竹叢萃，蓮沼槃遊，縱達一方，用爲自得。京華時偶，形相義舉如周者可有十人，同氣相求，數來歡聚，偃仰茂林，賦詠風月，時即號之爲曲池十智也。"

第 六 章

《續高僧傳》若干語義系統考察

　　隨著科學的發展，傳統訓詁學的改造問題不斷地被人們提及。在新的學術條件下，作爲解經工具的訓詁學如何重整自己的學科系統、如何納入新的學術體系，確實是一個重要的問題。王力先生早在1947年就發出了建設"新訓詁學"的倡議①，經過了幾代人的艱苦努力，借鑒新的學科理論、扎根於經典訓詁學的新訓詁學已經形成，"現代訓詁學也早已擺脫了'經學附庸'的地位"、"有自己的理論體系和研究對象，在學習研究古典文獻、繼承祖國優秀的文化遺產等方面發揮著日益重要的作用"②，由於傳統文獻的解讀工作仍未完成，對漢語詞彙演變規律的揭示仍是若明若暗，所以這種改造和嘗試其實仍然有許多工作要做。即便當下的詞彙史研究，仍有許多問題需要傳統訓詁學的研究作爲基礎。所以說，訓詁學的發展仍然具有廣闊的空間，而結合現代語言學理論應當是努力的方向之一。蔣紹愚先生的《古漢語詞彙綱要》是這方面的典範之作。③ 學習借鑒蔣先生的方法，本書試圖將一些相關的詞語組合在一個語義場中考察它們的"價值"。

　　佛教典籍的語義系統與中土文獻的語義系統是有分別的。儘管道宣是地道的中國和尚，他的語言不能脫離他的母語，他的語義系統也一定是漢語的一個部分，但另一方面，佛家爲了區別俗世，總是想方設法地

---

① 王力：《新訓詁學》，《王力文集》第十九卷，山東教育出版社1990年版，第166—181頁。

② 王雲路、方一新：《漢語史研究領域的新拓展——評汪維輝〈東漢—隋常用詞演變研究〉》，《中國語文》2002年第2期。

③ 蔣紹愚：《古漢語詞彙綱要》，北京大學出版社1989年版。

製造一些不同於常人的說法，這就造成了這樣的語義系統帶有鮮明的社會方言色彩。本書考察的語義場，大致可以分爲兩個部分。一是涉佛類，如：年齡段表示法的語義場，佛家、俗世表達的語義場，有關頭髮的語義場［包括剔剪（髮）、括（髮）、釋（髮）等］，捨棄、施捨的語義場，關於死亡語詞的語義場，語言稱說的語義場（包括文言、世語等），長唱散說語義場，詭名真名語義場。一是普通語詞語義場。如：度量方面表示約數的語義場、關於對中國的稱說的語義場、同時代人的稱說的語義場、縫補義的語義場、行走類的語義場、飲喝類的語義場等。當然，二者在很多時候是交融的。

一　年齡段表示法的語義場

中土對年齡的稱說大致有以下種類。1. 源於禮儀習俗。（1）以冠禮與髮式表示。20歲：冠、弱冠、冠年，也可以用這些表示：弱歲、弱年。小於20歲的：垂髫、垂髮、髫齡、髫年、總角、總髮、總丱、丱角、束髮之年、及笄、笄年、初笄。（2）來自學習、出家與出仕。《禮記》說人生十年而學，於是便稱10歲爲"幼學之年"（或簡稱"幼"），這是說開始學習的年齡。根據學習的內容，13歲叫"舞勺之年"，15歲叫"舞象之年"。又，《禮記》說三十而壯，於是就稱30歲爲"壯室"，40歲爲"強仕"，50歲爲"艾服"。（3）來自尊老以及對退休的稱說。《禮記》有文：五十杖於家，六十杖於鄉……於是對50、60、70、80分別稱作杖家、杖鄉、杖國、杖朝、耄耋、期頤、致仕、懸車、懸輿等。2. 出自詩文名句。不惑、古稀等。這些說法與漢民族悠久的民族文化密切相關。[①]道宣身爲中國的和尚，一方面他長期浸淫在佛教的話語中，另一方面，中土儒家文化的氛圍他是無論如何也掙脫不了的，所以在他的語言中，在《續高僧傳》中，年齡的表示法必然呈現出漢梵合璧的特點。舉其要者，大致有如下說法。

（一）中土文化的產物

又可以分出這樣幾個方面。

[①] 王聚元：《漢語年齡表述用語的文化底蘊》，《洛陽師專學報》1998年第6期。

1. 以髮記年

如童丱、髫年等。

童丱：《續高僧傳》卷三十一《智凱傳》："年在童丱，雅重嘲謔。""童丱"一詞，乃隋唐時的一個常用的語詞，其義即兒童，漢語史上儘管在《晉書》中即有用例，但那也許是作者房玄齡等唐人詞彙的流露。它的詞義重心本來是以"丱"來體現的，後爲達到雙音化的要求，而在此上附加了一個同義語素"童"。

髫年：《續高僧傳》卷二十三《智首傳》："髫年離俗，馳譽鄉邦。"《一切經音義》卷八十九："髫年：上田遙反。《蒼頡篇》云：髫，髦也。……小兒髮也。《字統》云：髫，小兒爲飾也。"

2. 以齒記年

以"齒"來記量人的年歲，先秦已見。在道宣的文獻中有"童齔"、"稚齒"、"壯齒"、"沒齒"等稱說法。

童齔：《續高僧傳》卷十一《慧海傳》："年在童齔，德類老成。"卷二十《志超傳》："少在童齔，智量過人。""齔"，兒童掉乳牙換恒牙，故可指該年齡時期。

稚齒：《續高僧傳》卷十《靖嵩傳》："卿稚齒末學，徹悟若斯，可往京鄴，必成濟器。"

壯齒：《續高僧傳》卷十八《慧歡傳》："年逾壯齒，方蒙本遂，三十有七，被緇在道。"

沒齒：《續高僧傳》卷二十九《普濟傳》："獨處林野，不宿人世，跏坐修禪，至於沒齒。"

3. 以學記年

《禮記》言"古者八歲入小學"，故而"小學"指八歲的年齡，與此相關的"學歲"、"學年"都是指在學之年，而"齒胄"、"專經之歲"則是進一步的劃分。

小學：《續高僧傳》卷十九《智周傳》："小學年中，違親許道。"卷十六《僧副傳》："弱而不弄，鑒徹絕群。年過小學，識成景行，鄉黨稱奇。"

齒胄：《續高僧傳》卷十八《本濟傳》："濟年爰童丱，智若成人，齒胄之初，橫經就業。"本卷金本缺，"齒胄"，麗本作此，資、磧、普、南、徑、清、宮本作"韶亂"。按,"韶亂"可作年齡段的表示法,但是"齒胄"也可以表示年齡。《續高僧傳》卷十九《僧邕傳》:"世傳儒業,齒胄上庠。年有十三,違親入道。"《宋高僧傳》卷十四《道岸傳》:"爰在髫亂,有若老成。齒胄膠庠,侚齊墳典。"《漢語大詞典》:"齒胄:指太子入學與公卿之子依年齡爲序。王融《三月三日曲水詩序》(《文選》卷四十六):'出龍樓而問豎,入虎闈而齒胄。'周翰注:'公卿之子爲胄子。言太子入學,以年大小爲次,不以天子之子爲上,故云齒胄。齒,年也。'"以下句"橫經就業"來看,也許作"齒胄"更宜。

學年:《續高僧傳》卷十九《法喜傳》:"喜學年據道,事仰名師。"卷三十一《智凱傳》:"年在童卯,雅重謿謔。引諸群小乃百數人同戲街衢以爲自得。陳氏臺省門無衛禁,凱乃率其戲侶在太極殿前,號令而過。朝宰江總等,顧其約束銓敍,駐步訝之。相視笑曰:'此小兒王也。'及至學年,總擲前緒。"

學歲:《續高僧傳》卷八《法上傳》:"年暨學歲,創講《法華》。酬抗疑難,無不歎伏。善機問,好徵核,決通非據,昌言勝負,而形色非美。故時人諺曰:'黑沙彌若來,高座逢災也。'"按,"學歲"應當是來自"學年"的類推。這裏是說其仍然很年輕,本是在學之年,但已經能夠登壇說法且辯才無礙,每"酬抗疑難,無不歎伏"。

專經之歲:《續高僧傳》卷十二《淨業傳》:"年登小學,即霑緇服,閭里嘉之,號稱賢者。專經之歲,割愛出家。"這也是年齡段的表示法。"專經"本指博通經典,在這裏近似指稱其時。

4. 以禮俗記年

"冠禮"是古人人生中一個重要的禮儀,它標誌自孩童至成人的轉折,所以,在此基礎上產生了一系列的年齡表示法,如"弱冠"、"冠肇"等。

弱冠:《續高僧傳》卷二十二《通幽傳》:"幼齡遺世,早慕玄風。弱冠加年,遂霑僧伍。""弱冠加年",即比弱冠稍微大一點。

冠肇:《續高僧傳》卷十九《智滿傳》:"(滿)七歲出家隨師請業,凡所受道,如說修行。年登冠肇,進受具戒。""冠肇"即剛剛加冠。"冠肇"一詞爲道宣的個人語彙,見本書第三章第三節"《續高僧傳》語言的創造性"。

5. 以傳統典籍典故稱說法記年

《論語·爲政》："子曰：'吾十有五而志於學，三十而立，四十而不惑，五十而知天命，六十而耳順，七十而從心所欲，不踰矩。'"這一著名的話語，在後世不斷地被徵引，許多表示年齡的語詞來源於此。如志學、未立、登立、壯室、不惑、知命、耳順、縱心、杖國、秋方、悲谷以及懷橘之歲、採李之年、青襟之年等。

志學：《續高僧傳》卷十三《慧因傳》："十二出家，事開善寺慧熙法師；志學之年，聽建初瓊法師成實。"《大唐西域記》卷十二"記贊"："辯機遠承輕舉之胤，少懷高蹈之節，年方志學，抽簪革服，爲大總持寺薩婆多部道岳法師弟子。"季羨林等校注："年方志學：此用《論語》'十五而有志於學'，連下句指辯機在十五歲時出家。"[①] 這正是年齡段的表示法。《續高僧傳》卷二十三《玄琬傳》："青襟悟道，履操沖明。志在學年，方遊法苑。""志在學年"，金、麗本同此；資、磧、普、南、徑、清本作"在志"。按，應當作"在志學年"，"學年"即上學的年齡。一個習慣的說法是"年在志學"，"志學"乃立志於學，"在志學年"和"年在志學"義近。《續高僧傳》中或者作"年在志學"，或者作"在志學"。如：《續高僧傳》卷十四《慧頵傳》："昔在志學，早經庠塾。"卷十七《慧命傳》："昔在志學，家傳賜書。""志在"要求的搭配對象應當是一番具體的事業、理想，而不是時間名詞。

未立：《續高僧傳》卷二十二《道成傳》："年逾未立，別肆開筵。"

登立：《續高僧傳》卷十三《慧嵩傳》："年方登立，即昇法座。""立"指的是"三十而立"，"未立"指三十不到，而"登立"則指剛到三十。

壯室：《續高僧傳》卷十八《慧瓚傳》："壯室出家。"卷二十《志超傳》："年垂壯室，私爲娉妻。"卷十《淨願傳》："三十出家，博聞強記，推核經論，夙有成規，遠爲諸學之所先仰。創進大戒，專師律部。既越立年，彌隆盛業，以旦達曙，翹精固習。觀采五遍，便就講說。初以其壯室入道，人多輕侮。"《禮記·曲禮上》："三十壯，有室。""壯室"一詞應當來自此句的節縮，"壯室"一詞成形於初唐。道宣本處的用法可以作爲最早的用例。其他唐代文獻如：《唐摭言》卷十"李賀"："年未弱

[①] 季羨林等：《大唐西域記校注》，第1051頁。

冠，丁內艱，他日舉進士，或謗賀不避家諱，文公特著《辨諱》一篇，不幸未登壯室而卒。"

不惑：《續高僧傳》卷二十《曇榮傳》："年登不惑。"

知命：《續高僧傳》卷九《靈裕傳》："年四十有七，將鄰知命。便即澄一心想，禪慮巖阿。""知命"，金本作"如命"，資、磧、普、南、徑、清本作"知命"。鄰，臨也，義近前"登"，作"知命"是，四十七距離五十不遠了。

耳順：《續高僧傳》卷九《靈裕傳》："年登耳順，養眾兩堂。"

從心：《續高僧傳》卷十三《僧鳳傳》："年及從心，更新誠致。"

杖國：《續高僧傳》卷二十《僧徹傳》："年踰杖國，未嘗痾瘵。""杖國"，指七十歲，它來源於《禮記·王制》中的"杖於國"。《禮記·王制》："五十杖於家，六十杖於鄉，七十杖於國，八十杖於朝，九十者，天子欲有問焉，則就其室。"

秋方：《續高僧傳》卷九《慧藏傳》："于時年屬秋方，思力虛廓。""秋方"，西方也，意謂死地，故"年在秋方"可指人的暮年。《漢語大詞典》："秋方：①西方。②指人的晚年，暮年。南朝宋顏延之《庭誥》：'吾年居秋方，慮先草木，故遽以未聞，詻爾在庭。'"

悲谷：《續高僧傳》卷十三《僧鳳傳》："既而厚夜悽感，常志前言，悲谷增慨，彌隆遐想。""悲谷"與上文"厚夜"對文，同爲表示時間的詞彙。《一切經音義》卷三十四"晡時"條："晡時：許注《淮南子》：'日行至申爲晡時。悲谷者，日入處也。'顧野王云：'悲谷是日加申時也。'"也可以用來比喻人生暮年，如道宣《釋迦氏譜·序》："余年迫秋方，命臨悲谷。"（50/84b）

懷橘之歲、採李之年：《續高僧傳》卷二十五《智實傳》："實懷橘之歲，陟清信之名；採李之年，染息慈之位。""懷橘之歲"、"採李之年"都是年齡段表示法，分別指六歲、七歲。一取陸績事，一取王戎事。《三國志·吳書·陸績傳》："績年六歲，於九江見袁術。術出橘，績懷三枚，去，拜辭，墮地。術謂曰：'陸郎作賓客而懷橘乎？'績跪答曰：'欲歸遺母。'術大奇之。"《世說新語·雅量》："王戎七歲，嘗與諸小兒遊。看道邊李樹多子折枝。諸兒競走取之，唯戎不動。人問之，答曰：'樹在道邊而多子，此必苦李。'取之，信然。"

青襟之年：《續高僧傳》卷二十三《玄琬傳》："青襟悟道，履操沖明。志在學年，方遊法苑。"卷九《慧弼傳》："見弼青襟之年神爽，咸異嗟曰：'此子若逢鳳德，終爲王佐之才。'"《續高僧傳·序》："余青襟之歲，有顧斯文。"《漢語大詞典》："青襟：①青色衣服的交領。②借指學子之服。③借指學子。《魏書·李崇傳》：'養黃髮以詢格言，育青襟而敷典式。'④借指青年時期。唐竇群《晚自臺中歸永寧里南望山色悵然有懷呈上右司十一兄》詩：'白髮侵侵生有涯，青襟曾愛紫河車。'"指青年時期在《續高僧傳》中已經出現，竇群晚於道宣。

6. 直接言其年齡狀態

如：孩嬰、孩孺、小年、童稚、童小、幼齡、弱年（"未勝衣"同此）、綺年、盛年、衰年、耆艾等，其中不乏比喻而言者，如弱年、綺年等。

孩嬰：《續高僧傳》卷十三《慧璧傳》："爰初胎孕，母絶辛腥，及誕育後，生嫌臭味。故始自孩嬰至於七歲，菜蔬飽腹，諸絶希求。出家依法流水寺嚴師明教，隨順修奉。冠肇已後，周遊訪道，無擇夷險。"

孩孺：《續高僧傳》卷十九《法應傳》："生自孩孺，性度沈默。"

小年：《續高僧傳》卷二十九《寶瓊傳》："小年出家，清貞儉素。""小年"即"少年"也。

童稚：《續高僧傳》卷十三《法祥傳》："童稚出家，清貧寡慾，周勤訪道，棲止無定。冠具已後，遵奉憲章。"

童小：《續高僧傳》卷二十九《法誠傳》："童小出家。""童小"，《法苑珠林》引文作"幼小"。義同。

幼齡：《續高僧傳》卷二十《靜琳傳》："幼齡背世，清附緇門。"

弱年：《續高僧傳》卷十一《保恭傳》："初，恭弱年入道。"

盛年：《續高僧傳》卷六《道超傳》："（超）年三十六，以天監初卒。有慧安道人住湘宮寺，探玄析奧，甚有精理，年三十二卒於住寺。時以盛年俱卒，楊輦同哀。"

衰年：《續高僧傳》卷十一《吉藏傳》："藏年氣漸衰，屢增疾苦。勅賜良藥，中使相尋。自揣勢極難瘳，懸露非久。"

弱齡：《續高僧傳》卷二十《道綽傳》："弱齡處俗，閭里以恭讓知名。"卷二十二《智保傳》："弱齡入道，清慎居心，而在性剛謇，不軌流俗。進受具後，正業禁司。""弱齡"與"弱年"同義。《一切經音義》卷六十四："弱齡：下曆丁反。鄭注《禮記》：'齡，人壽之數。'《博雅》：'年也。'"希麟《續一切經音義》卷十："弱齡：下郎丁反。顧野王云：古謂年爲齡。《說文》云從齒令聲。案'弱齡'即未冠之前也，故《禮記》云：'男子二十冠而字。'鄭云成人矣也。"

未勝衣：《續高僧傳》卷六《僧密傳》："曾未勝衣便從蔦落，幼而易悟，情解過人。年至十六，學友如林。""未勝衣"也是表示年齡段的詞，言其小而尚不能加以衣（冠），近者如"不勝衣"亦言弱也、小也。《舊唐書·睦王述傳》："是時，皇子勝衣者盡加王爵，不出閣。"

綺年：《續高僧傳》卷十七《慧命傳》："雖居綺年，人多傾異。"《漢語大詞典》："綺年：華年；少年。北周宇文逌《〈庾信集〉序》：'綺年而播華譽，髫歲而有俊名。'"

耆艾：《續高僧傳》卷三十《道積傳》："鄉邑耆艾，請積繼之。"卷二十一《法融傳》："童稚之與耆艾，敬齊如一。"《漢語大詞典》："耆艾：尊長；師長。亦泛指老年人。"例舉《莊子·寓言》："重言十七，所以已言也，是爲耆艾。"

7. 兒戲記年

撫塵之歲：《續高僧傳》卷十四《法恭傳》："初生之夕，室有異光；爰泊撫塵，便能舍俗，事武丘聚法師爲弟子也；受具之後，聽餘杭寵公成實屺公毗曇。"卷六《慧約傳》："撫塵之歲，有異凡童，惟聚沙爲佛塔，疊石爲高座。七歲便求入學，即誦《孝經》《論語》乃至史傳，披文見意。""撫塵"指的小兒遊戲，也就是撫、堆塵土、沙塵等遊戲。本例"撫塵之歲"則指這個年齡段。"撫塵"的說法在佛典中還有用例：唐義淨譯《根本說一切有部毗奈耶》卷十三："是時太子便生是念：此等與我撫塵共戲，爲不獲鹿，棄我荒林。"（23/692b）"撫"也作"捬"，《一切經音義》卷五十六："捬塵：芳主反。捬猶拍也，拍弄也。"後來也指兒時的朋友以及深厚的友誼。

(二) 佛教文化的影響

如：解髮、息慈、具受、具足等。

解髮：《續高僧傳》卷二十八"論"："尋夫讀誦之爲業也，功務本文。經歎說行，要先受誦。何以然耶？但由庸識未剖，必假聞持；崑竹不斷，鳳音寧顯。義當纔登解髮，即須通覽，採酌經緯，窮搜名理，疑僞雜錄，單複出生，普閱目前，銓品人世。""解髮"，指的纔剛剛出家，"纔登解髮"是年齡段的表示法。晉佛陀跋陀羅、法顯譯《摩訶僧祇律》卷二十三："佛言：從今日後太少不應與出家。太少者，若減七歲。若滿七歲，不知好惡，皆不應與出家；若滿七歲，解知好惡，應與出家。"（22/418a）按，這是佛許出家的年齡下限。

息慈：《續高僧傳》卷十一《吉藏傳》："初藏年位息慈，英名馳譽；冠成之後，榮扇逾遠。貌象西梵，言寔東華。"上文已經說了，"冠"作爲一種重要的禮儀可以表示年齡，本例的"冠成之後"即到了"冠"這個年齡以後，當然，和尚是不會加冠的，這裏祇是年齡的表示法而已；這樣，我們反推過去，則前面的"息慈"也應當是表示年齡的說法而不僅僅是和尚的名稱之一——"沙彌"。《佛光大辭典》："【沙彌】：梵語。全稱室羅摩拏洛迦、室羅末尼羅。又作室羅那拏。意譯求寂、法公、息惡、息慈、勤策、勞之少者。即止惡行慈、覓求圓寂之意。爲五衆之一，七衆之一。指佛教僧團（即僧伽）中，已受十戒，未受具足戒，年齡在七歲以上、未滿二十歲之出家男子。……《摩訶僧祇律》卷二十九以年齡區別沙彌爲三種：（一）驅烏沙彌，年在七歲至十三歲之間，已有驅走曬穀場上烏鳥之能力。（二）應法沙彌，年在十四歲至十九歲之間，不久即可參與出家生活之沙彌。（三）名字沙彌，年齡已超過二十歲，然尚未受具足戒，仍爲沙彌者。以上三者合稱三沙彌。"這裏，"息慈"顯然是指"冠成"前，也就是二十歲之前。

具受、具足：《續高僧傳》卷十三《海順傳》："少處寒素生於田野，早喪慈父與母孤居，孝愛之情靡由師傅，廉直之性獨拔懷抱。每恨家貧，無資受業。故年在志學，尚未有聞，乃慷慨辭親，脫落求道出家，依於沙門道遜，道光玄冑，名扇儒宗，具見後傳。順躬事學禮，晝夜誦經，初無暫替，文不再覽，日始三千。歲登具受，履操逾遠，志業尤勇，念守所持，誓無點累。"卷三十《明達傳》："童稚出家，嚴持齋素。初受十戒，便護五根；年及具足，行業彌峻，脅不著席，日無再飯。""歲登具受"、"年及具足"都是年齡的表示法，但是這是佛教中的說法，它和中土的表達法並不屬於一個系統。在中國和尚那裏應該不會出現衝突，中國的和尚可以在兩者之間自由地轉換。"具受"、"具足"都是指受具足戒。《佛光大辭典》："【具足戒】……音譯鄔波三缽那。意譯近圓，有親近涅槃之義。又作近圓戒、近具戒、大戒。略稱具戒。指比丘、比丘尼所應受持之戒律；因與沙彌、沙彌尼所受十戒相比，戒品具足，故稱具足戒。依戒法規定，受持具足戒即正式取得比丘、比丘尼之資格。……我國僧尼自隋唐以降，皆依四分律受戒；並特於受持具足戒外，加受四重四十八輕戒之菩薩戒。此外，欲受此等具足戒者，當得身體強健，諸根具足，無有聾盲等眾患，身器清淨，無有邊罪、犯比丘尼、賊住等雜過，具出家之相，剃除鬚髮，披著袈裟，已受沙彌（尼）戒，且年齡已滿二十歲而未逾七十歲之間。"由此可以看出，這個"歲登具受"、"年及具足"應當是受具足戒的底限，也就是二十歲。相當於中土語言詞彙系統中的"冠"時。

對年齡語義場的考察，蔣紹愚《古漢語詞彙綱要》中說：

> 表示未成年人的語義場古今有變化。首先是兩分和三分的不同：在這個語義場中秦漢時有兩個詞："嬰兒"和"童子"。"少年"在秦漢時是青年男子之義……所以不在此語義場中。而唐代和現代都有"嬰兒"、"童子"（或"兒童"）、"少年"三個詞。其次，這些詞的義域古今不同。秦漢時的"童子"（或"童"），不但可以指十歲上下的兒童，而且可以指未冠的青年。……秦漢時的"嬰兒"，既可指剛出生的小孩……也可以指三四歲甚至十幾歲的孩子。……唐宋時"嬰兒"大約指三歲以下，"童子"（或"童兒"）約指三歲到十歲，"嬰兒"和"童子"不再交叉了。而唐代的"少年"可指未成年的人。①

參照蔣先生的做法，我們可以將《續高僧傳》中的年齡詞彙系統列表如下：

---

① 蔣紹愚：《古漢語詞彙綱要》，第281—282頁。

年齡段	嬰兒	兒童	少年	成年	老年
語詞	孩嬰 孩孺 弱年（未勝衣）	童卯　髫年　童　稚齒 幼齡　小年　童稚　童小 小學　齒冑　學年　學歲 志學　解髮 懷橘之歲　採李之年 撫塵之歲、	弱冠 冠筆 未立 青襟之年 具受 具足 綺年 息慈	壯齒 登立 壯室 不惑 盛年	沒齒 知命 耳順 縱心 杖國 秋方 悲谷 衰年 耆艾

二　佛家、俗世表達的語義場

蔣紹愚《古漢語詞彙綱要》說："'相因生義'實際上是一種類推，也可以說是一種錯誤的類推，因爲甲乙兩詞有一個義位相同，其他義位未必就相同。……但語言是約定俗成的，如果這種類推被社會所承認，那麼由這種類推而產生的意義就成爲一個詞固定的義位了。……反義詞之間也有相因生義的現象。例如古代稱僧人爲'黑衣'，稱俗徒爲'白衣'。……又'僧俗'也稱'黑白'。……僧人因穿黑衣，故稱之爲'黑衣'和'黑'，這是好理解的。但俗徒並非全都穿白衣，官員可穿青衫，權要可著紫衣，爲什麼稱爲'白衣'或'白'呢？這是因爲'黑'與'白'是一對表顏色的反義詞，'黑'既可指僧，'白'也就受其影響，用來指僧的反義即'俗'了。"[①] 在這裏蔣先生分析了釋家與俗世的對立表達，受此啓發，我們將《續高僧傳》中此類表達匯總如下，通過對比，大致可以看出佛家對此類事物的稱說特點。

在這個語義場中，有這樣一些語詞：皂素、儒素、緇俗、儒釋、玄素、緇素、皂白、白黑、士素、俗儒、玄儒、道俗等。

道俗：《續高僧傳》卷二十八《法楷傳》："開皇首歲大辟法門，還返曹州。欲終山水，將趣海岸，而道俗邀留，不許東鶩。""道俗"，本來

[①] 蔣紹愚：《古漢語詞彙綱要》，第85頁。

是佛家與俗世人的一個對子，但在佛典中，我們可以發現有許多與此相同的對子，這些對子可以組合成一個語義場。

皂素：《續高僧傳》卷三十"論"："世有法事號曰落花，通引皂素，開大施門。"卷十四《智琰傳》："遠近奔馳，皂素通集。""素"的本義乃白色的生絹，後世常用作白色義，故可與"皂"相對而言。另外，在佛教史上，釋儒的對立也並不比佛道的對立緩和多少，而孔子又有"素王"的稱號，故可以以"素"來指稱儒家。

儒素：《續高僧傳》卷二十九《法曠傳》："少有異節，偏愛儒素。"卷二十九"論"："流俗儒素尚捐固我之心。"卷三十"論"："能令倨傲折體，儒素解頤，便識信牢強，頌聲載路。"卷七《寶瓊傳》："祖邕齊右軍，父僧達梁臨川王咨議，並高器局，崇遵儒素。""儒素"連言的說法應當是道宣首創，後世文獻用例大都爲借鑒徵引道宣文字。

玄素：《續高僧傳》卷二《達摩笈多傳》："又有翻經學士涇陽劉馮，撰《內外旁通比校數法》一卷。馮學通玄素，偏工數術，每以前代翻度至於數法比例頗涉不同，故演斯致。"卷二十二《慧光傳》："有儒生憑袞，光乃將入數中。袞本冀人，通解經史，被貢入臺，用擬觀國。私自惟曰：'玄素兩教頗曾懷抱，至於釋宗，生未信重。'試往候光欲論名理，正值上講，因而就聽。矚其威容，聆其清辯，文句所指，遣滯爲先，即坐盡虔，傷聞其晚。頓足稽顙，畢命歸依。"

緇素：《續高僧傳》卷十《靖玄傳》："時年在息慈，頻登法匠。華夷欽仰，緇素屬目。"

士素：《續高僧傳》卷十五《慧璿傳》："惟璿立性虛靜，不言人非，賓客相投，欣若朋友，面常含笑，慈育在懷。涉獵玄儒，通冠文采。襄荊士素咸傾仰之。""士素"即"士儒"。①

俗儒：《續高僧傳》卷二十四《曇顯傳》："帝命上統令與靜捔試。上曰：'方術小伎，俗儒恥之，況出世也？'"此是帶有佛教色彩的語義場。"俗儒"連言，其同盟擴大了。"俗儒"連言的原因在於以佛家看來儒亦俗也，出家人清靜無爲，舍俗取真，當然在境界上自視高出俗、儒

---

① 或"士素"應當看成是"士俗"的通借，因爲在道宣的文獻中，"士素"祇此一例，而"士俗"僅在《續高僧傳》中就出現了19例。

一大截，故而似乎有理由瞧不起"俗、儒"，在釋門看來，儒、俗一類。這也是符合當時中國文化狀況的，中華文化的固有根本在於儒，一般的俗人必定與"儒"有千絲萬縷的瓜葛，二者連言應當看作近義複合。釋慧義《答范伯倫書》（《弘明集》卷十二）："俗儒猶尚謹守夏五，莫敢益其月者，將欲深防穿鑿之徒，杜絕好新樂異之容，而況三達制戒，豈敢妄有通塞。"（52/78a）《續高僧傳》卷二十九"論"："流俗儒素尚捐固我之心，但謂我能行之。故非清蕩所攝，豈得心用浮動。觸境增迷，妄計爲道，一何可笑！"

玄儒：《續高僧傳》卷二十四《僧猛傳》："以猛年德俱重，玄儒湊集。"

緇俗：《續高僧傳》卷三十《住力傳》："甫及八歲，出家學道，器宇凝峻，虛懷接悟，聲第之高，有聞緇俗。"

白黑：《續高僧傳》卷六《僧詢傳》："時人嘉其清辨，白黑重其無倦。"

皂白：《續高僧傳》卷十七《曇崇傳》："皂白弟子五千餘人，送于終南至相寺之右。"卷六《慧超傳》："故早爲皂白①挹其高軌。"按，"皂白"對舉的反義詞，在下第一例中用的就是其本義。《大方便佛報恩經》卷五："賢愚不別，皂白不明。"（3/152a）而在上面道宣作品中的例子卻已經不再是其字面的意思而是和"緇素"一樣的意思了，語義場發生了轉移。

這是一個具有鮮明佛教文化色彩的語義場，在這個語義場中，我們可以看到它們有如下這些對子：釋→儒；道→俗；皂→白；黑、皂→白；緇→俗、素；玄→素、儒。而相關聯的同類則有：儒＝素；士＝素；俗＝儒。另外，"白"也應當是和它們同類。

三　表示約數的語義場

這些語詞中，有表示超出的，如"過"、"踰"、"強"、"出"以及"餘"；表示不足的，如"減"、"近"、"幾"、"僅"；表示左右的，如"可"、"許"。

---

① "白"，宮本作"帛"。按，應作"白"，皂白即緇俗也。

過：《續高僧傳》卷十《靖嵩傳》："講席相距二百有餘，在衆常聽出過一萬。"

踰：《續高僧傳》卷四《玄奘傳》："南北極廣，不踰四五里許。"

強（彊）：《續高僧傳》卷四《玄奘傳》："山城北門強一里許，即迦蘭陀竹園精舍石基。"同傳："有佛立跡，長尺八寸，闊強六寸。"卷二十三《慧進傳》："尋讀強三百遍。"

出：《續高僧傳》卷二十四《靜藹傳》："關東西數百年來官私佛法，掃地並盡！融刮聖容，焚燒經典。禹貢八州見成寺廟，出四十千，並賜王公，充爲第宅，三方釋子，減三百萬，皆復軍民，還歸編戶。三寶福財，其貨無數，簿錄入官，登即賞費，分散蕩盡。"按，"出四十千"和下文的"減三百萬"是連貫而下的，其義自然在一個語義場，祇是相對而言罷了。此外後文的"其貨無數"大概也能提供一點語境方面的線索。

減：見上例。另外在道宣其他文獻中也有用例，如《四分律刪繁補闕行事鈔》卷中："臥床過三肘……若減不得坐。"（40/89b）按，很明顯，"過"和"減"是反義詞。

餘：《續高僧傳》卷二十三《智首傳》："三十餘載獨步京輦，無敢抗衡。"

近：《續高僧傳》卷四《玄奘傳》："又東山行，近有千里，達商彌國。"

幾：《續高僧傳》卷六《真玉傳》："常徒學士幾百千人。"

僅：《續高僧傳》卷十《靖嵩傳》："見住僧尼僅將八萬。"卷四《玄奘傳》："師子國王買取此處興造斯寺，僧徒僅千。"卷二十《志超傳》："嘗以武德七年止於抱腹，僧徒僅百。"《靖嵩傳》例"僅將"連言，非常具有啓發意義，其義是"將近"義。《志超傳》例"僅百"，金本作"近百"。《法苑珠林》卷三十三"感應緣"："唐汾州光嚴寺釋志超，俗姓田，同州馮翊人也。精屬不群，雅度標遠。至武德七年，止於汾州抱腹山。僧徒僅百，徧資大齋。"按，道世言本驗出自《唐高僧傳》。黃征《釋"減"、"僅"》說"減"有"多"義，並說"僅"有二義，一爲程度副詞，相當於"庶幾"；一爲表數副詞，相當於"減"，即"多"。[①] 其

[①] 黃征：《釋"減"、"僅"》，《文史》第三十一輯，中華書局1988年版，第320—325頁。

實也許不必一定要解釋成"多",除非有確切的數目能證明這一點,言"接近"也可以表示數目多、數量大的意思。

可:《續高僧傳》卷四《那提三藏傳》:"所著大乘集義論,可有四十餘卷。""可",約言之也。

許:《續高僧傳》卷四《玄奘傳》:"寺南有菩提樹,高五丈許。遶樹周垣壘磚爲之,輪迴五百許步。"同傳:"山城之北可五里許,至曷羅闍姞利呬城。"

通過以上分析,我們大致可以得出這樣的結論:表示超過的語詞("過"、"踰"、"出"),都是來自動詞,在句中的位置一般都是出現在數目之前,唯獨"強"既可以出現在數目之前,也可以出現在數目之後。表示少於的詞語("減"),也是來自動詞,出現在數目之前。表示接近的語詞("近"、"幾"、"僅"),來自副詞,出現在數目之前。專職表示約數的詞("餘"、"許"),出現在數目之後。

四 有關頭髮的語義場

佛教徒的威儀之一便是淨髮,《佛光大辭典》:"【剃髮】又作薙髮、削髮、祝髮、落剃、落飾、落髮、淨髮、莊髮。即出家歸依佛門時,剃除髮、髭而成爲僧、尼。此系佛弟子爲去憍慢,且別於外道,或避免世俗之虛飾,而行剃髮。"但《佛光大辭典》本條所解釋的祇是關於頭髮的一個語詞,本書再補充以他例以補足完善這個語義場,其中的語詞有解髮、剪髮、削髮等。

解髮:《續高僧傳》卷三十一《寶巖傳》:"後以無常逼奪,終歸長逝。提耳抵掌,速悟時心,莫不解髮撤衣,書名記數,剋濟成造,咸其功焉。"卷二十七《法聰傳》:"後往金陵攝山栖霞寺,觀顧泉石,僧衆清嚴,一見發心,思從解髮。"卷十八《真慧傳》:"開皇十二年,年纔及冠,二親俱往。既將出俗,猶縈妻累,先勸喻已,便爲解髮,資給道具送往尼寺。"卷三十一"論":"士女觀聽,擲錢如雨,至如解髮,百數數別,異詞陳願,若星羅結。""解髮"就字面意思而言,就是解開所束之髮,古人束髮或括髮,而"解髮"則是解開其束使頭髮披散。在佛典中確乎也有用其本義者,法琳《十喻九箴篇》(見《廣弘明集》卷十三):"其救苦也,則解髮繫頸,以繩自縛,牛糞塗身,互相鞭打。"(52/168a)

在《續高僧傳》以上二例中這個"解髮"與"信奉"乃至"落髮、出家"的意思相同。此義來自至心供養佛的典故。失譯（附後漢錄）《分別功德論》卷四："見地少泥，恐汙佛足，即解髮布泥上，令佛蹈而過。佛即記曰：'汝勇猛乃爾，卻後阿僧祇劫，汝當作佛，字釋迦文。'"（25/45b）隋闍那崛多譯《佛本行集經》卷三："時然燈佛以神通力變一方地，如稀土泥。時彼人衆見此路泥，各各避行，無有一人入於泥者。我時行見速往泥所，見彼泥已，即生此念：如是世尊，云何令踐此泥中行？若泥中行，泥汙佛腳。我今乃可將臭肉身於此泥上作大橋梁，令佛世尊履我身過。我時即鋪所有鹿皮，解髮佈散，覆面而伏，爲佛作橋，一切人民未得踐過，唯佛最初蹈我髮上。"（3/667c）

釋髮：《續高僧傳》卷二十八《靈達傳》："先在儒門備參經史，唯見更相圖略。時有懷仁抱義，然復終淪諸有未免無常，乃釋髮道流，希崇正軌。"在《續高僧傳》中祇有這麼一個例子，它應當來自前"解髮"的類推。"解髮"、"釋髮"都是表明自己崇佛、信佛信心的。

五　捨棄、施捨的語義場

佛典當中此類的語義場比較發達，這和佛典的特性是分不開的。此類語詞有"減"、"割"、"割略"、"撤"、"抽撤"、"捐"、"捐削"、"捨散"、"斬捨"、"損略"等。

減：《續高僧傳》卷二《那連提黎耶舍傳》："健德之季周武克齊，佛教與國一時平殄。耶舍外假俗服，內襲三衣，避地東西，不遑寧息。五衆彫窘，投厝無所，儉餓溝壑者，減食施之；老病扶力者，隨緣濟益。""減"是減少自己的，這是"減"的本義；"割"同之。

割：《續高僧傳》卷十八《僧淵傳》："周氏廢教，便還故寺。割東行房，以爲私宅，餘者供官。""割"的本義應當是減少，如《淨心誡觀法》："六者厭背夫主。若見端正男子，無羞追逐，或遣信逼，或自身往，坐臥不安。休廢生業，或結成病，或時託病，屏處飲啖，人前不湌。夫婿辛苦，勤勞得財，割減偷竊，供給傍夫。共作謀計，規欲殺害，見夫即瞋，冤家無異。是名厭背夫主。"（45/824b）本例"割"乃克扣、扣除義，這是普遍的語言學的意義，而在佛典中，自有其"社會方言"的意義，即施捨、捐捨。《漢語大詞典》："割宅：①割分住宅區。②分出房屋。"此乃純粹的中土文獻用法，本書不取。

割略：《續高僧傳》卷二十八《寶積傳》："割略愛網，訪道爲任。"卷九《靈裕傳》："母病綿篤，追赴已終，中路聞之，竟不親對。嗟曰：'我來看母，今何所看？宜歸鄴寺爲生來福耳。'割略親愛如此之類。""略"，亦省去義。"割略"在此已經進入了"割、捨"的語義場。《續高僧傳》卷六《慧開傳》："後忽割略前習，專攻名教。"漢語史上有"割削"（削減義，《漢語大詞典》例舉《史記·平津侯主父列傳》）、"割棄"（捨棄義，《漢語大詞典》例舉《後漢書·傅燮傳》）、"割損"（割削、減損義，《漢語大詞典》例舉漢阮瑀《爲曹公作書與孫權》）一詞，"割略"與此同。

撤：《續高僧傳》卷十二《童真傳》："兼以偏悲貧病，撤衣拯濟，躬事扶視，時所共嘉。""撤衣"，本義脫衣，脫衣即減衣也，它們處於割捨等一個語義場。《續高僧傳》卷十九《法喜傳》："時屬運開，猶承饑薦，四方慕義，相次山門，便減撤衣資，用充繼乏。"卷三十一《寶巖傳》："莫不解髮撤衣，書名記數，剋濟成造。"《一切經音義》卷八十一"襯脫"條："《蒼頡篇》云：'襯，撤衣也。'"《一切經音義》卷九十八"襯龍"條："（襯）池爾反。《考聲》'解衣也。'《蒼頡篇》'撤衣也。'《說文》'脫衣也'。"

抽撤：《續高僧傳》卷三十"論"："世有法事，號曰落花，通引皁素，開大施門，打刹唱舉，抽撤泉貝，別請設坐，廣說施緣。或建立塔寺，或繕造僧務，隨物讚祝，其紛若花。""抽"，徑、清本作"拘"。按，"抽"，乃"施"義，而"撤"在一個義項上可與之同義，在此處的"撤"也是"施"義。

捐：《續高僧傳》卷八《曇衍傳》："聽涉無暇，乃捐食息。""捐食息"即廢寢忘食，"捐"乃捐棄、捨棄、放棄義。

捐削：《續高僧傳》卷二十九《普安傳》："小年依圓禪師出家，苦節頭陀，捐削世務。""捐削"，捨棄。削，在上古就有削減、消除義。

捨散：《續高僧傳》卷十七《智顗傳》："會陳始興王出鎮洞庭，公卿餞送，迴車瓦官，與顗談論，幽極既唱，貴位傾心，捨散山積，虔拜殷重。"卷三十《慧震傳》："有一異僧名爲十力。語震曰：'馬與主別，主當先行。來年正月十五日，日正中時應入涅槃。法師須散財物，無留於後，於身何益？'言已而隱，莫知其由。先造藏經，請僧常轉，開大施門，四遠悲敬，來者皆給。至終年初，又請衆僧讀經行道，作三七日，俗緣昆季，內外皆集。至於八日，香氣鬱勃，充滿寺中，傾邑道俗，共聞異香，捨散山積。""散"與"捨"同義，"捨散"乃同義複合。

斬捨：《續高僧傳》卷十七《慧思傳》："討問所被法衣，至今都無蠶服，縱加受法，不云得成。故知若乞若得蠶綿作衣，准律結科，斬捨定矣。"漢語史上既有"割捨"一詞，如《漢語大詞典》："割捨：丟開；捨棄。唐張鷟《遊仙窟》：'有同必異，自昔攸然；樂盡哀生，古來常事。願娘子稍自割捨。'"那也應當有"斬捨"一詞，"斬捨"可以看成與"割捨"同構。

捐略：《續高僧傳》卷十八《慧歡傳》："兼以志得林泉，銷形人世，捐略塵欲。"本卷金本缺，"損"，麗本作此，資、磧、普、南、徑、清本作"捐"。按，"損略"是，同義連言下例"損略"並無異文：《續高僧傳》卷七《法朗傳》："永定二年十一月，奉勅入京，住興皇寺，鎮講相續，所以《華嚴》、《大品》四論文言，往哲所未談，後進所損略，朗皆指摘義理，徵發詞致，故能言氣挺暢，清穆易曉。常衆千餘，福慧彌廣。"而"捐略"在《大正藏》則再無其他例子。

六　死亡語詞的語義場

丁福保《佛學大詞典》："【遷化】：（術語）遷者遷移，化者化滅，通謂人之死。原爲儒典之語。《前漢書·外戚傳》曰：'李夫人卒，武帝自作賦曰：（中略）忽遷化而不反兮，魄放逸以飛揚。'《文選·魏文帝典籍論文》曰：'日月遊於上，體貌衰於下。忽然與萬物遷化，斯亦志士之大痛也。'佛者更爲說，偏名釋氏之死，化者化度，教化濟度衆生也。遷者遷移，此處衆生之緣盡，而化度之事，移於他方之義也。《大乘義章》五本曰：'菩薩後時遷化他土。'《廣弘明集·哭玄奘文》曰：'上人遷化於異方。'《釋氏要覽》曰：'釋氏死謂涅槃、圓寂、歸真、歸寂、滅度、遷化、順世，皆一義也。從便稱之，蓋異俗也。'"可以看出，在佛家那裏，關於死的說法光丁福保總結的就有"涅槃"、"圓寂"、"歸真"、"歸寂"、"滅度"、"遷化"、"順世"等，其實還不止這些，我們發現在《續高僧傳》中至少還有這樣一些說法："遷神"（同"遷化"）、"長往"、

"變常"、"即世"等。

遷神：《續高僧傳》卷六《慧超傳》："以普通七年五月十六日，遷神於寺房。"卷七《法朗傳》："以太建十三年歲在辛丑九月二十五日中夜，遷神寺坊，春秋七十有五，即以其月二十八日，窆于江乘縣羅落里攝山之西嶺。""遷神"同"遷化"，意謂神遷也。《佛光大辭典》："【遷化】略作化。指僧侶之示寂，有遷移化滅之義。"

變常：《續高僧傳》卷二十二《通幽傳》："遂誡弟子曰：'吾變常之後，幸以殘身遺諸禽獸。儻蒙少福，冀滅餘殃。'忽以大業元年正月十五日，端坐卒於延興寺房。春秋五十有七。弟子等從其先志，林葬於終南之山至相前峯，火燎餘骸，立塔存矣。"按，"變常"同"無常"，《續高僧傳》中多見以"無常"來表示死亡的，這裏的"變常"也應當是死的意思。卷八《曇衍傳》："以開皇元年三月十八日，忽告侍人：'無常至矣。'便誦念彌勒佛，聲氣俱盡。"卷七《寶瓊傳》："未仍入道，奄至無常。頂暖信宿，手屈三指。"卷三十一《寶巖傳》："後以無常逼奪，終歸長逝。"卷十五《玄鑒傳》："後謂妻曰：'人命無常，何不修福？可往鑒師所聽法。'"

長往：《續高僧傳》卷十三《功迴傳》："奄然長往本寺，年六十六。"卷十五《慧璿傳》："惟璿立性虛靜，不言人非，賓客相投，欣若朋友，面常含笑，慈育在懷，涉獵玄儒，通冠文采。襄荆士素，咸傾仰之。聞其長往，無不墮淚。""長往"，義同"不還"，死也。《漢語大詞典》："長往：③死亡的婉詞。南朝宋顏延之《吊張茂度書》：'豈謂中年，奄爲長往。'"

即世：《續高僧傳》卷十九《法喜傳》："將終前夕，所居房壁自然外崩。顧曰：'依報已乖，吾將即世。'於是端坐閉目，如有所緣，奄然而卒。"卷二十八《僧蓋傳》："唐初即世，九十餘矣。"《漢語大詞典》："即世：①去世。"例舉《左傳·成公十三年》。足見這個詞是由來已久。

按，"遷神（化）"、"長往"、"即世"乃來自漢文化的說法，而"變常"等則是佛教文化的產物，兩種文化在道宣這裏得到了完美的融合。

七 同時代的人

對同時代的人的稱說，一般有"倫"、"伍"、"儕"、"儔"、"等"、

"輩"之類，這些在道宣的文獻中幾乎都有體現。

倫等：《續高僧傳》卷四《玄奘傳》："一聞不忘，見稱昔人；隨言鏡理，又高倫等。"卷三《慧賾傳》："自賾之知道，倫①等崇其辯機，時俗以擬慧乘。"

倫儔：《續高僧傳》卷十四《道基傳》："時彭門蜀壘復有慧景寶暹者，並明攝論，譽騰京國。景清慧獨舉，詮暢玄津，文疏抽引，亟發英采；暹神志包總，高岸倫儔。"

倫伍：《續高僧傳》卷九《靈裕傳》："身預倫伍，片無貯納。"

同倫：《續高僧傳》卷十《智凝傳》："所以學侶成德，實異同倫。"

儕倫：《續高僧傳》卷十《法彥傳》："而聰明振響，冠達儕倫。"

時倫：《續高僧傳》卷十三《僧鳳傳》："時倫相顧曰：'師逸功倍，聞之昔人；冰涼清厚，驗之今日。'""時倫"，當時的人。卷六《明徹傳》："時倫因事推伏。"卷十六《信行傳》："單衣節食，挺出時倫，冬夏所擬，偏過恒習。"卷二十二《法願傳》："橫勵時倫。"卷二十二《洪遵傳》："遵固解冠時倫。"

常倫：《續高僧傳》卷四《玄奘傳》："且其發蒙入法，特異常倫。"

常伯（百）：《續高僧傳》卷三《慧賾傳》："比事吐詞，義高常伯。"卷八《慧遠傳》："七歲在學，功逾常百。"

群輩：《續高僧傳》卷十《慧曠傳》："發明幽旨，頗超群輩。"

群伯：《續高僧傳》卷十三《僧鳳傳》："惟鳳立性矜莊，氣屬群伯，吐言爽朗，晤涉奔隨。"

儕等：《續高僧傳》卷十四《道基傳》："致使儕等高推，前修仰止。"

夷等：《續高僧傳》卷五《智藏傳》："眾所知識，超於夷等。"

時類：《續高僧傳》卷二十三《法礪傳》："振績徽猷，譽騰時類。""時類"應當指同時、同輩之人。這個詞最早出現在《五分律》。道宣在其著作中引用了《四分律刪繁補闕行事鈔》卷下一："五分云：五人不應作。一不相識；二未相諳悉；三未相狎習；四非親友同師；五非時類。"（40/110c）後世對道宣文獻的注解中有注釋：宋元照《四分律行事鈔資

---

① "倫"，普本作"儉"。本書謂作"倫"是。

持記》下一："非時類謂新舊不同，或尊卑有隔也。"（40/370b）

朋流：《續高僧傳》卷四《玄奘傳》："自爾卓然梗正，不偶朋①流。"

八　對語言稱說的語義場

語言的劃分，在佛典中有"文言"、"世語"的說法。"文言"即書面語，"世語"則是世間的俗語、口語。

《續高僧傳》卷二十二《慧光傳》："南北音字，通貫幽微，悉爲心計之勞，事須文記。乃方事紙筆，綴述所聞，兼以意量，參互銷釋。陀以他日密睹文言，乃呼而告曰：'吾之度子，望傳果向於心耳，何乃區區方事世語乎？'"卷二十八《道密傳》："從鄴下博聽大乘，神思既開，理致通衍。至於西梵文言，繼跡前烈，異術勝能，聞諸齊世。"丁福保《佛學大詞典》："【世語】（雜名）世間之言語論說。此對於世間之正法而言。無量壽經下曰：'不欣世語，樂在正論。'"按，有時也未必要理解爲和"正法"相對，而祇是世間通俗的傳說、俗語。與"文言"相對。

九　對中國稱說的語義場

中國的稱說有東川、東壤、東華、大夏等詞。

東川：《續高僧傳》卷二《闍那崛多傳》："自從西服來至東華，循歷翻譯，合三十七部，一百七十六卷，即《佛本行集》《法炬》《威德》《護念》《賢護》等經是也。"《續高僧傳·序》："惟夫大覺之照臨也，化敷西壤，迹紹東川，踰中古而彌新，歷諸華而轉盛。""東川"、"西壤"對文，其義當即中土。

東壤：《續高僧傳》卷十二《辯相傳》："末南投徐部，更採攝論及以毘曇，皆披盡精詣，傳名東壤。"

大夏、東華：《續高僧傳》卷二十八《闍提斯那傳》："帝以事符大夏，陳跡東華，美其遠度，疑是證聖，引入大寶殿。"

"東川"、"東壤"、"東華"、"大夏"，都是指中國。大體是在初唐以後這樣的說法纔在佛典當中多了起來，尤其以道宣的文獻爲主。但"東

---

① 按，"朋"，磧、普、南本作"明"，徑、清本作"時"，宮本作"門"。本書謂作"朋"義長，"明"、"朋"互訛是很經常的。

川"有時也指中國的東部地區而不是與"西壤"相對。如：

《續高僧傳》卷十六《道正傳》："左僕射高熲，素承道訓，乃於禪林寺大集名德，述上①所奏。時座中有僧曰：'帝京無人，豈使海隅傳法？'正聞，對曰：'本意伸明邪正，不欲簡定中邊。夫道在通方，固須略於祖述。'衆無以抗也。而其著詞言行，衆又不願遵之，於是僧徒無爲而散。正知澆季之難化也。遂以行法並留京輦方禪師處，即返東川，不悉終所。"

十　詭名、真名語義場

《續高僧傳》卷二十九《僧崖傳》："答曰：'我在益州，詭名崖耳，真名光明遍照寶藏菩薩。'""詭名"相當於現代漢語"假名"。"詭名"、"真名"是一個對子。《一切經音義》卷四十六："詭名：俱毀反。謂變詐也。"《魏書·孫紹傳》："故有競棄本出，飄藏他土。或詭名託養，散在人間；或亡命山藪，漁獵爲命；或投杖強豪，寄命衣食。"《漢語大詞典》："詭名：捏造假名；化名。宋朱熹《與留丞相劄子》：'公私田土，皆爲豪宗大姓詭名冒占。'"按，所舉書證太晚。

十一　長唱、散說語義場

《續高僧傳》卷二十四《曇顯傳》："元魏季序遊止鄴中，栖泊僧寺，的無定所，每有法會，必涉其塵，皆通諸了義隱文，自餘長唱散說，便捨而就餘講，及後解至密理，顯便輒已在聽。時以此奇之。""長唱"、"散說"是佛教法會的程式，二者是相對的。唐湛然《止觀輔行傳弘決》卷三："解脫亦爾，多諸名字者，即大經第五百句解脫文也，近七八紙。古今講者，長唱而已。真諦三藏有一卷記，釋此百句。天台大師曾於靈石寺，一夏講此百句解脫，每一一句以百句釋，百句乃成一萬法門一萬名字。"（46/220b）《高僧傳》卷八"論"："夫言者不真之物，不獲已而陳之。故始自鹿苑，以四諦爲言初；終至鵠林，以三點爲圓極。其間散說流文，數過八億。"梁皇太子綱《莊嚴旻法師成實論義疏序》（見《廣弘明集》卷二十）："處處散說本應根緣，有不次第各隨群品。"（52/

---

① "上"，資、磧、普、南、徑、清本作"正"。

244b）"長唱"是講經完整地連貫下來，"散說"是分散地說，既然是散開來說，必然可以加入解釋性成分，加之"散"和"釋"核心義素本來就相近，所以可以在後來的引申路徑上趨同而成爲同義詞。

第七章

《續高僧傳》語詞研究與大型語文辭書編纂

　　大型辭書的編纂，是建立在語言文字學充分研究的基礎上的成果總結，此前由於對佛典文獻注意不夠，一些大型辭書，比如《漢語大詞典》等的編纂還存有許多可以補正的問題乃至缺憾。這主要是因爲《漢語大詞典》成書於二十世紀的後半期，這是時代與學術發展水平決定的，辭典學有一句名言：辭書的修訂是永遠的。但也許正如黃建華先生分析的那樣，語言學研究與詞典編纂存在脫節的現象①，《漢語大詞典》成書後修訂工作一直比較遲緩。我們感覺，隨著漢語研究的發展，特別是中古近代漢語的深入開展，漢語詞彙史的研究已經取得了令人矚目的成果，《漢語大詞典》修訂的理論基礎、語言學研究的成果積澱、修訂的人才及物質條件應當都具備了，我們盼望著《漢語大詞典》修訂工作能早日產出新成果。

　　此前學界從古代漢語語料研究補正大型辭書的做法大都是補充詞目（新詞）、補充義項（新義）、提前書證等，本書的做法與此大體相近，主要通過對此前沒有被充分利用佛典文獻《續高僧傳》的研究，從選詞立目、語詞釋義、書證選取等詞典宏觀結構、微觀結構方面，爲《漢語大詞典》的修訂提出一些建議，以期未來《漢語大詞典》的修訂工作能夠更加完備，詞典品質更高。

---

　　① 黃建華：《語義學與詞典釋義·序言》，見章宜華《語義學與詞典釋義》，上海辭書出版社 2002 年版。

一　選詞立目不當，或可增收補正

選詞立目是詞典編纂首先要解決的問題，辭書的性質、類型也決定了辭書選詞立目的原則和範圍。儘管任何一部大型辭書也不可能包含語言的全部語詞，但作爲基於源遠流長中國文化的、貫通古今的大型權威詞典，《漢語大詞典》有責任儘可能廣泛地比較完備地蒐羅漢語語詞，以展示我國悠久燦爛的文明。收詞不完備，可能是語言系統性照顧不周，進而造成詞典詞目系統不完備。黃建華先生曾指出："全詞典的任何單詞都應列在結構之内。""詞典没有'一''二'，而有'百''千'，没有'爸''媽'，而有'叔''姨'，没有'人'而卻列出各種動物，那是多麼的不成系統！"① 此外，還有些詞目的選定可能還值得商榷。造成這些缺憾的原因，大概一方面是過往漢語史研究還尚未達到今天的水平，語言學没有給詞典編纂提供較爲有價值的參考，另一方面，也許個人的語感和立目的指導思想和標準見仁見智。我們相信，隨著漢語大型語料庫建設以及漢語詞彙史研究的進步，《漢語大詞典》宏觀系統一定能夠更加科學完備。這方面補正文章夥矣，本書祇是一鱗片爪而已，僅僅爲筆者在使用《漢語大詞典》過程中發現其在選詞立目方面尚有可以補足的個别條目，舉例如下。

（一）没有收録"母難"

《續高僧傳》卷十三《法護傳》："十二遭父憂，未幾又丁母艱，哀慟氣絶者數四。"按，"母艱"，麗本作此，資、磧、普、南、徑、清本作"母難"。"母艱"，母喪。"母艱"可從，也是古代漢語比較常見的用法，但是作"母難"亦可，"艱"、"難"本來義近，可以與同一語素組合，"母艱"、"母難"二者同義，皆可通。《法苑珠林》卷六"宋司馬文宣感應緣"："宋司馬文宣，河内人也，頗信法。元嘉九年，丁母難，弟喪。"《出三藏記集》卷十三《竺叔蘭傳》："後遭母難，三月便欲葬。有隣人告曰：'今歲月不便，可待來年。'叔蘭曰：'夫生者必有一死，死者不復再生，人神異塗，理之然也。若使亡母棲靈有地，則烏鳥之心畢矣。若待來年，恐逃走無地。何暇奉營乎？'遂即葬畢。""難"，金本作此，磧、

---

① 黃建華：《詞典論》，上海辭書出版社 2001 年版，第 52 頁。

普、南、徑本作"艱"。

《漢語大詞典》收錄了"母艱"、"母憂",也收錄了"父艱"、"父憂",沒有收錄"母難"一詞。但是《漢語大詞典》卻收錄了"母難日"。《漢語大詞典》:

> 【母難日】元白珽《湛淵靜語》卷二:"近劉極齋宏濟,蜀人,遇誕日,必齋沐焚香端坐,曰:'父憂母難之日也。'"後因謂自己的生日爲"母難日"。《西遊記》第十七回:"那黑漢笑道:'後日是我母難之日,二公可光顧光顧。'"清俞樾《茶香室叢鈔·父憂母難》:"今人於生日曰'母難日',不知有父憂母難。"

白珽《湛淵靜語》的例子其實並沒有出現"母難日"一詞,它的功能祇能幫助說明"母難日"的來源,到是在這個例子中出現了"父憂"、"母難"這樣兩個詞語,本例如果作爲"父憂"、"母難"的書證是再合適不過的了。《西遊記》的例子也是一樣的道理,它本來應當是"母難"一詞的絕好例證。唯有俞樾《茶香室叢鈔·父憂母難》權且可以作爲"母難日"書證,但是它更適合作"母難"的例證,因爲從書名篇名,到這個例子的最後落腳點"不知有父憂母難",都出現"母難"這樣的說法。

收錄了"母難日"而沒有收錄"母難"則不能令人信服,給出的元白珽《湛淵靜語》以及《西遊記》第十七回的例子,也祇是說明"母難日"一詞的詞源,並不能算做是書證。誠如俞樾《茶香室叢鈔·父憂母難》所說,是祇知有"母難日",不知道還有"父憂"、"母難"了。

(二) 沒有收錄"丁內艱"、"丁內憂"

《續高僧傳》卷十《智聚傳》:"至德三年,丁外憂,泣血銜哀,殆將毀滅,因此言歸舊里,止於東山精舍。"按,"外",金、資、磧、普、南、徑、清本作此,麗作"外母"。本書以爲當從前者。《智聚傳》本例顯然是親人亡故而執喪禮。但如果從麗本,有兩點必須注意:(1) 所謂"外母",應當是岳母的意思,而古制中未有言及岳母去世而執如此喪禮者;(2)"外母"一詞,一般認爲出現在明代以後的俗文學作品中,元以前似乎沒有出現文獻用例,如果這樣一個稱謂詞突兀地出現在初唐佛典中,則實在缺乏理據。故此,我們非認爲"外母"之說法不可信,應當遵從金本等作"外"，"至德三年，丁外憂，泣血銜哀，殆將毀滅"，是說智聚法師父親過世，而其嚴守人倫俗禮的情況，語義完足。

古制遭逢父母喪事，依照禮制，子女應當行哀禮，子女要守喪，三年内不做官，不婚娶，不赴宴，不應考，稱丁憂，或丁艱。《晉書·袁悅之傳》："始爲謝玄參軍，爲玄所遇，丁憂去職。"《梁書·袁昂傳》："丁内憂，哀毀過禮。"如果是父親過世，則曰丁父憂，或丁父艱，也稱丁外憂、丁外艱；若是母親過世，則曰丁母憂，或丁母艱，也稱丁内憂、丁内艱。

既然遭逢父母親離世稱作丁憂、丁艱，而遭逢父親去世稱丁父憂、丁父艱、丁外憂、丁外艱，那麽遭逢母親過世，則自然可以稱作丁母憂、丁母艱、丁内憂、丁内艱。這在邏輯上是非常簡單的，而在語言發展演變上也符合類推規律，在語言事實上也確有例證，僅中古史書中就有非常多的例子，我們分別祇看一例以說明這個問題：《北齊書·高隆之傳》："天平初，丁母艱解任，尋如起爲并州刺史，入爲尚書右僕射。"《陳書·姚察傳》："拜宣惠宜都王中錄事參軍，帶東宮學士。歷仁威淮南王、平南建安王二府諮議參軍。丁内憂去職。"這正體現了詞彙的系統性，特別是漢語稱謂表達，本來就有極強的對稱性，漢語部分詞語呈現對稱分佈狀態，詞彙的對稱分佈特徵在性別詞裏表現明顯。但遺憾的是，我們的一些大型辭書如《漢語大詞典》在收錄詞目時，沒有充分注意到這個特點，在收錄了丁外艱、丁外憂後，居然沒有收錄丁内艱、丁内憂，而台灣《重編國語詞典》則收錄了"丁内艱"，其解釋爲"遭遇母親去世"，亦作"丁母憂"，但其也沒有收錄"丁内憂"。

（三）"試心"不當立目

《續高僧傳》卷十五《靈潤傳》："遂往南山之北，西極灃鄠，東漸玉山，依寒林頭陀爲業。時與沙門空藏、慧璉、智信、智光等京邑貞幹同修出離。既處叢塚，鬼神斯惱，或被推盪偃仆，或揚聲震叫者。潤獨體其空寂，宴坐如空，諸被嬈者皆來依附。或於深林曠野狼虎行處，試心安止，都無有畏。當遵此務，盡報傳持。"按，"試心"，麗本等作此，資作"誠心"。"試心"可從。"試心"誤作"誠心"，一者兩個詞字形接近，另一個原因，大概是"誠心"乃佛家熟習語詞，而"試心"稀見。"試心"可爲嘗試、試驗之心，也就是試一試的想法。如：義淨《根本說一切有部毘奈耶》卷五："時有賣香童子見世羅尼，深生敬重，往就其所，慇懃致禮。白言：'聖者。所須之物於我家中皆隨意取。所有言教我皆頂受。'時苾芻尼告曰：'賢首，善哉！願汝無病。'後於異時，世羅苾芻尼身嬰重病不能乞食，有餘苾芻尼巡行乞食，時賣香童子見而致禮，問言：'聖者，世羅苾芻尼何因不見？'報言：'賢首，彼身染患。'童子告曰：'聖者，我先白言：若有所須隨意取用，曾不見來從我求覓，彼有所須，願尊爲取。'彼便報曰：'如是，賢首，願汝無病。'作是語已，捨之而去。如是乃至三返，慇懃請與。時有少年苾芻尼，便生是念：我屢聞此童子所言，我宜試之，爲虛爲實。便持小鉢授與童子，告言：'賢首，聖者世羅今須少油。'……佛問彼少尼曰：'汝以何心從彼乞油？'白佛言：'我於童子而起試心。'佛告苾芻：'若作試心，此苾芻尼無犯。'"（23/649a）在的義淨的另一篇文獻中有同樣的記載：《根本說一切有部苾芻尼毘奈耶》卷三："佛問彼少尼曰：'汝以何心從彼乞油？'白佛言：'我於童子而起試心。'佛告苾芻：'若作試心，此苾芻尼無犯。'"（23/923a）這兩處的"試心"都是嘗試的心理，但在道宣纂集的文獻中寓與"試心"相近的的用法則與《續高僧傳》本處相比勘：道宣《廣弘明集》卷九《害親求道者》："老子語尹喜曰：'若求學道，先去五情：一父母，二妻子，三情色，四財寶，五官爵。若除者，與吾西行。'喜精銳，因斷七人首持來。老笑曰：'吾試子心，不可爲事，所殺非親，乃禽獸耳。'"（52/149c）這裏的"試子心"與《續高僧傳》本處的意思相近，即試驗心力、定力也。

我們在《漢語大詞典》中也檢到了"試心"一詞，《漢語大詞典》："【試心】考驗人的心地。中國近代史資料叢刊《太平天囯·天情道理書》：'萬事皆是天父天兄排定，萬難皆是天父天兄試心。'"儘管《漢語大詞典》有例證有解說，但是，我們認爲，"試心"不當立目，它還不能成詞，僅僅是一個語詞搭配結構而已。因爲在《太平天囯·天情道理书》這樣的文獻外，幾乎難再見到如此搭配並且固化的現象。

作爲唐代高僧的道宣在寫作《續高僧傳》時，儘管也使用了已有素材、既成文獻作爲參考，但是與其他撰集之作不同，《續高僧傳》乃道宣創作的作品，其中的語詞，就來源而言，一般來說比較單純，大都是出自道宣的個人心理詞典，應該可以看成是道宣的個人語言。

第七章 《續高僧傳》語詞研究與大型語文辭書編纂 / 283

(四)"討據"不當立目

《續高僧傳》卷十七《慧命傳》:"尋事剃落,學無常師,專行方等、普賢等懺,討據華嚴,以致明道。"按,"討",金本作此,資、磧、普、南、徑、清本作"謝"。非常難得的是,《漢語大詞典》徵引了《續高僧傳》中的這個例子。《漢語大詞典》:

【討據】討究依據。唐道宣《續高僧傳·習禪二·慧命》:"尋事剃落,學無常師,專行'方等'、'普賢'等懺,討據《華嚴》,以致明道。"

但是,它也就使用了這麼一個書證,讓我們還是有些擔心。我們遍檢了《續高僧傳》,發現《續高僧傳》中與"討"搭配的一般都是討論、討習、研討、討尋、討讎、討擊、討問、捃討、討覈等,再沒有"討據"的第二個例子了。進一步使用手頭其他語料庫檢索,發現似乎能作爲一個固定結構的所謂"討據"也僅《漢語大詞典》所引的"《續高僧傳·習禪二·慧命》"這樣一個例子。我們認爲《續高僧傳》本例根本就不是一個雙音詞,《漢語大詞典》將其作爲一個語詞收錄是錯誤的。這裏的"討",是討論、研討、討習義,是學習研討;"據《華嚴》",是依據《華嚴經》義,是說慧命所遵從的法義都是《華嚴》。

(五)"請對"不當立目,"清對"應當收錄

《續高僧傳》卷十三《道傑傳》:"吾子形貌傀偉,請對有方,學淺而思遠,吾論其興矣。儻子存於始卒,吾當誨而不倦。"按,"請對",麗本作此,資、磧、普、南、徑、清本作"清對"。本書謂作"清對"爲是。對,對答、酬答。清對,乃稱揚對答優雅優美也,有表敬的意思。我們看漢語史上"清"與語言文字類詞素搭配的語詞,可以幫助我們來理解"清對"。如:

清辯:清晰明辯。

清識:高見卓識。

清韻:清雅和諧的聲音或韻味,喻指鏗鏘優美的詩文。

清藻:清麗的文辭。

清聲:清亮的聲音,清美的聲譽。

清論：清雅的言談；公正的評論，亦指公正的輿論。

清誨：對人教誨的敬辭。

清詠：清雅的吟詠。

清詞：清麗的詞句。

清唱：優美嘹亮的歌唱；清泠地歌唱。

清音：清越的聲音。

清言：高雅的言論。

清談：清雅的談論。

清吟：清美的吟哦；清雅地吟誦。

如此，我們認爲"清"與"對"搭配是符合當時語言文字基本規律和使用習慣的。"清對"就是優雅優美的酬問答對。看具體的例子：(1) 僧肇《肇論》卷一："承遠法師之勝常，以爲欣慰。雖未清承，然服膺高軌，企佇之勤，爲日久矣。公以過順之年，湛氣彌厲，養徒幽巖，抱一沖谷，遐邇仰詠，何美如之。每亦翹想一隅，懸庇霄岸，無由寫敬，致慨良深。君清對終日，快有悟心之歡也。"（45/155b）(2) 僧祐《出三藏記集》卷十一："至乃敏捷鋒起，苞籠群達，辯若懸河，清對無滯。"(3) 《太平廣記》卷二四六《習鑿齒》："秦苻堅克襄陽，獲習鑿齒、釋道安。時鑿齒足疾，堅見之，與語大悅，歎曰：'昔晉平吳，利在二陸；今破南土，獲士一人有半。'蓋刺其蹇也。初鑿齒嘗造道安譚論，自贊曰：'四海習鑿齒。'安應聲曰：'彌天釋道安。'咸以爲清對。"

例（1）例（2）中的"清對"作優雅優美的酬問答對義解當無疑問。例（3）《出三藏記集》卷十五《道安法師傳》記載此事的原文作："遂住襄陽。習鑿齒聞而詣之，既坐而稱曰：'四海習鑿齒。'安曰：'彌天釋道安。'時人咸以爲名答。"由此我們可以看出，"清對"與"名答"義近，更證明了"清對"可解作"優雅優美的酬問答對"。值得注意的是，在《漢語大詞典》中沒有收錄"清對"一詞，而收錄了"請對"。《漢語大詞典》：

【請對】指古代官吏請求奏對。唐韓愈《論孔戣致仕狀》："臣所領官，無事不敢請對。"《宋史·仁宗紀二》："御史中丞孔道輔率諫官、御史，大呼殿門請對，詔宰相告以皇后當廢狀。"

本書以爲，"請對"立目值得商榷，"請對"祇需要把"對"的酬答、奏對義代入即可，"請"祇是表明其態度，詞義並沒有容易二字組合中，如果"請對"能夠成詞，則"請講"、"請說"都能夠成詞了，而這顯然與我們對詞彙的認識是不相符的，《漢語大詞典》也沒有認爲"請講"、"請說"這樣的結構能夠成詞。所以，本書認爲，《漢語大詞典》應當收錄"清對"而不是"請對"。

（六）"蕪昧"的解釋詞"蕪沒"沒有收錄

《續高僧傳》卷十五《慧休傳》："休天機秀舉，惟道居心。乃背負《華嚴》，遠遊京鄴。一聞裕講，鍪動身心，不略昏明，幽求體性，而章句無昧，至理未融。展轉陶埏五十餘遍，研諷文理，轉加昏漠。試以所解遍問諸師，皆慮涉重關，返啓其致。乃悟曰：'斯固上聖之至理也，豈下凡而抑度哉？且博聽衆師，沐心法海耳。'"按，"無昧"，資、磧、普、南、徑、清本作"蕪昧"。應當作"蕪昧"，"蕪昧"就是混亂、雜亂義，《漢語大詞典》：

【蕪昧】①猶蕪沒。唐陳子昂《薊丘覽古贈盧居士藏用》詩序："歷觀燕之舊都，其城池霸跡已蕪昧矣。"②雜亂不清。《舊唐書·禮儀志二》："今之所存，傳記雜說，用爲準的，理實蕪昧。"

這裏其實有三個問題很有意思：一是如果你不清楚"蕪沒"一詞的意義，再查《漢語大詞典》，你會發現《漢語大詞典》根本沒有收錄這個"蕪沒"。二是義項歸納值得商榷，這個詞可能就一個義項：混亂、雜亂、不清楚，陳子昂例依舊是說陳跡模糊，難以尋覓了。三是所給的書證太晚，其實早在中古時期就已經出現了這個用法，如：梁慧皎《高僧傳》卷十四《序錄》："齊竟陵文宣王《三寶記》傳，或稱佛史，或號僧錄。既三寶共敍，辭旨相關，混濫難求，更爲蕪昧。"此序又見《全梁文》卷七十三。

（七）未收錄"經于"一詞

《續高僧傳》卷十五"論"："每日敷化，但竪玄章，不視論文，經于皓首。"按，"經于"，麗本作此，資、磧、普、南、徑、清本作"終于"。"經于"，可從，佛典多見，其義概長達、直至義，言一段時間以來從未間斷、持續不斷。但《漢語大詞典》沒有收錄這樣一個用例非常之多的語詞。

二　補正釋義

語詞解釋乃詞典的核心，對此一部分的訂補下再多的功夫都不爲過。不管釋義採取對釋、描寫說明等何種方式，對語文辭書來說，正確把握立目語詞的詞義應該是第一位的。《漢語大詞典》收錄的語詞大多爲多義詞，這有涉及義項的概括問題，義項的概括應當努力做到全面性、準確性①，但要做到這一點不是一件容易的事情，牽涉語義學、辭書編纂學的思想與理念，也和辭書編纂的實際密不可分，李開先生《現代詞典學教程》列出專節討論"義項概括不當種種"②，可參看。在使用《漢語大詞典》過程中我們發現部分語詞的解釋可能還不夠準確，有些語詞有義項遺漏、錯誤等現象，舉例如下。

（一）時服

《續高僧傳》卷十三《道岳傳》："皇太子令曰：普光寺上座，喪事所資，取給家令，庶使豐厚，無致匱約。仍贈帛及時服衣等。"按，"衣"，麗本作此，資、磧、普、南、徑、清本作"法衣"。本書謂此段最後一句作"仍贈帛及時服衣等"可從。"時服衣"也就是"時服"，意即當下時令氣節所應穿著的衣服。"時服"，《漢語大詞典》有釋，但我們認爲其所釋義可能不確。《漢語大詞典》：

> 【時服】①當時通行的服裝。《禮記·檀弓下》："往而觀其葬焉，其坎深不至於泉，其斂以時服。"鄭玄注："以時行之服，不改制節。"②時興的服裝。晉陸機《招隱》詩："嘉卉獻時服，靈術進朝飡。"唐張籍《酬浙東元尚書見寄綾素》詩："便令裁製爲時服，頓覺光榮上病身。"

我們看這樣一些例子：

---

① 李爾鋼：《現代辭典學導論》，漢語大詞典出版社 2002 年版，第 95—110 頁。
② 李開：《現代詞典學教程》，南京大學出版社 1990 年版，第 251—260 頁。

第七章 《續高僧傳》語詞研究與大型語文辭書編纂 / 287

（1）《舊唐書·朱克融傳》："寶曆二年，遣使送方鎮及三軍時服，克融怒所賜疏弱，執中使以聞。"（2）《隋書·薛道衡傳》："仁壽中，楊素專掌朝政，道衡既與素善，上不欲道衡久知機密，因出檢校襄州總管。道衡久蒙驅策，一旦違離，不勝悲戀，言之哽咽。高祖愴然改容曰：'爾光陰晚暮，侍奉誠勞。朕欲令爾將攝，兼撫萌俗。今爾之去，朕如斷一臂。'於是賚物三百段，九環金帶，並時服一襲，馬十匹，慰勉遣之。"（3）《舊唐書·吐蕃傳上》："十八年十月，名悉獵等至京師，上御宣政殿，列羽林仗以見之。悉獵頗曉書記，先曾迎金城公主至長安，當時朝廷皆稱其才辯。及是上引入內宴，與語，甚禮之，賜紫袍金帶及魚袋，並時服、繒彩、銀盤、胡瓶，仍於別館供擬甚厚。"（4）《舊五代史·尹玉羽傳》："及高祖入洛，即受詔而來，以所著《自然經》五卷貢之，且告其老。即日璽書褒美，頒其器幣，授少府監致仕，月給俸錢及冬春二時服。"（5）《續高僧傳》卷三《波頗傳》："時爲太子染患，衆治無效。下勅迎頗入內。一百餘日，親問承對，不虧帝旨。疾既漸降，辭出本寺。賜綾帛等六十段並及時服十具。"（6）慧立彥悰《大唐大慈恩寺三藏法師傳》卷七："自是帝既情信日隆，平章法義，福田功德無輟於口，與法師無暫相離，勅加供給，及時服臥具數令換易。"（7）《三國志》卷三十五《蜀書·諸葛亮傳》："亮遺命葬漢中定軍山，因山爲墳，塚足容棺，斂以時服，不須器物。"（8）《後漢書·梁統傳》："氣絕之後，載至塚舍，即時殯斂。斂以時服，皆以故衣，無更裁製。"（9）《太平廣記》卷三百八十三《張導》："齊武帝建元元年，太子左率張導，字進賢，少讀書，老餌術。每食不過二味，衣服不修裝。既得疾，謂妻朱氏曰：'我死後，棺足周身，斂我服，但取今著者，慎勿改易。'及卒，子乾護欲奉遺旨，朱氏曰：'汝父雖遺言如此，不忍依其言。'因別制四時服而斂焉。"

細謂上文諸例"時服"用法，我們可以發現例（1）（2）（3）（4）（5）爲一類，例（7）（8）（9）爲一類。例（1）（2）（3）（4）（5）中的"時服"就是適應時令氣候的衣服，所謂春服、夏服、秋服、冬服。例（7）（8）（9）以及《漢語大詞典》所舉的《禮記·檀弓下》及鄭玄注相類，是古人爲了展現自己簡葬，不特別製作殮衣、送老衣，祇是隨死亡時間用當時日常所穿的衣服來裝殮入殯，所以"時服"也會經常出現在這些語境中，但這個"時服"還不能獨立出一個義項，因爲詞義並沒有發生引申。《漢語大詞典》將"時服"歸納爲"當時通行的服裝",並不確切,這個"時"還是理解爲時節、季節、時令更合適一些。我們可以注意當今社會,每逢季節變換,許多售賣服裝的商家也還都會亮出換季大甩賣等降價銷售方式,換季,也就是因時而更換所穿衣服了。此外,"時服"中"通行"的意味更是一空依傍。

如果說《漢語大詞典》給"時服"歸納的第一個義項是不確當的話,那麼其給"時服"歸納的第二個義項"時興的服裝"則是錯誤的。如果"時服"爲"時興的服裝",那一個方面表明第二個義項的歸納受到了第一個義項"通行"義的遺害,另一方面,則是錯誤地將"時服"與"時裝"看作一個詞了。(《漢語大詞典》:【時裝】①式樣最新的服裝。韓北屏《非洲夜會·雙城記》:"穿巴黎時裝的婦女和穿阿拉伯長袍的婦女,一同在街頭漫步。"②當代通行的服裝。跟"古裝"相對而言。洪深《戲劇導演的初步知識》上篇三:"地方戲中,祇有小丑與丑旦,准許偶而時裝,其他角色,都穿行頭。")

我們看《漢語大詞典》所舉的晉陸機《招隱》與唐張籍《酬浙東元尚書見寄綾素》詩完整的文字:

> 駕言尋飛遯,山路鬱盤桓。芳蘭振蕙葉,玉泉湧微瀾。嘉卉獻時服,靈術進朝飡。(晉陸機《招隱》)

> 越地繒紗紋樣新,遠封來寄學曹人。便令裁制爲時服,頓覺光榮上病身。應念此官同棄置,獨能相賀更殷勤。三千里外無由見,海上東風又一春。(唐張籍《酬浙東元尚書見寄綾素》)

書證一陸機例中,與"嘉卉獻時服"中"時服"對仗的是"朝飡","朝飡"也就是早餐的意思,極爲平常,並沒有誇張、美譽的意思,故而將"時服"理解爲時興的服裝,可能有臆測之嫌。書證二張籍例之所以理解爲"時興的服裝",大概是受到了本詩前一句"越地繒紗紋樣新"中"紋樣新"的影響而妄加解釋的。我們檢索了中古、唐代文獻,發現除此二例外,再無可能解釋爲"時興的服裝"的例子,即便是晉陸機《招隱》與唐張籍《酬浙東元尚書見寄綾素》例,解釋爲季節性的服裝亦無不可,

第七章 《續高僧傳》語詞研究與大型語文辭書編纂 / 289

我們認爲《漢語大詞典》對此二例，均犯了訓詁學上增字爲釋的弊病，釋義並不可信。

(二) 迴互

《續高僧傳》卷十二《道判傳》："每閱像教東傳，慨面不睹靈跡，委根歸葉，未之或聞。遂勇心佛境，誓尚瞻敬。以齊乾明元年，結伴二十一人，發趾鄴都，將經周塞。關邏嚴設，又照月光，踟蹰迴手，義無踰越。忽值雲奔月隱，乘暗度棧，遇逢遊兵，特蒙釋放。以周保定二年達于京邑。"按，"尚"，麗本作此，資、磧、普、南、徑、清本作"當"。"周塞"，麗本作此，磧、普、南、徑、清本作"關塞"。① "迴手"，麗本作此，資、磧、普、南、徑、清本作"迴首"。"迴手"，"手"即"互"的俗字，作"迴互"可從。"迴互"乃輾轉義。如：《廣弘明集》卷三十《梁昭明太子開善寺法會》："栖鳥猶未翔，命駕出山莊。詰屈登馬嶺，迴互入羊腸。稍看原藹藹，漸見岫蒼蒼。落星埋遠樹，新霧起朝陽。陰池宿早雁，寒風催夜霜。"《大唐西域記》卷九"摩伽陀國下"："山徑既開，逐路而進，槃紆曲折，迴互斜通，至于山頂，東北面出，既入三峯之中，捧佛袈裟而立，以願力故，三峯斂覆，故今此山三脊隆起。"《續高僧傳》卷二十八："釋寶積，姓朱，冀州條人。割略愛網，訪道爲任，浮遊靡定，不存住止。齊亡法毀，潛隱太山，迴互魯兗，乃經年稔。"綜觀上舉三個例子，可以看出"迴互"或者是與"詰屈"對文，或者是與"槃紆"對文，最後一例是"潛隱太山，迴互魯兗，乃經年稔"，如是可以看出，"迴互"應當是"輾轉"義。而我們翻檢《漢語大詞典》，則可以發現其所釋義或有可商補者。《漢語大詞典》：

【迴互】亦作"廻互"。①迴環交錯。《文選·木華〈海賦〉》："乖蠻隔夷，迴互萬里。"李周翰注："迴互，迴轉也。"唐高適《自淇涉黃河途中作》詩之六："北風吹萬里，南雁不知數；歸意方浩

---

① 本書認爲，"尚"應當從資、磧、普、南、徑、清本作"當"，"誓當瞻敬"意思是發誓一定要去禮敬，當，有必當、必定之要義，作"尚"不辭。此類西遊，均需通過許多關口，而此時過關必須有關牒，不得私度。下文記載的"乘暗度棧"、"遇逢遊兵"說的也正是這個意思。"周"爲"關"之訛。

然，雲沙更迴互。"明李東陽《華山圖歌爲喬大常宇作》："置身忽在中峯頂，極目乾坤莽迴互。"②往復；來回。《隋書・儒林傳・何妥》："公孫濟迂誕醫方，費逾巨萬；徐道慶迴互子午，糜耗飲食。"按，"迴互子午"，謂不分晝夜。唐元稹《捉捕歌》："網羅布參差，鷹犬走迴互。"③轉換，變化。南朝梁劉勰《文心雕龍・諧讔》："自魏代以來，頗非俳優，而君子嘲隱，化爲謎語。謎也者，廻互其辭，使昏迷也。"④指回護。唐陸贄《奉天論蕭復狀》："從一等倘自迴互，則蕭復不當受疑。"

本書認爲，義項一的"迴環交錯"釋義不確，其所給出的《文選》以及唐高適《自淇涉黃河途中作》兩個書證中的"迴互"也應當理解爲"輾轉"爲是；而義項二中的書證唐元稹《捉捕歌》中的"迴互"正當作"迴環交錯"解，与此可相比勘的如《廣弘明集》卷二十九《伐魔詔並書檄文》："昔周室既衰，六國鼎沸，漢朝運滅，三分天下。或外夷侵叛，毒被中原，或内禍潛作，殃及良善。應期鵲起，達時豹變，有之自古，豈止今日。惟蒼生薑積，上天降禍。釋迦皇帝奄然登遐，哀纏臣妾，悲浹率土。皇太子彌勒養德心宮，滿月停山，深叢隱藥。數鍾百六之世，代虧九五之君。諸侯姦猾，猜忌相處，一十八部，教軌參差，九十六道，齟齬迴互。狼噬海濱，梟鳴山曲。左不記言，右不記事。國憲朝典，與霜露而彫零，天璽帝璧，同冰消而葉散。"（52/345b）另外，《唐五代語言詞典》解釋也不周密，《唐五代語言詞典》："迴互：①迴環交錯。柳宗元《夢歸賦》：'紛若喜而怡似兮，心迴互以壅塞。'溫庭筠《感舊陳情五十韻獻淮南李》詩：'緹幕深迴互，朱門暗接連。'②曲折。③猶'回護'。護持；小心。"諸義項與此不合，可補。

（三）青目

《續高僧傳》卷十一《智矩傳》："覃思幽尋，無微不討，外辭以疾，内寔旁通。業競六時，研精九部。纔有昏昧，覽興賦詩，時暫閱餘，便觀流略。製《中論疏》，止解偈文，青目所銷，鄙而輕削，每講談敍，清擺宗致，雅涉曇影之風，義窟文鋒，頗懷洪偃之量。"按，"青目"，麗本作此，資、磧、普作"責目"，南、徑、清本作"責自"。本書以爲或許應當作"青目"爲是。"青目"指闡釋《中論》的青目菩薩。《出三藏記集》卷十一"中論序第一":"《中論》有五百偈,龍樹菩薩之所造也……所出者是天竺梵志,名賓羅伽,秦言青目之所釋也。"另外,《漢語大詞典》中關於"青目"一詞的解釋,其所給的書證可能理解有誤,《漢語大詞典》:

> 【青目】①佛教傳說釋迦佛瞳子如紺青色。因用指有道行的僧人。南朝梁簡文帝《大法頌》序:"踰乎青目黑齒,高彼廣膝赤髭。"南朝陳徐陵《東陽雙林寺傳大士碑》:"支郎之彥,既恥黃精;瞿曇之師,有慚青目。"

我們查考了梁簡文帝《大法頌序》(《廣弘明集》卷二十),其文作:

> 于時天龍八部側塞空界,積衣成座,散華至膝。三千化穢土之質,火宅有離苦之期,惡道蒙休,泥犁普息。莘莘學侶,濟濟名僧,皆樂說如辨才,智慧如身子,踰乎青目黑齒,高彼廣膝赤髭,咸符瀉瓶之思,並沾染甄之施,如金復冶,似玉更雕,聞所未聞,得未曾得。(52/240b)

此段文字中,被《漢語大詞典》選取作為書證的是"踰乎青目黑齒,高彼廣膝赤髭"一句,但仔細品味上下文,我們發現上文的"辨才""身子"都是具體所指,"辨才"其實是指"辨才天",乃司音樂之天、為福德之神,或作美音天,妙音天,即乾闥婆之類。"身子"指舍利弗,舍利弗是佛十大弟子之一,是佛弟子中第一之智者。"青目",指賓羅伽;"黑齒",《法華經》所說十羅剎女之一,十羅剎女共誓擁護持經者。"赤髭",指天竺佛陀耶舍,此云覺明,後秦弘始九年至長安,善毗婆沙論,而髭赤,時人號為赤髭毗婆沙。遺憾的是,關於"廣膝"一詞,我們費盡千辛萬苦,也沒有最終能夠落實到具體所指,但其他五個都能具體出處,有明確人物,足見此處都是指稱個體,而並非代表抽象一類,也就是說,《漢語大詞典》都本例的理解其實是可以商榷的。

(四) 商侶

《續高僧傳》卷二《達摩笈多傳》:"其國乃是北路之會,雪山北陰,商侶咸湊其境。"按,"商侶",惟麗本作"商侶"。金、資、磧、普、南、徑、清本均作"商旅"。本書以爲此乃同形詞,因爲"旅"、"侶"可通假。值得注意的是《漢語大詞典》對這兩個詞解釋並不一致。如"商旅",《漢語大詞典》解釋是"行商;流動的商人。"例舉《易·復》:"商旅不行,後不省方。"《周禮·考工記序》:"通四方之珍異以資之,謂之商旅。"鄭玄注:"商旅,販賣之客也。"唐元稹《遭風》詩:"自歎生涯看轉燭,更悲商旅哭沉財。"阿英《燈市》:"在市里,有從各地方來的商旅。"等等。而對於"商侶",《漢語大詞典》解釋是"結伴的行商"。例舉唐楊巨源《相和歌辭·大堤曲》:"細雨濛濛溼芰荷,巴東商侶掛帆多。"《漢語大詞典》僅舉此一例。本書認爲,將"商侶"解釋爲"行商",是,但"結伴"的義素從哪里來呢?大概是受到"侶"這個詞的詞義的影響。其實"商侶"乃"商旅"的異形詞,其義一也。其實"商旅"、"商侶"都是商人的意思,過去商人自然是在外,即行商,行商坐賈也。同樣,古時商人一般沒有獨自上路的,所以當然是"侶"或者"旅",也就是說,沒有必要太多地把複合詞的字義代入詞中,如果翻譯成爲現代漢語,祇需解釋爲商人即可,也就是說,《漢語大詞典》犯了望文生訓的錯誤,也犯了增字爲釋的錯誤。當然,這也涉及異體詞(異形詞)的處理問題。

(五) 運通、通運

《續高僧傳》卷十三《僧鳳傳》:"會隋煬負圖,歷試黃道。大業中歲,駐蹕南郊,文物一盛,千年罕及,欲以軍威帝業,激動鬼神。乃高飾黃麾,盛陳白羽,霜戈曜日,武帳彌川。皁素列於朝堂。下勅曰:'軍國有容,華夷不革,尊主崇上,遠存名體。資生通運,理數有儀。三大懸於老宗,兩教立於釋府。條格久頒,如何抗禮?'黃老士女,承聲下拜,惟佛一宗相顧峙立。"按,"通運",麗本作此,資、磧、普、南、徑、清本作"運通"。或作"通運"爲是。《弘明集》卷五"沙門不敬王者論":"老子同王侯於三大,原其所重,皆在於資生通運。豈獨以聖人在位,而比稱二儀哉。將以天地之大德曰生,通生理物存乎王者,故尊其神器而禮寔惟隆,豈是虛相崇重義存君御而已。沙門之所以生國,存亦日用於理命。豈有受其德而遺其禮,沾其惠而廢其敬哉。"(52/29c)《辯正論》卷五"釋李師資篇":"故曰:一陰一陽之謂道,陰陽不測之謂神。道也者,理也。通也,和也,同也。言陰陽運通三才位矣,上下交泰萬物生焉,有陰陽之道理,能通生於人物,天和地同則群萌而類動也。"(52/523b)我們注意到《漢語大詞典》關於"運通"以及"通運"的解釋皆可商補。"運通",《漢語大詞典》:

【運通】運轉靈活。晉慧遠《沙門不敬王者論·求宗不順化》:"天地以得一爲大,王侯以體順爲尊,得一故爲萬化之本,體順故有運通之功。"

其實,"運通"一詞,本來應當帶有濃重道教的色彩,上舉《弘明集》卷五"沙門不敬王者論"、《辯正論》卷五"釋李師資篇"例皆應如是,再如:僧祐《出三藏記集》卷一"胡漢譯經音義同異記":"至於雜類細經多出四含,或以漢來,或自晉出,譯人無名莫能詳究。然文過則傷艷,質甚則患野。野艷爲弊,同失經體。故知明允之匠,難可世遇矣。祐竊尋經言、異論、呪術,言語文字皆是佛說,然則言本是一,而胡漢分音,義本不二,則質文殊體,雖傳譯得失,運通隨緣,而尊經妙理,湛然常照矣。""運通隨緣"意即變化隨緣。我們認爲"運通"一詞應當解釋爲變幻、變化更爲確切。《列子·周穆王》:"窮數達變,因形移易者謂之化,謂之幻。造物者其巧妙,其功深,固難窮難終;因形者其巧顯,其功淺,故隨起隨滅。知幻化之不異生死也,始可與學幻矣。"大概是同樣的意思。"運通"與"運化"大概可以看成同義詞,"運化",《漢語大詞典》解釋爲"運行變化",舉了兩個例子:《易·復》"復其見天地之心乎",三國魏王弼注:"然則天地雖大,富有萬物,雷動風行,運化萬變,寂然至無,是其本矣。"晉慧遠《沙門不敬王者論·體極不兼應》:"天地之道,功盡於運化;帝王之德,理極於順通。"我們認爲將"運通"解釋爲"運轉靈活"不得要領。"通運"作爲"運通"的異文出現,我們發現《漢語大詞典》對其解釋也極爲草率。《漢語大詞典》:

【通運】謂通航運輸船隻。《晉書·懷帝紀》:"始修千金堨於許昌以通運。"宋蘇軾《書汴河斗門》:"得轉運使以汴河水淺不通運,請築塞兩河斗門。"

將"通運"解釋成"通航運輸船隻",犯了增字爲釋的毛病,"通運"不是船隻,是運輸。我們看其他例子:《三國志》卷十四《程郭董劉蔣劉傳》:"後袁尚依烏丸蹋頓,太祖將征之。患軍糧難致,鑿平虜、泉州二渠入海通運,昭所建也。"《藝文類聚》卷四十五《相國・晉袁宏丞相桓溫碑》:"輔相兩儀,而通運之功必周。虛中容長,而方圓之才咸得。道濟而不有,處泰而逾約。可謂固天特縱,生民之傑者也。""通"有流通義,《荀子・儒效》:"通財貨,相美惡,辯貴賤,君子不如賈人。""通運"就是運,也就是運輸。

(六) 講悟

《續高僧傳》卷十四《智拔傳》:"於是還襄,會賊徒擾攘,無由講悟,晝藏夜伏,私蘊文義。後值清平,住耆闍寺。"按,"講悟",金本等作此,徑本作"講晤"。應當作"講悟"。《漢語大詞典》:"講悟:佛教語。講解啓悟。唐道宣《續高僧傳・義解四・法上》:'講悟昏情,詞無繁長,智者恐其言少,愚者慮其不多。'唐道宣《續高僧傳・義解五・靈裕》:'其講悟也,始微終著,聲氣雄遠,辯對無滯,言罕重宣。'"《漢語大詞典》的本條有幾點值得討論。一是解釋值得商榷,二是單純使用一部著作用例作爲書證。

首先,在我們看來,"講悟"這一說法,是道宣的個人言語,我們檢閱了衆多文獻,祇在其《續高僧傳》中出現(共10例,見下),《漢語大詞典》僅選擇《續高僧傳》用例作爲書證,實不得已也。如此,我們說,如果"講悟"是某人的個人言語,那麼它還能被綜合辭書收錄嗎?"講悟"本不應當立目。其次,關於"講悟"的理解,我們認爲也不能完全遵照字面,《漢語大詞典》的解釋有望文生訓之嫌。我們看《續高僧傳》中"講悟"的用例:(1)卷四"論":"漢魏守本,本固去華。晉宋傳揚,時開義舉,文質恢恢,諷味餘逸。厥斯以降,輕鷟一期。騰實未聞,講悟蓋寡。皆由詞遂情轉,義寫情心,共激波瀾,永成通式。"(2)卷八《道慎傳》:"每參說戒,跪聽至訖。講悟昏情,詞無繁長,智者恐其言少,愚者慮其不多。"(3)卷八《慧榮傳》:"如此積功三十餘載,不號義龍,誓無返迹。自是專業勇鎧,聲稱彌遠。即而講悟,學者歸之。"(4)卷八《慧遠傳》:"迥洞至理,爽拔微奧。負笈之徒,相諠亙道。講悟繼接,不略三餘。沐道成器,量非可算。"(5)卷九《靈裕傳》:"其講悟也，始微終著，聲氣雄遠，辯對無滯，言罕重宣。或一字盤桓動數日，或一上之中便銷數卷。及至後講，更改前科，增減出沒，乘機顯晦，致學者疑焉。裕曰：'此大士之宏規也。豈可以恒情而斷之。'故十夏初登而爲領袖傾敬。"（6）卷十四《道慁傳》："延正法城塹，道俗宗歸。觀屬天倫，可爲法嗣，乃度爲弟子。荷擔陪隨，遊棲宮闕，講悟談述，皆筵下筵。"（7）卷十四《智拔傳》："於是還襄，會賊徒擾攘，無由講悟，晝藏夜伏，私蘊文義。後值清平，住耆闍寺。"（8）卷十五《志寬傳》："屬煬帝弘道，海內搜揚。以寬行解同推，膺斯榮命。既處慧日，講悟相仍。"（9）卷十七《慧思傳》："自陳世心學，莫不歸宗，大乘經論，鎮長講悟。故使山門告集，日積高名。"（10）卷二十六《道英傳》："後在京師住勝光寺，從曇遷禪師聽採攝論。講悟既新，衆盈五百，多採名教，趫能如理。而英簡時問義，惟陳止觀，無相思塵，諸要槃節，深會大旨。遷彌重之。"

綜觀以上諸例，皆言講經說法語詞高妙，似乎沒有涉及"啓悟"的環節，故此，我們認爲"講悟"就是講經說法。那麼，"講悟"這樣的說法是怎麼來的呢？看另一個與之同構的組合"言悟"或許能幫助我們理解道宣的個人言語習慣。《續高僧傳》卷六《道超傳》："時旻法師住靈基寺，值旻東講，因共聽沙門法珍成論，至滅諦，初聞三心，滅無先後。超曰：'斯之言悟，非吾師也。'見旻解冠一方，海內諮仰。輟寢忘味，以夜繼晝。但性偏躁銳，不顧功少，願望已多。每打髀嘆曰：'爲爾漠漠生肇笑人。'又聞龍光寺僧整始就講說，彌復勇歎曰'乃可無七尺，何事在於人後！'惆悵疢心，累日廢業，因自懺悔，求諸佛菩薩乞加威神，令其慧悟如僧旻也。事在《旻傳》。"再如：卷九《道莊傳》："末又追入京師，住日嚴寺。頻蒙謁見，酬抗新敍，引處宮闈，令其講授。言悟清華，玄儒總萃。皆歎其博要也。""清華"指文章語言清麗華美。北齊顏之推《顏氏家訓·文章》："吾見世人，至無才思，自謂清華，流布醜拙，亦以衆矣。"《北史·魏長賢傳》："博涉經史，詞藻清華。"

（七）讀誦、誦讀

《續高僧傳》卷二《那連提黎耶舍傳》："王及夫人手自行食，齋後消食，習諸武藝，日景將昳，寫十行經，與諸德僧共談法義，復與群臣量議治政。暝入佛堂，自奉燈燭，禮拜讀誦，各有恒調，了其常業，乃還退靜。三十餘年，斯功不替。"按，"讀誦"，金本作此，資、磧、普、南、徑、清本作"誦讀"。"讀誦"與"誦讀"《漢語大詞典》都收錄了，值得注意的是其釋義是有差異的，《漢語大詞典》：

> 【讀誦】閱讀，誦讀。《漢書·兒寬傳》："時行賃作，帶經而鉏，休息輒讀誦，其精如此。"《南史·儒林傳·鄭灼》："常蔬食，講授多苦心熱，若瓜時，輒偃臥以瓜鎮心，起便讀誦，其篤志如此。"宋陸遊《老學庵筆記》卷三："隸爲隸書，古爲科斗。蓋前一簡作科斗，後一簡作隸書，釋之以便讀誦。"

> 【誦讀】念；熟讀；背誦。《三國志·吳志·闞澤傳》："（澤）常爲人傭書，以供紙筆，所寫既畢，誦讀亦遍。"唐韋應物《學仙》詩之二："仙人變化爲白鹿，二弟玩之兄誦讀。"清孫枝蔚《無酒》詩之一："稚兒勤誦讀，音節更琅琅。"夏丏尊、葉聖陶《文心》十四："他們朝夕誦讀，讀到後來，文字也自然通順了，文義也自然了解了。"

漢語雙音節詞詞形的固化有一個過程，特別是一些複合詞，在很長時期構詞語素是可以顛倒使用。儘管語素的順序不固定，但是它的詞義沒有差異，祇是隨著漢語的發展，或者節律的需要，或者習慣成然，最後有些語詞的形式更被大家所喜聞樂見，於是算是固定了下來，而另外與之相反詞序的語詞，就成了歷史詞，或者有時是一種能比較體現文雅、文言、書面語體風格的詞。依王雲路先生的觀點，並列式包括同義並列、類義並列、和反義並列。① 在"並列式動詞的語素意義"部分，王雲路先生列舉了"一個語素義在現代漢語中消失"和"兩個語素義在現代漢語中均保留，但不能單獨使用"兩類②，我們看"讀誦"、"誦讀"二詞，"誦"在現代漢語中已經不能獨立使用了，它符合王先生的分析。但《漢語大詞典》在解釋"讀誦"、"誦讀"時卻給出了不同的理解，但在我們

---

① 王雲路：《中古漢語詞彙史》，商務印書館 2010 年版，第 79 頁。
② 同上書，第 176—182 頁。

看來二者一也。在"誦讀"解釋中舉的《三國志・吳志・闞澤傳》，以及唐韋應物《學仙》二例，都有朗讀、朗誦義，至於其所舉清孫枝蔚《無酒》詩，夏丏尊、葉聖陶《文心》兩個例子，那是元明以後近代漢語"背誦"一詞產生後而出現的例子，還不能完全看字面形式與"誦讀"一致就認爲與中古時期的"誦讀"是一回事。

（八）領

《續高僧傳》卷十七《曇崇傳》："皇后又下令送錢五十貫、氈五十片、剃刀五十具。"按，"五十片"，金本作此，資、磧、普、南、徑、清本作"五十領"。"五十領"可從。領，量詞。《續高僧傳》卷九《法論傳》："下勅賜千秋樹皮袈裟十領，帛五百段，氈四十領。"《漢語大詞典》在解釋"領"作爲量詞的用法時不十分確當，可補。《漢語大詞典》：

> 領⑭量詞。用於床上用具。漢荀悅《漢紀・宣帝紀一》："賜金錢，繒絮綉被百領，衣五十篋。"南朝宋劉義慶《世說新語・德行》："王恭從會稽還，王大看之。見其坐六尺簟，因語恭：'卿東來，故應有此物，可以一領及我。'"老舍《駱駝祥子》二三："一領席，埋在亂死崗子，這就是努力一世的下場頭！"

本書謂，解釋爲"量詞"沒有問題，但後面附加的限定語，則殊爲蛇足。我們僅以初唐佛典《續高僧傳》爲例，便可以看出"領"作爲量詞的用法絕不僅能使用在床上用具一類語詞前。如：《續高僧傳》卷三《波羅頗迦羅蜜多羅傳》："賜綵四十段，并宮禁新納一領。"卷四《玄奘傳》："勅賜雲納一領，妙絕古今。"卷七《法朗傳》："所以聽侶雲會，揮汗屈膝。法衣千領，積散恒結。"卷九《靈裕傳》："內宮由是施袈裟三百領。"卷九《道莊傳》："煬帝初臨，以莊留連風雅，道味所流，賜帛五百段，氈四十領。"等等，例多不煩舉。《漢語大詞典》之所以出現上述錯誤，應當是義例沒有完全概括而即歸納義項所致。

（九）治

《續高僧傳》卷十六《僧達傳》："時兗州行臺侯景爲造二寺，山名天觀，治曰丈六。達念身爲苦器，難可維持，乃試履裁約，餌苓斷粒，自此終報，資用通生。末爲魏廢帝中王勅僕射高隆之召入鄴都，受菩薩戒。"按，"治曰丈六"，金本作此，磧、普、南、徑、清本作"詔曰丈夫"。既然此時侯景是兗州行臺，則其尚未叛亂，更沒有稱帝，所以磧、普、南、徑、清本的"詔"字不可信。詔曰"丈夫"，語義扞格，佛典未見如此用法。本句前一句是"山名天觀"，說的是山的名稱，則下一句"治曰""丈六"或者"治曰""丈夫"應當說的是"治"的名稱。"丈六"原本佛的身高，後世造像多有遵循如此形製者，或者借用"丈六"來指稱佛、佛像。如《高僧傳》卷二："蒙遜先爲母造丈六石像。像遂泣涕流淚。"卷十三《僧洪傳》："釋僧洪，豫州人，止于京師瓦官寺。少而修身整潔，後率化有緣，造丈六金像。"《續高僧傳》卷二十七《法慶傳》："慶公死來三日，所造丈六一夕亦失，達曙方見。時共嗟怪。"卷二十五《慧乘傳》："十二年於東都圖寫龜茲國檀像，舉高丈六。"接下來的問題就是"治曰丈六"，治，可爲修造、修繕，如《法苑珠林》卷三十五："燈指爾時爲大長者，其家大富，往至塔寺恭敬禮拜，見有泥像一指破落，尋治此指，以金薄薄之。修治已訖，尋發願言：'我以香華伎樂供養治像功德因緣，願生天上人間，常得尊豪富貴。假令漏失，尋還得之，使我於佛法中出家得道。'"卷三十七："真金百千擔，持用行布施。不如一團泥，敬心治佛塔。"卷六十二："故寶印經云：若用僧物修治佛塔，依法取僧和合得用，不和合者勸俗修治。"《漢語大詞典》："治⑥修建；修繕。宋曾鞏《刑部郎中致仕王公墓誌銘》：'會天聖十年，掖庭火，諮任公具材治宮室，五日而用足。'"但也可以衍生出名詞用法，指官署，如州治、縣治等，如《續高僧傳》卷八《僧妙傳》："爾夜州治士女燒香讚歎之聲聞于數十里。"卷八《智鍇傳》："未幾遂卒于州治之寺。"《漢語大詞典》："【州治】舊時一州最高行政長官的官署。亦指它的所在地。宋陸遊《入蜀記》卷六：'宮今爲州倉，而州治在宮西北。'清顧祖禹《讀史方輿紀要·直隸·通州》：'通州衛，在州治南，建元四年成祖置衛於此。'"書證顯然晚了。但本例是不是說"兗州府治"呢？侯景會將州治命名"丈六"嗎？常理大概是不可能的。如是，我們以爲這個"治"，似乎可以理解爲因滿足四字格的需要將"其所修治"壓縮成了"治"。倘如此，則"山名天觀，治曰丈六"便怡然理順了。這裏又出現了一個問題，我們看《漢語大詞典》對"治"解釋中的一些義項：

治⑲古代指王都或地方官署所在地。《史記·齊太公世家》："獻西元年，盡逐胡公子，因徙薄姑都，治臨菑。"唐韓愈《南海神廟碑》："因其故廟，易而新之，在今廣州治之東南。"清方文《張武進環生》詩："毘陵下車時，我適遊其治。"

治⑳指建立治所。《史記·韓信盧綰列傳》："詔徙韓王信王太原以北，備禦胡，都晉陽。信上書曰：'國被邊，匈奴數入，晉陽去塞遠，請治馬邑。'"

治㉑指道家居住的祠廟。南朝梁簡文帝《招真館碑》："君因辭山舊居，而以夢中所指峯下之地即以爲治。"《雲笈七籤》卷二八："張天師將弟子三百七十人住治上，教化二年。"清黃生《義府·冥通記》："道家以符法禁治鬼神，故名其所居爲治。"

如果本書上述關於"治"的解讀能夠成立，我們以爲，《漢語大詞典》本條釋文出現了兩個問題，一是義項排列的順次可以更加科學地考慮詞義演變的源流，將"建立治所"義放在"古代指王都或地方官署所在地"之前；二是稱"治"有表示"道家居住的祠廟"義，殊不可從。所給的三個書證，前兩個應當看作"建立治所"義引申，與"古代指王都或地方官署所在地"其實沒有本質的差別，這兩個書證應當看作"治"一詞在具體語境中體現的具體所指罷了，祇不過由於詞典編纂蒐集材料時使用道教的材料，因而以爲這個詞具有道教獨有的宗教色彩；至於黃生《義府·冥通記》的例子，我們可以理解爲訓詁，乃以解釋、解讀文獻爲目的的隨文而釋，還不能作爲義項抽繹、歸納的依據。

（十）詔

《續高僧傳》卷九《羅雲傳》："（慧）成前呼俞爲先生。俞瞋曰：'我非俗士，那詔我爲先生？'成曰：'汝既諱喚先生，請除先字，還依舊姓，名曰俞生。'"按，"詔"，麗本作此，宮本作"詔"。此應當從麗本作"詔"爲是。後文言"還依舊姓，名曰俞生"，顯然與"詔"沒有關係。不過"詔"曾爲"詔"的異體字，《金石文字辨異·去聲·嘯韻》："詔，《漢孔龢碑》：銘書崇聖道。按詔即詔。"《異體字例》言"凡召形多作名"。這個"詔"的確切意思，我們在《羅雲傳》本例已經能夠看得比較清楚了，應當就是"稱呼"、"稱作"的意思。我們再看《續高僧傳》中其他例子：卷十一《釋吉藏傳》："釋吉藏，俗姓安，本安息人也。祖世避仇，移居南海，因遂家于交廣之間。後遷金陵而生藏焉，年在孩童，父引之見於眞諦，仍乞諮之。諦問其所懷，可爲吉藏。因遂名也。"卷二十四《曇顯傳》："諸道士等相顧無顏，猶以言辯爲勝。乃曰：'佛家自號爲內，內則小也；諮（宮本作"詔"）道家爲外，外則大也。'"味其義，這兩個例子應當是"命名"的意思。在佛經中還有其他用例，也都是這樣的用法，如：劉勰《滅惑論》（《弘明集》卷八）："佛舊經本云：浮屠羅什改爲佛徒，知其源惡故也，所以諮爲浮屠。"（52/50c）

表示命名、稱作詞義的，漢語中有"名"一詞，如：《孟子·離婁上》："暴其民甚，則身弑國亡；不甚，則身危國削，名之曰'幽''厲'。"趙岐 注："名之，謂諡之也。諡以'幽''厲'，以章其惡。"《書·呂刑》："禹平水土，主名山川。"孔傳："禹治洪水，山川無名者主名之。"北齊顏之推《顏氏家訓·風操》："北土多有名兒爲驢駒豚子者，使其自稱及兄弟所名，亦何忍哉？"而《一切經音義》卷五十音《佛性論》卷三言："諮諮：名併反，顧野王：爲作名曰名，去聲。經從言作諮，字書並無也。"也就是說，在《一切經音義》看來，本來是有"名"這個字足以表示稱名這樣的詞義，而佛經好事，增加了一個形符，於是出現了"諮"記錄"稱呼"、"稱作"詞義的現象。當然，"諮"還另有其義，辨別不同事物的類別、名目。《廣韻·去聲·勁韻》："諮，名目。"《集韻·去聲·勁韻》："諮，目諸物也。"值得注意的是《漢語大詞典》中關於"諮"的解釋，《大詞典》在解釋本詞的時候用了《高僧傳》和《續高僧傳》中的例子，其文字作：

諮：辨物名；命名。南朝梁慧皎《高僧傳·譯經下·求那跋摩》："咸見一物，狀若龍蛇，可長一匹許，起於屍側，直上衝天，莫能諮者。"唐道宣《續高僧傳·義解七·吉藏》："年在孩童，父引之見於眞諦，仍乞諮之。諦問其所懷，可爲吉藏，因遂名也。"

我們認爲，"諮"應當有兩個義項，不能籠統地放在一起，儘管例子看起來似乎是從《高僧傳》到《續高僧傳》延續的，但其實不是，也就是說，"諮"一詞的解釋應當是：①辨物名。②命名。相對而言，《漢語大詞典》

關於"名"的解釋，就羅列了很多義項，而我們認爲，其中的一些義項反而是可以歸併的。

（十一）雅道、風道

《續高僧傳》卷十《智聚傳》："十三年勅置僧官，道俗稽請居平等之任。聚以雅道期人，直心應物，和合之衆，清風穆如也。"按，"雅道期人"，金本作此，資、磧、普、南、徑、清本作"服道斯人"，麗本作"雅道斯人"。本書謂此當從金本。"期"，有對待、看待義，《北齊書·文襄帝紀》："時人雖聞器識，猶以少年期之，而機略嚴明，事無凝滯，於是朝野振肅。""期人"，就是待人，前有介詞"以"，則後面成分應當是它的賓語，是待人的方式方法。"雅道"，風雅之道，也就是正道、忠厚之道。唐司空圖《上考功》："恭惟故府尚書王公，標延雅道，藻耀儒林，業裕匡時，仁周濟物。"《廣弘明集》卷二十五《京邑老人程士顆等上請表一首》："臣聞祕教東流，因明后而闡化；玄風西運，憑至識以開宗。故知弘濟千門，義宣於雅道；提誘萬品，理塞於邪津。祇可隨聖教以抑揚，豈得逐人事而興替？"與"雅道"義近的有"風道"一詞，如：《高僧傳》卷一《帛尸梨密多羅傳》："時尚書令卞望之亦與密致善，須臾望之至。密乃斂衿飾容，端坐對之。有問其故，密曰：'王公風道期人"卞令軌度格物"故其然耳。'"

順便說一下，《漢語大詞典》關於和"雅道"近義詞的"風道"的解釋，"風道"，《漢語大詞典》解釋爲"猶言風範道德。《南齊書·高帝紀下》：'風道沾被，升平可期。'《南齊書·豫章文獻王嶷傳》：'丞相風道弘曠，獨秀生民。'"中土文獻出現的例子並不多，幾乎全部被《漢語大詞典》囊括，關於其詞義的解釋也基本做到了極致，但我們發現還有可以補充的地方。本書以爲，"風道"猶"雅道"，都是風雅之道，"風""雅"僅是構詞語素替換罷了，它們是近義詞，之所以出現《漢語大詞典》關於"風道"指"猶言风範道德"這樣的解釋，也同樣是沒有充分考慮詞彙的系統性造成的錯誤。

（十二）碩匠

《續高僧傳》卷十三《神逈傳》："釋神逈，姓田氏，馮翊臨晉人，弱齡挺悟，辭恩出俗，遠懷匠碩，備歷艱虞。"按，"匠碩"，麗本作此，資、磧、普、南、徑、清本作"匠石"。"匠碩"可從。"匠"指巨匠、宗匠，"碩"指碩德、碩學，"匠碩"乃複合詞，兩個構詞語素同義複合，是聯合式複合詞。這個用法在晚唐時期仍有用例：齊己《謝秦府推官寄〈丹臺集〉》："秦王手筆序丹臺，不錯褒揚最上才。鳳闕幾傳爲匠碩，龍門曾用振風雷。"後世的有"碩匠"一詞，唐黃滔《与蔣先輩啟》之一："頃者累繕蕪詞，歷投碩匠。"《宋高僧傳》卷十五《唐常州興寧寺義宣傳》："初揚州法慎傳於舊章，淮甸之間推爲碩匠。"《漢語大詞典》："【碩匠】巨匠；大師。"《漢語大詞典》所釋不誤，但也容易給人一個錯覺，以爲"碩匠"乃偏正式複合詞，在本書看來，"碩匠"就是"匠碩"，詞彙形成初期同義語素可以顛倒詞序，"碩匠"也是聯合式複合詞。

（十三）問訊

《續高僧傳》卷十九《法藏傳》："時當此數。武帝躬趨殿下。口號鮮卑問訊衆僧兀然無人對者。"按，"問訊"，問候。還有"問起居"、"問訊起居"用例，二者同義，都是問候起居。如《根本說一切有部毘奈耶雜事》卷二十五："長者歸舍總觀所有金銀器已，往詣佛所，禮雙足已，奉問起居，在一面坐。"同樣，在佛典中也有很多"問訊起居"的用，如《根本說一切有部毘奈耶藥事》卷二："時勝光王爲性慈愍，每於晨朝，至毘訶羅，親禮佛足，問訊起居。"《根本說一切有部毘奈耶破僧事》卷一："即發國使往彼女所，見彼國王，問訊起居。"也就是說"問""問訊"二者同義。值得注意的是《漢語大詞典》對"問訊"一詞的解釋實在需要重新修訂。《漢語大詞典》的說法：

> 【問訊】①互相通問請教。漢劉向《說苑·談叢》："君子不羞學，不羞問。問訊者，知之本，念慮者，知之道也。"②打聽。《玉臺新詠·古詩〈爲焦仲卿妻作〉》："幸可廣問訊，不得便相許。"宋姜夔《惜紅衣》詞："牆頭喚酒，誰問訊、城南詩客。"康濯《水滴石穿》第五章："他已經找有根問訊過，有根答應了，說讓社裏雇用。"③問候；慰問。《後漢書·清河孝王慶傳》："慶多被病，或時不安，帝朝夕問訊，進膳藥，所以垂意甚備。"宋陸游《次季長韻回寄》："野人蓬戶冷如霜，問訊今惟一季長。"何其芳《畫夢錄·丁令威》："丁令威引頸而望，寂寞得很，無從向昔日的友伴致問訊之

情。"④僧尼等向人合掌致敬。晉法顯《佛國記》:"阿那律以天眼遙見世尊,即語尊者大目連,汝可往問訊世尊,目連即往,頭面禮足,共相問訊。"《景德傳燈錄·迦毗摩羅》:"尊者將至石窟,復有一老人素服而出,合掌問訊。"《警世通言·假神仙大鬧華光廟》:"〔魏公〕走不多步,恰好一個法師,手中拿著法環搖將過來,朝著打個問訊。"老舍《四世同堂》八四:"和尚看了瑞全一眼,打了個問訊,走入正殿,去敲打木魚。"

首先,《漢語大詞典》給出的第一個義項"互相通問請教"其實是不存在的,屬於虛設義項,該例就是"問"的意思,第一個義項應當合併於第二個義項中;其次,第四個義項"僧尼等向人合掌致敬",也犯了沒有高度歸納概括錯誤,"問訊"作爲"問"以及後來引申出來的"問候"義,是全民的,每個人都可以使用,祇是我們在遴選書證時被蒙蔽了罷了,其實作爲"問候"義,在語境中是可以有"致敬"的意思的,並不限於僧尼,"問候"沒有社會方言色彩,更沒有"向人合掌"這樣的附加語義。

(十四) 帖

《續高僧傳》卷二十二《慧光傳》:"自光立志貞靜,堅存戒業,動止安詳,衣裳附帖,晝夜存道,財無盈尺之貯。"按,"帖",麗本作此,資、普、徑、宮本作"怗",徑本作"貼"。作"帖"、"貼"均可,作"怗"當是"帖"的偏旁"巾"與"忄"旁形近而訛。"貼"("帖") 就是黏附、張貼意思。唐溫庭筠《菩薩蠻》詞:"照花前後鏡,花面交相映。新貼綉羅襦,雙雙金鷓鴣。"當然,"貼"("帖")也可以名物化,變成了"帖子"、粘貼在衣服上的貼補物,其實也就是補丁。如:《南海寄歸內法傳》卷二"十一著衣法式":"其著三衣及施巾句紐,法式依律陳之。可取五肘之衣疊作三襵,其肩頭疊處去緣四五指許,安其方帖。可方五指,周刺四邊,當中以錐穿爲小孔,用安衣巾句。"《根本說一切有部毘奈耶雜事》卷七:"苾芻不知云何作紐。佛言:'紐有三種:一如蘡薁子,二如葵子,三如棠梨子。彼於肩上緣邊安巾句,能令速斷。應於緣後四指安巾句。'即於衣上綴巾句,令衣疾破。佛言:'應重作帖以錐鑽穴,巾句出其內繫作雙巾句,其紐可在胸前緣邊綴之，疊衣三襆是安巾句紐處。'"我們注意到《漢語大詞典》在解釋該詞的時候收錄了很多義項，其中第十二個義項解釋爲"舊時婦女置放縫紉用品的器物"，如《漢語大詞典》"帖⑫舊時婦女置放縫紉用品的器物。唐孟郊《古意》詩：'啓帖理針綫，非獨學裁縫。'一本作'貼'。"我們認真查考了《漢語大詞典》"帖"一詞的詞義系統，認爲釋作"舊時婦女置放縫紉用品的器物"，殊爲突兀，難以納入該詞詞義系統，非常可疑。

（十五）喪膽

《續高僧傳》卷十一《志念傳》："時刺史任城王彦，帝之介弟，情附虛宗。既屬念還，爲張法會。與僧瓊法師，對揚道化，盛啓本情，雙演二論，前開智度，後發雜心。岠對勍鋒，無非喪膽。"按，"喪膽"，麗本作此，資、磧、普、南、徑、清本作"喪律"。本書謂二者皆可。《續高僧傳》卷二十五《慧乘傳》："暨高祖東巡岱宗，鑾駕伊洛，勅遣江南吳僧與關東大德昇殿豎義。乘應旨首登，命章對論，巧問勃興，切並紛集，縱橫駱驛，罔弗喪律亡圖。""喪律"，謂喪失軍紀，軍中律令不行，後多指失利。《漢語大詞典》收錄了"喪膽"，一詞，解釋爲"形容極爲恐懼"，例舉《周書·李賢傳》："今若從中擊之，賊必喪膽。"宋葉適《題〈西溪集〉》："初，完顏亮來寇，舉朝上下無不喪膽。"從這兩個例子來看，似乎得出"形容極爲恐懼"這樣的義項是合理的，但我們認爲"喪膽"一詞還應當有"嘆服、折服、徹底佩服"之義，我們看初唐佛典的例子。

《續高僧傳》卷三十一《慧常傳》："尤能却囀，哢響飛揚，長引滔滔，清流不竭。然其聲發喉中，脣口不動，與人並立，推檢莫知，自非素識，方明其作。時隋文興法，煬帝倍隆，四海輻湊，同歸帝室。至於梵導讚敘，各重家風，聞常一梵，颯然傾耳，皆推心喪膽，如飢渴焉。"卷十八《僧照傳》："素威英自若，勇悍無前。及到照之住籬，不覺愜然喪膽，下乘將進，欲步不前。"《集古今佛道論衡》卷二："夫邪正糺紛，在智猶惑，幽明路絕，顯驗斯形。自皇覺照臨，滿於空有之域，靈瑞感應，充於凡聖之心。自赤澤降神，青丘化及，威德之清昏識，神光之燭幽都，無不喪膽，求師款懷請道。"（52/378b）特別值得注意的是《續高僧傳》中的兩個例子，一是"推心喪膽"，一是"愜然喪膽"，就"推心"、"悋然"這樣的詞來說,後面與之搭配的可能不應該是有"形容極爲恐懼"義的語詞,綜合分析上述例子的用法,我們認爲"喪膽"應該在"形容極爲恐懼"之外再立一個義項。

三 宗教色彩附加義判定欠妥

當下使用佛典語料對《漢語大詞典》收詞、釋義等補正文章較爲常見,但是從色彩的角度討論這一問題的似乎還不多。《漢語大詞典》在處理一些宗教語詞時,並沒有使用標記法,而是直接在釋義中指明這些語詞的附加宗教色彩。比如:

> 【涅槃】亦作"湼槃"。佛教語。梵語的音譯。舊譯"泥丘"、"泥洹"。意譯"滅"、"滅度"、"寂滅"、"圓寂"等。是佛教全部修習所要達到的最高理想,一般指熄滅生死輪迴後的境界。

> 【刹土】佛教語。田土;國土。

> 【刹那】梵語的音譯。古印度最小的計時單位,本指婦女紡績一尋線所用的時間,但一般用來表示時間之極短者,如一瞬間。

但我們也發現《漢語大詞典》在處理一些宗教語詞特別是佛教語詞時出現了這樣或那樣的錯誤,如誤解普通語詞爲宗教語詞、個別個人言語立目等問題。之所以會出現這樣的問題,大概是過往對佛典文獻研究不夠充分,一方面可能會認爲此類語料的佛教色彩過於濃郁,類似社會方言或專門文獻,許多詞彙應當收錄在佛教詞典中而不應當出現在《漢語大詞典》中;另一方面,又可能會把一些本來具有比較濃厚宗教色彩的語詞當作漢語的一般詞彙,沒有對其色彩進行標記,當然,如果該語詞在後來的發展中逐步向普通民衆中擴散,成爲大衆日常語彙,脫去了宗教色彩,則完全可以進入《漢語大詞典》。但即便如此,我們在對這樣的語詞處理方面,即便是爲了說明詞源的角度,可能也要對這樣的語詞的宗教色彩進行標記爲宜。此外一些大德高僧的個人言語也或有被《漢語大詞典》立目收錄的。

（一）夾

《續高僧傳》卷一《菩提流支傳》："三藏法師流支房內經論梵本，可有萬甲，所翻新文，筆受稿本，滿一間屋。"按，"萬甲"，麗本作此，資、磧、普、南、徑、清本作"萬夾"。或可從資、磧、普、南、徑、清本作"萬夾"。作"萬夾"是。《漢語大詞典》："夾⑧量詞。《宋史・外國傳六・天竺》：'滄州僧道圓自西域還，得佛舍利一水晶器、貝葉梵經四十夾來獻。'"大型辭書還收錄了"梵夾"等，如《漢語大詞典》："【梵夾】亦作'梵筴'。亦作'梵笈'。①佛書。佛書以貝葉作書，貝葉重疊，用板木夾兩端，以繩穿結，故稱。唐李賀《送沈亞之歌》：'白藤交穿織書笈，短策齊裁如梵夾。'王琦匯解引唐杜寶《大業雜記》：'新翻經本，從外國來，用貝多樹葉，形似枇杷葉而厚大，橫作行書，約經多少，綴其一邊如牒然，今呼爲梵夾。'《資治通鑒・唐懿宗咸通三年》：'又於禁中設講席，自唱經，手錄梵夾。'胡三省注：'梵夾，貝葉經也；以板夾之，謂之梵夾。'"值得注意是一些佛學辭書，如丁福保《佛學大辭典》都稱"梵夾"爲雜名，但是我們認爲這個被《漢語大詞典》收錄並解釋爲"量詞"的"夾"，應當是佛典專用的量詞，儘管這個詞大概是使用漢語材料、從漢人思維出發而創造的量詞，也就是說，《漢語大詞典》或許應當如是註釋："夾⑧量詞。相當於冊、卷，專門用於指稱佛經。"這樣既說明了其使用範圍，也便於今人理解這個量詞。

（二）目學

《續高僧傳》卷十一《吉藏傳》："在昔陳隋廢興，江陰凌亂，道俗波迸，各棄城邑。乃率其所屬往諸寺中，但是文疏並皆收聚，置于三間堂內。及平定後，方洮簡之。故目學之長，勿過於藏。注引宏廣，咸由此焉。"按，"目"，麗本作此，南、徑、清本作"自"。或當作"目"爲是。《漢語大詞典》："目學：佛教語。謂流覽涉獵。呂澂《中國佛學源流略講・三論宗》：'他帶著人到處去搜羅文疏寫本，積滿了三間屋子，所以他目學的長處，是過人的。'"《漢語大詞典》本條立目、釋義、書證都很有意思，值得討論一下。首先，"目學"如果能成詞，那麼也許應當給出更多的用例，孤證恐怕難以成詞；其次，解釋中說"目學"是佛教語，恐誤，佛教語應當是佛教術語，而不是說涉佛文獻出現的語詞就是佛教語；最後，給出書證是呂澂《中國佛學源流略講》，其實呂先生書本處是在介紹吉藏的生平與佛教思想，使用的材料正是《續高僧傳》卷十一《吉藏傳》本處的文字，如果使用本例作爲書證，也應當直接用《續高僧傳》，時代過晚且不論，如果能使用《續高僧傳》這樣的原始材料，起碼能也爲"佛教語"提供一點依據。我們認爲，"目學"也許不能成詞，這衹是道宣個人言語，或者可能是其基於"耳食"這樣的語詞推導出來的臨時用法。

四　書證問題

（一）"僧綱"條目書證失當

《續高僧傳》卷十三《神素傳》："貞觀二年，栖巖大衆請知寺任。辭以法事相繼，有阻僧網。衆又固請依傑師故事，乃許之。"按，"僧網"，麗本作此，資、磧、普、南、徑、清本作"僧綱"。本書謂或作"僧綱"爲是。阻，妨礙、阻礙。"有阻僧網"，有礙僧綱也。《新脩科分六學僧傳》卷十九《唐神素傳》徵引了上例文字，其文作："貞觀二年，棲巖大衆請知寺任。辭以法事僧綱不可得兼，固弗許請。以傑公典故許之。"此可爲一證。僧綱，僧官也。《大宋僧史略》卷二："今寺中立者，如玄暢勅爲總持寺維那是也，次典座者，謂典主床座，凡事舉座，一色以攝之，乃通典雜事也。或立直歲，則直一年，或直月直半月。直日皆悅衆也，隨方立之。都謂之三綱，雜任其僧綱也。唐初數葉不立僧主，各寺設此三官而已。"（54/244c）此外，我們發現在《續高僧傳》其他部分還有此類異文現象，如：卷十一《保恭傳》："仁壽末年，獻后崩背。帝造佛寺，綜御須人。僉委聲實，以狀聞奏。下勅徵入爲禪定道場主，綱正僧，清肅有聞。迄于隋代，常蒞斯任。""僧"，麗本作此，磧、普、南、徑、清本作"僧綱"。卷十二《童真傳》："大業元年營大禪定，下勅召真爲道場主。辭讓累載，不免，登之。存撫上下，有聲僧。""僧"，麗本作此，徑作"僧綱"，宋资福藏、日本宫内省图书寮本作"罔"。本書認爲，這兩個例子都應當作"僧綱"爲是。與第一例比較接近有《宋高僧傳》卷十四《法慎傳》的說法，《宋高僧傳》卷十四《法慎傳》："以文字度人，故工於翰墨。以法皆佛法，故兼採儒流。以我慢爲防，故自負衣鉢。以規規爲任，故綱正緇林。以發揮道宗，故上行恭禮。以感慕遺迹，故不遠他邦。"其中"綱正緇林"，意乃整肅僧界，如果第一例作"綱正僧網"，義近，且原文順暢。第二個例子亦如之，如果作"有聲僧網"，意即蜚聲僧界，文從字順；而倘或作"有聲僧綱"，則頗爲費解。《四分律行事鈔資持記》中有關於"僧網"、"僧綱"的說解，或可參考。《四分律行事鈔資持記》卷一"釋僧網篇"："僧宗事多如網，此篇五門如綱，用此五者如提其綱，則餘網目無有不正。從喻爲題，以彰正要，住持攝衆，舍此何爲。"（40/208c）《漢語大詞典》：

> 【僧綱】僧官名。《西遊記》第十一回："太宗喜道：'果然舉之不錯，誠爲有德行有禪心的和尚。朕賜你左僧綱，右僧綱，天下大闡都僧綱之職。'"《清史稿·食貨志一》："寺觀僧道，令僧綱、道紀按季冊報。"《清會典·禮部十一·祠祭清吏司》"凡僧官道官皆註於籍"原注："直省僧官，府曰僧綱，州曰僧正。"

《漢語大詞典》例舉《西遊記》這樣一部小說的例子作"僧綱"這個佛教職官制度語詞的例子，殊不嚴肅，而且時代過晚。

（二）"扣擊"一詞補充書證

《續高僧傳》卷九《道莊傳》："後入內道場，時聲法鼓，一寺榮望，無不預筵。諮謁前疑，披解無滯，年德既富，皆敬而推焉。帝昔處蕃，致書禮問，詩論嘉篇，每令扣擊，詞采豐逸，屢動人心。"按，"扣擊"，金本作此，資、磧、普、南、徑、清本作"和繼"。本書認爲，如果作"和繼"的話，大概是有和作，所以下文纔會說到"詞采豐逸，屢動人心"，作"和繼"更符合文意，也更能與本傳下文"煬帝初臨，以莊留連風雅"相照應。"和繼"，晚唐詩人姚鵠詩有用例，即《和陝州參軍李通微首夏書懷，呈同寮張裘段群二先輩》："獨爲高懷誰和繼，掾曹同處桂同攀。"值得注意的是"和繼"的異文"扣擊"所透露出的漢語詞彙信息。這個異文起碼讓我們知道，早在宋資福本時期，就有了"扣擊"這個詞了。"扣擊"之"扣"，也可作"叩"，"叩擊"，《禮記·學記》："善待問者如撞鐘，叩之以小者則小鳴，叩之以大者則大鳴。"後以"叩擊"比喻向有學識者發問。在佛風浩盪的隋朝，煬帝時在蕃，向道莊這樣的高僧請教，應當是比較可信的。值得注意的是，《漢語大詞典》收錄了"扣擊"一詞，解釋爲"相互問难"，而沒有給出書證。至爲遺憾。先秦的叩擊"比喻向有學識者發問，後世唐宋其實確實出現了相互問難的情形，《漢語大詞典》儘管說明了這樣的情況，但其釋義仍然是不確當的，準確的解釋應當是：同"叩擊"，向有學識者發問，也指相互問難。我們發現的書證可以提供《漢語大詞典》修訂參考。用例如《續高僧傳》卷九《道莊傳》，再如晚唐宋代例證：《祖堂集》卷十八"趙州"："趙州和尚嗣南泉，在北地。師諱全諗，青社緇丘人也。少於本州龍興寺出家，嵩山琉璃壇受戒。不昧經律，遍參叢林，一造南泉，更無他往。既遭盛筵，寧無扣擊？師問：'如何是道？'南泉云：'平常心是道。'師云：'還可趨向否？'南泉云：'擬則乖。'師云：'不擬時如何知是道？'南泉云：'道不屬知不知，知是妄覺，不知是無記。若也真達不擬之道，猶如太虛，廓然蕩豁，豈可是非？'師於是頓領玄機，心如朗月。"《宋高僧傳》卷二十七《海雲傳》："雲示之曰：'上都有臥倫禪師者，雖云隱晦而實闡揚六祖印持，一時難測，化導之方若尸鳩之七子均養也。汝急去從之。'及見倫，扣擊未幾，告云：'汝師海雲入滅已。'節稟聽斯言，荼蓼情苦，遂奔赴如其言矣。乃繼武接跡，盛化相未。迨將示滅，愁雲欝結，鬼神悲號。有塔存焉。"卷十六：《彥偁傳》："釋彥偁，姓龔氏，吳郡常熟人也。揭厲戒津，錙銖塵務。勤求師範，唯善是從。末扣擊繼宗記主，得其戶牖，乃於本生地講導。"卷十二《慶諸傳》："時洞山新滅，俄為遠方禪侶圍遶，因入深山無人之境，結茅宴坐。時眾追尋，倏有見者，皆號哭交請'出為吾曹。諸將安往？'由是晨夕被遊學者扣擊，可無希聲以應之乎？"《佛祖統紀》卷十三"龍泉覃異法師"："法師覃異，餘姚杜氏，師龍泉清序，遇皇祐普度恩得剃髮，習教觀於天竺明智。後入雷峯廣慈之室，孜孜扣擊，二十年無倦志。學成歸里，敷講故山。"（49/219c）

（三）"忘倦"提前書證

《續高僧傳》卷五《慧澄傳》："瀟湘道俗，重增歸敬，法席繼興，善誘忘倦。"卷八《寶象傳》："先聽律典，首尾數年，略通持犯；迴聽成實，傳授忘倦，不恡私記，須便輒給。"《漢語大詞典》"忘倦"所給書證過晚，《漢語大詞典》："【忘倦】謂專注於某物或被其吸引而忘卻疲倦。清蒲松齡《聊齋志異·林四娘》：'又每與公評隲詩詞，瑕輒疵之；至好句，則曼聲嬌吟。意態風流，使人忘倦。'"

（四）"雩祈"提前書證

《續高僧傳》卷十五《義褒傳》："顯慶三年冬，雩祈雪候，內設福場，勅召入宮，令與東明觀道士論義。"按，"雩祈"，麗本等作此，磧作"雲祈"。當作"雩祈"。"雩""祈"在初唐時期已經連用，大略可以成詞了。《集古今佛道論衡》卷丁"帝以冬旱內立齋祀召佛道二宗論議事"："顯慶三年冬十一月，上以冬雪未零，憂勞在慮，思弘法雨，雩祈雪降。"（52/389c）《法苑珠林》卷一"劫量篇·述意部"："是知六年華觀，終焚煬於沈灰，千梵瓊臺，卒漂淪於驟雨，加復診候無徵，雩祈失効，霜戈接刃，星劍交鋒，酷毒生人崩亡殆盡，恐三界而未悟，嗟六道而悲夫。"如此，知這個語詞出現在初唐時期。而《漢語大詞典》："【雩祈】祈雨祭神。"例舉清顧炎武《十廟》詩："朔望及雩祈，頓首誠恐惶。"過晚。

（五）"師仰"提前書證

《續高僧傳》卷十九《智晞傳》："樂三昧者，咸共師仰。"按，"師仰"，麗本作此，資、磧、普、南、徑、清本作"歸仰"。"師仰"、"歸仰"二者皆可。當然二者的構詞方式不同。"師仰"為師法敬仰；"歸仰"，"歸+N"的構詞方式在道宣的作品中時見，僅在《續高僧傳》我們就發現有"歸崇"、"歸敬"、"歸投"、"歸護"、"歸命"、"歸靜"、"歸懺"、"歸信"、"歸寄"、"歸奔"、"歸葬"、"歸湊"、"歸承"、"歸告"等等，例不煩舉。"歸仰"可從。此外，《漢語大詞典》收錄了"師仰"一詞，其給出的書證最早用了宋孫光憲《北夢瑣言》卷十一："有律僧忘其名，臨壇度人，四方受具者奔走師仰，檀施雲集。"本書以為例證偏晚。在初唐時期就多有用例，如《續高僧傳》卷五《僧旻傳》："喪禮畢，移住莊嚴，師仰曇景。"卷十六《曇相傳》："京華七衆，師仰如神。"卷二十"論"："有陳智瓘，師仰慧思。"卷二十二《曇隱傳》："弘播戒宗，五衆師仰。"

（六）"扣問"提前書證

《續高僧傳》卷四《玄奘傳》："自此常參內禁，扣問沈隱，翻譯相續，不爽法機。"卷五《僧旻傳》："尚書令王儉延請僧宗講涅槃經，旻扣問聯環，言皆摧敵。"卷二十《道昂傳》："稽洽博詣，才辯天垂，扣問連環，思徹恒理。""扣問"，顯然成詞了，再如初唐佛典其他用例：義淨議

《根本説一切有部毘奈耶雜事》卷二十七："時婆羅門既至宅所，扣門而唤。妻遙問曰：'汝是何人？'答曰：'我是某甲。'"卷三十："後諸織師共爲聚集，酒醉還家，扣門而唤。其時婦屬産期，閉門而坐，雖聞叫唤，無由出看。"卷三十五："便即就彼，扣門而唤。時尊者憍陳如問言：'是誰？'答曰：'我是客僧。'"《漢語大詞典》"扣問"釋義爲"詢問；討教"，書證例舉南宋魏了翁《跋楊司理德輔之父紀問辯曆》以及近代《醒世姻緣傳》例，過晚，可補。

第 八 章

《續高僧傳》的流傳與影響

自1967年H. R. 姚斯和W. 伊澤爾提出接受美學以來，這一思想廣泛影響著人文學科諸多領域，語言文字研究也不應當缺席這一盛宴。魯國堯先生曾包含熱情地奮力疾呼："近年來，我在較爲廣泛的閲讀中接觸到'接受學'，有所了解之後，我認爲這一'外來之學説'值得引進輸入，它已經在中國的許多學科裏生根、開花，一派欣欣向榮的景象。可是反觀我們的語言學界，卻冷冷清清，在此我誠懇地呼籲：語言學接受'接受學'吧！"① 我們認爲對於《續高僧傳》的研究也應當補上這一課，在更加廣闊的歷史長河背景中去研究分析它的價值和影響。

前文我們曾經説過，道宣的佛學思想對後世的影響至深至遠，"從那時以來的中土律學家，差不多都以他的著述爲圭臬；對於《行事鈔》的解記之作，在唐宋兩代就已多至六十多家。其影響之大可以想見"②。"南山宣律師和尚讚"也説他是"流芳萬代，德邁千齡"。那麽他的《續高僧傳》對後世影響何如呢？是否也像他的律學主張一樣影響深遠而持久呢？後世在接收這部佛教僧傳過程中有表現出哪些特點呢？當然，《續高僧傳》成書不久，就被不斷地徵引，這樣的利用，當然體現了引用者對《續高僧傳》的接受。後世的利用，大致可以分出兩個部分：一是俗家利用，一是佛家利用。因爲《續高僧傳》儘管後世入藏，但這祇能説是涉佛典籍，而不能看作是純粹的佛教典籍，它與經、律、論佛家三寶均難找到歸屬，故而可爲僧俗兩家利用。俗家利用，主要是史學及文學的利

---

① 魯國堯：《語言學和接受學》，《漢語學報》2011年第4期。
② 高觀如：《道宣》，《中國佛教》第二輯，第118頁。

用，關於這些問題，陳垣先生《中國佛教史籍概論》等有所揭示，本書不擬詳論。我們主要討論佛家對《續高僧傳》文本的接受和利用情況。

本書借用接受美學關於接受的術語及其思想來開展對《續高僧傳》影響與接受的分析研究。過往一般佛典接受研究大都從佛典目錄、版本流傳等進行梳理，主要從目錄學、文獻學出發進行考察，而我們認爲對《續高僧傳》接受史的研究更應該包括後世對其改造、徵引等利用情況的分析。後世比較直接使用《續高僧傳》材料者，其特點就是頻繁徵引《續高僧傳》文字材料，並在徵引過程中不斷進行刪並、補充乃至改造，它們集中地體現了後世徵引者對《續高僧傳》的認知與解讀，其中，唐道世《法苑珠林》是一個典型，而《法苑珠林》作爲佛教類書，對後世又有著極大的影響，故而我們對《法苑珠林》利用《續高僧傳》的情況進行了深度剖析；其他徵引利用者，祇是簡單介紹一下情況，旨在闡明《續高僧傳》被接受總體情況以及它持續的影響力。

第一節　後世對《續高僧傳》接受概述

一　《續高僧傳》將經驗升格爲傳統

佛家史書的撰寫，宛如漢地史學傳統一樣，也是代有承繼的，陳垣《中國佛教史籍概論》"緣起"中說："尤所注意者，《四庫》著錄及存目之書，因《四庫提要》於學術上有高名，而成書倉猝，紕繆百出，易播其誤於衆。如著錄《宋高僧傳》而不著錄《梁高僧傳》、《續高僧傳》，猶之載《後漢書》而不載《史記》、《漢書》也。又著錄《開元釋教錄》而不著錄《出三藏記集》及《歷代三寶記》，猶之載《唐書·經籍志》而不載《漢志》及《隋志》也。"[①] 看起來是批評《四庫提要》，其實也表露了對其一脈相承的肯定。

我們知道，道宣就是一個特別善於學習和接受前人成果的人，比如前文第一章我們說到道宣在《弘明集》之後編纂了《廣弘明集》，在《釋迦譜》之後編纂了《釋迦氏譜》，在《出三藏集記》之後編纂了《大唐內典錄》，在《高僧傳》之後編纂了《續高僧傳》。這樣一個善於接受

---

① 陳垣：《中國佛教史籍概論》，上海書店出版社 2005 年版，第 1 頁。

和學習前人傳統和優秀經驗的人，也是一個善於將經驗升華爲經典的作家。道宣將一些優秀的著作經驗，讓原有的經驗再現，同時也加入了自己的一些創新，通過自己的吸收、實踐、示範，通過自己的影響，讓這些經驗經典化，成爲後世的學習與藉鑒的標杆。

慧皎在《高僧傳·序》中說：

> 自漢之梁，紀曆彌遠。世涉六代，年將五百。此土桑門，含章秀起，群英間出，迭有其人。衆家記錄，敘載各異。沙門法濟，偏敘高逸一跡。沙門法安，但列志節一行。沙門僧寶，止命遊方一科。沙門法進，迺通撰傳論。而辭事闕略，並皆互有繁簡，出沒成異。考之行事，未見其歸。宋臨川康王義慶《宣驗記》及《幽明錄》、太原王琰《冥祥記》、彭城劉俊《益部寺記》、沙門曇宗《京師寺記》、太原王延秀《感應傳》、朱君台《徵應傳》、陶淵明《搜神錄》，並傍出諸僧，敘其風素，而皆是附見，亟多疎闕。齊竟陵文宣王《三寶記》傳，或稱佛史，或號僧錄。既三寶共敘，辭旨相關，混濫難求，更爲蕪昧。瑯琊王巾所撰《僧史》，意似該綜，而文體未足。沙門僧祐撰《三藏記》，止有三十餘僧，所無甚衆。中書郎郄景興《東山僧傳》、治中張孝秀《廬山僧傳》、中書陸明霞《沙門傳》，各競舉一方，不通今古；務存一善，不及餘行。逮乎即時，亦繼有作者。然或襃贊之下，過相揄揚；或敘事之中，空列辭費。求之實理，無的可稱。或復嫌以繁廣，刪減其事，而抗跡之奇，多所遺削，謂出家之士，處國賓王，不應勵然自遠，高蹈獨絕。尋辭榮棄愛，本以異俗爲賢。若此而不論，竟何所紀。嘗以暇日，遇覽群作。輒搜撿雜錄數十餘家，及晉、宋、齊、梁春秋書史，秦、趙、燕、涼荒朝僞曆，地理雜篇，孤文片記。并博諮古老，廣訪先達，校其有無，取其同異。始于漢明帝永平十年，終至梁天監十八年，凡四百五十三載，二百五十七人，又傍出附見者二百餘人。

慧皎是有感於當時一些佛家史籍對於僧人傳記寫作的疏失與不足而創作了《高僧傳》的，它們的不足，按說這些撰寫方法都有機會成爲傳統爲後世所接受，但是其實並沒有。之所以會這樣，慧皎首創《高僧傳》是對它們最好的回擊和批判。但是在我們看來，這祇是一方面，承上啓下的《續高僧傳》對先前做法的接受與拒絕，對其傳承與否的作用同樣不可低估。道宣《續高僧傳》對於梁慧皎《高僧傳》的忠實，爲傳統的形成起到了積極的作用，有奠基之功；而《續高僧傳》對《高僧傳》改動，或者說創新，則開啓了後世僧傳根據人物實際情況進行體例編排的先河，給了他們創新的範例和勇氣，同樣值得肯定。道宣對《高僧傳》的繼承，使《高僧傳》的作法成爲經典；道宣個人的新發明新創造，則在後世又成爲了經典。道宣《續高僧傳》對既往傳統的繼承與弘揚，我們認爲可以大致總結爲以下五條。

（一）史傳意識自覺化

受中土俗家源遠流長的撰著史傳方式的影響，梁慧皎寫作了《高僧傳》，而進一步強化、使之成爲後世綿延不絕傳統者，非道宣《續高僧傳》莫屬。《續高僧傳》繼承了強化了爲高僧作傳的這一強烈的歷史感，起到了繼嗣與光大的作用，或許可以說，正是由於有了《續高僧傳》，佛家這一經典做法已經成爲歷代無法割捨傳統，成爲僧人的一種自覺。如贊寧的《宋高僧傳》序文中說："慧皎刊修，用實行潛光之目；道宣緝綴，續高而不名之風。令六百載行道之人，弗墜于地者矣。爰自貞觀命章之後，西明絕筆已還，此作蔑聞，斯文將缺。"這是贊寧撰《宋高僧傳》的主要原因，也是對道宣《續高僧傳》的極大肯定。有人認爲《宋高僧傳》的出現，與宋代史學發達的大背景密切相關[1]，我們不完全同意這樣的看法。明如惺《明高僧傳·序》說："故六朝廬山遠公、唐宣律師、宋贊寧輩乃修僧史及高僧傳，各若干卷。……夫孔子作《春秋》而亂臣賊子懼，太史公作史傳天下不肖者恥，今吾釋氏而有是書，則使天下沙門非惟不作師子身中蟲，而甚有見賢思齊，默契乎言表得兔亡罩者，詎可量哉。然僧史始於漢明，傳燈遠遡七佛，皆終於宋，惟神僧傳迄于元順而止。明興太祖高皇帝開國以來，國家之治超于三代，佛法之興盛于唐宋，獨僧史傳燈諸書尚寥寥無聞，良可歎也。然吾儕有力者不以爲念，有志者無以爲緣。而我國朝人物其果不若唐宋乎？予於庚子校刻前

---

[1] 潘桂明、董群、麻天祥：《中國佛教百科全書·歷史卷》，上海古籍出版社2000年版，第313頁。

代金湯編，今歲又緝國朝護法者以補其缺，間於史誌文集往往有諸名僧載焉，因隨喜錄之，自南宋迄今，略得若干人，命曰《大明高僧傳》，以備後之修史者採摭云爾。"（50/901b）這樣的認識已經到了非常高的高度了，非但無法割捨，簡直無法容忍僧傳斷檔了。這一強烈意識，當然與佛教本土化之後，佛家受俗世歷史意識與史書撰寫傳統的影響密切相關，同時也是對佛教史籍寫作傳統的崇敬密切相關，慧皎《高僧傳》爲草創者有創發者之功，但是如果說到整個傳統的形成，則無疑道宣《續高僧傳》居功至偉。

（二）著作名稱經典化

名者，實也。名稱的承繼是至關重要的，直接稱名，體現的是對傳統的遵奉。我國小學史上的"雅學"，充分體現這一特點：《爾雅》之後的《小爾雅》《廣雅》《埤雅》《駢雅》《通雅》《別雅》等等，犖犖大觀，形成了"雅學"系列。我們知道在佛家僧傳中，一直有所謂四大僧傳之說，即梁慧皎《高僧傳》、唐道宣《續高僧傳》、宋贊寧《宋高僧傳》、明如惺《明高僧傳》。慧皎《高僧傳》序中的意思是，當時僧衆猥濫，徇俗者多，故不以"名僧"爲名，而以"高僧"爲名。道宣直接的把自己的著作叫作《續高僧傳》，就是對《高僧傳》很多作法的最直接的肯定與弘揚，它把僧傳的創作方法固定下來，也把佛家史傳諸多內容固定下來，使之程式化，成爲經典作法，這樣纔有了後世綿延成序的四大僧傳。

（三）取材方法標準化

材料是傳記的基礎，有什麼樣的材料就有什麼樣的傳記文字。慧皎《高僧傳》序言中說："嘗以暇日，遇覽群作。輒搜撿雜錄數十餘家，及晉、宋、齊、梁春秋書史，秦、趙、燕、涼荒朝僞曆，地理雜篇，孤文片記。并博諮古老，廣訪先達，校其有無，取其同異。"而道宣在《續高僧傳·序》則說："或博咨先達，或取訊行人，或即目舒之，或討讎集傳。南北國史，附見徽音，郊郭碑碣，旌其懿德。皆撮其志行，舉其器略。"由此我們可以看出，《續高僧傳》材料來源的途徑方式基本承續了《高僧傳》，同時增加碑銘等材料的使用以豐富僧人事跡材料，而道宣的這些方法又被贊寧所汲取，贊寧《宋高僧傳》序文中說："輯萬行之新名，或案誄銘，或徵志記，或問輶軒之使者，或詢耆舊之先民，研磨將經論，略同讎校，與史書懸合，勒成三帙。"《明高僧傳》方法似乎簡易了許多，其序文言："予於庚子校刻前代金湯編，今歲又緝國朝護法者以補其缺，間於史誌文集往往有諸名僧載焉，因隨喜錄之。"（50/901a）蘇晉仁先生評價謂："正如作者自序所說，是隨喜錄之，以備後之修史者采摭，因而沒有嚴肅加工整理，不免存在缺點，尤其不是全豹，不能算作代表某一時期的綜合傳記，也無法滿足後世的要求。雖然如此，但是在本書中還保存了一部分爲它書所無的傳記，而且纂集三個朝代部分僧傳在一起，對佛教史的研究仍有一定的參考價值。"① 之所以如此式微的情況，與其說是《明高僧傳》編寫的空疏，倒不如說明代佛教在人們的生活中已經沒有太重要的顯性影響，更多地已經深入人們的血脈里了，故而高僧大德的傳記也沒有那麼重要了。

（四）篇章結構規範化

我們祇要簡單地比較一下梁、唐、宋三大僧傳以及餘續《明高僧傳》的篇目即可看出他們的繼承性。《梁高僧傳》和《唐高僧傳》兩傳都分十科，陳垣《中國佛教史籍概論》卷二在言及《高僧傳》內容和體例時稱："本書爲類傳體，凡分十門。每門之後，系以評論：一譯經，三卷；二義解，五卷；三神異，二卷；四習禪，五明律，共一卷；六亡身，七誦經，共一卷；八興福，九經師，十唱導，共一卷。"② 而在談到《續高僧傳》的內容和體例時說："本書繼慧皎書而作，故名《續高僧傳》。""本書體制，與皎書大略相同。亦分十科，改神異爲感通，增護法，經師、唱導則合爲雜科，故其數仍十：一譯經，四卷；二義解，十一卷；三習禪，五卷；四明律，五護法，六感通，各二卷；七遺身，八讀誦，九興福，十雜科，各一卷。每一科畢，亦系以論述，與皎書同。皎書著於偏安之時，故多述吳、越，而略於魏、燕；《續傳》著於統一之時，文獻較備，故搜羅特廣。"③

宋代佛教史書編撰進入了一個繁榮時期，有關佛教的史籍很多，其中最重要的，當數《宋高僧傳》和《佛祖統紀》。道宣的湖州同鄉、後

---

① 蘇晉仁：《佛教文化與歷史》，中央民族大學出版社 1988 年版，第 166 頁。
② 陳垣：《中國佛教史籍概論》，第 20 頁。
③ 同上書，第 23—24 頁。

學，宋太宗授予紫衣並賜號"通慧大師"的湖州德清人贊寧（919—1001），受詔撰《大宋高僧傳》。結果這位精通南山律的"律虎"撰寫的《宋高僧傳》，其體制"一如《續傳》，惟《續傳》僅每科後附以論述，此書則每人傳末亦時有論述，或申明作者之旨焉，名之曰系，其有答問，則謂之通。系者法《張衡賦》，通則法《白虎通》，此與《續傳》不同者也。"① 這除了其爲道宣一宗，受其所學影響之外，更主要的我們要看到是《續高僧傳》的魅力與影響，其成熟的經驗與經典寫法，使得贊寧也無法繞開《續高僧傳》。宋釋惠洪《林間錄》卷一："贊寧作《大宋高僧傳》，用十科爲品流，以義學冠之，已可笑。"正如陳垣先生所譏："夫贊寧特循慧皎、道宣之舊耳，有何可笑！"② 在佛教史籍編纂的歷史上，不是沒有人試圖對《高僧傳》《續高僧傳》等原僧傳書寫的體制體例進行改革，如元曇噩《新修科分六學僧傳》，打破原有的十科分法，分成慧、施、戒、忍辱、精進、定六學，每一學下有分出兩科，每科之後有贊。這樣的分類法其實是有問題的，這基本是靜態的分類法，操作中出現了無法清楚劃界的現象，基本可以看作雜糅法。正如蘇晉仁先生指出的，舊分類法創設的科目，其實是依據時代的演進以及佛教本身的發展設立的，符合佛教發展歷史實際。③ 在我們看來，原有的十科的分類法，不僅僅能夠比較真實地反映佛教發展真相，同時也便於篇章結構的眉目清晰，便於行文，方便後人閱讀接受。

最後再看看四大僧傳之《明高僧傳》，明如惺撰《明高僧傳》八卷分爲譯經、解義、習禪三篇，計收正傳一三八人，附傳七十一人，其體裁與前三僧傳幾同，惟每科後少了"論"，一般認爲這大概是因爲該書並非成書而是一個半成品。如惺本擬上繼《宋高僧傳》，完成佛教史籍上的承緒，可惜最後不知什麼原因沒有完稿。雖然《明高僧傳》在佛教史籍史上的地位明顯不能與前三僧傳並提，但敢於命名"僧傳"，顯然作者本來寄望不低。正是由於有了《梁高僧傳》《唐高僧傳》《宋高僧傳》，這樣綿延的學術傳統，纔使得後世的高僧以爲如果沒有了當朝的"高僧傳"，

---

① 陳垣：《中國佛教史籍概論》，第32頁。
② 同上書，第119頁。
③ 蘇晉仁：《僧傳》，《中國佛教》第四輯，東方出版中心1989年版，第141頁。

似乎不能跟後人交代了，元蒙爲外族入主，漢地高僧大概以爲是可以接受的，到了大明王朝，則必須要有《明高僧傳》了。值得注意的是，同時代時間稍晚於《大明高僧傳》的還有釋明河的《補續高僧傳》二十六卷①，明河並沒有看到如惺的《大明高僧傳》，但強烈的史傳傳統，令其覺得《宋高僧傳》之後便絕無繼嗣實在讓人無法容忍，於是仿習前三僧傳，撰寫了《補續高僧傳》，體制基本於前三傳相同。這說明傳統一旦形成，它就有了自發的規約力。而在整個佛家史籍撰作傳統形成過程中，道宣《續高僧傳》起著承上啓下的至關重要的作用。

（五）積習成疴神異化

陳垣先生《中國佛教史籍概論》是以史家慧眼發掘佛教史傳的歷史學價值，陳垣先生對衆多佛教史籍給予了積極評價，如《出三藏記集》《歷代三寶記》《洛陽伽藍記》《開元釋教錄》等等，當然也包括《高僧傳》《續高僧傳》，都設專節介紹"本書在史學上之利用"，等到了《宋高僧傳》，陳先生則說："慧皎著書，提倡高蹈，故特改'名僧'爲'高僧'。道宣戒律精嚴，對沙門不拜王者一事，爭之甚力，皆僧人之具有節槩者，有專書名《沙門不應拜俗等事》。贊寧則本爲吳越國僧統，入宋後，又賜紫衣，充僧錄，素主張與國王大臣接近；本書又爲奉詔而作，故不能與前書媲美。""因此贊寧之書，不提倡高蹈，與慧皎異；又沾染五代時鄉愿習氣，以媚世爲當，故持論與道宣又異。"②至於後來的一些佛家史籍，如《大明高僧傳》《補續高僧傳》，則未予置評。何者？如果僅僅將其理解爲此書乃特定時代完成，未及明代，則恐難以令人置信。我們認爲，陳先生主要從能否爲歷史學所利用的角度來看待佛家史籍，即便是宗教史，這些佛家史傳也當儘可能提供符合歷史真相的資料方纔有價值，纔可以作爲"信史"。那麼爲什麼佛家史籍的信史價值等而下之呢？

僧傳，對於歷史，特別是佛教歷史的研究是基礎性材料。當然，前提是這些傳記所記載的事跡應當是具有歷史的史實性。但是，後世人們

---

① 本書覺得就篇幅及記錄高僧來說，這個最應當叫"大明高僧傳"，惜乎流佈不廣，且如惺之書書名討了巧。

② 陳垣：《中國佛教史籍概論》，第34、35頁。

在利用這些僧傳時總是很小心，很多時候並不能將其作爲信史看待，比如其中的靈異、神奇、傳說等等虛誕虛妄的記載。沈衛榮說："一部佛教的歷史，甚至可以說佛教史家筆下的所有歷史書寫，實際上都是嚴格按照佛教的世界觀、價值觀和歷史觀重新構建起來的一整套佛教化了的歷史敘事。它是被徹底地篡改了的、佛教化了的歷史，通常祇是按規定的時間順序而編排的形象化了的佛教觀念/概念的歷史，而絕不是真正的、客觀的歷史。"① 我們認爲之所以造成這樣的狀況，一方面是僧侣史觀所決定的，另一方面是敘事的經驗與傳統也規約著佛家史籍的撰著，最終導致這一情形的産生，而在經驗的形成中，道宣的《續高僧傳》起到了至關重要的作用。道宣《續高僧傳》無限誇大高僧的神異功能是一個不好的開端，此所謂積行成習、積習成性、積習成弊。比如關於神異，陳柳冬雪認爲，從類型上進行整理，可以歸納出《高僧傳》中的神異故事主要是圍繞著高僧的神異能力展開，這些能力概括爲預言、神足、治病、分身、持咒念法、通靈、神力、天眼等八種。《續高僧傳》的神異故事類型稱爲"感通型"，即以"感"和"通"爲主線分析其神異故事的理念。《續高僧傳》繼承了慧皎《高僧傳》體例，有改動，如改"神異"爲"感通"。《續高僧傳》的"感通"是指有所感而通於彼，意即一方的行爲感動對方，從而導致相應的反應，即感應交通的意思。"神異"似乎純粹是指一些超自然、反規律的事情。"感通"是指先有感後有通，然後所得到的一系列反應。② 本書認爲，道宣其實還是想說明其所有記載中所有的神通非憑空而來，而是僧人對佛法的虔誠和精進所帶來的靈驗感應。儘管《高僧傳》中的神異故事在慧皎看來也是確鑿的事實，而這些感通故事在道宣看來，則絕對是真實的事跡了。另外，三大僧傳中，《續高僧傳》感通卷記錄的高僧人數最多，相對應所記載的神異故事也最多，聯想到道宣曾編纂過《神州三寶感通錄》，所以這在本書看來也絕不是偶然的。楊海明認爲兩傳在寫作過程中都具有史家的眼光和"實錄"精神，祇不過梁慧皎的《高僧傳》以弘揚僧人的理想人格、達到傳教護法爲目

---

① 沈衛榮：《迴歸語文學——對佛教史研究方法的一點思考》，《中山大學學報》（社會科學版）2018 年第 2 期。

② 陳柳冬雪：《〈高僧傳〉與〈續高僧傳〉神異故事研究》，第 7—19 頁。

的，而道宣《續高僧傳》以弘通佛法要義爲首任，重在"會正解而樹言"。①所以，我們說這些神異故事，儘管在我們今天看來多有怪誕之嫌，當時作者卻是篤信不疑的。而這些帶有宗教神秘的故事，顯然是不能入史家法眼的。這也是陳垣先生書中特別提示後學該如何使用這些材料的用意所在。

我們現在要討論的是，這個爲什麼會成爲傳統。遵照上述邏輯，在這個傳統的形成過程中，道宣《續高僧傳》起到了舉足輕重的作用。《宋高僧傳》繼承了《續高僧傳》的體例以及神異故事的寫作思想，到了明代，甚至出現了乾脆直接用神異稱名的僧傳——《神僧傳》。《神僧傳》（九卷，明成祖撰，明北藏、嘉興藏、清藏、《明史·藝文志》，皆著錄。今有頻伽藏本、常州本）共記錄了208位元高僧的神異故事，其中所記載的一部分僧人是將前三大僧傳中具有代表的僧人及他們的神異故事進行匯總刪改，同時也增加了後世所謂神僧。這樣的僧傳，除了宗教宣傳、魅惑世俗的作用，已經完全沒有史料價值了。從《高僧傳》到《續高僧傳》再到《宋高僧傳》，最後發展到《神僧傳》，這樣的神異故事的記載與撰寫傳統，逐步消解了僧傳的史學價值，不能說不是一件非常遺憾的事。

總之，《續高僧傳》由於其天然的承上啓下的位置，決定了其在僧傳類作品中的重要地位，其對後世同類作品在學習藉鑒、承襲沿用過程中，將其作法視爲經典，逐漸將經驗升華凝固成爲傳統，甚至出現了極端化的傾向，如此也足見其對後世的影響是至深至遠的。

二 後世對《續高僧傳》接受簡述

前文儘管祇是從史料價值，特別是藉助陳垣先生的判定，對《續高僧傳》地位價值以及後世人們對其接受作了部分較少，後世對《續高僧傳》編纂目的、寫作方式、內容體例的繼承，當然也是接收史的一部分，這充分展現了後人對《續高僧傳》解讀與認知。接下來我們要說的是，除了直接稱名"僧傳"的佛教史籍受這樣的傳統影響以外，其他未直接

---

① 楊海明：《簡析〈高僧傳〉與〈續高僧傳〉成書目的及作傳理念之異同》，《西安石油大學學報》（社會科學版）2007年第4期。

使用這樣名稱的佛教史籍還有很多，它們也表現出對《續高僧傳》的接受，衹是方式不同罷了。本書認爲，考察後世對某一文獻、經典的接受情況，最直接、最有效的觀測點就是看後人對其的引用情況，這也是以語文學的方法和視角來研究考察佛典的方法之一。《神僧傳》有部分內容是抄撮自《續高僧傳》，這種直接抄襲的方式可以看作對《續高僧傳》的忠實的接受，此類方式可以說是後世接受《續高僧傳》最爲顯明的、最好把握的一種形式。另外後世徵引改造使用《續高僧傳》者較多，其中比較集中、比較典型的，在本書看來也許應當是唐道世的《法苑珠林》，儘管徵引者或因自身文稿體例的需要，或有自己的新的看法，或者語言習慣不同，對道宣原文時有改易。《法苑珠林》爲佛家類書，是中古選學勃興、類書編纂風潮中的一個代表。類書在尊重原典的前提下，廣泛引用典籍中的相關文句，爲了避免斷章取義所帶來的閱讀困難，編纂者往往因原書之上下文而有補充背景語。同時，爲了簡省篇幅而經常採用摘引的方式、採用撮述或節選的方式，這種靈活的摘引方法總體而言都是圍繞主題類目而進行的。所以類書引文雖然不符合今天的引文規範，但是以上這些特點都反映了其編纂目的，即"覽者易爲功，作者資其用"（《四庫提要》之《藝文類聚》條語）。本章第二節將集中討論《法苑珠林》對《續高僧傳》的接受問題，這裏先討論其他文獻對《續高僧傳》的接受情況。

（一）唐代佛家對《續高僧傳》的評價與接受

唐人距離《續高僧傳》成書時間最近，他們的態度值得格外重視，我們一一討論。

1. 唐神清撰，慧寶注《北山錄》，其卷七有文："是以大辯無言，言則導意，意必有歸，故洞微而語要，盡詞而旨密，於其誣則不書。（如續傳序：法進作水觀，家人取柴，見繩床上有好清水，拾二石子安之，進暮還覺背痛等。此乃謬之甚也。且作觀是獨影墳唯假想，若令別人見則屬性境，此乃宣公孟浪之談也。）"按，此段文字出自《續高僧傳》卷十八《法進傳》，該故事還被道世《法苑珠林》卷八十四完整徵用。如此故事，在道宣是要表明法進習定的境界與決心，在道世爲了幫助說明禪定之功，但是由於慧寶與道宣佛教思想認識有所不同，在慧寶看來，道宣的記載完全是不嚴謹的胡扯，"此乃宣公孟浪之談"，"此乃謬之甚也"。

儘管時代差別不遠，已經看出佛家不同，認識迥異矣！

2. 唐僧詳撰《法華（經）傳記》，其卷三卷四，在記述僧隆、智越、智通、智晞、智璪、法喜、志湛，以及五侯寺僧、法常、并州誦經舌、慧超、慧顯、善慧、慧達、法誠、慧銓（附智證宋公事）等人事跡時，選取、節錄《續高僧傳》的文字，祇是徵引的文字也時有改動。內容較多，不再具引。

3. 唐飛錫撰《念佛三昧寶王論》，卷下徵引了《續高僧傳》卷十六《僧可傳》中關於像居士的對答，祇是《念佛三昧寶王論》中的"影由形起，響逐聲來，弄影勞形，不知形是影本；揚聲止響，不識聲是響根"。《續高僧傳》卷十六《僧可傳》文作："弄影勞形，不知形之是影；揚聲止響，不識聲是響根。"比照兩個後世引文，語句更加整飭，語義也更加明了。但是《續高僧傳》各版本並無異文，所以也難以懷疑道原文有誤，祇能說是道宣的遣詞造句有自己的風格，且並沒十分高妙。

4. 唐智昇撰《開元釋教錄》，其對《續高僧傳》的接受表現為直接地、大量使用《續高僧傳》所記載佛典文獻作為經錄證據材料，這是對《續高僧傳》的忠實與信任。在記述一些文獻的時候，間或有對撰著者的簡短介紹，個別地方的介紹性文字節錄自《續高僧傳》，而比照原文，我們也發現有些問題需要說明一下：

> 至開皇二十年便從物故，春秋七十有八。（准《添品法華序》，仁壽元年辛酉，崛多、笈多二法師於大興善寺重勘梵本，闕者添譯。既在仁壽之元出此添品，即非開皇二十年卒也。又《內典錄》云，仁壽之末崛多以緣他事流擯東越。《續高僧傳》即云開皇二十年卒。傳錄俱宣所撰而自相矛盾何也。）（《開元釋教錄》卷七"沙門闍那崛多"）

智昇對道宣文字的自相矛盾表達了困惑，也提出了自己的質疑，應當說這樣的態度是科學客觀的。關於闍那崛多流擯東越的事，《續高僧傳》其實也有記載，卷二《闍那崛多傳》："隋滕王遵仰戒範，奉以為師，因事塵染，流擯東越。又在甌閩，道聲載路，身心兩救，為益極多。至開皇二十年，便從物故，春秋七十有八。"以《續高僧傳》的文字，闍那崛多流擯東越在開荒二十年之前，儘管沒有明確地說具體在什麼時間。《弘贊法華傳》卷二引文作："至開皇五年，大興善寺沙門曇延等三十餘人，以躬當翻譯，音義乖越，承崛多在北，乃奏勅請還。帝依然順許，遣使延訪崛多。西歸已絕，流滯十年，深思明世，重遇三寶，忽蒙遠訪，欣願交并。即與使者，同來入國。于時文帝巡幸洛陽，於彼奉謁。天子大悅，賜問頻仍。未還京闕，尋勅敷譯。與沙門僧休法粲等，更出衆經。隋滕王遵仰戒範，奉以爲師，因事塵染，流擯東越。又在甌閩，道聲載露，身心兩救，爲益極多。至開皇二十年，便從物故，春秋七十有八。"（51/16b）而《大唐內典錄》卷五明言"仁壽之末"則恐非。

在《開元釋教錄》卷八"沙門波羅頗迦羅蜜多羅"，智昇則直接對《續高僧傳》提出了批評："《內典錄》云：於斯時也，大集梵文，將事廣傳，陶津後代，而恨語由唐化，弘匠不行，致使梵寶無由分布，故十載之譯三部獻功，可悲深矣。今考覈序中譯時年月三年三月創譯，七年春獻功畢，《續高僧傳》云六年訖，傳、錄俱是宣修，年月自矛盾也。"（55/553c）這樣的接受，是客觀的、理性的。

5. 唐圓照撰《貞元新定釋教目錄》，其對《續高僧傳》的使用同智昇撰《開元釋教錄》，甚至許多文字直接錄自《開元釋教錄》，如以上二條智昇的質疑，圓照亦照抄不誤。不論。

6. 唐淨覺集《楞伽師資記》有一條徵引，但文字稍異，如《楞伽師資記》："第四隋朝舒州思空山粲禪師，承可禪師後。其粲禪師，罔知姓位，不測所生。按《續高僧傳》曰：可後粲禪師，隱思空山，蕭然淨坐，不出文記。祕不傳法，唯僧道信，奉事粲十二年，寫器傳燈。燈成就，粲印道信了了見佛性處，語信曰：《法華經》云，唯此一事，實無二，亦無三。故知聖道幽通，言詮之所不逮，法身空寂，見聞之所不及，即文字語言，徒勞施設也。大師云：餘人皆貴坐終，嘆爲奇異，余今立化，生死自由。言訖遂以手攀樹枝，奄然氣盡，終於峴公山，寺中見有廟影。"我們考查《續高僧傳》，發現卷二十七《法沖傳》祇有這樣的記載："今敍師承以爲承嗣，所學歷然有據。達磨禪師後，有惠可惠育二人，育師受道心行，口未曾說。可禪師後，粲禪師、惠禪師、盛禪師、那老師、端禪師、長藏師、真法師、玉法師（已上並口說玄理，不出文記。）"所謂"隱思空山，蕭然淨坐"祇能看成一種比喻了，無法鑿實，而後面的各種記載及其言論，均不見《續高僧傳》，這個應當是净觉的聞知與記錄了。

7. 唐志鴻撰述《搜玄錄解四分律刪繁補闕行事鈔錄》徵引了《續高僧傳》卷三十《智興傳》以爲證據資料。

8. 唐大覺撰《四分律鈔批》，与上志鴻撰述《搜玄錄解四分律刪繁補闕行事鈔錄》徵引了《續高僧傳》卷三十《智興傳》同，當時輾轉抄錄。

9. 後唐景霄纂《四分律鈔簡正記》，凡徵引《續高僧傳》四處，其中一處與上面兩條同，大概因爲這是闡釋四分律的系列著述，故而多有承襲。

10. 道世撰《法苑珠林》，其感通錄部分多有徵引，具體分析見下一節。

（二）宋

宋代佛教撰述極爲活躍，呈現出繁榮昌盛的景象，出現了大量的佛家著作，宋代對《續高僧傳》徵引與接受當然地也就紛繁起來，我們不再對其一一解說，僅對其簡單歸類，大致解讀一下宋代對《續高僧傳》接受的特點。

第一類，直接徵引。這類文獻大都是後世輯、編、集之作，其文獻類型就是纂集之作，所以它們徵引使用前人文獻是必然的，祇是古人在徵引前人文獻時一般都略有改易，如果沒有非常明顯的特點，我們就把它們歸到這一類。如：

1. 宋非濁集《三寶感應要略錄》卷之上"第十二隋安樂寺釋惠海圖尊無量壽像感應"，節選自《續高僧傳》卷十二《慧海傳》、三寶感應要略錄卷之中"第十七曇榮僧定二人行方等懺法得記感應"節選自節選自《續高僧傳》卷二十《曇榮傳》，僅僅是使用《續高僧傳》作爲基本原始材料，沒有其他變動。不作深入討論。

2. 宋道誠述《釋氏要覽》卷下選取《續高僧傳》卷三十《智興傳》中"智興打鐘聲振地府，受苦者皆解脱"事。無更多討論價值。

3. 宋宗鑑集《釋門正統》卷一"真觀"改寫自《續高僧傳》卷三十一《真觀傳》，《釋門正統》卷四節選了《續高僧傳》卷三十《智興傳》智興打鐘聲震地府受苦者皆解脱事，這個故事後來被多個文獻不斷輾轉傳抄。因爲《釋門正統》是宗鑑集文，既然是集，當然是蒐羅自己需要的材料彙編在一起，當然，在集的過程中，宗鑑多有改寫。如果說接受的話，祇能說這樣的材料宗鑑是認可的。

4. 宋四明沙門知禮述《觀音義疏記》卷四有這樣的文字："《續高僧傳》云，偈是闍那崛多所譯。"這祇是在行文就涉及的問題引證《續高僧傳》。

5. 宋錢塘沙門釋智圓述《涅槃玄義發源機要》卷一、卷四在涉及灌頂法師事跡時徵引了《續高僧傳》卷十九《灌頂傳》。

6. 宋宗曉編次《樂邦文類》卷一"慧布"、卷二"乘禪師"、卷三"慧海"分別節選自《續高僧傳》卷七《慧布傳》、卷二十九《志湛傳》、卷十二《慧海傳》。

7. 宋善卿編正《祖庭事苑》卷二"律虎"徵引《續高僧傳》卷二十二《法願傳》關於人們稱法願爲律虎的說法。

8. 宋元照撰《四分律行事鈔資持記》卷三節引了《續高僧傳》卷十二《敬脫傳》。

9. 宋戒度述《觀經無量壽經義疏正觀記》卷二"慧布"徵引了《續高僧傳》卷七《慧布傳》。

10. 宋允堪述《淨心誡觀發真鈔》卷上明琛徵引了《續高僧傳》卷二十六《明琛傳》。

11. 宋宗曉編《法華經顯應錄》，其序曰："宗曉濫廁釋服，志樂聞持，深嗟舊集未全，續本又缺，於是徧加討覈大藏三朝僧傳及內外典章，隱顯畢收，新舊竝列，總二百三十九事。"

本書按，《法華經顯應錄》既然是"編"的，而且是蒐集前人的典籍整理收錄的，其材料當然來自前人的文獻，故此《法華經顯應錄》徵引《續高僧傳》也就沒什麼特別的了。其使用過程中，一般的手法即節錄、節選，不再討論。

當然，也有個別例子是有一些問題的，如：

12. 宋錢塘沙門釋智圓述《涅槃玄義發源機要》卷四有徵引，其文作："《唐高僧傳》曰：煬帝時爲晉王，於京師曲池施營第林，造日嚴寺。"大本作"施"，且言甲本作"旋"。本書按，此出自《續高僧傳》卷二《彥琮傳》，原文作："煬帝時爲晉王，於京師曲池營第林，造日嚴寺。"大正藏本選擇作"營"字，資、普、徑本作"施營"。郭紹林校注本第五十九頁校勘記：營：原作"施營"，據金、麗本校改。本書謂，不改亦可。"施營第林"，意思是布施、施捨而建第林。比單純的"營"更有意蘊。這與資、普、徑本一致，也可與《涅槃玄義發源機要》徵引文字對應起來。當然，《涅槃玄義發源機要》的異文"旋"不可取，此應當是"施"的訛誤。

13. 宋曇秀輯《人天寶鑑》卷一："唐德宗問曇光法師曰僧何名爲寶，對曰：'僧者具有六種以寶稱之，一頓悟自心超凡入聖得名禪僧；二解行雙運不入世流得名高僧；三具戒定慧有大辯才得名講僧；四見聞深實舉古驗今得名文章僧；五知因識果慈威竝行得名主事僧；六精勤功業長養聖胎得名常僧。'帝大悅遂詔天下度僧。（《唐僧傳》）"本書按，儘管此段文字最後自注出自《唐僧傳》，但並不可信。佛典中稱"唐僧傳"，一般都是指道宣的《續高僧傳》，但曇秀所言唐僧傳，不是道宣的《續高僧傳》，唐德宗是公元779—805年在位，這時道宣都已經死了二百年了。也許是唐代的某個僧傳？但我們在唐代的其他佛家文獻中也沒有找到曇秀所說的這六個條件。至此，我們或許可以大膽推測，這個或是曇秀記錯了，或是錯記《續高僧傳》而假託，根本不是他"輯"來的。

第二類，藉鑒承襲。接受道宣對某人、某事的看法觀點，繼承道宣的說法，與第一類基本是文字複製不完全相同。

1. 宋吳興沙門仁岳述《首楞嚴經集解熏聞記》卷五："昔衛元嵩者，谷響云本亡名門人也，因法起見，罷道爲儒，而仕於後周。見唐高僧傳。"本書按，衛元嵩，《續高僧傳》卷二十六有傳。本例並非徵引，祇是人物事件相關、相聯，並且採用參見、參證的方式展現對《續高僧傳》之接受。

2. 宋天台沙門釋允堪述《淨心誡觀發真鈔》卷下："昔梁朝有道珍禪師，常於廬山念佛作水觀，忽夢江水瀰滿，衆人乘船，言往西方，珍曰：貧道一生修西方業，此應得去。船上人云：禪師未誦《彌陀經》並沐浴，僧淨業未圓，未得往也。其船遂發。珍於是感泣，夢覺後，乃專誦《彌陀經》及營僧浴，至垂終夜，異光照曜，峯頂如列，數千炬燈。事載《唐高僧傳》。"本書按，道珍，《續高僧傳》卷十六有傳。本例亦非徵引，其所敘述情節大致相類，而文字變化極大。大致也是採取參見、參證的方式接受的。同上。

3. 宋允堪述《淨心誡觀發真鈔》卷上討論提謂經時徵引《續高僧傳》卷一《曇曜傳》的說法。這個跟普通的文字徵引不同，是接受了道宣的觀點與看法了。

4. 宋元照录，道詢集《芝苑遺編》卷之下闡述律宗譜系，使用了《續高僧傳》卷二十二的"論"，這應當看成完全接受了道宣的觀點，這樣的接受，是最本質、最徹底的。

5. 宋道原《景德傳燈錄》卷三："師又曰：'吾有《楞伽經》四卷，亦用付汝。'（此蓋依寶林傳之說也。按宣律師《續高僧傳》可大師傳云：初達磨以《楞伽經》授可曰：'我觀漢地唯有此經，仁者依行自得度世。'若如傳所言，則是二祖未得法時，達磨授楞伽使觀之耳。今傳燈乃於付法傳衣之後，言師又曰：'吾有《楞伽經》四卷，亦用付汝。'則恐誤也。兼言吾有，則似世間未有也。此但可依馬祖所言云：又引《楞伽經》文，以印衆生心地，則於理無害耳。）"本書按，此可比較《釋門正統》卷八："初達磨以《楞伽》四卷授曰：'我觀漢地唯有此經，仁者依行自得度世。'"（續藏經 75/356c）《正統》的說法來自《續高僧傳》，《續高僧傳》卷十六《僧可傳》："初達摩禪師以四卷《楞伽》授可曰：'我觀漢地惟有此經，仁者依行自得度世。'"道原的看法是更願意接受《續高僧傳》的記載。

第三類，質疑與辯駁。後世在接受過程中，對道宣《續高僧傳》的記載或觀點有不同看法，這也是彌足珍貴的，這些不同看法到底應該怎麼理解呢？是《續高僧傳》不足採信還是後世的說法存有問題呢？我們將其歸爲一類，並稍加考索，表明我們的態度。如：

1. 宋志磐撰《佛祖統紀》卷六："贊曰：北齊以上哲之姿，獨悟中觀，而當時諸師無與競化，非明最嵩鑒所能知也。既以口訣授之南岳，而北地門徒曾無傳者，蓋當高氏政亂國蹙之日，宜此道之不能顯也。南山傳僧逸而不載。亦豈無所考耶？慈雲云：得龍樹一心三智之文，依論立觀，於茲自悟，豈曰無師。"本書按，志磐鑒於慧文是天台二祖而《續高僧傳》居然逸而不載，實在無法接受。《續高僧傳》是沒有給慧文單獨立傳，一方面，大概是道宣沒有搜訪到關於慧文的故事材料，可以參照道宣序；另一方面，志磐本處也提到了可能的原因。不過《續高僧傳》

還是有關於慧文零星記錄的，如卷十七《慧思傳》："時禪師慧文，聚徒數百，眾法清肅，道俗高尚。乃往歸依，從受正法。"另外，《佛祖統紀》卷三十九徵引了《續高僧傳》卷八《曇延傳》，改易不多；卷六"三祖南岳尊者"，採自《續高僧傳》卷十七《慧思傳》以及慧思所撰《南岳願文》，故而文字改動較多。其他還有零星徵引，暫不討論。我們看看《佛祖統紀》卷四十三的說法："僧傳之作，始於梁嘉祥惠皎為《高僧傳》十四卷，起漢明終梁武天監十八年。唐西明道宣作《續高僧傳》三十卷，起梁天監訖唐正觀十九年。今《宋傳》起唐正觀至宋端拱元年。依梁唐二傳分十科：一譯經，二解義，三禪定，四戒律，五護法，六感通，七遺身，八讀誦，九興福，十雜學（王禹偁有詩贈寧僧統云：支公兼有董狐才，史傳修成乙夜開）。述曰：德洪覺範謂宣律師作僧史，文辭非所長，作禪者傳，如戶昏案檢。寧僧統雖博學，然其識暗，聚眾碣為傳，非一體。覺範之論何其至耶？昔魯直見僧傳文鄙義淺，欲刪修之而不果。惜哉！如有用我者，吾其能成魯直志乎？"本書按，德洪覺範所言"文辭非所長"以及魯直（黃庭堅）忍無可忍，顯然是宋人對閱讀前傳的深刻感受。顯然，志磐是贊同德洪覺範與魯直的看法的。我們也同意他們的看法。德洪的原始說法應該是出現在其《石門文字禪》中。原文如下：

予除刑部囚籍之明年，廬於九峯之下。有苾芻三四輩來相從，皆齒少志大。予曉之曰："予少時好博觀之艱難，所得者既不與世合，又銷鑠於憂患。今返視缺然，望之則竭，不必叩也。若前輩必欲大蓄其德，要多識前言往行，僧史具矣，可取而觀。"語未卒，有獻言者曰："僧史自惠皎、道宣、贊寧而下，皆略觀矣，然其書，與史記、兩漢、南北史、唐傳大異，其文雜煩，重如戶婚門訟按檢。昔魯直嘗憎之，欲整齊未遑暇，竟以謫死。公蒙聖恩脫死所，又從魯直之舊遊，能麤加刪補，使成一體之文，依倣史傳，立以贊詞，使學者臨傳致贊語見古人妙處，不亦佳乎？"予欣然許之，於是仍其所科文，其詞促十四卷為十二卷以授之。（宋德洪《石門文字禪》卷二十五"題修僧史"）

由此我們可以看出，德洪其實不是單純批評道宣《續高僧傳》，而是對僧史的風格總體提出批評，包括《高僧傳》與《續高僧傳》。在本書看來，僧傳與中古史書的差別，不僅是歷史的態度的不同，如僧史不是信史，但僧傳中的靈異故事，是撰寫者篤信不疑的，這一方面是認識的不足，另一方面，也是信仰、傳播信仰的需要。另外，僧史傳記著作在篇章的組織、遣詞造句，同時在記人、記言、記事方面，也與中土傳統傳記有較大的差別。我們認爲，說《續高僧傳》質而不文，也許可以用史傳文體特點來解釋，如果說這個還難以苛責的話，那麼，有些地方，我們認爲道宣的質也沒有很好地做到，而且這還不僅僅是"質勝文則野"的"野"，部分語言文字的置措，已經到了讓讀者感到嚼蠟的境地，這大概一方面是《續高僧傳》成書倉促的緣故，另一方面恐怕與道宣個人的言語風格以及語言文字功夫也有關係。

　　2. 宋契嵩編修《傳法正宗記》卷六《慧可傳》對慧可是否"遭賊斷臂"的說法，進行了辯考，契嵩不同意道宣《續高僧傳》的說法，認爲慧可沒有被斷臂。我們比較一下兩者的說法：《續高僧傳》卷十六《僧可傳》："時有林法師，在鄴盛講《勝鬘》，并制文義。每講人聚，乃選通三部經者，得七百人，預在其席。及周滅法，與可同學，共護經像。初達摩禪師以四卷《楞伽》授可曰：'我觀漢地惟有此經，仁者依行自得度世。'可專附玄理，如前所陳。遭賊斫臂，以法御心，不覺痛苦，火燒斫處，血斷帛裹，乞食如故，曾不告人。後林又被賊斫其臂，叫號通夕。可爲治裹，乞食供林。林怪可手不便，怒之。可曰：'餅食在前，何不自裹？'林曰：'我無臂也，可不知耶？'可曰：'我亦無臂，復何可怒？'因相委問方知有功。故世云無臂林矣。"再看契嵩的記載，《傳法正宗記》卷六："評曰：《唐僧傳》謂：可遭賊斷臂。與予書云曷其異乎？曰余考法琳碑曰：師乃雪立數宵，斷臂無顧，投地碎身，營求開示。然爲唐傳者與琳同時，琳之說與禪者書合，而宣反之，豈非其採聽之未至乎？故其書不足爲詳。"本書謂，契嵩很自信，很認真，值得肯定。道宣《續高僧傳》的說法，記載了林法師遭賊斫臂"叫號通夕"，而"可爲治裹，乞食供林。林怪可手不便，怒之"。但慧可遭賊斫臂"以法御心，不覺痛苦，火燒斫處，血斷帛裹，乞食如故，曾不告人"。並照顧同樣遭賊斫臂的林法師。道宣如此記載、使用了對比的手法，對於慧可高僧形象的塑造來說，無疑是非常有力的。但契嵩考證了同時代的法琳爲慧可題刻的碑銘，發現慧可斷臂並非因爲遭賊斫砍，而是營求開示。到了契嵩《鐔津文集》卷十三則成了這樣的文字："評曰：唐《續高僧傳》謂：可遭賊斷臂。與余書云曷其異乎。曰：余考法琳碑曰：師乃立雪數宵，斷臂碎身，營求開示（亦曰投地碎身顧其開示），然爲僧傳者與琳同時，琳之說與禪書合而宣反之，豈非採聽之未至乎？抑亦從邪說而妄非之乎？故其書不足爲評（亦云不可憑，亦云不在詳評，然各有旨也）。"本書以爲，如果單單以是否合於禪書來判定一個記載是否合於歷史事實，恐怕值得商榷。契嵩著急回護慧可，接著抨擊《續高僧傳》採聽未至、不足爲詳，進而評判"從邪說而妄非之"，最後稱"其書不足爲評"，無奈太甚乎？我們認爲這應當是佛家宗派的門戶之見，是帶有強烈宗派色彩的話語。由於看不到法琳碑刻的完整文字，我們祇能就契嵩提供的這幾句話來推測，契嵩提供的這些文字，其實也不能準確說明慧可無臂的原因，因爲這裏沒有說是慧可自己斷臂還是他人斫臂（若依《景德傳燈錄》卷三，則是"光聞師誨勵，潛取利刀自斷左臂，置于師前。"但該書晚出，更有神秘色彩，未必可據）。如果說不清楚，那麼還不如相信《續高僧傳》的記載是符合歷史事實的。再說，《續高僧傳》記載的故事並沒有貶損、詆毀這個"震旦第二十九祖慧可尊者"的形象。

3. 宋非濁集《三寶感應要略錄》卷三"第十上定林寺釋普明見普賢身感應（出唐僧傳）"原文："齊上定林寺釋普明，懺悔爲業誦《法華》，每至勸發，輒見普賢乘白象王在其前云云。"本書按，括號內的文字是原文，但是非濁誤矣！《續高僧傳》中沒有上定林寺的普明，卷十九天台山國清寺的普明、卷二十一蒲州仁壽寺的普明傳都沒有果緣得見普賢身。道宣《集神州三寶感應錄》卷三、《大唐內典錄》卷十記載了釋普明見普賢故事，二者文字完全一致，但是道宣在兩個地方都沒有說這個普明是齊上定林寺的普明。本段文字實出《法苑珠林》卷十七"齊沙門釋普明"感應緣，而《法苑珠林》徵引的材料來自慧皎《高僧傳》卷十二《普明傳》。試比較：

> 齊上定林寺有釋普明，姓張，臨淄人。少出家。稟性清純，蔬食布衣，以懺誦爲業。誦《法華》《維摩》二經。及諷誦之時，有別

衣別座，未嘗穢雜。每至勸發品，輒見普賢乘象立在其前。誦《維摩經》，亦聞空中唱樂。又善神呪，所救皆愈。有鄉人王道真妻病，請明來呪。明入門，婦便悶絶。俄見一物如狸，長數尺許，從狗竇出，因此而愈。明嘗行水傍祠。巫覡自云：神見之皆奔走。以宋孝建中卒，春秋八十有五。（右此一驗出唐高僧傳）。（《法苑珠林》卷十七"齊沙門釋普明"感應緣）

釋普明，姓張，臨淄人。少出家。稟性清純，蔬食布衣，以懺誦爲業。誦《法華》《維摩》二經。及誦之時，有別衣別座，未嘗穢雜。每至勸發品，輒見普賢乘象，立在其前。誦《維摩》經，亦聞空中唱樂。又善神呪，所救皆愈。有鄉人王道真妻病，請明來呪，明入門，婦便悶絶。俄見一物如狸，長數尺許，從狗竇出，因此而愈。明嘗行水傍祠，巫覡自云，神見之皆奔走。以宋孝建中卒，春秋八十有五。（《高僧傳》卷十二《普明傳》）

本書謂，因爲道世在《法苑珠林》中說錯了，他以爲是來自《唐高僧傳》，而非濁糊裏糊塗地跟著抄，所以以訛傳訛了。另外，非濁集《三寶感應要略錄》卷三"第二十一釋道秦念觀世音菩薩增壽命感應（出唐僧傳文及本記感傳）"，後世文字有訛誤，其實應當是"道泰"，文字出自《續高僧傳》卷二十六《道泰傳》。

4. 宋曇照註《智者大師別傳註》，給灌頂所撰《隋天台智者大師別傳》作注而大量徵引《續高僧傳》卷十七《智顗傳》，這個是可以理解的。我們祇選取一些二者有差異的部分拿出來討論。

（1）《智者大師別傳註》卷一："當拜佛時，舉身投地，恍焉如夢，見極高山，臨於大海，澄渟蓊鬱，更相顯映。"曇照注："恍者恍惚也，如入定像，歷歷似夢。高山者，即大師後歸天台作放生會，船出海海口，望山秀美，昔夢遊海畔正似於此今。以荊碑考之，爲僧受具後夢，今章安說未出家時所夢也，南山傳中說住瓦官寺時所夢，有異於此也。"本書按，這個夢在《續高僧傳》中是智顗與法喜等三十餘人在瓦官寺創弘禪法時所做，到了灌頂別傳，成了智顗出家前做的夢了。

（2）《智者大師別傳註》卷一："陳文皇太子永陽王出撫甌越，累信懃懃,仍赴禹越,躬行方等,眷屬同禀淨戒,晝飡講說,夜習坐禪。"曇照注:"王名伯智,字策之,陳文帝第八子,傳在《南史》第五十五卷,其文甚略。乃云:博通經史,太建中遷尚書左僕射,後爲特進,陳亡。入長安,在隋爲國子司業。南山傳云:出撫吳興,請大師授戒。陳隋時台號括州,是甌越境,或云陳宣帝時出爲東州刺史,故云出撫甌越也。"本書按,曇照所注給出了永陽王故事文獻出處的方向,非常具有啟發意義,但是我們查看《南史》,卻發現曇照所言並不確當。今傳《南史》卷六十五:"永陽王伯智字策之,文帝第十二子。少敦厚,有器局,博涉經史。太建中立。累遷尚書左僕射,後爲特進。陳亡,入長安。大業中,爲國子司業。"永陽王是文帝第十二子而非八子。另外在《南史》中還有關於永陽王的記載,《南史》卷七十一:"時有吳郡陸慶,少好學,遍通五經,尤明《春秋左氏傳》,節操甚高。仕梁爲婁令。陳天嘉初,徵爲通直散騎侍郎,不就。永陽王爲吳郡太守,聞其名,欲與相見,慶辭以疾。時宗人陸榮爲郡五官掾,慶嘗詣焉,王乃微服往榮宅,穿壁以觀之。王謂榮曰:'觀陸慶風神凝峻,殆不可測,嚴君平、鄭子真何以尚茲。'鄱陽、晉安王俱以記室徵,不就。乃築室屏居,以禪誦爲事,由是傳經受業者蓋鮮焉。"這裏透露出來的一個信息就是"永陽王爲吳郡太守"。我們再來看看曇照所說的"南山傳"是怎麽說的。《續高僧傳》卷十九《智璪傳》:"又陳至德四年永陽王伯智,作牧仙都,迎屈智者來于鎮所,璪隨師受請同赴會稽山。"卷十七《智顗傳》:"永陽王伯智出撫吳興,與其眷屬就山請戒,又建七夜方等懺法,王晝則理治,夜便習觀。顗謂門人智越:'吾欲勸王更修福攘禍,可乎?'越對云:'府僚無舊,必應寒熱。'顗曰:'息世譏嫌,亦復爲善。'俄而王因出獵,墮馬將絕,時乃悟意,躬自率衆作觀音懺法。不久王覺小醒,憑几而坐,見梵僧一人擎爐直進,問王所苦,王流汗無答,乃遶王一匝,翕然痛止。仍躬著願文曰:'仰惟天台闍梨,德侔安、遠,道邁光、猷。邈邇傾渴,振錫雲聚。紹像法之墜緒,以救昏蒙;顯慧日之重光,用拯澆俗。加以遊浪法門,貫通禪苑,有爲之結已離,無生之忍現前。弟子飄蕩業風,沈淪愛水,雖餐法喜,弗袪蒙蔽之心,徒仰禪悅,終懷散動之慮。日輪馳鶩,羲和之轡不停;月鏡迴軒,姮娥之景難駐。有離有會,歎息何言;愛法敬法,潺湲無已。願生生世世值天台闍梨,恒修供養,如智積奉智勝如來,若藥王覲雷音正覺，安養兜率俱蕩一乘。'（云云）其爲天王信敬，爲此類也。於即化移海岸，法政甌閩，陳疑請道，日昇山席。"本書按，認真考求《續高僧傳》文字，我們可以發現，道宣說的初撫吳興者爲永陽王、法政甌閩者乃智者大師。這樣，我們再來看曇照註解的最後幾句話可能就容易理解了：其實道宣說的出撫吳興，恐誤，或應當是遵從《南史》的說法，實乃出撫吳郡。陳代有吳郡，同時也有吳興郡，吳郡爲今蘇州，吳興乃今湖州。另外曇照說的"陳隋時台號括州，是甌越境，或云陳宣帝時出爲東州刺史，故云出撫甌越也"，實乃誤解了道宣文字意思，道宣言"其爲天王信敬，爲此類也。於即化移海岸，法政甌閩"的主語實乃智者大師。爲什麼可以必須這麼理解呢？

一是《續高僧傳》語句表達的習慣，也就是道宣的語言風格就是這樣，"爲此類也"後面的一句話都是承接者前面的人物、高僧而言的，前涉人物就是後面句子的邏輯主語。這是道宣語言習慣，也是古文常見的句式組合方式。我們僅舉《續高僧傳》用例來說明這個問題：《續高僧傳》卷十三《圓光傳》："年齒既高，乘輿入內，衣服藥食，並王手自營，不許佐助，用希專福，其感敬爲此類也。將終之前，王親執慰，囑累遺法，兼濟民斯，爲說徵祥，被于海曲。"按，這裏的承上"其感敬爲此類也"而下的"將終之前"，主語顯然是圓光。卷十九《僧定傳》："沙門保恭道場上首，定之徒也，親喻令食。答曰：'疾勢將陵，命非可保，應以法援，何用食爲？'便閉口靜坐，七日既滿，所苦頓痊。其立操要心爲此類也。大業末歲，栖南山大和寺。群盜來劫，定初不怖。"按，這裏的承上"其立操要心爲此類也"而下的"栖南山大和寺"，主語顯然是僧定。

二要看看幾個詞語究竟是什麼意思。先看"化移"是什麼意思。"化移"，《續高僧傳》凡四見，《大正藏》也並不多見，其他的用例都晚出，有的是徵引《續高僧傳》纔出現的用例，故此，我們認定這個"化移"是道宣自己造的語詞應該是沒有問題的。我們來看看道宣是怎麼使用這個"化移"的。《續高僧傳》除了本例以外還有三處，分別是：卷十《靖嵩傳》："有勅給額爲崇聖寺焉。於是常轉法輪，江淮通潤，遂使化移河北，相繼趨途，望氣相奔，俱諮攝論。"卷二十二《法願傳》："皇隋受命，又勅任并州大興國寺主。頻登綱管，善御大衆。化移前政，實濟濟焉。以開皇七年六月二十二日，終於所住，春秋六十有四。"卷二十三《智首傳》："始於隋文末紀，終於大漸之前，三十餘載，獨步京輦，無敢抗衡，敷演所被，成匠非一。所以見迹行徒知名唐世者，皆是首之汲引，寔由匡弼之功。而復每昇法宇，規誡學徒，微涉濫非者爲停講坐，或有墮學者皆召而誨喻，聞者垂泣，無不懲革。大業之始，又追住大禪定道場，今所謂大總持寺是也，供事轉厚，彌所遺削。顧以道穆帝里，化移關表，舊土凋喪，流神靡依，乃抽撒什物百有餘段，於相州雲門故墟，今名光嚴山寺，於出家受戒二所雙建兩塔，鎣以珠寶，飾以丹青，爲列代之儀表，亦行學之資據，各銘景行，樹于塔右。"這三個例子清楚表明，凡是能夠化移某地者，盡是高僧。再看另外兩個語詞是什麼意思。"於即"是旋即、隨即義，見前文考證部分。法政，不可理解爲世俗的管理，不是法律制度，本處應當是制度、規矩、規製義，如：《十誦律》卷四十三"尼律第二"："佛在王舍城，爾時助調達比丘尼，自爲身故乞金銀。諸居士問言：'汝出家人用金銀爲？'汝比丘尼法政，應乞羹飯燈燭薪草。"（23/315a）當然，道宣將其活用了，本句是智者大師此後不久便就是去海岸、去甌閩，去開化、開示俗衆，去宣揚、傳播佛法。

三是《續高僧傳》原文的句讀也值得深究。我們徵引的《續高僧傳》卷十七《智顗傳》文字的標點是依照郭紹林先生校點本的斷法，其實這裏還是有問題的。特別是最後一句話，或許應當點斷作："於即化移海岸，法政甌閩。陳疑請道，日昇山席。"這樣做的好處是，前兩句敍述的是智者大師的功業，後兩句說的信衆的崇敬，或者是側面描寫智者大師的影響。也就是說，後面兩句的邏輯主語是信衆、俗衆。此前曇照的誤解非但是把前面兩句的邏輯主語錯誤的認爲是永陽王，同時也錯誤地把後兩句的邏輯主語理解爲永陽王了。郭紹林先生的標點法，也不容易把主語分辨清楚。

綜上，我們認爲，灌頂《隋天台智者大師別傳》："陳文皇太子永陽王出撫甌越，累信殷勤。"灌頂這裏說的"甌越"，應該是泛泛之論，大意是東南，並不確指具體地方，因爲陳時沒有"甌越郡"。另外，《佛祖統紀》卷六："二年永陽王（伯智少主從弟）出鎮東陽（別傳作甌越者，一路之總稱耳）。"大意也是這個意思。但我們認爲"出鎮東陽"的說法後出，在沒有其他史料證明之前，此說並不可信。我們認爲，所有這一切，都是誤解道宣、誤解灌頂的結果。

（3）《智者大師別傳註》卷一："久彰和尚來儀，高座之德斯秉。"曇照注："秉字，南山傳作此昞字。秉，持也；昞，明也，宜用下昞字。"本書按，今本用炳可矣。

（4）《智者大師別傳註》卷一："請戒文曰：弟子基承積善，生在皇家，庭訓早趨，彝教夙漸，福履攸臻，妙機須悟。恥崎嶇於小徑，希優游於大乘。笑止息於化城，誓舟航於彼岸。開士萬行，戒善爲先，菩薩十受，專持最上。喻造宮室，必先基址，徒架虛空，終不能成。孔老釋門，咸資鎔鑄，不有軌儀，孰將安仰？"本書按，《智者大師別傳》的"庭訓早趨，彝教夙漸"，《續高僧傳》卷十七《智顗傳》作"庭訓早趨，貽教夙漸"，值得注意的是，其中的"彝（貽）"，郭紹林先生《續高僧傳》點校本作"胎"，貽（彝）作胎，並在校勘記中說："胎：原作'貽'，據高麗藏校改。"① 曇照注："《百錄》具載戒疏有七百餘字，今文略之，但三百十三字。庭訓者，《論語》：'陳亢問於伯魚曰："子亦有異聞乎？"對曰："未也。嘗獨立，鯉趨而過庭，曰：'學詩乎？'對曰：'未也。''不學詩無以言。'"'鯉退而學詩，乃至鯉退而學禮，此正趨庭之訓也。彝，音怡。《百錄》與《南山傳》並作此。貽，訓贈也；此彝，訓法，義則正也。崎嶇，屈曲貌。喻聲聞之學化城小徑，三百由旬，舟航彼岸；五百由旬，則登寶所。十受者，梵網十戒也。鎔鑄者，以火鎔金以模範像，三教法度就學而成器也。"我們來看看本條其他材料的異文情況，通過比較異文，確定這個字究竟是"彝"，是"貽"，還是郭紹林先生說的"胎"字。《續高僧傳》卷十七《傳》："庭訓早趨，胎教夙漸。""胎"，高麗藏作此，金、磧、普、南、宮本作"貽"。再看其他文獻：道宣《廣弘明集》卷二十七《隋煬帝於天台山顗禪師所受菩薩戒文》："庭訓早趨，貽教夙漸。""貽"，諸版本無異文。灌頂纂《國清百錄》卷一："庭訓早趨，貽教夙漸。"諸版本無異文。灌頂撰《隋天台智者大師別傳》："庭訓早趨，彝教夙漸。"本例作"彝"。這是個很有趣的現象，在灌頂纂《國清百錄》中作"貽"，而在灌頂撰《隋天台智者大師別傳》中作"彝"。在現今我們能看到的版本中，沒有像曇照說的

---

① （唐）道宣撰，郭紹林點校：《續高僧傳》，中華書局2014年版，第636頁。

"《百録》與《南山傳》並作此彝"的情況，我們看到的祇是灌頂撰《隋天台智者大師別傳》中作"彝"，其他地方一般寫作"貽"。至於"貽，訓贈也；此彝，訓法，義則正也"的說法，在我們看來應當是曇照力圖把兩個文字乖互的情況解說圓通的說辭而已。貽，古有遺留義，《書·五子之歌》："有典有則，貽厥子孫。"孔安國注："貽：遺也。"《經籍籑詁》："貽：通作詒。貽，遺也。"① 再看其他中土文獻用例情況：《齊故博陵郡君崔太姬墓誌銘》："自非蹈德履仁，正視貽教，何以□□太陰，克生□母。"② 沈佺期《安興公主諡議文》："臣聞表終受名，素存考行。王姬內範，貽教潛流，徽問積中，知之在下。"③ 這個原始版本明顯寫成"貽"（四庫全書本）。那麼有沒有胎教情況呢？當然有，而且胎教一詞出現非常早，《大戴禮記·保傅》："胎教之道，書之玉板，藏之金匱，置之宗廟，以爲後世戒。"《韓詩外傳》卷九："吾懷妊是子，席不正不坐，割不正不食，胎教之也。"漢賈誼《新書·胎教》："周妃后妊成王於身，立而不跛，坐而不差，笑而不喧，獨處不倨，雖怒不罵，胎教之謂也。"文獻中出現了"胎教"這兩個字，可不直接認定就是胎教，我們覺得重要的看三點：第一點語境中是否涉及在孕，第二點一般會言及胎兒母親，第三點是否能跟文王聯繫起來。看兩個例子：

例一，《全隋文》卷七"天台設齋願文"（楊廣）："菩薩戒弟子皇太子總持稽首和南，十方三世，法佛報佛應佛，法身應身化身。諸佛所師，所謂法也。以法常故，諸佛亦常；佛常法常，比丘僧常。世間皆空，而實不空；諸佛妙有，而實不有。不有而有，不空而空，至寂恬然，始名至樂。凡情弊報，皆生極苦。迷之者則生盲皓首，得之者則罔像玄珠。弟子幸憑勝緣，微因宿種，方便智度，生在佛家。至尊皇后，慈仁胎教，有八王子日月燈明之恩，十六沙彌大通智勝之勖。"本書按，這個是可以認作胎教的。

例二，《貞觀政要·教戒太子諸王第十一》："貞觀十八年，太宗謂侍

---

① （清）阮元編：《經籍籑詁》，成都古籍書店1982年版，第627頁。
② 趙超：《漢魏南北朝墓誌彙編》，天津古籍出版社2008年版，第475頁。
③ （宋）宋敏求編：《唐大詔令集》，洪丕謨、張伯元、沈敖大點校，學林出版社1992年版，第188頁。

臣曰：'古有胎教世子，朕則不暇。但近自建立太子，遇物必有誨諭。見其臨食將飯，謂曰："汝知飯乎？"對曰："不知。"曰："凡稼穡艱難，皆出人力，不奪其時，常有此飯。"見其乘馬，又謂曰："汝知馬乎？"對曰："不知。"曰："能代人勞苦者也，以時消息，不盡其力，則可以常有馬也。"見其乘舟，又謂曰："汝知舟乎？"對曰："不知。"曰："舟所以比人君，水所以比黎庶，水能載舟，亦能覆舟。爾方爲人主，可不畏懼！"見其休于曲木之下，又謂曰："汝知此樹乎？"對曰："不知。"曰："此木雖曲，得繩則正，爲人君雖無道，受諫則聖。此傅說所言，可以自鑒。"'本例雖然沒有言及懷孕，祇是太宗說到自己學習古人開始教育世子了。那麼在太宗看來古人教育世子採取方式最值得學習的是不是"胎教"呢？如果沒有理解錯誤的話，我們認爲太宗這裏所言古人教世子的應該指稱的是周文王之母大任曾經嚴格地對文王進行過"胎教"的故事。

（三）元明清

元明清時期佛家典籍的翻譯與撰述，已呈式微之態。對《續高僧傳》的徵引典籍不多，手法也沒有超出宋人。

1. 元覺岸編《釋氏稽古略》卷二"釋亡名"徵引了《續高僧傳》卷七《亡名傳》，但其卷三記載了不空三藏，文後注資料來自"唐書舊史續高僧傳"，其實不空晚於道宣，這個《續高僧傳》不可能是我們通常說的《唐高僧傳》。

2. 元王子成集《禮念彌陀道場懺法》卷四徵引了《續高僧傳》卷二十《道昂傳》。

3. 元曇噩述《新脩科分六學僧傳》，本書根據《高僧傳》《續高僧傳》《宋高僧傳》進行重新編次，同時也據其他著作補錄了二十餘人名高僧的傳記。曇噩之所以要改編、重編，主要原因就是他認爲原先三傳體例分科欠科學，辭章不佳，文字不理想。《新脩科分六學僧傳》序說："然辭章之出，大率六朝五季之餘也。體製衰弱，略無先秦西漢風。太史黃公庭堅讀而陋之，嘗欲刪治，適未皇及，可恨也。覺範德洪師顧獨潤色梁傳，以承子長孟堅之業，卒無所事於唐宋二傳，噫隘矣。"（續藏經77/64c）但是曇噩因爲極其簡要，文多省略，祇能看作三傳的縮編本，前人對其體例已多有批評，至於語言文字藝術性，因其爲文至簡，恐怕就更沒有多少可以稱道的了。如果說曇噩《新脩科分六學僧傳》在表達藝術上還有貢獻的話，那就是"作者在辭句修改上曾費了很大斟酌，刪去了許多文句，並有所改寫，使明白易懂，現在用來和梁、唐、宋三傳對閱，不失爲很好的參考書"。[①] 就本書而言，《新脩科分六學僧傳》有很多材料是來自《續高僧傳》的，祇不過進行了改造，這個改造正是體現了曇噩對《續高僧傳》的接受情況。與道世《法苑珠林》對《續高僧傳》的改易相比較，曇噩《新脩科分六學僧傳》對原文進行了大量的刪節，已基本改變了原文的面貌，故本書不再作對讀比較研究，而祇選取《法苑珠林》作相關探討。

4. 明廣州沙門釋弘贊輯《四分律名義標釋》卷二十六"唐沙門釋慧光有袈裟"故事來自《續高僧傳》卷三十《僧明傳》，此外，清弘贊註《沙彌律儀要略增註》卷下也引用了這個故事，不過其原始文字是："《高僧傳》云：唐貞觀五年，安養寺慧光法師弟子，其母貧窶，內無小衣，來入子房，取故袈裟，作之而著……"這個《高僧傳》，顯然應當是《續高僧傳》。清書玉科釋《沙彌律儀要略述義》卷下同樣引用了這個故事，也說來自《高僧傳》，古人引文多有輾轉者，其不嚴謹乃常態也。

5. 明錢謙益鈔《大佛頂首楞嚴經疏解蒙鈔》卷十徵引了《續高僧傳》卷十六《法聰傳》。

6. 明袾宏《梵網菩薩戒經義疏發隱》卷五徵引了《續高僧傳》卷二十六《僧雲傳》、明了圓錄《法華靈驗傳》卷下《續高僧傳》卷二十《智聰傳》。

7. 清濟岳汇笺《沙彌律儀毗尼日用合參》卷上："道琳以沒齒爲期，誓毋親面。【笺】《唐高僧傳》：道琳以女人生染之本，一生不親面，不爲說法，不從受食，不令入房。"按，此出自《續高僧傳》卷十九《道林傳》，名作"道林"而非"道琳"，原文是："女人生染之本，偏所誡期。故林一生常不親面，不爲說法，不從取食，不上房基。致使臨終之前有來問疾者，林隔障潛知，遙止之，不令面對。斯行潔通幽故也。"比較二者文字，"不令入房"大概對應的是"不上房基"，但據《續高僧傳》原

---

① 蘇晉仁：《僧傳》，載《中國佛教》第四輯，第141頁。

文看,"不上房基"應該是道林不去女人房中而非道林不讓女人到他房中來。後文問疾者也祇是沒有面對罷了。也就是說,清济岳汇笺的本條註釋在使用材料時,其實是誤解了《續高僧傳》原文。

8. 清弘贊輯《觀音慈林集》,乃集纂之作,對《續高僧傳》材料多有選用,涉及十九人傳記,不一一討論。弘贊輯《六道集》徵引了《續高僧傳》九人傳記,同上,不再討論。

9. 清智銓《法華經玄籤證釋》徵引了《續高僧傳》卷五《法雲傳》。其他如清淨昇集《法華經大成音義》、清弘璧輯《華嚴感應緣起傳》、清彭希涑《淨土聖賢錄》、清彭際清述《善女人傳》都有徵引,情況大致相同,不再討論。

10. 清彭際清述《居士傳》,看似創作作品,但由於涉及的都是過往歷史上的人與事,作者祇是從資料到資料,也同其他纂輯之作差別不大,對《續高僧傳》材料的利用,總體特點依舊是徵引,個別地方略加改動而已。

除此而外,後世日本、高麗也有徵引與繼承者,如日本釋良忠《選擇傳弘決疑鈔》、釋空誓撰《正信念佛偈私見聞》,高麗一然撰《三國遺事》、覺訓撰《海東高僧傳》,這些徵引承繼與中國僧人手法大同小異,故本書也不再討論。

第二節 《法苑珠林》對《續高僧傳》的接受

《法苑珠林》是唐釋道世纂集的一部佛教類書,該書不僅是研究佛教史的重要文獻,同樣也是漢語史特別是中古近代漢語研究的重要語料。道世與道宣是同一時期的人物,都曾參加過玄奘的譯場。《法苑珠林》的感應緣部分對道宣文獻特別是《續高僧傳》多有徵引,這些徵引的文字,有的是幾乎全文照搬,體現了道世對《續高僧傳》的繼承、忠實、認同。這一部分不言自明,我們就不再討論了,祇是把總體情況展示一下。有的則多有改易,其改易情況或爲《法苑珠林》自身體例、文字的需要,或許也表明了道世對原文獻的認識與評價。特別是這些改易的部分,完全可以歸入兩書異文一類,它對於我們研究當時的語言、不同作家的風格以及文字的校勘等，都是非常寶貴的。① 當然，爲了服務不同作品要求，各自在處理原始材料時遵循的原則也不完全相同，但是我們依然可以通過對比原文和引文，來考察彼此語言態度、語言風格的不同，表達藝術的差異，也展示道世對《續高僧傳》的接受。

一 《法苑珠林》所標出處錯誤者

（一）誤以爲是《梁高僧傳》，實乃《唐高僧傳》

1.《法苑珠林》卷五文引文後言出《梁高僧傳》，實出自《續高僧傳》卷六《慧韶傳》。

2.《法苑珠林》卷十八徵引了《續高僧傳》卷二十六《慧寶傳》，全文照録，没有改動。而《法苑珠林》竟言出《梁高僧傳》。

3.《法苑珠林》卷四十八徵引《續高僧傳》卷七《亡名傳》，言出《梁高僧傳》。

4.《法苑珠林》卷四十八徵引《續高僧傳》卷八《僧範傳》，言出《梁高僧傳》。

5.《法苑珠林》卷五十一徵引了《續高僧傳》卷二十六《超達傳》，言出《梁高僧傳》。

6.《法苑珠林》卷五十一徵引了《續高僧傳》卷二十六《僧朗傳》，言出《梁高僧傳》。

7.《法苑珠林》卷五十一徵引了《續高僧傳》卷二十六《道豐傳》，言出《梁高僧傳》。

8.《法苑珠林》卷六十二徵引了《續高僧傳》卷二十六《僧融傳》，言出《梁高僧傳》。

9.《法苑珠林》卷八十四徵引了《續高僧傳》卷十六《僧稠傳》，言出《梁高僧傳》。

10.《法苑珠林》卷四十八"周沙門釋道安"感应缘文後說出"誠出《梁高僧傳》"，此實出道宣《續高僧傳》卷二十四《道安傳》。道世

---

① 筆者曾利用《法苑珠林》徵引《續高僧傳》文字及各自異文，對中華書局 2003 年版《法苑珠林校注》中的 10 條校點進行商補（王紹峯：《〈法苑珠林校注〉商補》，《寧波大學學報》2012 年第 5 期）。

在徵引《續高僧傳》時文字改動很少。唐怀信述《釋門自鏡錄》卷下也有此部分內容的選文。

（二）言出《續高僧傳》，實乃出自慧皎《高僧傳》

1. 《法苑珠林》卷十七"齊沙門釋普明"感應緣徵引的文字，言出《唐高僧傳》，其實出自梁慧皎《高僧傳》卷十二《普明傳》。

2. 《法苑珠林》卷二十八"齊沙門釋弘明"感應緣，言出《唐高僧傳》，本緣實出自梁《高僧傳》卷十二。

3. 《法苑珠林》卷二十八"齊沙門釋法獻"感應緣，言出《唐高僧傳》，本緣實出自《高僧傳》卷十三。

（三）言出《續高僧傳》，實乃出自道宣其他作品

1. 《法苑珠林》卷十七"魏定州孫敬德"感應緣，言此驗出《唐高僧傳》，但是比較《續高僧傳》卷三十《僧明傳》中關於孫敬德故事的記載文字，即"孫敬德觀音驗"，我們發現文字稍有差異。其實，孫敬德事道宣文獻多有記載，如《大唐內典錄》卷十、《集神州三寶感通錄》卷中、《釋迦方誌》卷下，綜觀這些文字，我們認爲道世《法苑珠林》卷十七感應緣的"孫敬德觀音驗"是採自《釋迦方誌》卷下而非節選自《續高僧傳》。以下，本書不憚煩把所有文字實錄，以便對照。《法苑珠林》引文文字如下：

> 魏天平年中，定州募士孫敬德造觀音像，自加禮敬。後爲劫賊所引，不勝栲楚，妄招其死，將加斬決，夢一沙門令誦《救生觀世音經》，千遍得脫。有司執縛向市，且行且誦，臨刑滿千，刀砍自折，以爲三①段，皮肉不傷。三換其刀，終折如故。視像項上有刀三迹。以狀奏聞丞相高歡，表請免死，勅寫其經，廣布於世。今謂《高王觀世音經》。自晉、宋、梁、陳、秦、趙，國分十六，時經四百。觀音、地藏、彌勒、彌陀，稱名念誦，獲得救者，不可勝紀。具諸傳錄，故不備載。（《法苑珠林》卷十七）

---

① 周叔迦、蘇晉仁校注本作"二"，未是。

我們先看《續高僧傳》文字：

> 昔元魏天平，定州募士孫敬德於防所造觀音像，及年滿還，常加禮事。後爲劫賊所引，禁在京獄，不勝拷掠，遂妄承罪，並處極刑。明旦將決，心既切至，淚如雨下，便自誓曰："今被枉酷，當是過去曾枉他來，願償債畢了，又願一切衆生所有禍橫，弟子代受。"言已少時，依俙如睡，夢一沙門教誦《觀世音救生經》，經有佛名，令誦千遍，得免死厄。德既覺已，緣夢中經，了無謬誤，比至平明，已滿百遍。有司執縛向市，且行且誦，臨欲加刑，誦滿千遍。執刀下斫，折爲三段，三換其刀，皮肉不損。怪以奏聞，丞相高歡表請免刑，仍勅傳寫，被之於世，今所謂《高王觀世音經》是也。德既放還，觀在防時所造像，項有三刀迹，悲感之深，慟發鄉邑。（《續高僧傳》卷三十《僧明傳》）

比較二者，文字差別確實比較大，所以周叔迦、蘇晉仁校注本註釋言"此段出《集神州三寶感通錄》卷下。作《唐高僧傳》誤"。周、蘇二位先生的校注本發現了《法苑珠林》稱說的出處有誤，值得讚賞。但二位先生給出的出處也不準確。孫敬德事跡在《集神州三寶感通錄》出現了兩次，我們再來比較一下《集神州三寶感通錄》的文字：

> 元魏天平中，定州募士孫敬德，防於北陲，造觀音金像，年滿將還，常加禮事。後爲劫賊橫引，禁於京獄，不勝拷掠，遂妄承罪，並斷死刑。明旦行決，其夜禮拜懺悔，淚下如雨。啓曰："今身被枉，當是過去枉他，願償債畢，誓不重作。"又發大願云云。言已少時，依俙如夢，見一沙門教誦《觀世音救生經》，經有佛名，令誦千遍，得度苦難。敬德欻覺，起坐緣之，了無參錯，比至平明，已滿一百遍。有司執縛向市，且行且誦，臨欲加刑，誦滿千遍。執刀下斫，折爲三段，不損皮肉。易刀又斫，凡經三換，刀折如初。監當官人莫不驚異，具狀奏聞。丞相高歡表請其事，遂得免死，勅寫此經傳之，今所謂《高王觀世音》是也。敬德放還，設齋報願，出在防像，乃見項上有三刀痕。鄉親同覩，歎其通感。見齊志及旌異等

記。(《集神州三寶感通錄》卷中)

昔元魏天平年中，定州募士孫敬德，在防造觀音像，年滿將還，在家禮事。後爲賊所引，不堪拷楚，遂妄承罪。明日將決，其夜禮懺流淚，忽如睡夢見一沙門教誦《救苦觀世音經》，經有諸佛名，令誦千遍，得免苦難。敬德忽覺，如夢所緣，了無差錯，遂誦一百遍。有司執縛向市，且行且誦，臨刑滿千遍。刀下斫之，折爲三段，皮肉不傷。易刀又斫，凡經三換，刀折如初。監司問之，具陳本末。以狀聞丞相高歡，歡爲表請免死。因此廣行世，所謂《高王觀世音》也。敬德還設齋迎像，乃見像項上有三刀痕。見齊書。(《集神州三寶感通錄》卷下)

應當說，卷中卷下文字差別不大，之所以出現這樣的兩處記載本事，是因爲在流傳的過程中出現了"別本"，所以事實上二者可以看作同卷。對比《集神州三寶感通錄》與《法苑珠林》引文文字，我們可以發現其乖互者較多。我們不妨再看看道宣《釋迦方誌》中關於孫敬德故事的記載：

元魏天平年中，定州募士孫敬德造觀音像，自加禮敬。後爲劫賊所引，不勝拷楚。妄承其死，將加斬決。夢一沙門令誦《救生觀世音經》千遍，得脫。有司執縛向市，且行且誦，臨刑滿千。刀斫自折，以爲三段，皮肉不傷。三換其刀，終折如故。視像項上有刀三跡，以狀奏聞。丞相高歡表請免死，勅寫其經，廣布於世，今謂《高王觀世音》焉。自晉、宋、梁、陳、魏、燕、秦、趙，國分十六，時經四百，觀音、地藏、彌勒、彌陀，稱名念誦，獲其將救者，不可勝紀，具①諸傳錄，故不備載。(《釋迦方誌》卷下)

通過比較可以發現，《法苑珠林》卷十七所引"魏定州孫敬德"感應緣與《釋迦方誌》卷下孫敬德故事衹有三字之差，其中一字還有不同版

---

① 范祥雍先生點校本作"其"，非是。

本異文。《法苑珠林》大正藏本作"招",而資、普、徑、宮本作"承"。至此,我們可以確信《續高僧傳》並不是《法苑珠林》卷十七"魏定州孫敬德"感應緣的本源,其原始文獻應當是道宣的另一部著作《釋迦方誌》。

2.《法苑珠林》卷十八徵引"隋初揚州僧亡其名"感應緣,言出《唐高僧傳》,其實這個不是出自《續高僧傳》而是出自《集神州三寶感通錄》卷下。①

3.《法苑珠林》卷三十六"唐雍州渭南山豹谷神香",道世言"出《唐高僧傳》",其實這段文字來源於道宣撰《集神州三寶感通錄》卷上"雜明神州山川藏寶等緣二十",《續高僧傳》沒有相關記述。

4.《法苑珠林》卷六十三有空藏感應緣,道世言出《唐高僧傳》,我們認真地比對了二者的文字,發現這個空藏感應緣不是採自《續高僧傳》卷二十九《空藏傳》,而是抄錄自道宣撰作的另外文獻《集神州三寶感通錄》卷下,或《大唐內典錄》卷十(二者文字相同),道世幾乎一字未改。周叔迦、蘇晉仁《法苑珠林》點校本校勘記言出《集神州三寶感通錄》卷下,是。其接著說"又見《唐高僧傳》卷三十八《釋空藏傳》",則不完全正確。《續高僧傳》有空藏的傳記(卷二十九《空藏傳》),但道世引文並非來自《續高僧傳》。

5.《法苑珠林》卷七十九"魏崔皓"感應緣道世自稱來自《唐高僧傳》。周叔迦、蘇晉仁先生《法苑珠林校注》校勘記言本感應緣"出《唐高僧傳》卷一《釋曇曜傳》"。② 本書以爲,這樣的說法並不準確。我們考查發現本感應緣有部分文字來自《續高僧傳》卷一《曇曜傳》,但是中間摻入了"孫皓溺像"的故事,儘管"孫皓溺像"故事諸多文獻都有記載,但《法苑珠林》本緣顯然是採自道宣《釋迦方誌》卷下"通局篇"。《釋迦方誌》原文如下:"吳後主孫皓虐政,廢棄淫祀,佛寺相從,亦同廢限。諸臣僉曰:'康會感瑞,太皇創寺,若遂除毀,恐貽後悔。'後宮內掘地得金像,皓乃穢之,陰處尤痛,聲叫難忍。太卜曰:'犯大神所爲。'於是廣祈名山大川,罔不畢至,而痛苦彌甚。有請祈佛者,皓

---

① 周叔迦、蘇晉仁校注本已發之,下凡周、蘇先生已發者,不再特別說明,下同。
② 《法苑珠林校注》,第2318頁。

曰：'佛爲大神耶？試可求之。'一請便愈。乃以馬車迎會，爲陳報應。皓見本業百二十願皆爲衆生，深加敬重。仍於會所，從受五戒。准此掘地獲像，明知秦周有佛教驗矣。"

6.《法苑珠林》卷七十九"周武帝"感應緣，道世原文後文註釋"右二驗出《唐高僧傳》記"，周叔迦、蘇晉仁《法苑珠林校注》言本感應緣"出《唐高僧傳》卷三十《釋靜藹傳》"。① 本書以爲周蘇二先生所說並不可從。我們比較了《靜藹傳》與《法苑珠林》中的文字，發現出入較多。相反，《大唐內典錄》卷五的文字與《法苑珠林》極爲相近，故本書以爲此引文應當直接來自《大唐內典錄》卷五。

7.《法苑珠林》卷九十五"宋釋曇穎"言出《唐高僧傳》，周叔迦、蘇晉仁先生《法苑珠林校注》注："出《高僧傳》卷十三《釋曇穎傳》。作《唐高僧傳》誤。"② 周蘇二先生所言是。

（四）言出《續高僧傳》，實乃出自前世其他文獻

1.《法苑珠林》卷三十五在"宋沙門釋僧妙有袈裟"、"唐沙門釋慧光有袈裟"感應緣後言"右此二驗出唐高僧傳"，周叔迦、蘇晉仁《法苑珠林校注》言"前一驗不見今本《唐高僧傳》"。③ 按，"唐沙門釋慧光有袈裟驗"爲《續高僧傳》卷三十《僧明傳》最後附記的"梁州安養寺慧光師弟子"例子，而"宋沙門釋僧妙有袈裟"的文字其實出自《冥祥記》，道世誤。周、蘇先生註釋並不徹底。唐懷信述《釋門自鏡錄》文字與《法苑珠林》卷三十五所引文字相同，在《釋門自鏡錄》中懷信言此"宋龍華寺法宗不勤修造得病事"，出《冥祥記》。懷信的說法是正確的。我們在《續高僧傳》之《僧妙傳》中沒有看到道世徵引的文字或者是事跡。

2.《法苑珠林》卷八十三引用時儘管道世言此出《唐高僧傳》，周叔迦、蘇晉仁《法苑珠林校注》言此驗出處待考。④ 我們遍檢《續高僧傳》始終沒有找到原文，《續高僧傳》卷十四、十六都有"慧景"傳記，都是

---

① 《法苑珠林校注》，第2318頁。
② 同上書，第2751頁。
③ 同上書，第1109頁。
④ 同上書，第2418頁。

附記，但文字簡短，且與《法苑珠林》幾無相同者。檢索《大正藏》，也沒有發現《法苑珠林》本感應緣的出處。就本段文字的敍述體例以及語言風格來看，似乎不應該是道宣的手筆；再有，本緣記錄事件都具體到日，這樣的記史的方法，似乎也不是道宣《續高僧傳》所具有的。存疑，待考。

二 《法苑珠林》引文不具對比價值者

《法苑珠林》徵引了《續高僧傳》，形成了兩書異文，但是以下幾種情況可能不能作爲我們開展研究特別是進行對比研究的對象，如基本實錄幾無改動者，僅是個別地方改動者，徵引內容過少者，改動面目全非者。

1. 《法苑珠林》卷五十一徵引了《續高僧傳》卷二十六《道豐傳》，基本原文徵引。

2. 《法苑珠林》卷六十二徵引了《續高僧傳》卷二十六《僧融傳》，几乎原文引用，沒有多少更改。

3. 《法苑珠林》卷十五節引了《續高僧傳》卷十二《慧海傳》，文字改動不多。

4. 《法苑珠林》卷十五節引了《續高僧傳》卷十二《善冑傳》善冑臨終的一個小故事，文字改動不多。

5. 《法苑珠林》卷十六節引了《續高僧傳》卷十二《善冑傳》，祇是選取一個舍利神異故事，文字改動不多。

6. 《法苑珠林》卷十七徵引《續高僧傳》卷二十六《道泰傳》，引用字數非常少。

7. 《法苑珠林》卷十八徵引了《續高僧傳》卷十六《慧意傳》，改動不多，價值不大。僅有一處進行了概括處理，見後文。

8. 《法苑珠林》卷二十四徵引《續高僧傳》卷十一《道宗傳》，僅引幾句文字。

9. 《法苑珠林》卷二十六節選《續高僧傳》卷二十九《志湛傳》，文字改動不大。

10. 《法苑珠林》卷二十六節選《續高僧傳》卷二十《道綽傳》，僅僅是節選，文字改動不大。

11.《法苑珠林》卷二十八徵引了《續高僧傳》卷二十六《轉明傳》，除個別地方刪節外，文字改易極少。沒有多少研究價值。甚至《續高僧傳》原文"而明雖被拘散，情計如常"，這樣的文字都被《法苑珠林》繼承了。《續高僧傳》"拘散"無異文，《法苑珠林》版本有異文，"拘散"之"散"，麗藏本作"散"，南、徑、清本作"繫"。如果作"拘繫"，非常容易理解。可是爲什麼《續高僧傳》"拘散"無異文，《法苑珠林》高麗藏本也作"拘散"呢？我們推測，這個字本來就是"散"，但後世人們不太容易理解"拘散"而改爲"拘繫"。這極有可能是道宣的個人言語，或者說是他自己生造的詞。"散"有分散義，謂由聚集而分離。《論語·子張》："上失其道，民散久矣。"唐韓愈《元和聖德詩》："分散逐捕，搜原剔藪。"那麼，轉明和尚被拘，自然就與僧衆"散"了，所以"拘散"是可以接受的。

12.《法苑珠林》卷三十二引用了《續高僧傳》卷三十《僧護傳》，沒有文字改動現象。

13.《法苑珠林》卷三十三徵引了《續高僧傳》卷三十《慧達傳》，僅僅是刪節。

14.《法苑珠林》卷四十七徵引《續高僧傳》卷二十六《洪獻傳》，文字幾乎沒有改動。

15.《法苑珠林》卷六十四徵引《續高僧傳》卷十七《慧越傳》，文字除了部分刪略外，差異不大。

16.《法苑珠林》卷六十四徵引《續高僧傳》卷二十九《道積傳》，文字沒多少差異。

17.《法苑珠林》卷六十四節引此傳《續高僧傳》卷二十五《慈藏傳》，將1600字原文節錄爲450字，但改易不多，研究價值不大。

18.《法苑珠林》卷六十五引用《續高僧傳》卷二十六《慧瑱傳》，幾乎全文照抄，沒有研究價值。

19.《法苑珠林》卷六十五節選《續高僧傳》卷七《慧布傳》，刪減十分厲害，沒用對照價值。

20.《法苑珠林》卷六十五原文實錄《續高僧傳》卷二十《智聰傳》。

21.《法苑珠林》卷八十二幾乎全文照抄《續高僧傳》卷十六《法

充傳》，祇在開頭部分刪除了八個字"兼繕造寺宇，情在住持"。

22.《法苑珠林》卷八十五完全是節選《續高僧傳》卷十三《慧因傳》，沒有特別值得研究的地方。

23.《法苑珠林》卷八十五徵引《續高僧傳》卷二十九《慧齡傳》附《宋公傳》，改動不多，價值不大。

24.《法苑珠林》卷八十九祇選用了《續高僧傳》卷十二《淨業傳》中舍利奇異事，且純屬節選，沒有多少研究價值。

25.《法苑珠林》卷八十九徵引了《續高僧傳》卷十二《靈幹傳》部分內容，但是，原傳文一千多字，《法苑珠林》祇選用了其中舍利置塔放光異香事，不足二百字，且純屬節選，沒有多少比勘價值。

26.《法苑珠林》卷九十徵引《續高僧傳》卷二十六《僧雲傳》，幾乎沒有改動。

三　《法苑珠林》徵引《續高僧傳》刪改情況

《法苑珠林》與《續高僧傳》二者撰寫目的不同、體例不同，《法苑珠林》引用《續高僧傳》是服務於其特定意旨的，有時並不追求人物傳記的完整性，而是選取其關注的、可以爲其所用的僧人事跡，故而其採取的方式基本以節選爲主，採用的是截取、刪節的方法。刪略的內容有哪些，刪略的方式是什麼，在刪除某些內容時，道世遵從的原則與道宣的原則有哪些不同，換句話說，道世是以什麼樣的方式來對待道宣原文的表達形式、表述方式的，文字的差異可以在哪些方面體現道宣以及道世的各自不同的認知，從而展現道世對道宣《續高僧傳》的解讀，這是我們本部分要討論的內容；另外，這些原文在刪略之後，如何保持文字的順暢與語義的連貫，也是我們要討論的話題。

看兩個比較典型的完整的例子，總體說明一下道世接受與改動情況。

《法苑珠林》卷八十五引用了《續高僧傳》卷二十九《遺俗傳》，道世對原傳文改動如下：（1）變道宣古雅的語詞，爲比較口語化的語言。如"廓與諸知故就墓發之，身肉都銷，唯舌不朽"，改爲"廓與知友就墓開之，身肉都盡，唯舌不朽"。以"開"、"盡"代替了"發"、"銷"。有意思的是，《法苑珠林》卷十八還有"唐釋遺俗"感應緣，祇不過它出自《集神州三寶感通錄》卷下，而我們發現在這段徵引文字中，大概本來就比較簡明，道世基本照原文實錄，沒有文字改動，如"可埋之十年發出"的"發出"等，都沒有改動。(2)改寫文言古澀的語句爲比較淺俗的語句。如將"彌隆信敬，誦讀更甚"改爲"發信誦經"。更爲典型的是，道世將遺俗臨終囑咐慧廓的話進行了轉換。原文："曰：'比雖誦經，意望靈驗，以生蒙俗信向之善。若身死後，不須露骸，埋之十載可爲發出，舌根必爛，知無受持，若猶存在，當告道俗爲起一塔，以示感靈。'"語句文字比較多，道世幾乎用自己的話重新復述了道宣的文字，改成："曰：比雖誦經，意望靈驗。身死之後，不須露骸，埋之十載，屈爲發出。舌根爛不？審若不壞，爲起一塔，以示經感。"① 道世刪除了一些如"以生蒙俗信向之善"、"知無受持"等古奧的話，同時使用當時口語色彩比較濃郁的語詞（如"屈"）和句式（"舌根爛不"），語氣也更加和緩順暢，這樣更符合中古時期人們的口頭對話語體。

道世在徵引《續高僧傳》對原文的改造，或者說是改寫、簡寫，其主要手法無外乎刪、改、增等幾個方面，下面我們分別進行考察。

（一）刪

刪除的原則主要是服務於全新的《法苑珠林》的主旨所需。范曄在《獄中與諸甥姪書以自序》中提出了"文以意爲主"的說法："常謂情志所託，當以意爲主，以文傳意。以意爲主，則其旨必見；以文傳意，則其詞不流；然後抽其芬芳，振其金石耳。"（《宋書·范曄傳》）清王夫之《薑齋詩話》也說："無論詩歌與長行文字，俱以意爲主。意猶帥也，無帥之兵，謂之烏合。"前人對文章意在筆先、内容決定形式的認識是正確的。道世徵引《續高僧傳》作了大量刪節，由於刪除是一種常態，我們沒有必要窮盡羅列所有刪除例子，祇是選取同類的典型作一個分類描述。

1. 刪事跡、刪段落

其實就是節選、截取部分事跡，大段刪除不甚相關的事跡及記述。

（1）《法苑珠林》卷四十八徵引了《續高僧傳》卷七《亡名傳》，道世祇選取了亡名的"寶人銘"和"絕學箴"，其他關於亡名身世的記載全部刪除了。

---

① 此二段原文標點分別依據中華書局 2014 年版《續高僧傳》以及 2003 年版《法苑珠林校注》。

（2）《法苑珠林》卷四十八徵引了《續高僧傳》卷八《僧範傳》。值得注意的是，《法苑珠林》卷四十八是"誡勗篇"，徵引的"感應緣"當然是關於說誡的故事；卷二十四是"說聽篇"，故此選取的"感應緣"乃講法聽法故事，卷二十四兩個故事是《唐高僧傳》卷八《僧範傳》前半部與後半部故事，中間的故事則出現在了卷四十八。由此可見，道世選取材料是以主題爲依歸的。

（3）《法苑珠林》卷二十四節引了《續高僧傳》卷八《僧範傳》，祇是截取了部分祥瑞神異故事。

（4）《法苑珠林》卷二十四節引了《續高僧傳》卷八《曇延傳》，刪除的内容非常多。

（5）《法苑珠林》卷八十五節引了《續高僧傳》卷十五《法敏傳》，道世刪除了前半部分"八歲出家……領十沙彌講法華三論相續不絶"四百三十字，至保留了後面講《法華經》及神異故事。

（6）《法苑珠林》卷二十一徵引了《續高僧傳》卷二十六《道仙傳》，刪除了"梁始興王澹……化道大行"三百二十字。這三百二十字是道仙的其他求法修行經歷，儘管中間也有神異祥瑞故事，但是也許早道世看來並不典型，還有一點就是，一些神異故事僅僅是一筆帶過，並不典型，也不十分生動，故刪。

（7）《法苑珠林》卷八十四節引了《續高僧傳》卷十八《法進傳》。《法進傳》傳主事跡並不複雜，道宣的成功在於生動地通過兩個具體的事例記録了法進生平。在記述中人物的對話推動了情節的發展，也刻畫了法進的剛毅的性格和神奇的經歷。《法苑珠林》刪除了蜀王秀臨益州王妃請道士治病不損及法進治療有奇效的文字近四百字。

（8）《法苑珠林》卷十五徵引了《續高僧傳》卷二十《道昂傳》，"初投于靈裕法師而出家焉……化物餘景"，一百餘字，交代其身世以及求法經歷及佛學境界字樣，刪除。

（9）《法苑珠林》卷十六徵引了《續高僧傳》卷十二《靈幹傳》，"祖相封於上黨……爲譯經證義沙門"三百字，介紹其求法、修行經歷的文字，不是《法苑珠林》本處所需，刪除；"仁壽三年舉當寺任……用旌隆敬"兩百字，說明送舍利祥瑞者，非《法苑珠林》本處所需，故刪除。

（10）《法苑珠林》有兩處徵引《續高僧傳》卷二十九《空藏傳》，

一爲卷六十三，主要述說了空藏感通；一爲卷八十五，主要記述了空藏對佛教文獻的功績，但各自的側重點不同，這也反映了道世選取《續高僧傳》材料的目的是非常明確的。

（11）《法苑珠林》卷八十五略引了《續高僧傳》卷十四《慧稜傳》，刪除了"西隆人……又逐安州暠師入蜀"、"及暠下獄。……道俗翕習又復騰涌"近七百字，保留了中間對慧稜的評價性的一句"凡有法論，皆令覆述，吐言質朴，談理入微。時人同號得意稜也"。

（12）《法苑珠林》卷九十六徵引了《續高僧傳》卷二十九《大志傳》。比較本段文字與《法苑珠林》引用的文字，可以看出，道世祇是選取了《大志傳》中間的燃臂部分，省略了後面道宣關於其一生評價及神異之事，當然也省去了當時人們對大志的懷念。作爲一個僧人的傳記，道宣的處理更加豐滿完整，作爲《法苑珠林》的取捨，也是爲了滿足自身的需要，二者均無可厚非。最後，《法苑珠林》還略去了"初志出家至終……合衆皆酸結矣"這樣補敍性的文字。

（13）《法苑珠林》卷八十五引用了《續高僧傳》卷二十九《遺俗傳》。道世還刪除了部分文字，如記述史呵擔的"行安樂行，慈忍在意，不乘畜産，虛約爲心。名霑令史，往還京省，以習誦相仍，恐路逢相識，人事喧涼，便廢所誦，故其所行必小徑左道，低氣怡顏，緣念相續，初不告倦"，這些文字在道世看來是多餘的，既是附記，祇不過是輔助說明罷了，如此，祇須把史呵擔的奇異故事說明即可。這樣的剪裁手法也是值得肯定的。

（14）《法苑珠林》卷八十四徵引了《續高僧傳》卷十六《僧稠傳》，道世改動較多，一是大量刪除了文字，二是兩處調整了敍述文字的順次。在這樣的大變動中，道世已經能夠保持敍述的流暢與自然銜接，足見道世的文字功夫是十分高深的。總體而言，道世的刪節，主要是關於僧稠早年的經歷以及他與齊文宣帝的互動。在刪節時，道世一般是刪除一些能獨立的故事，這樣不至於破壞整體敍述的連貫性。如上面的（2）（3）（5），另外，也是道世的一貫指導思想，忠於文章的主旨，因爲本感應緣是收錄在"禪定部·定障部"下，自然應該圍繞這樣的主題來選取材料，所以把僧稠與齊文宣帝的一些軼事都刪除了。至於原《續高僧傳》交代的此後該寺廟的靈異以及道宣說明自己實地考察並感慨系之的文字，不能完全符合本感應緣的主旨，自然也刪除了。

（15）《法苑珠林》卷二十七徵引了《續高僧傳》卷二十九《法誠傳》，原文"又謁禪林寺相禪師，詢于定行，而德茂時宗，學優衆仰。晚住雲花，綱理僧鎮。隋文欽德，請遵戒範，乃陳表固辭，薄言抗禮，遂負笈長驅，歷遊名岳，追蹤勝友，咸承志道。因見超公隱居幽靜，乃結心期，栖遲藍谷。處既局狹，纔止一床，旋轉經行，恐顛深壑，便剗迹開林，披雲附景，茅茨葺宇，甕牖疏簷，情事相依，欣然符合，今所謂悟真寺也"全部刪除。這些是交代法誠求學經歷的，在道世看來是沒有價值的。但是對於《續高僧傳》記載人物故事、事跡來說，是十分必要，這樣可以讓人物更加豐滿。

（16）《法苑珠林》卷九十五徵引了《續高僧傳》卷十七《僧善傳》。本傳原文先是記述僧善事跡，其後又附帶記載了僧襲事，二者雖有交集，但僧襲事記錄的方式也好像是一個獨立的傳記，這也正是本傳題頭後世會將其定名爲"隋文成郡馬頭山釋僧善傳（僧襲、僧集）"的原因，括號內，表示附記。這樣倒是增加了《續高僧傳》的容量，增加了其記載高僧的數量，但是就單篇傳記而言，這樣的寫作方法，給人以錯雜、雜糅之感，傳記的整體性、系統性受到一定影響，似乎是兩到三個有關聯的人物傳記的羅列。這大概是後人對道宣文筆批評的原因之一，不僅僅是說道宣文詞不夠宏雅，其篇章組織也有待強化。當然，是不是後來《後續高僧傳》補錄與摻入，另當別論。

迴過頭來我們看道世《法苑珠林》引文的處理，則顯然要高出道宣一大截。《法苑珠林》先是將"童少出家……徒屬五百肅然靜謐"刪除，單刀直入，直接說明僧善最爲奇異的故事：昔在少年，山居服業，糧粒既斷，嬾往追求，噉小石子用充日給。後文再出現僧襲時，使用道宣原有的兩句話，簡單交代了僧襲的來歷：承習善公。接著關於僧襲事跡的記載"善師終日，他行不見，後尋其遺骸，莫知所在……因取舌骨，兩以爲塔"，完全是圍繞僧善來講述故事，儘管是僧襲的作爲，但是道世的處理已經變成了僧善身後後人對其的態度，從而折射出僧善的修爲、境界以及影響，而不是其弟子的孤立的、自爲事件。從這個意義上說，我們認爲道世的處理中心更加突出，敍述的角度始終如一，沒有出現支蔓、遊移的現象。宋本覺編集《釋氏通鑑》卷之六也徵引了本傳，文字極簡：

"釋僧善，住馬頭山，禪道盛化。三月十一日，將終告弟子：以不須焚燎，外損物命，可坐于瓮中埋之。即趺坐而化。道俗依言而殯于巖。有弟子僧襲，時適他行，及迴到巖，莫知塟所，設會悲慟。忽爆聲震谷，瓮涌于地，骸骨如雪，唯舌存焉，紅赤鮮映。因取骨舌，兩爲塔焉。"這樣的文字祇是紀事，說不上人物、性格，也沒有動人的故事，最多祇能算是對《續高僧傳》記載的認可罷了。

2. 删除字詞、删句子

（1）《法苑珠林》卷八十四徵引了《續高僧傳》卷十六《僧稠傳》，道世改動删除較多。一是，原文："性度純懿孝，信知名，而勤學世典，備通經史。徵爲太學博士，講解墳索，聲蓋朝廷。將處器觀國，羽儀廊廟。"道世删改爲"性度純懿，孝信知名，而勤學世典，備通經史"。二是，删除了"時年二十有八，投鉅鏕景明寺僧寔法師而出家。落髮甫爾，便尋經論，悲慶交并，識神厲勇，因發五願，所謂財法通辯，及以四大，常敬三寶，普福四恩"。三是，删除了"房即跋陀之神足也。既受禪法，北遊定州嘉魚山。斂念久之，全無攝證，便欲出山誦《涅槃經》。忽遇一僧，言從泰岳來，稠以情告，彼遂苦勸修禪，慎無他志，由一切含靈，皆有初地，味禪要必繁緣，無求不遂。乃從之，旬日攝心，果然得定。常依涅槃聖行四念處法，乃至眠夢覺見都無慾想。歲居五夏"。四是，删除了"鑽仰積序，節食鞭心，九旬一食，米惟四斗。單敷石上，不覺晨宵，布縷入肉，挽而不脱。或煮食未熟，攝心入定，動移晷漏，前食並爲禽獸所噉。又常修死想，遭賊怖之，了無畏色，方爲說諸業行，皆摧其弓矢，受戒而返"。五是，删除了"後移止青羅山，受諸癘疾供養，情不憚其臭潰，甘之如薺。坐久疲頓，舒脚牀前，有神輒扶之，還令跏坐，因屢入定，每以七日爲期"。六是，删除了"又默之大冥山，創開歸戒，奉信者殷焉，燕趙之境，道未通被，略無血食"。七是，删除了"稠年過七十……果得鵰吻二焉"一千四百字左右。八是，删除了"寺宇僧供，勞賜優渥。齊滅周廢，以寺賜大夫柳務文。文又令其親辛儉守，當將家入住，有神怒曰：'何敢凌犯須陀洹寺！'而儉未幾便卒。隋初興復，奄同初構，六時禪懺，著聲寰宇。大業之末，賊所盤營。房宇子遺，餘皆焚蕩。余以貞觀初年陟茲勝地，山林乃舊，情事惟新。觸處荒涼，屢興生滅之歎；周睇焚燼，頻喧黍離之非。傳者親閱行圖，故直敍之于後耳"。

（2）《法苑珠林》卷二十一徵引了《續高僧傳》卷二十六《道仙傳》，將原文"以遊賈爲業，往來吳蜀，江海上下，集積珠寶，故其所獲貲貨乃滿兩船，時或計者云，直錢數十萬貫。既瓌寶塡委，貪附彌深，惟恨不多，取驗吞海"中的"江海上下"删除，但是我們注意到《續高僧傳》的宮本也同樣是沒有"江海上下"四個字，也許是道世所依據的版本就是沒有這樣四個字的，這樣的話，本條也就無所謂删除了。此外還删除了"故其所獲貲貨乃滿兩船，時或計者云"以及"既瓌寶塡委，貪附彌深，惟恨不多，取驗吞海"，這樣祇保留原敍述中的梗概。

（3）《法苑珠林》卷五十一徵引了《續高僧傳》卷二十六《超達傳》删除了原文"有人誣達有之，乃收付滎陽獄"中的"有之"。

（4）《法苑珠林》卷十七徵引了《續高僧傳》卷二十六《法力傳》，原文"因此感悟，出家爲道，厲精翹勇，衆所先之"，道世删除了"厲精翹勇，衆所先之"這樣評價性語言，祇保留了敍事性成分"因此感悟捨俗出家"。

（5）《法苑珠林》卷二十四徵引了《續高僧傳》卷十《法彥傳》。一是將原文"早歲出家"删除。這也是道世的一貫做法，原文是傳記，會交代一個人的一生的經歷，而《法苑珠林》使用的是其神異故事，各自重心不同，所以對這些文字道世一般都採用删節的方式來處理。二是原文"故齊、周及隋，京國通懼，皆畏其神爽英拔也。故得彥所造言，賓主兼善，使夫妙義精致，出言傳旨。齊公高頲訪道遐方，知彥聲績，乃迎至京邑。雖復智亮冒於當時，而謙素形于聲色，所以新故挾情，有增陵勃者，彥奉而敬之，不以年齒相顧，由此識者彌愛而珍重焉。有法侃法師，本住江表，被召入關。彼方大德淵法師者，正法高傑，義學所推，語侃曰：'天地雖廣，識達者希。晚學之秀，法彥一人，可與論理。餘則云云，從他取悟耳。'及侃至京相見，方知淵之遠鑒也"，介紹其求法求學經歷的兩百字，删除。這也是道世的一貫做法，大概在道世看來，這些都是次要情節。

（6）《法苑珠林》卷二十八徵引了《續高僧傳》卷二十六《慧侃傳》。一是直接删除語句。删除了原文"少受學於和闍梨"以及"或見被縛之猪，和曰：'解脱首楞嚴。'猪尋解縛，主因放之。自爾偏以慈救爲業。大衆集處，輒爲說法，皆隨事讚引，即物成務，衆無不悟而歸於道。末往鄴下，大弘正法，歸向之徒，至今流詠。臨終在鄴，人問其所獲，云得善根成熟耳。侃奉其神化，積有年稔，衆知靈異，初不廣之"，因爲這些文字已經不再是慧侃的事跡，而是和闍梨的故事，對於道宣《續高僧傳》來說，一是情節更加豐富，另外傳記一直有附記他人事跡的習慣，所以在《續高僧傳》不爲支蔓，而在道世看來這些都是次要情節，在引用時徑直刪除是正確的。二是刪除語詞。原文"後往嶺南，歸心真諦，因授禪法，專精不久，大有深悟。末住栖霞，安志靈靜，往還自任，不拘山世"，改爲"後往嶺南，歸心真諦。專釋禪法，大有深悟。末住栖霞，安志虛靜，往還自任，不拘山世"，道世改動後的文字更加整飭，也更加體現了四字格的特點。

（7）《法苑珠林》卷三十二徵引了《續高僧傳》卷三十《智興傳》，將原文"誦諸經數十卷，并行法要偈數千行，心口相師，不輟昏曉。住禪定寺，今所謂大莊嚴也。初依首律師，隨從講會，思力清澈，同侶高之。徵難鱗錯，詞鋒驚挺，又能流靡巧便，不傷倫次，時以其行無諍也"，改爲"依首律師，誦經持律，心口相弔，不輟昏曉"，主要是刪除了部分文字。

（8）《法苑珠林》卷三十三徵引了《續高僧傳》卷三十《慧雲傳》，前半部有刪改，後半部幾乎沒有任何改動。具體如下：一是原文"弱年樂道，投匡山大林寺沙門智鍇而出家焉。鍇亦標領當時，有聲山世。而雲慷慨時俗，精屬歸從，故得獨異恒倫，不拘物累，致有大節大務，偏所留心"，刪改作："弱冠樂道，投匡山大林寺。"省去了關於智鍇的學識造詣以及慧雲的修行各種情節，這也是縮寫的必然要求。略去了部分道世認爲對於本感應緣來說細枝末節的敘述。二是原文"有達禪師者，江淮內外，所在興造，事力不遂，咸來祈請。雲爲寺廟毀壞，故致邀延，達不許之。雲以來告不申，便陳死請，委身在地，涕泗滂沱，流迸塗漫，滿五尺許。又以頭叩地，青腫覆眼，加諸誓願曰：'若不蒙赴，雲亦投江。'達見其意盛，欷然迴意。雲即前告道俗，所在迎候，披草望山，行不由徑，路值群虎，不暇駐目。延達至山，須有經始，泝流諸處，檢校功德。時屬嚴冬，冰擁船路，崩砂頺結，屢阻舟人。雲乃急繫衣裳，破水挽纜，腰胯以下，凌澌截肉，流血凝住，不覺疲苦。自此船行三百餘里，方登所在。其懇誠難繼，並例此也"，刪改作："有達禪師，江淮內外，所在興造。雲爲寺廟毀壞，故邀達營造得周。"因爲道世要使用的是後面的感應緣，前面這些展示慧雲其他事跡的可徑直略去。

（9）《法苑珠林》卷三十三徵引了《續高僧傳》卷二十六《通達傳》，將原文"初辭世壤，遍訪明師，委問道方，皆無稱悅"刪除。

（二）改

包括概括、調整敍述中的語句的順序以及改易句子、語詞以及增字（語詞、句子），另外就是直接使用道世自己的語言來替換道宣的語言，我們權且稱之爲改換。這是一項艱難的工作，劉勰在《文心雕龍·附會》篇中說："改章難於造篇，易字艱於代句。"通過這樣的改易，我們可以考察道世的語言觀、文章觀，也可以反向考察道宣的語言觀與寫作方法。

1. 概括

如果說刪略是改寫的一種常態的常態的話，那麼縮略簡省的另一個辦法就是概括，概括就涉及省去一些文字代之以改易者自己的表述，也就是重新概括。

（1）《法苑珠林》卷五徵引了《續高僧傳》卷六《慧韶傳》本傳，比對二者文字，我們發現道世將原文敍述其身世經歷的大段文字（約800字）予以刪除，代之以"少慾多智，聰敏不群"8個字進行概括，以此描寫與交代慧韶的秉性品質，也爲整個篇章的敍事的完整性做了很好的銜接。"少慾多智，聰敏不群"這八個字，"少慾多智"，大概來自原傳文"性恬虛，寡嗜慾，沈毅少言"等字的提煉，而"聰敏不群"則是道世據原文情節自己給出的總結，並沒有字面上的承繼關係了。道世《法苑珠林》引用的目的在於通過故事闡明佛理以達到教化的目的，也就是所謂的"感應緣"，所以其在意的當然是故事而非身世。

（2）《法苑珠林》卷十二"隋天台釋智顗感見三道階"感應緣徵引了《續高僧傳》卷十七《智顗傳》，原傳文6500字左右，而道世祇是圍繞智顗天台山感見三道寶階而節引了700字左右，其中使用了重要的概括的手法。道世將原文"有晉遷都，寓居荆州之華容焉。……因與慧辯等二十餘人，挾道南征，隱淪斯岳"等介紹智顗出生的神奇、身世來由、求學經歷、佛學造詣、禪定功力以及前往天台的感應因緣等1200餘字刪除，然後據自己對原文的理解概括爲"宿德英賢，自古罕儔，常樂山居，靜慮習禪，道俗欽敬，君臣識重"24個字，這24個字是高度抽象的對高僧智顗秉性、志趣、聲望的總結，因爲《法苑珠林》引用本傳核心是要說"隋天台釋智顗感見三道寶階"感應緣靈驗記，所以沒有必要全部交代其生平，等等。值得注意的是，這24個字完全是道世自己的語言，並非直接採自《續高僧傳》原文中的核心句關鍵詞，道世的手法之高妙可見一斑。當然爲了過渡和銜接，在其概括其生平之後也增加了一句"顗初往天台"，然後纔又接上了原傳文的"先有青州僧定光，久居此山，積三十載，定慧兼習，蓋神人也"，等等。

（3）《法苑珠林》卷十八徵引了《續高僧傳》卷十六《慧意傳》。原文"有鄉人德廣郡守柳靜殊不信法，乃請意於宅，別立禪室，百日行道，靜息抑、稟等四人每夜潛往，舉家同見，禪室大明，意坐卓然，方生信向。鄉邑道俗，率受歸戒。開皇初卒，將逝，謂弟子慧興曰：'今日有多客來，可多辦齋食。'及中，意果端坐而化"。道世概括爲"有鄉人不信，乃請別院，百日行道。每夜潛往伺之，舉家同見，禪室大明。鄉人信伏，率歸受戒。開皇初卒，預知其終，端坐而化"。這樣的概括符合縮寫的基本規律，略去次要信息，保留主要信息。

（4）《法苑珠林》卷二十一徵引了《續高僧傳》卷二十六《道仙傳》，大量精簡原文。如："值僧達禪師說法曰：'生死長久，無愛不離，自身尚爾，況復財物。'仙初聞之，欣勇內發，深思惟曰：'吾在生多貪，志慕積聚。向聞正法，此說極乎。若失若離，要必當爾。不如沉寶江中，出家離著，索然無擾，豈不樂哉！'即沉一船深江之中，又欲更沉，衆共止之，令修福業。仙曰：'終爲紛擾，勞苦自他。'即又沉之，便辭妻子。又見達房凝水混濛。知入水定，信心更重，投灌口山竹林寺而出家焉。"道世改爲："值僧說法，深悟財累，乃沈江頓捨，便投灌口山竹林寺出家。"中間大量的情節，道世用了9個字"深悟財累，乃沈江頓捨"予以概括，同時保證了敘述的完整性。

（5）《法苑珠林》卷二十四節引了《續高僧傳》卷八《慧遠傳》。原傳文比較詳盡地記錄了慧遠高僧一生，文字極其詳善，約4000字，道世祇是節引了其中的一個祥瑞故事，在原傳文的最後部分，而且是慧遠去世以後的一段補敘的文字，但是《法苑珠林》敘述還是從慧遠的籍貫出生說起的，中間最見造詣的就是道世用了"三藏備通九流洞曉。天縱疏朗儀止沖和。講導爲業天下同歸”，這樣三句話，凝練地概括了慧遠的一生，說明了他的資質、儀貌、生平、學識、聲望。

（6）《法苑珠林》卷二十七徵引了《續高僧傳》卷三十《道積傳》，幾乎沒有改動，祇作了一定的概括。原文"年至二十，將欲出家，未知所適，乃遇律師洪湛，見而異之，即爲剃落，晦迹雙巖。又依法朗禪師希求心學，絕影三載，不出山門。然爲幽證自難，聖教須涉，開皇十三年辭師攜鉢，周行採義。路經滄冀，就遠行寺普興法師尋學涅槃，慶所未聞，乃經四載，清通三事，爲門學所推。至十八年入於京室，依寶昌寺明及法師諮習地論，又依辯才智凝法師攝大乘論，於十義熏習、六分轉依、無塵唯識一期明悟。仁壽三年，又往并州武德寺沙門法稜所聽採地持，故得十法、三持，畢源斯盡。四年七月，楊諒作亂，遂與同侶素、傑諸師南旋蒲坂。既達鄉壤，法化大行，先講涅槃，後敷攝論，并諸異部，往往宣傳。及知命將隣，偏弘地持，以爲誡勗之極，特是開心之要論也"，概括爲"博通經論"四個字。這是縮寫常用的手法，道世對介紹傳主經歷的文字的一般做法是刪除，這裏採用了高度概括的方式進行了精煉，儘管這是縮寫的常用手法，但這裏我們還是不得不感佩道世縮寫造詣的高妙。

（7）《法苑珠林》卷三十三徵引了《續高僧傳》卷三十《慧震傳》，稍有改易。原文："釋慧震，姓龐，住梓州通泉寺。身長八尺。後聽冒師三論，大領玄旨，福力所被，蜀部遙推。冒之還南，得袈裟三百領，以贈路首。"道世改作："釋慧震，姓龐，身長八尺，聽冒三論，玄寤逾藍。"道世概括度更高。

（8）《法苑珠林》卷六十三徵引了《續高僧傳》卷十五《慧璿傳》，主要是概括、縮寫。原文："少出家，在襄州。周滅法後，南往陳朝，入茅山聽明師三論，又入栖霞聽懸布法師四論、大品、涅槃等，晚於安州大林寺聽圓法師釋論。凡所遊刃，並契幽極。又返鄉梓，住光福寺。會亂入城，盧總管等請在官倉講《華嚴經》，僧徒擁聚千五百人，既屬賊圍，各懷翹敬，不久退散，深惟法力。唐運斯泰，又住龍泉，三論大經，鎮常弘闡，兼達莊老子史，談笑動人，公私榮達，參問繁結。蔣紀諸王，互臨襄部，躬申敬奉，坐鎮如初。王出門，顧曰：'迎送不行，佛法之望也。'由此聲譽，又逸漢南。"道世縮寫爲："善通三論涅槃，莊老俗書，久已洞明。由此聲譽，久逸漢南。"此段的縮寫堪稱經典，可以作爲縮寫用的典範用於作文教學。道世抓住了道宣傳文敍述的核心，從中抽繹出要點，然後簡明扼要地做了介紹，沒有傷損到傳文的文脈，保證了敍述的流暢性。

2. 調整順序

改易、調換、調整敍述中的語句、語詞的順序。

（1）《法苑珠林》卷十六徵引了《續高僧傳》卷十二《靈幹傳》，部分語序進行了調整。如原文："大業三年置大禪定，有勅擢爲道場上座，僧徒一盛，匡救有敍。至八年正月二十九日卒於寺房，春秋七十有八。幢蓋道俗，相與奔隨，乃火葬於終南之陰。初，幹志奉《華嚴》，常依經本作蓮華藏世界海觀，及彌勒天宮觀。至于疾甚，目精上視，不與人對，久之，乃垂顧如常日。"改爲："至大業三年，禪定初成，勅召爲道場上座。僧徒一盛，匡救有敍。至於八年，於本房內所患漸重。將欲終卒，目精上視，不與人對。久之乃垂顏如常日。"中間個別地方的省略不再討論，我們要說的是，在原傳文中，是先說了"至八年正月二十九日卒於寺房，春秋七十有八"。後面的神異故事是作爲補敍內容出現的，這也是道宣經常使用的手法之一。但是到了《法苑珠林》，道世爲了照顧其選文的整體性，將靈幹去世放在選文最後一句，沒有延用道宣的補敍手法，而採取的自然順序進行敍述。

（2）《法苑珠林》卷五徵引了《續高僧傳》卷六《慧韶傳》本傳，除刪節外，還作了文字順次上的調整。原傳文的故事乃補敍，是基本完整介紹慧韶一生之後纔闡明的。所以原文出現在慧韶寂滅之後，即出現在"坐于龍淵寺摩訶堂中。奄然而卒，春秋五十有四，即天監七年七月三日也"句子之後，而道世《法苑珠林》將介紹慧韶寂滅的文字放在了他神異故事之後，道世的目的是爲了這個節選的文字的整體感，使得節選後的文字也有了史傳傳記的敍事結構，人物從出生、生緣、品格、故事，到最後終了，比較完整。

（3）《法苑珠林》卷八十四徵引了《續高僧傳》卷十六《僧稠傳》，道世改動較多，一是大量刪除了文字，並調整了敍述文字的順次。刪除僧稠與齊文宣帝互動情節時，道世保留了如下文字（略有文字改易，整體保留）："四部彌山，人兼數萬，香柴千計。日正中時，以火焚之。道俗莫不哀慟斷絕，哭響流川。登有白鳥數百，徘徊煙上，悲鳴相切，移時乃逝。仍於寺之西北，建以塼塔，每有靈景異香，應于道俗。"並將這些文字放在了本感應緣的後部，即"被毛之人"故事和文宣造訪之後，這樣保證了一個高僧故事的完整性，對其身後的情節歸於了交代，也側面反映了僧稠的影響。

（4）《法苑珠林》卷二十八徵引了《續高僧傳》卷二十九《普安傳》，除刪改原文"小年依圓禪師出家……例如此也"近五百字外，也調整了句子順序。

（5）《法苑珠林》卷三十三引用了《續高僧傳》卷二十六《道英傳》，祇是部分作了縮寫，更多的地方進行了改寫，並調整了文字順序。原文："自爾儀服飲噉，未嘗篇章，頗爲時目作達者也。聽講之暇，常供僧役。有慕道者從其所爲，因事呈理，調伏心行，寄以弘法。常云：'余冥目坐禪，窮尋理性，如有所詣，及開目後還合常識。故於事務遊觀役心，使有薰習。'然其常坐開目如線，動逾信宿，初無頓睞，後入禪定，稍呈異迹。"道世改爲："常依華嚴，發願供僧，因事呈理，調伏心行。自爾儀服飲噉，不守章篇，頗爲目作達者也。營僧之外，禪誦無廢，窮尋理性，心眼洞明。"道世的文字雖然整飭，但缺乏靈動，沒有了人物生動的對話、沒有具體細節的描寫，失去了個性的掘發，語詞抽象，語義不清。

3. 換

包括句子更換、語詞替換以及文字改易。這部分內容特別多，我們將選取認爲比較有意義的、值得討論的例子來進行討論。

第一類，句子更換現象。句子的更換，有的時候就是改寫，祇不過這個改寫涉及的內容不多，一般都是單個句子，故此我們暫且把他們單獨拿出來放在這裏討論。

（1）《法苑珠林》卷五十一徵引《續高僧傳》卷二十六《超達傳》，一是將原文"多學問，有知解"改作"多知解，善呪術"；一是將原文"騎來躡草並靡，雖從邊過，對而不見"改爲"兵騎躡草悉皆靡遍，對逼不見"。前者比較具體了一些，後者則更加模糊，且"悉皆靡遍"比較生澀，還不如原文來得順暢。

（2）《法苑珠林》卷五十一徵引了《續高僧傳》卷二十六《僧朗

傳》，改動較多，具體如下。

一是將原文"城民素少，乃逼斥道人用充軍旅，隊別兼之。及轒轀所擬，舉城同陷……"改爲"城民少，逼僧上城。舉城同陷……"道宣原文較爲詳細地交代了當時被逼的情況，加上說明戰爭的語詞過於繁難詰屈，道世做了簡省，語言更加通俗，更加符合當時稍微受過一點教育的人的閱讀與接受習慣。這也體現了道世的比較有傾向性的態度，他基本是把過於拗口古澀的語詞刪改掉。

二是將原文"乃復作賊，深當顯戮，明日斬之"改爲"乃復作賊登城，罪極刑戮，明日當殺"。本例是魏主斥責僧人、下達軍事命令的話語，我們認爲道世的文字更加展現了口語的色彩，更加符合當時說話的語境，比如"顯戮"一詞即非常古奧，"斬之"顯然書面色彩濃重，遠不如"當殺"口語色彩強烈。本例基本取向與上例同。

三是將原文"帝弟赤堅王，亦同諫請，乃下勅止之，猶虜掠散配役徒"改爲"帝遂放之，猶散配役徒"。

四是將原文"今厄至矣，惟念觀世音耳"改爲"今厄頓至，唯念觀音"。細味文義，道世的改字增加了"頓"，比原文增強了突然性與偶然性；去除了"耳"，表明念觀世音，不是無奈之舉，而是刻意爲之，更加突出了觀音信仰的重大意義和作用，而且是僧郎等人的主觀自覺，比原文的表現力更加有力。

五是將原文"知是神也。相慶感遇，便就以眠"改爲"方知聖力，非關天明。相慶感遇，便泰稍眠"。原文"知是神也"遠沒有道世"方知聖力，非關天明"具體，而且言神力並沒有突出說明佛力感應，顯然不符合《法苑珠林》的主旨，道世改動是值得肯定的。

（3）《法苑珠林》卷十七徵引了《續高僧傳》卷二十六《法力傳》，具體改動如下：一是將原文"車在下風，無得免理。于時法力倦眠，比覺而火勢已及"改爲"車在下風，恐無得免。法力倦眠，比寤而火勢已及"。將比較晦澀的"無得免理"一句改爲"恐無得免"，道世追求的是語言的平實通俗。而將"覺"改爲"寤"，則是慮及在佛教文獻中"覺"是一個容易讓人聯想起"覺悟成佛"的專門語詞，所以改成了一個普通詞彙，捨去了佛教語言色彩，這樣也就更加通俗明了。

（4）《法苑珠林》卷二十一徵引了《續高僧傳》卷二十六《道仙

傳》，改動如下。

一是將原文"有時預告明當有客至，或及百千，皆如其說，曾無缺長"，改爲"有時預告明當客至，其數若干，形貌服色。恰期明至，數服皆同"。原文比較含糊，道世改後增加了形貌服色，更加神話了道仙的預知神通。

二是將原文"時遭酷旱，百姓請祈，仙即往龍穴，以杖扣門，數曰：'衆生憂苦，何爲嗜睡如此？'語已，登即玄雲四合，大雨滂注"，改爲"時遭酷旱，百姓惶憂，苗稼失色，皆來請祈。仙即往龍穴，以杖扣門，喚曰：'衆生，何爲嗜眠？'如語即寤。當即玄雲四合，大雨普霑"。此外，《法苑珠林》"百姓惶憂"一句也有異文：麗藏本作"怖憂"，磧、南、徑、清本作"憂苗"。不管是哪一種說法，我們認爲都是道世據情節增補以渲染情景烘托背景，爲塑造人物之崇高作鋪墊的。道宣原文則比較平實。另外，原文"登即"被道世改爲了"當即"，儘管二者是義同義近，道世改易本詞，就是追求語言的通俗性。①

（5）《法苑珠林》卷二十四節引《續高僧傳》卷十四《道慤傳》，刪節較多，其他不再贅述，衹就一處看看道世的改寫。原文："逮貞觀中年冬，有請講《涅槃》者，預知將終，苦不受請。前人不測意故，鄭重延之。乃告曰：'所以固辭者，不終此席耳。'不免來意，且後相煩，遂往王城谷中。道俗齊集，慤登座正題，已告四衆曰：'世界法爾，不久當終，敢辭大衆，云何偈後，請寄來生。'遂依文敍釋，恰至偈初，即覺失念。經纔三宿，卒于山所，春秋七十有五。"改寫爲："至貞觀二年冬月，有請講《涅槃》，預知將終，苦不受請。前人不測，鄭重延之。不免來意，赴請登座。發題告諸四衆，悲歎而言：自惟去聖遙遠，微言隱絕，庸愚所傳，不足師範。但以信心歸向，自當識悟。今席講說，止於云何偈後。但世界法爾，不久當終。時日既促，願各用心。遂文依敍，恰至偈初，即覺失念，無疾而終，春秋七十有五。"刪除了對話"所以固辭

---

① 我們通過"漢籍全文檢索系統"（陝西師範大學版）對魏晉南北朝時期文獻檢索發現，"登即"與"當即"的比例是10∶94，同樣使用該系統，檢索隋唐五代時期文獻，二者的比例是0∶61，當然受語料庫制約，這個數字還不能說完全科學可靠，但是從這個數字比例中我們顯然可以得出"登即"更加冷僻而"當即"更加通行。

者，不終此席耳"。也就是直接引語。

（6）《法苑珠林》卷二十八徵引了《續高僧傳》卷二十六《法安傳》，祇在最後作了刪節，更多地方是改字。如原文"時以其形質矬陋，言笑輕舉，並不爲通"，改爲"門人以其形質矬陋，言笑輕舉，並不爲通"。將"時"改爲"門人"當然更加具體，也更加符合原文語境的要求。道宣原文大概是仿照前人的一種習慣的敍述方式，一般我們在敍述到一個人的形貌的時候，都會徵引當時人們對他的一般性的評價，彼"時"，乃時人也。但是本處的重點不是他的形質形貌，而是後文並不給他通報，也就是說，不是所有認爲他形質矬陋言笑輕舉的人都會發出後面"並不爲通"這個動作的，道世所改值得肯定。

（7）《法苑珠林》卷三十三徵引了《續高僧傳》卷三十《慧震傳》，將原文"至於八日，香氣欎勃，充滿寺中。傾邑道俗共聞異香，捨散山積。至十五日氣猶不歇，從旦至午，寺内樹木土地皆生蓮華"，改作"至於八日，氣猶不歇。從旦至午，寺内樹木土地皆生蓮華"。道世使用概括的手法當然會簡略一些，我們覺得除此之外，一個比較生澀古奧的詞"欎勃"也是道世下手刪減的原因之一。

（8）《法苑珠林》卷八十四節選了《續高僧傳》卷十八《法進傳》，原文"惟業坐禪，寺後竹林，常於彼坐"，改爲"常於竹林坐禪"。道世使用縮寫的方式，這些縮寫極具概括性，大多較好地保持原文的意思不走樣，同時也很好地起到了篇章過渡作用，承前繼後，起到了很好的作用。

（9）《法苑珠林》卷八十六基本引用了《續高僧傳》卷三十《德美傳》。原文："故默之弘獎福門，開悟士俗，廣召大衆，盛列檀那，利養所歸，京輦爲最，積而能散，時又珍重。常於興善千僧行道，期滿䞋奉，人別十縑，將及散晨，外赴加倍。"道世改寫作："承師靜默，大有福德。嘗於興善年別千僧，七日行道。期滿厚䞋，人奉十縑。將及散晨，外起加倍。"本書以爲道世之所以進行這樣的改動，大概是他認爲本段文字過多地記了靜默禪師的事跡，與德美關係不是太大。道世的做法有道理，道宣原文隨意支蔓，大概是他將其所蒐集到故事都寫進了傳記。我們今天從文獻的價值看，當然希望看到更多的高僧事跡，但是就一個單篇文章來說，道宣沒有嚴守一人一傳的做法，文章組織不夠嚴整，阻斷了文氣。

　　第二類，語詞替換。語詞替換如果涉及的是兩個以上音節的詞語，則簡單明了，不會有什麼意義，但若涉及的是單音詞，如果僅僅是字形不同而詞義沒有變化，如異體字、假藉字等問題，我們就稱其爲易字，如果涉及如同義詞、近義詞、口語詞等詞義問題，則放在本處討論。

　　（1）《法苑珠林》卷五徵引了《續高僧傳》卷六《慧韶傳》，原文"因病氣絶，而心上溫"（溫，大正藏本作此，資、普、徑、宮本作熅），道世改作"因病氣絶，而心上煖"，此乃同義詞替換。

　　（2）《法苑珠林》卷十五徵引了《續高僧傳》卷二十《道昂傳》，一是將原文"後自知命極，預告有緣：'至八月初，當來取別。'時未測其言也。期月既臨，一無所患，問齋時至未，景次昆吾，即昇高座，身含奇相，爐發異香，援引四衆，受菩薩戒，詞理切要，聽者寒心"，改爲"後知命極，預告有緣，至八月初，當來取別。期月既臨，一無所患。問：齋時至未？景次昆吾，即昇高座，身含奇相，鑪發異香。援引四衆，受菩薩戒。詞理切要，聽者慚心"。本書按，"寒心"，傷心或失望痛心。《左傳・哀公十五年》："吳人加敝邑以亂，齊因其病，取讙與闡，寡君是以寒心。"晉葛洪《抱樸子・嘉遁》："嗟乎，伍員所以懷忠而漂屍；悲夫，白起所以秉義而刎頸也。蓋徹鑒所爲寒心，匠人之所眩惑矣。"《敦煌變文集・孟姜女變文》："塞外豈中論，寒心不忍聞。"《紅樓夢》第五十五回："太太滿心疼我，因姨娘每每生事，幾次寒心。""寒心"中古習見，道宣文獻有多見，《續高僧傳》7例，《廣弘明集》2例，《大唐内典錄》1例，而"慚心"無一例出現在道宣文獻中，這個用法顯然不是道宣語言。我們認真分析了"慚心"的結構和語義，它大概是慚愧心的意思，這與"寒心"意思不同。既然不同，道世爲什麼要如此改動呢？可能對於原文的把握不同所致，道宣在強調衆人對道昂法師的留戀，而道世則以爲此處應當渲染道昂法師說法的高妙，聞者頓生慚，從而精進。

　　（3）《法苑珠林》卷十六徵引了《續高僧傳》卷十二《靈幹傳》，將原文"至十七年，遇疾悶絶"，改爲"至開皇十七年，遇疾暴悶"，"悶絶"在中古佛典中非常通行，但是大概道世認爲該詞並不通俗，所以作了改動。

　　（4）《法苑珠林》卷十七徵引了《續高僧傳》卷二十六《法力傳》，

將原文"又沙門道集，於壽陽西山遊行，爲二劫所得，縛繫於樹，將欲殺之，惟念觀世音，守死而已。劫引刀屢斫，皆無傷損，自怖而走，集因得脫"，改爲"又沙門道集，於壽陽西山遊行，爲二劫所得，縛繫在樹，將欲殺之，唯念觀音，守死不輟。引刀屢斫，皆無傷損，劫賊怖走，集因得脫"，《法苑珠林》不同版本有異文："劫"，大正藏本作此，普、徑本作"賊"。比較原傳文，此當作"劫"爲是。中古以來便可以"劫"稱賊，《南史・宗愨傳》："愨年十四，挺身與劫相距。"儘管後人感覺比較生澀。原文下文"劫引刀屢斫，皆無傷損，自怖而走"，道世也作了改動，第一句刪除了"劫"，而第三句則將"自"改爲"劫賊"，依然是出於對"劫"這個詞的不安、不放心所致。

(5)《法苑珠林》卷二十一徵引了《續高僧傳》卷二十六《道仙傳》，將原文"王勃然動色，親領兵仗，往彼擒之。必若固蹤，可即加刃。仙聞兵至，都無畏懼。索僧伽梨，被已端坐念佛"，改爲"王勃然動色，親領兵仗，往彼擒之。必若固違，可即加刃。仙聞兵至，傍若無人，被僧伽梨已，端坐禪誦"。《續高僧傳》原不同版本有異文，"固"，宮本作"因"。道世將"必若固蹤"改爲"必若固違"，大概可以證明"固"是可信的。那麼將"蹤"改爲"違"的原因，大概是道世以爲"固違"語義更加明了一些。所謂"固違"，今天看來也許就是固執違命吧。"固違"一詞，《漢語大詞典》未收錄，其實中古該詞出現頻率還是比較高的，如《高僧傳》卷二十《法羽傳》："緒曰：入道多方，何必燒身？不敢固違，幸願三思。"中土文獻也有用例，如《南齊書》卷二《高帝紀下》："僉曰'皇天眷命，不可以固違，人神無託，不可以曠主'。"《魏書》卷九十九《沮渠蒙遜傳》："知朝廷志在懷遠，固違聖略，切稅商胡，以斷行旅，罪四也。"那麼，《續高僧傳》原文的"固蹤"怎麼理解呢？我們發現在《續高僧傳》中，出現過"追蹤"、"還蹤"、"滯蹤"、"反蹤"等用例，如：卷二十四《靜靄傳》："乃勅三衛二十餘人，巡山訪覓氈衣道人。朕將位以上卿共治天下。藹居山幽隱，追蹤不獲。"卷十《靈璨傳》："飛鳥群迎，鳴喚而去。又感異迹，三十餘步，直來塔所，不見還蹤。"卷十七《曇崇傳》："每爲僧職滯蹤，未許遊涉，乃假以他緣，遂蒙放免。"卷十九《智璪傳》："便笑而答曰：'貧道無他，可棄藥反蹤，不須見逐。'驗之道力所薰，故毒不能傷也。"玩味文義，"追蹤"乃追查義，"還蹤"乃返還義，"滯蹤"乃滯留義，"反蹤"乃返迴義。如是，我們可以看出道宣在使用"蹤"一詞時搭配是非常靈活的，那麼在本句，"固蹤"，應當就是固守其蹤，也就是不願意赴請，這個搭配顯然是道宣自己的言語習慣，在道世看來可能覺得很是生澀，於是按照自己的理解將文字作了改動。

（6）《法苑珠林》卷二十四節引了《續高僧傳》卷八《曇延傳》，原文："覺後惟曰：'此必馬鳴大士授我義端，執駿知其宗旨，語事則可知矣。'便述疏說偈曰歸命如來藏、不可思議法等。纘撰既訖，猶恐不合正理，遂持經及疏，陳於州治仁壽寺舍利塔前，燒香誓曰："改爲："寤後惟曰：'此必馬鳴菩薩授我義端，執駿知其宗旨，抵事可觀耳。'雖感此瑞，猶恐不合理，更持經疏，於陳州治仁壽寺舍利塔前，燒香誓曰："將"覺"改爲"寤"，大概道世認爲"覺"在佛家文獻中應當有專指，指覺悟成佛，儘管其作爲普通語詞就是醒來，儘管"寤"這樣的語詞也很古雅，但是還是堅持把它給改了，我們在後面還發現道世改"覺"爲"寤"的例子，其指導思想應當是一樣的。另外，將"大士"改爲"菩薩"等，應該是考慮到民間"菩薩"更爲通行，目的爲了通俗簡明。將原文"三日三夜，輝耀不絕"改爲"三日三夜，暉光不絕"，"輝耀"改爲"暉光"顯然是爲了更加通俗化，避免古奧。

（7）《法苑珠林》卷二十四節引了《續高僧傳》卷八《慧遠傳》，原文"衆僧患之"改爲"衆共愍之"；"徑即鳴叫騰躍，入遠房內"改爲"鳴叫騰躍，徑入遠房"。"衆僧"，偏正結構，說的是一衆和尚；它與"衆共"是有差異的，"衆"，爲明言是僧是俗，"共"，副詞，在全句充任壯語。這些問題都不是太複雜，有意思的是道世將"患"改成了"愍"，此可以說是春秋筆法一字褒貶。原文的"患"，可以看出衆人是飽受此鵝的困擾，也能推理出衆人對鵝的惡劣態度，從而也折射出了衆人的境界不高，也見出慧遠謀事欠妥。而改成了"愍"字，人們則很容易想象到這個鵝的哀切、忠誠，衆人的悲憫情懷、對慧遠的思念，也折射出慧遠佛學的高妙、感物之深。

（8）《法苑珠林》卷二十七徵引了《續高僧傳》卷三十《道積傳》，幾乎沒有改動，祇作了個別調整。原文："既覺惟曰"，改爲"既寤惟曰"，大概是道世以爲"覺"一字承擔了比較多的任務了，特別是在佛家文獻中，有特指義，不如改作一般語詞"瘠"。

（9）《法苑珠林》卷二十八徵引了《續高僧傳》卷二十九《普安傳》。原文："昆明池北白村老母者，病臥床枕，失音百日，指撝男女，思見安形。會其母意，請來至宅，病母既見，不覺下迎，言問起居，奄同常日，遂失病所在。"改爲："故於昆明池東北白村有老母，病臥失音，百有餘日。指撝男女，思見安形。會其母意，請來至宅。病母既見，不覺下迎，言問起居，奄同常日，遂失病苦。""遂失病所在"，這是道宣的語言風格，比較古拙，改爲"遂失病苦"，簡明易曉。原文："遂見屋薨一把亂床用塞明孔，挽取抖揀，得穀十餘，授以成米。"改爲："遂見屋薨一把亂糜，用塞明孔，挽取抖擻，得穀十粒，揉以成米。""得穀十餘"改爲"得穀十粒"，體現的正是二人的風格差異，道宣古舊，沒有使用量詞，而道世從俗，使用了量詞，使用量詞的語句，更加口語化一些。"授"改爲"揉"，二者祇當是近義詞看待，沒有特別寓意，就字形體而言，或許"揉"更通俗些。

（10）《法苑珠林》卷二十八徵引了《續高僧傳》卷二十六《賈逸傳》，原文："末至一家，云：'承卿有女，欲爲婚媾。'因往市中唱令告乞云：'他與我婦，須得禮贈。'"改爲："末至一家，云：承卿有女，欲爲婚媾。此家初許，因往市肆，唱令告乞云：某家與我婦，須得禮贈。""他"，可具體指稱，確指；"某家"，無定指。大概在道世看來，這裏應當是記敘性文字，乃轉述，並非賈逸的直接引語，而道宣似乎是把它作爲賈逸說的話來對待的。

（11）《法苑珠林》卷二十八徵引了《續高僧傳》卷二十六《法順傳》，改動如下。①原文："末行化慶州，勸民設會，供限五百。及臨齋食，更倍人來，供主懼焉，順曰：'無所畏也，但通周給。'而莫委供所由來，千人皆足。"改爲："勸民設會，供限五百，臨時倍來，供主懼少，順曰：莫遮。通給千人供足，猶有餘剩。"原文的"無所畏"改成了"莫遮"。"莫遮"就是別阻攔，《續高僧傳》中有"無所畏"共三例，而沒有"莫遮"的用法，看來"莫遮"不是道宣的語言而是道世的個人語言，另外值得注意的是，"莫遮"乃普通語詞，而"無所畏"帶有佛家色彩，這大概也是道世據原文文意而改換語詞的原因之一。②原文："嘗引衆驪山夏中栖靜，地多蟲蟻，無因種菜，順恐有損害，就地示之，令蟲移徙，不久往視，如其分齊，恰無蟲焉。"改爲："又每年夏中，引衆驪山栖靜。地多蟲蟻，無因種菜。順恐有損，就地指示，令蟲移徙。不久往視，恰無蟲矣。"道世刪除了"如其分齊"四個字，之所以要這樣做，就是儘可能少出現佛教的專名，分齊乃差別、禁區等義，這是一個佛家習用的語詞，道宣作爲律宗高僧自然信手拈來，但是對於常人、俗人則未必十分明了，道世的語言文字觀和傳播的意識與道宣不同。而後世《神僧傳》卷六在使用這個《法順傳》時就沒有這些改動，而是直接複製的，與此對比，可以見出道世的語言文字觀，就是儘可能通俗、明白，便於傳播。③原文："三原縣田薩埵者生來患聾，又張蘇者亦患生瘂，順聞命來，與共言議，遂如常日，永即痊復。"改爲："又有三原縣人田薩埵者，生來患聾，兼有張蘇等亦患瘂。順聞命來，與共言議，遂如好人，永即痊復。"我們認爲這裏的兩處改動，一得一失。"又張蘇者亦患生瘂"中的"生瘂"實乃生而瘂，與前文田薩埵"生來患聾"是一個意思，道世改爲"亦患瘂"之後丟失了部分語義，這樣就造成了本來十分傳奇的事跡衝擊力降低了不少。"遂如常日"改作"遂如好人"，不但通俗，而且語言表達更爲準確，因爲這兩個人都是先天性的疾病，如果是"遂如常日"等於說他們的病情完全沒有變化，一如往常仍舊病著。但是改成爲"遂如好人"，則語義顯明，且通俗易曉。④原文："故使遠近瘴癘淫邪所惱者無不投造，順不施餘術，但坐而對之，識者謂有陰德所感，故幽靈偏敬致。其言教所設，多抑浮詞，顯言正理。神樹鬼廟，見即焚除；巫覡所事，躬爲併僧。禎祥屢見，絶無障礙。其奉正也如此。而篤性綿密，情兼汎愛，道俗貴賤，皆事邀延，而一其言問，胸襟莫二。或復重痼難治、深願未果者，皆隨時指示，普得遂心。時有讚毀二途聞達於耳，相似不知，翻作餘語。"改爲："但有瘴癘魔邪所惱者，歸順皆愈。不施呪術，福力如是。其不測者謂有陰德所感，故使感靈偏敬。致言所教，多抑浮詞，顯直正理，敦實爲懷。見有樹神廟室，多即焚除。汎愛道俗，貴賤皆投；讚毀兩途，開胸莫二。似如不知，翻作餘語。"這一段文字改動較多，最爲顯著的改動是"時有讚毀二途聞達於耳"一句竟然被改成了"讚毀兩途，開胸莫二"，而我們注意到原傳文有"胸襟莫二"一句，不過是用在了"而一其言問"之後，道世將這樣一句話放在了現在的位置，造成了語句不通。⑤原文："水忽斷流，便隨陸度。"改爲："忽斷流如行陸地"，原傳文有異文。"隨"，磧、普、徑、宮本作此，麗藏本作"墮"。不管是哪個字，原句都不如改後的"如行陸地"簡潔明了。

（12）《法苑珠林》卷三十二徵引了《續高僧傳》卷三十《智興傳》本傳。原文："時鍾所役，奉佩勤至。"改爲："鳴鍾依時。"改後文字簡潔，也避免了"奉佩勤至"這樣比較文氣的話。原文："吾行從達於彭城，不幸病死，生於地獄，備經五苦，辛酸叵言。"改爲："吾行達彭城，不幸病死，由齋戒不持，今墮地獄，備經五苦，辛酸叵述。"增加了"由齋戒不持"，說明了原因，文章的勸化效果就更加直接，道世改定後的表現力更強烈。

（13）《法苑珠林》卷三十三徵引了《續高僧傳》卷二十六《叉德傳》。原文"事符明鏡，不漏纖失"，改爲"皆事符明鏡，不泄纖毫"。道宣傳文"不漏纖失"大概是"不漏纖"、"不失纖"的復沓、疊牀架屋而成，這個祇能看作道宣的個人言語，是其生造的語句。而道世改後的"不泄纖毫"一句，泄、漏一也，"纖毫"乃習語，謂極小、極其細微，而"纖失"不辭，顯然比原文更加符合人們的語言習慣。這不僅僅是消極修辭的問題，而是語言規範的問題了。

（14）《法苑珠林》卷三十三徵引了《續高僧傳》卷二十六《通達傳》。原文："不齎糧粒，不擇林巖，飢則食草，息則依樹，端坐思玄，動逾晦序。意用漠漠，投解無歸。經跨五年，栖遑靡息。"改爲："不齎糧粒，饑則食草，渴則飲水，息則依樹，坐則禪思。經跨五年，栖遑靡息。"道世改動後，句式更加整飭，敘述了飢、渴、息、坐四個方面，更加有利於識記，也更加琅琅上口。

（15）《法苑珠林》卷二十四節引了《續高僧傳》卷八《僧範傳》。原文："輒有一僧加毀云：'是乃伽斗，竟何所解？'當夜有神加打。死而復蘇。"改爲："又有一僧懷忿加毀罵云：'伽斗汝何所知。'當夜有神打而幾死。""毀"本有毀謗、詆毀、罵義，道世增加了一個"罵"字，顯然是擔心世人不能直接領會其義，也是爲了表義更加顯明之舉。後世《新脩科分六學僧傳》卷十二引用了《續高僧傳》本傳，文字作："僧或罵曰：是伽斗竟何所解。夜覺有物捶其僧，死復甦。"《新脩科分六學僧傳》徑直刪除了"毀"而直接用了"罵"字，這個思路與道世是一致的。

（三）增

也就是在引用時增加增字詞或增加了句子。

1.《法苑珠林》卷二十四節引了《續高僧傳》卷八《慧遠傳》，增加了"信知道籍人弘，靈鳥嘉應不可非。其身未證法，輒升法座，定墮地獄。此亦別時之意，不得雷同總廢也"。這段話是原傳文所沒有的，應當是道世增加上去的自己的評價性的語言。

2.《法苑珠林》卷二十七徵引了《續高僧傳》卷三十《道積傳》。原文："但張目直視，曰：'異哉斯人也，何乃心氣若斯之壯耶！'因捨而不問，果詣積陳懺。"改爲："但張目直視曰：異哉，值斯人乎！何爲心氣太重之壯耶？因捨而不問，放還本寺。後知其屈，詣積陳懺。"原文非常簡明，感嘆的也是這個"斯人"，中間有些情節後世讀者是可以通過想象去補足的，如"捨而不問，果詣積陳懺"中間肯定還有故事，而道世也可能正是通過自己的想象對這些情節作了補充描述："放還本寺，後知其屈"。另外，道世改動後感嘆的對象也發生了轉移，本來是對人的感嘆，改動後變成了對事"值斯人"的感嘆，就對該人物的塑造來說，一個是直接手法，一個變成了間接的手法了。

3.《法苑珠林》卷二十八徵引了《續高僧傳》卷二十六《法安傳》。原文"開皇中來至江都"，改爲"到開皇中，來至江都"。原文"大業之始，帝彌重之"，改爲"至大業之始，帝彌重之"。道世在這兩句都增加了副詞"到"、"至"，這樣大概是道世個人的語言習慣，同時也爲了語篇更加連貫，段落更加緊湊。

4.《法苑珠林》卷二十八徵引了《續高僧傳》卷二十六《賈逸傳》。原文："大業五年，天下清晏，逸與諸群小戲於水側，或騎橋檻，手弄之云：'拗羊頭，捩羊頭。'"道世改爲："大業五年，天下清晏，逸與諸群小戲水側，或騎橋檻，手把弄之云：抑羊頭，捩羊頭。"道世在"弄"之前增加了"把"，變成了"把弄"，這樣語義更加明確了一些。

四　刪改後的連貫問題

《續高僧傳》原文是一個完整的敘述，《法苑珠林》或刪略節引，或改易，這樣處理以後的文字，是如何保持連貫、保證敘事的完整性的呢？道世或者直接刪除，變化句首承接成分保持連貫；或者通過概括，總括事跡以便順承接；或者增加其他連貫成分，保持承接。這個問題此前的研究者似乎措意不多，我們前文各處已不時有評點，本處結合幾個實例再進行簡要的分析。

1.《法苑珠林》卷十六徵引了《續高僧傳》卷十二《靈幹傳》，刪除了"祖相封於上黨……爲譯經證義沙門"300字。這些介紹其求法、修行經歷的文字，不是《法苑珠林》本處所需，故刪除。此外還刪除了"仁壽三年舉當寺任……用旌隆敬"200字，其說明送舍利祥瑞者，亦非《法苑珠林》本處所需，故刪除。前文已經討論過。我們現在要討論的是，這兩處文字刪除之後，《法苑珠林》的處理如何保證連貫和銜接方面手法又不完全相同。第二處由於都是以時間爲序闡述，所以在銜接上是不用作技術處理的，而第一處，由於需要交代傳主的佛性修養和個性品質，所以道世採用了提煉、概括的方法，用了以下文字進行過渡："志節恭勤，常修淨業。依《華嚴經》作蓮華藏世界海觀，及作彌勒天宮觀。"這樣，從介紹傳主姓名、生緣，中間有了修煉境界作了鋪墊，再到後文的神異故事就不突兀了。道世深諳篇章結構手法可見一斑。

2.《法苑珠林》卷三十六徵引了《續高僧傳》卷二十二《慧主傳》，主要改動如下：一是刪除"始州永歸縣人……一百日後周毀經道。方知徵應"250餘字。二是刪除"即將出山……後還京日從受菩薩戒焉"二百餘字。三是把"將不律師先去，不者明其死矣"中的"不者明其死矣"刪除。值得注意的是，道世特別注意刪除後文章的連貫與銜接，如在刪除了上述第一例時，用一句話即"持律第一兼營福業"來改寫這一段之後，道世將緊跟原文的"即返故鄉，南山藏伏，惟食松葉"改爲"後至故鄉，南山藏伏，唯食松葉"，一個"後至"，立刻把文氣與語流接上，沒有給人以頓挫感。在刪除第二例後，在"貞觀三年，寺有明禪師者……"中增加了一個"至"，變成了"至貞觀三年，寺有明禪師……"用了一個銜接詞"至"，將語篇串聯了起來，形成了整體。

3.《法苑珠林》卷八十四徵引了《續高僧傳》卷十六《僧稠傳》，原文"初，從道房禪師受行止觀……又詣趙州障洪山道明禪師，受十六特勝法"，道世將"又詣趙州"改爲"次詣趙州"。這樣更加注重了時間順次的連貫性，保證了在刪節之後語義的順承與連貫。

4.《法苑珠林》卷二十四節引了《續高僧傳》卷八《慧遠傳》。原文:"昔在清化,先養一鵝,聽講爲務,頻經寒暑。遠入關後,鵝在本寺,栖宿廊廡,晝夜鳴呼。衆僧患之,附使達京,至靜影大門放之,徑即鳴叫騰躍,入遠房內。爾後如前馴聽,但聞法集鍾聲,不問旦夕,覆講豎義,皆入堂伏聽,僧徒梵散,出戶翔鳴。若值白黑布薩,雖聞鍾召,終不入聽。時共異之。若遠常途講解,依法潛聽,中聞汎及餘語,便鳴翔而出。"改爲:"昔在清化,先養一鵝,聽講爲務。開皇七年,勅召入京,鵝在本寺,栖宿廊廡,晝夜鳴呼。衆共愍之,附使達京。至淨影寺大門放之,鳴叫騰躍,徑入遠房,依前馴聽,不避寒暑,但聞法集鍾聲,不問旦夕,皆入講堂,靜聲伏聽。僧徒梵散,出堂翔鳴。若值白黑布薩鳴鍾,終不入聽。時共異之。若遠常途講解,依法潛聽。中間及餘語,便鳴翔而出。""遠入關後"改爲"開皇七年,勅召入京",《慧遠傳》前文言慧遠"開皇五年,爲澤州刺史千金公請赴本鄉,此則像法再弘,桑梓重集,親疎含慶,何以加之。七年春往定州,途由上黨,留連夏講,遂闕東傳。尋下璽書,慇勤重請,辭又不免,便達西京"。由此可以看出,道世稱"開皇七年,勅召入京"是有依據的,所述不誤。道宣原文則可以憑藉此前敘事情節予以銜接,因此《續高僧傳》中衹需要"遠入關"來給予照應即將時間說明清楚了。但道世在引用時刪改了文字,本處改易是爲了保證《法苑珠林》敘述連貫的需要,因爲它前文沒有具體的情節以及時間交代,所以必須在此特別地具體地加以說明。

5.《法苑珠林》卷三十三徵引了《續高僧傳》卷三十《慧震傳》。原文:"釋慧震,姓龐,住梓州通泉寺。身長八尺。後聽嵩師三論,大領玄旨,福力所被,蜀部遙推。嵩之還南,得袈裟三百領,以贈路首。"改作:"釋慧震,姓龐,身長八尺,聽嵩三論,玄寤逾藍。"道世概括度更高,這是縮寫的必然。值得注意的是,道世將原文"後聽嵩師三論"中的"後"刪除了。我們認爲道世的處理是可以接受的。原文"後"本來就不應該存在,也沒有前文的相關情節供其接續,"後"跟前文建立不起承接的關係。

五 對《法苑珠林》刪略改易《續高僧傳》效果的認識

道宣道世孰優孰劣呢?這個實在是一個比較複雜的課題,我們衹能結合具體例子來簡要說明一下。我們說,刪節改易是道世處理原文材料的常用手法，爲了滿足《法苑珠林》表達意圖的需要，對原文進行節略是正常的、必要的。這樣的刪略改易，從文章學的角度看，道世爲什麼在這裏刪除了這樣的文字，其最初的想法是什麼，這樣的刪節有沒有達到他的目的，對選文整體的表達是否產生了消極，甚至變改乃至篡改的不良後果。我們通過實例從肯定與不足兩個方面進行分析。先看值得肯定的方面。

1.《法苑珠林》卷五十五引用了《續高僧傳》卷二十九《寶瓊傳》，刪除了"瓊乘機授化，望風靡服。而卑弱自持，先人後德，經行擁閙，下道相避，言問酬對，怡聲謙敬，斯實量也，不媚於時"。本處刪節的内容，是說寶瓊對來訪者的開悟，還有就是對寶瓊人品的稱道。關於寶瓊人品的問題，因爲整體篇幅的原因，後文並沒有再度涉及，所以本處刪略對後文以及整體沒有影響。道世的處理是比較合理的。

2.《法苑珠林》卷六十三徵引了《續高僧傳》卷十五《慧璿傳》，刪除了原文"惟璿立性虛靜，不言人非，賓客相投，欣若朋友，面常含笑，慈育在懷，涉獵玄儒，通冠文采。襄荆士素，咸傾仰之，聞其長往，無不墮淚"。我們認爲，道宣原文用意在於通過其身後人們的悼念、哀慟之情形，側面弘揚稱頌所立傳者的功德品性，採取的烘托的手法，這也是可以肯定的。但是可能道世以爲這些文字並不符合他選取的目的，所以刪除了。

3.《法苑珠林》卷六十五節選《續高僧傳》卷十六《僧實傳》，刪除了童年時期的出道之前的記載："嘗與諸僮共遊狡戲，或摘葉獻香，或聚砂成塔，鄉閭敬焉，知將能信奉之漸也。親眷愛結，不許出家，喻以極言，久而方遂，年二十六乃得剃落。有道原法師，擅名魏代，實乃歸焉，隨見孝文，便蒙降禮。"這其實是道宣傳記的慣常體例，這樣一些傳說，能表明人物的天然秉性，也就是佛性。此外還刪除了"每處皇宮，諮問禪祕，那奇之，曰：'自道流東夏，味靜乃斯人乎！'於是尋師問道，備經循涉"。這樣的師傳的評價，對人物的定評也是有意義的。刪除了"性少人事，退迹爲功。……於是陶化京華，久而逾盛"近350字。值得注意的是，《法苑珠林》保留了"三學雖通，偏以九次調心。故得定水清澄，禪林蓊蔚"這樣一句，其實這句話是不完整的，應當將"性少人事，退迹爲功"也予以保留，也就是說，這一句應當改定爲"學雖通偏，以九次調心，故得定水清澄，禪林蓊蔚，性少人事，退迹爲功"。這樣纔能比較完整地保留原文的意思，否則就割裂了原文。在改寫方面，首先是一些字詞的改造，如：原文"清卓不倫"，道世改成了更加通行的"清卓不群"。這是一個非常有意思的現象。《續高僧傳》中"不倫"、"不群"皆有十數個用例，看不出二者的差別，而《法苑珠林》中"不群"有十二個用例，而"不倫"則一個用例也沒有，這說明在道世的語言中，"不倫"，可能是不合倫理、亂倫的意思，它非但不能和"不群"構成近義詞，甚至是一個不能隨便使用的禁語了。

4.《法苑珠林》卷八十二徵引了《續高僧傳》卷十六《法聰傳》，刪除了開頭部分的"八歲出家"，"及長成立，風操逾厲，淨施厚利，相從歸給，並迴造經藏三千餘卷，備窮記論，有助弘贊者，無不繕集。年二十五，東遊嵩岳，西涉武當，所在通道，惟居宴默"，以及"下勅爲造禪居寺，聰不往住，度人安之。又勅徐摛就所住處造靈泉寺，周朝改爲靜林，隋又改爲景空，大唐仍於隋號"。在我們看來，前兩個刪除可以商榷，因爲文字不多，而且對交代背景是有幫助的。最後一部分關於寺名沿替的刪除，是值得肯定的，這樣避免了文章的四散漫溢，使得文章更加主題明確。

5.《法苑珠林》卷八十二徵引了《續高僧傳》卷十六《法充傳》，幾乎全文照抄，祇在開頭部分刪除了八個字"兼繕造寺宇，情在住持"，大概是道世認爲這八個字無助於本感應緣的說服力，也有損於法充人物形象的塑造，因爲這八個字可能反而矮化了他，故刪。

6.《法苑珠林》卷八十三徵引了《續高僧傳》卷十六《曇詢傳》，具體看，道世對原傳文的刪改有這樣一些方面。一是將原文"後遷宅于河東郡焉。弱年樂道，久滯樊籠。年二十二方捨俗事，遠訪巖隱，遊至白鹿山北霖落泉寺，逢曇准禪師而蒙剃髮。又經一載，進受具戒，謹攝自修，宗稟心學"，改定爲："謹攝自修，宗稟心學。遠訪巖隱，遊至白鹿山北霖落泉寺，逢曇准禪師，授以禪法。"刪除了部分文字，同時將"謹攝自修，宗稟心學"提至拜師曇准禪師之前，將這一拜師後的特性變成了曇詢人生一貫的作風和品質，二者絕不僅僅是順次的差異，其語義是有區別的：道世把這個品質提升了、擴大了。二是將"而專志決烈，同侶先之，圓備戒律，又誦《法華》。初夏既登，還師定業，承僧稠據于蒼谷，遂往問津。稠亦定山郢匠，前傳所敍，詢以聲光所被，遙相揖敬。住既異林，精融理極，思展言造，每因致隔。但爲路罕人蹤，崗饒野獸，栖幽既久，性不狎塵，來往質疑，未由樵逕，直望蒼谷，以爲行表，荊棘砂礫，披跨不難，巖壑幽阻，攀緣登陟，志存正觀也，故不以邪道自通。又以旁垂利道，由曲前而通滯，吾今標指雖艱，必直進以程業，用斯微意，隨境附心，不亦善乎？每云：'與其失道而幸通，寧合道不幸而窮耳！'故履踐重阻，不難塗窮"，縮略成了"又往稠禪師所，問其津道。極相禮遇，善洽禪味"。我們注意到這段文字不僅僅是語言文字生澀，其中心僅僅是道出了曇詢求法之不易。這是"進益部"的感應緣，所謂進益，要求一勤於多聞，二勤於總持，三勤於樂說，四勤於正行。在道世看來，無助於本處情節的進展，也不能滿足他節選體現"進益"主旨的文字，都應當壓縮或者刪除。三是將原文"自有禪蹤，斯人罕擬。自爾化流河朔，盛闡禪門，杖策裹糧，鱗歸霧結。隋文重其德音，致誠虔敬，勅儀同三司元壽親送璽書。"改寫爲："隋文重德，屢送璽書。"刪除了的部分，是曇詢事跡，與《法苑珠林》本處所要突出的重點是否一致先不論，更重要的是，大概是道世認爲"自有禪蹤，斯人罕擬。自爾化流河朔，盛闡禪門，杖策裹糧，鱗歸霧結"語句過於鋪排，頗類駢文的綺麗風格，語言不夠簡明，所以刪除了。改成了直陳事件的平實的敍述，這也反應了道宣道世二人的語言觀點。原傳及《法苑珠林》卷八十三所引文字，都能比較鮮明地代表道宣和道世的行文風格。道宣語言古雅，個別地方的編排比較隨意，略顯凌亂，並且夾敍夾議，時而申說佛理，這一方面是道宣個人的語言風格的顯現，另一方面，大概也是作爲僧史史家應有的。除去道宣的評價性文字不說，其對材料的珍視應該是肯定的，但行文古奧、編輯支蔓，也許是其受到後世批評的原因。反觀道世的文字，則裁減適度，明白清新，這可能是建立在道宣傳記的基礎之上而後出轉精的結果，我們還不能簡單地認爲二者孰高孰低。

7.《法苑珠林》卷八十六基本引用了《續高僧傳》卷三十《德美傳》原文，儘管文字上有多處修改，但整體改動幅度不大。值得肯定的方面，如刪除了"又京邑沙門曇獻者，亦以弘福之業功格前賢，身令成範，衆所推揖。所造福業，隨處成焉。故光明寶閣，冠絕寰中，慈悲佛殿，時所驚異。人世密爾，故不廣焉"。因爲《續高僧傳》本傳附記，其關係就是"弘福之業功格前賢",於是道宣連類而及,但對於道世來說,這里是"洗懺部"感應緣,"洗懺"纔是其要表達的主題,凡與此無關者,自然不必採用了,故刪。刪除了"如斯雜行,其相紛綸,即目略書,尤難備舉"。這個是正常的,原文是道宣的感慨,變成道世《法苑珠林》的引文之後,這些極端個人化的言語顯然是不合適的,因爲它已經變成引文了。

8.《法苑珠林》卷九十六徵引了《續高僧傳》卷二十九《僧崖傳》,改動不多,祇做了三處刪減。一是"祖居涪陵。晉義熙九年,朱齡石伐蜀,涪陵獲三百家隨軍平討,因止于廣漢金淵山谷,崖即其後也"。二是"時依悉禪師……年踰七十,心力尚強"。三是"時普法師又問曰……皆此之類"。刪除的第一段文字,是交代僧崖的身世的,這是史家的慣常作法,原傳用此是必須的,《法苑珠林》則沒有必要,二者的作法都是值得肯定的;刪除的第二段文字,是交代僧崖平生即不畏火,並立志"苦身成道",爲下文燃指燒身作了鋪墊;刪除的第三段文字,是僧崖與寶海辯難的一部分,大概是道世以爲前半部分僧崖對寶海的回答已經能夠說明燒身的意義了,因此沒有必要把後文的全部展示出來了。或者是道世《法苑珠林》的體例在此一部分並非直陳佛理,祇需使用生動的例子來教導善男信女去體悟佛理,所以把它給刪除了,當然,我們也能看出,在僧崖與寶海對答過程中,僧崖似乎並沒有佔著上風,這大概是道世選擇刪除部分內容的原因。不過,我們也應該肯定道宣本傳的寫法,它比較集中地抓住了"燒身"這一主題,貫穿全傳的都是圍繞燒身來組織展開的,人物的事跡特別突出顯明,給人以非常強的震撼力。《新脩科分六學僧傳》卷二十七完整抄錄了《續高僧傳》本傳的文字。

9.《法苑珠林》卷五十一徵引了《續高僧傳》卷二十六《僧朗傳》,道世選文基本保留了完整的傳文故事,一些語句文字有變動,如刪除了原文:"帝弟赤豎王,亦同諫請,乃下勅止之,猶虜掠散配役徒。"道世徵引改爲:"帝遂放之,猶散配役徒。"道世刪除了赤豎王一併求情的話語,與道宣文比較,二者沒有優劣之分,祇是道宣更加豐富,而道世更加集中。

10.《法苑珠林》卷五十一徵引了《續高僧傳》卷二十六《超達傳》,刪除了原文"有人誣達有之,乃收付滎陽獄"中的"有之"。這樣更加簡明,並不影響文意。原文"至夜四更,忽不見車輪所在",道世刪除了

"所在"，同樣更加簡潔明了。

  11.《法苑珠林》卷二十七徵引了《續高僧傳》卷二十九《法誠傳》。一是將原文"言已欻然飛來，旋環鳴囀入香水中，奮迅而浴，中後便逝"，改作"言已欻然飛來，旋環鳴囀入香水中，奮迅羽毛。浴已便逝"。道世將原文的"奮迅而浴"改爲"奮迅羽毛"，說法更加明白，"奮迅"，本爲鳥飛或獸跑迅疾而有氣勢，晉干寶《搜神記》卷三："馬即能起，奮迅嘶鳴，飲食如常。"唐劉禹錫《連州臘日觀莫徭獵西山》詩："猜鷹屢奮迅，驚麕時蹢跳。"道宣原文"奮迅而浴"中"奮迅"使用恰當，沒有任何問題。道世改後的"奮迅羽毛"中的"奮迅"爲新義，原本的形容詞變成了動詞，帶有了"羽毛"這個賓語，自己也改變了詞義，變成了振起、振奮義了。此例也可以看出道宣語言文字觀念是求古而道世則更加注重通俗性。二是原文："手寫《法華》，正當露地，因事他行，未營收舉，屬洪雨滂注，溝澗波飛，走往看之，而合案並乾，餘便流潦。"改作："又自寫《法華》，正當露地，因事他行，忘以收舉。忽屬洪雨，滂注，溝澗。走往看之，案獨乾燥，餘並流波。""未營收舉"改成了"忘以收舉"，"洪雨滂注，溝澗波飛"直接刪改成了"洪雨滂注溝澗"，"餘便流潦"改爲"餘並流波"，這些工作都是爲了滿足簡明通俗的需要。

  12.《法苑珠林》卷二十八徵引了《續高僧傳》卷二十六《慧侃傳》。原文："而翹敬尊像，事同真佛，每見立像，不敢前坐，勸人造像，惟作坐者。道行遇諸困厄，無不救濟。"改作："而翹敬尊像，事同真佛。每見立像，不敢輒坐，勸人造像，唯作坐者。道行遇厄，沒命救之。""輒"，動輒、輕易，將"不敢前坐"改爲"不敢輒坐"，更加形象生動地刻畫了慧侃恂恂然恭敬的樣子，比之原文更富有表現力。"道行遇諸困厄，無不救濟"改爲"道行遇厄，沒命救之"；"無不救濟"改爲"沒命救之"，同樣在程度上極言慧侃拯濟苦厄的真情，比之原文更加強化更加有力。

  13.《法苑珠林》卷三十三幾乎全文引用了《續高僧傳》卷二十六《道英傳》本傳幾乎沒有刪略，改動的地方非常多。一是將原文"晝則屬粲僧務，躬事擔運，難險緣者，必先登踐；夜則跏坐，爲說禪觀"，改作"晝則營理僧務，夜則爲說禪觀"。刪改之後語言反而顯得更加整齊，語義表達也較爲清晰。二是將原文"其知微通感,類皆如此",改爲"冥通來事,類皆如此"。道世改後強調了道英非凡的對未來的預知、預見能力,較之原文的籠統概括,語言表達更加精確,更加照應了前文的內容,值得肯定。三是將原文"近人以手循,從下而冷。即貞觀十年九月中也",改作"人怪不動,以手循摩,從下而冷,以經驗之。縱是凡夫,定升善處,況嘉徵如是,豈同凡僧。即貞觀七年九月中也"。原文"循"有撫摩義,如《荀子·哀公》:"繆繆肫肫,其事不可循。"《列子·天瑞》:"視之不見,聽之不聞,循之不得,故曰易也。"《漢書·李陵傳》:"而數數自循其刀環。"但該義爲古義,唐人未必十分明了,道世使用"循摩"替換,同義詞連用,其共有的語素義得以強化,"撫摩"義更加激凸,表義更加精確,更便於後人理解。四是將原文"詳英道開物悟,慧解入神,故得靈相氤氳,存亡總萃,不負身世,誠斯人乎!"改作"英開導人物,存亡俱益。自非位齊種姓,豈感嘉祥總萃。不負身世,誠斯人乎"。應該說道世修改後,表達更清晰了,語義更明了了。"不負身世"也語焉不詳,而道世用"位齊種姓"直接把道英的顯貴身世交代了出來了,這樣就不用後人費盡心神去思量了。

14.《法苑珠林》卷五十五引用了《續高僧傳》卷二十九《寶瓊傳》。一是將原文"讀誦大品,兩日一遍,爲常途業"改爲"讀誦大品,兩日一遍,以爲常業"。常途業,應當就是常業。在《續高僧傳》中,道宣祇有這麼一處"常途業",其他地方有十五處都是使用的"常業",道世改定後更符合一般的語言習慣。道宣爲什麼在這裏使用"常途業"的說法呢?我們認爲它祇是爲了滿足四字格的需要,道宣爲了文字整飭的需要不惜自己造詞,這是道宣的一貫做法,這樣的生造詞,有的時候體現了他文字的創造性,而有的時候,如果所造語詞語義模糊語感生澀,其實自造詞也就變成了生造詞,不利於表情達意。道世改爲"以爲常業",一方面依然保證了四個字的格式,另外也更加通俗易懂。這個改字是值得肯定的。二是將原文"四遠聞者,皆來造欸",改爲"四遠聞者,皆來欽敬"。我們認爲這樣的改字跟上條一樣,都是考慮語言的規範與語義傳播的順暢。欸,誠也。造欸,應當也是道宣自己生造的一個詞,在大正藏中沒有更多用例,祇是道宣這裏創造了一下,後世在傳抄中有一處沿用(清通醉輯《錦江禪燈》卷十九"寶瓊"條),"造欸"大意應當是造訪、表達誠意，或者是誠意造訪，或者就是登門訪學。改成"欽敬"以後，語義顯明，易於接受。三是將原文"道民相視，謂是風鼓，競來周正。瓊曰：'斯吾所爲，勿妄怨也。'初未之信，既安又禮，如前崩倒"，改爲"道民羞恥，唱言風鼓，競來周正。又禮還倒。瓊曰：'天朗和暢而言怨風，汝之愚戇，不測吾風。'"顯然，道世改寫後的文字更加犀利更加生動。先是用"道民羞恥，唱言風鼓"把道民的尷尬窘迫描繪了出來，接著寶瓊"天朗和暢而言怨風，汝之愚戇，不測吾風"一句極富哲理與智慧的話語，一方面借用語境，使用了隱喻的手法，點化道民；另一方面，也體現了寶瓊對佛法的自信，人物躍然紙上，凜然可察。反觀道宣的文字，則完全是客觀的記錄，對話無力，且"道民相視，謂是風鼓，競來周正"也是衹見行爲不見心理，寶瓊所言"斯吾所爲，勿妄怨也"，蒼白無力。

15.《法苑珠林》卷八十二徵引了《續高僧傳》卷十六《法聰傳》本傳，將原文"卓然神秀，正性貞潔，身形如玉"，刪改爲"卓然神正，性潔如玉"。我們認爲，這裏語義發展了轉移，原文對先是對法聰的體態進行讚美，然後說其品性，最後說"身形"像玉一樣。應該說，道宣的文思在這裏顯得混亂，且以"玉"來比喻人的身形，似乎不合人們的慣常思維。而道世改成了八個字，非但語言更加整飭，而且以"玉"的高潔來形容法聰的品性，更加符合語言習慣。

16.《法苑珠林》卷八十五節引了《續高僧傳》卷十五《法敏傳》，將原文"二年，越州田都督，追還一音寺，相續法輪。于時衆集義學沙門七十餘州八百餘人，當境僧千二百人，尼衆三百，士俗之集不可復紀，時爲法慶之嘉會也"，改爲"至二年，於越州田都督追還一音寺講，道俗數千，慶之嘉會"。道世縮減了文字，同時變換了句式，本來"追還一音寺"施事是"越州田都督"，到了《法苑珠林》則變成了"於越州田都督追還一音寺"，成了地點狀語了，爲了通順，道世增加了一個謂語"講"。這樣的句式變換完全是爲了更加簡潔明了。同時促成了敘述角度恆定性，也使得主體始終保持一致，即法敏。最後，道世還刪除了法敏逝世的具體時間"二十三日"，大概這個在道世看來沒有必要。

17.《法苑珠林》卷五十五引用了《續高僧傳》卷二十九《寶瓊傳》，將原文"歷遊邑洛，無他方術，但勸信向，尊敬佛法。晚移州治，住福壽寺，率勵坊郭，邑義爲先。每結一邑，必三十人，合誦大品，人別一卷，月營齋集，各依次誦。如此義邑，乃盈千計"，縮寫爲"勸歷邑義，日誦一卷者，向有千計"。縮寫需要在整體把握的基礎之上概括大義，同時要照顧前後文的敍述邏輯，這裏我們看到道世正是按照這樣的原則把握的。同時我們認爲對這一段的縮寫，體現了道世材料把握能力，因爲整篇的重點是後文佛道的鬥爭、鬥嘴，前面的文字祇需大致說明其身世經歷即可。道世剪裁重點突出，詳略得當，後文在改寫的過程中還爲突出衝突性以及寶瓊的智慧甚至增加了一些對話內容，更加顯示道世對輕重緩急的處理和文章整體重心的把握是比較準確的。

再看我們認爲不值得肯定的方面，也就是說，道世的刪改，或者造成了對原文的誤解，或者語言表現效果方面竟不如原文。道世整個《法苑珠林》的徵引幾乎都是節引、截取，當然可能會有考慮不周全的地方，在縮略時出現了語義誤讀現象，應當說，這是引用最忌諱的一點。看具體例子。

18.《法苑珠林》卷十二節引了《續高僧傳》卷二十《曇榮傳》，中間刪略非常多，祇是選用了其中的舍利神異與佛授記的故事。道世除了使用刪減這樣慣常做法外，還採用了概括的手法來簡述曇榮求法修行的經歷，如道世用"神厲氣清，觀榮勤攝，隨緣通化，曾無執著"十六個字來替代原文 300 個字。但是我們認爲這樣的概括是有一點問題的，先看原文："源南鄧而分派，因封而居高陽焉。年十九時爲書生，刻意玄理，寄心無地。因靈裕法師講《華嚴經》，試往聽之，便悟玄範，略其詮致，乃投裕焉。裕神厲氣清，觀榮勤攝，遂即度之。及受具後，專業律宗，經餘六載，崇履禁科，條暢開結。乃更循講肆，備聞異部，偏行大業，故以地持爲學先。屬周廢二教，韜形俗壤，雖外同其塵，而內服道味。及隋再弘佛教，不務公名，隨緣通化，曾無執著。年登四十，務道西遊，行至上黨潞城黎城諸山，依巖結宇，即永潛遁。既懿德是充，緇素歸仰，便開拓柴障，廣樹禪坊，四遠聞風，一期僉至。榮形解雄邃，稱病設方，諸有湌飲，咸歆至澤，禮供日隆，投造填委。以隋末凌亂，人百從軍，預踐兵饑，希全戒德。榮欲澄汰先染，要假明獻，事在護持，躬當法主。"本書以爲"神厲氣清，觀榮勤攝，隨緣通化，曾無執著"這 16 個字是有問題的。這 16 個字，其實並非全是其品質、造詣的概括，道世是截取了其中的語詞，企圖以此來綜括原文，但是他沒有照顧到文章的邏輯事理關係。周叔迦、蘇晉仁《法苑珠林校注》第 443 頁注："其師靈裕法師" 6 字原闕，據《唐高僧傳》補。倘補足這 6 個字，則文字作："唐潞州法住寺釋曇榮，俗姓張氏，定州人也。其師靈裕法師，神厲氣清，觀榮勤攝，隨緣通化，曾無執著。"我們認爲補上"其師靈裕法師"六個字之後，仍與《續高僧傳》原文以及《法苑珠林》想要表達的意思不一致。《續高僧傳》傳文剛開始說曇榮"乃投裕焉"，而"裕神厲氣清，觀榮勤攝，遂即度之"。後文說曇榮"及隋再弘佛教，不務公名，隨緣通化，曾無執著"。也就是說，《法苑珠林》引文部分其實說的是兩件事了。之所以出現這樣的齟齬的情況，是道世刪改時過於粗疏、粗暴造成的。如果想要將《法苑珠林》現有的文字理順了，必須增加一些文字，交代清楚敍述轉換。如也許可以改成："唐潞州法住寺釋曇榮，俗姓張氏，定州人也。（投）靈裕法師，（裕）神厲氣清，觀榮勤攝，（遂即度之。）（榮）隨緣通化，曾無執著。"

19.《法苑珠林》卷九十六徵引了《續高僧傳》卷二十九《玄覽傳》，省去了"毘季五人……配名弘福"一段文字，這是《法苑珠林》體例的需要，而道世在後文"合掌稱十方佛"逕直作"合掌稱佛"，則沒有道宣行文更加周密，因爲在後面玄覽的遺書中我們看到還有"敬白十方三世諸佛"的提法，故而，在這裏道宣的行文更加真切地爲我們展示與還原了當時玄覽投水的場景，更加真實，更加生動，更加具有現場感和震撼力。

20.《法苑珠林》卷八十六基本引用了《續高僧傳》卷三十《德美傳》原文，儘管文字上有多處修改，但整體改動幅度不大。具體改動如下。一是原文"十六辭親，投諸林野，廣訪名賢，用爲師傅。年至十九，方蒙剃落，謹敬謙恪，專思行務"，道世改爲"十九出家"。這樣就略去了德美早年對佛學的探求以及性格描寫、佛學旨趣，僅僅變成了對其出家年齡的交代，人物不再形象不再豐富立體。二是將原文"雖經論備閱，而以律要在心，故四分一部，薄通宗系"，改成了"雖經論備閱，而以律要在心。故四分一部，博通心首"。如此改動，其實篡改了道宣的本意，原文指略通四分的總體概貌，而改後的文字則不知所云。三是刪除了"追求善友，無擇遐邇，潔然自屬，不群非類。開皇末歲，觀化京師，受持戒檢，禮懺爲業"。刪除部分是對德美專心修行以及其所尚好的禮懺的描寫，對於人物的思想以及性格品質的豐滿性有損害。四是將原文"人以其總持念力，功格涅槃。太白九隴，先有僧邕禪師，道行僧也，因又奉之而爲師導，從受義業，亟染暄涼"，改作"布服蔬食，不衣皮帛。初依九隴太白僧邕禪師受業"。這樣的刪改是有問題的，道世由於刪節時衹是提取關鍵詞，沒有照顧到文意的邏輯，致使篡改了文意。其實，"節約形心，不衣皮帛"出現在後文，說的是德美的導師靜默的導師道善禪師"遵承信行，普功德主，節約形心，不衣皮帛"，我們注意到比較嚴格承襲《續高僧傳》文字的《新脩科分六學僧傳》卷十"唐德美"條也沒有言其"布服蔬食，不衣皮帛"的說法。道世張冠李戴了。《續高僧傳》原文是比較支蔓一些，道世刪除了"默即道善禪師之神足也。善遵承信行，普功德主，節約形心，不衣皮帛。默從受道，聞見學之，望重京都，偏歸俗衆。美依承默，十有餘年，三業隨從，深相器待"。文字更加簡潔，但是這樣德美師傅的來歷就模糊不清了，大概道世以爲這裏沒有必要交代德美師傅的經歷，但"名師出高徒"，師傅品行高潔、道業深厚，對於弟子的修行必然是有幫助的，況且原文說了"美依承默，十有餘年，三業隨從，深相器待"。所以道世此處的改造應該是一個敗筆。五是刪除了原文"或給衣服，或濟糇糧，及諸造福處多有匱竭，皆來祈造，通皆賑給。又至夏末，諸寺受盆，隨有盆處，皆送物往，故俗所謂普盆錢也"。道世文字追求簡明，不追求細節的生動，我們看到這裏刪除的道宣文字，恰是對於細節的刻畫。六是刪除了部分文字，原文："忽感異人形服率然，來告美曰：'時既炎熱，何不打餅，以用供養？'美曰：'麵易辦也，人多餅壞，何由可致？'便曰：'易可辦耳，且溲二十斛麵，作兩日調，餅不壞也。'即隨言給，但云多辦瓮，水槽多貯冷水。明旦將設，半夜便起，打麵搥案，鼓動人物，僧俗聚觀，驚亂眼耳。須臾打切麵已，將半，命人煮之，隨熟內水，自往攪之。及明行餅，皆訝堅韌，抽拔難斷。千人一飽，咸共欣泰，試尋匠者，通問失所。餘有槽瓮中餅，日別供僧，乃盡限期，一無爛壞。合衆悲慶，感通斯應。"刪改後成爲："忽感異人形服率麤，來告美曰：日時既熱，何不作餅，以用供養。且溲二十斛麵，作兩日調。明旦將設，半夜便起，打麵動案，人物驚亂。併作切麵，以供大衆。須臾麵命煮隨熟，千人同飽，咸共欣慶。餅復堅韌，一無所壞。

試尋看匠，通問失所。合眾悲怪，感招斯應。"這裏道世刪除了"美曰：麵易辦也，人多餅壞，何由可致？便曰：易可辦耳"。"即隨言給，但云多辦瓮，水槽多貯冷水。""自往攪之。"而這些人物的對話、細節的展示，正是給我們身臨其境之感的妙筆，這些記言、狀行的文字，生動表現了當時的情景，也爲整個傳記增強了生動性、趣味性，使得人物形象更加能夠站立起來。刪除這些文字，著實可惜了也。七是將原文："又於一時，所汲浴井忽然自竭，徒眾駐立，無由洗懺。美乃執爐臨井，苦加祈告，應時泉涌，還同恒日。"改作："又於一時，井忽枯竭，懺徒駐立，無由洗懺。美執香鑪，臨井加祈，應時泉涌，過同舊足。"本處有一個文字的變動非常值得我們注意，即：自竭—枯竭。"枯竭"是通常的說法，一般的現象陳述；而"自竭"，則言時人對其乾涸的原因不明了，困惑、疑慮，又有所企盼。這樣引出下文德美"乃執爐臨井，苦加祈告"，感得枯井重盈，如是，方顯德美德行與境界之高。改爲"枯竭"，韻味盡失。我們認爲，在這裏道宣"煉字"的功夫要高過道世。

21.《法苑珠林》卷九十七徵引了《續高僧傳》卷十七《玄景傳》，相比《續高僧傳》卷十七《玄景傳》的文字，道世的文字及其簡略，省去了前面關於玄景身世的記載，使得人物的歷史以及跟妻子執別這些生動的情節都略去了，即刪除了"二十有七，與諸妻子執別，告云：'自臨漳已南，屬吾所遊，名涅槃境。臨漳已北，是生死分，爾之行往也，吾誓非聖更不重涉。'"這段話充分表明了玄景向佛的決心，凸顯了玄景毅然決然的性格特徵，如此，該僧最終能成就一番事業也纔有了鋪墊，人物也更加豐滿高大。作爲史家，這樣的筆觸是最爲緊要的。當然，道世是爲了滿足《法苑珠林》文本體例以及寫作的要求而進行了剪裁，但從另一個側面也可以看出道宣對人物的生平的把握以及個性特點的揭示是值得稱道的。另外，我們看《新脩科分六學僧傳》卷十七"隋玄景"則比較好地繼承了《續高僧傳》的記述，祇是省去了"自生常立願沈骸水中，及其歿後，遵用前旨，墼於紫陌河深瀅之中。三日往觀，所沈之處反成沙墳，極高峻，而水分兩派。道俗異其雅瑞，傳迹于今"。道世刪除了這樣的靈異故事傳說，省去的部分，對於高僧玄景的傳記似乎沒有多少影響。表面上看是完整了，其實是道世沒有能夠深刻領悟道宣的良苦用心。在這裏，道宣正是通過這些靈異的故事來補充解釋大德高僧的德行與修行的境界。這些身後的傳說，對於人物的最後的終評其實是極有價值的。

22.《法苑珠林》卷九十六徵引了《續高僧傳》卷二十四《靜藹傳》。本傳原文文字極其生動，對靜藹的事跡給予了比較完整的記錄，通過一個個細節，將人物性格生動地描繪了出來，可謂躍然紙上。傳文對於靜藹早年讀書遊學經歷的介紹，表明了其立志向佛決心；接著敍述了進入佛門後對於佛學的孜孜以求，不斷求索，然後最為生動的是其對佛學的修煉以及個人境界的提升，最後是佛道論衡中，靜藹的義正辭嚴，最後是法難中靜藹的大義凜然。而所有這些，都是通過一個個事例、對話、細節來展示的，作為一個傳記體的文獻，道宣在本傳中做到了記事、錄言、刻畫人物，是非常值得肯定的。道世《法苑珠林》引用了本傳，不過刪減得非常厲害。具體說：刪除了"甫為書生，博志經史……皆略無承導，終于世累"、"然於大智、中、百、十二門等四論……未之尚也"、"藹求道情猛，欣所聞見……蕪沒遯逷，知我者希"、"峯名避世，依而味靜……授以義方，鬱為學市"、"藹立身嚴恪，達解超倫……登即賞費，分散蕩盡"、"屬隋興運，轉牧冀州……敢事旌表，傳芳後葉"等，把原傳文的兩千八百餘字，刪減到了九百餘字，刪除了三分之二，祇保留了降虎掊泉、空中飛經、自條身肉等神異故事。《法苑珠林》的文字，祇是節選靜藹部分事跡以滿足其為文所需罷了，完全割裂了故事的完整性、人物成長的軌跡以及人物性格的邏輯發展進程。且語言文字的選擇，有時簡單粗暴，儘管有時也為了行文的流暢，個別地方照顧到了過渡，但總體而言，我們感覺一篇極其精彩的傳記，被道世剪裁成了一段附會其佛學主張的支撐材料了。

23.《法苑珠林》卷二十四徵引了《續高僧傳》卷十《法彥傳》，改動甚微。具體如將原文"刺史鄭善果表曰"，改為"刺史鄭善果以表奏聞曰"。本書按，"表"，奏章的一種，多用於陳請謝賀。《釋名·釋書契》："下言上曰表，思之於內表施於外也。"漢蔡邕《獨斷》卷上："凡羣臣上書於天子者有四名，一曰章，二曰奏，三曰表，四曰駁議……表者不需頭，上言'臣某言'，下言'臣某誠惶誠恐，頓首頓首，死罪死罪'，左方下附曰'某官臣甲上'。文多用編兩行，文少以五行。"作動詞用則是上表，原文一個"表"字極其簡明又十分恰當，道世改作"以表奏聞"

實在是沒有必要。

24.《法苑珠林》卷三十三徵引了《續高僧傳》卷三十《慧震傳》，將原文"忽於高座似悶，見人語曰：'西山頭好造大佛。'既覺下座，領衆案行，中堪造像，兩邊泉流，即命石工鐫鑿座身，高百三十尺"，改成"忽於高座似悶，見人語曰：西山頭好造大佛。既覺下座，領衆案行，中龕造像，兩邊泉流。即命石工鐫鑿坐身，高百三十尺"。原文中的"中堪造像，兩邊泉流"被道世改成了"中龕造像，兩邊泉流"，語義有了變化，我們認爲道世所改是錯誤的。"中堪造像"是說中間的條件可以用來造像，前文言慧震"領衆案行"，是說慧震帶人察看地形，然後是對此地形的認識，還沒有開始鑿窟，還不可能說在中間佛龕中造像。

25.《法苑珠林》卷三十三幾乎全文引用了《續高僧傳》卷二十六《道英傳》本傳幾乎沒有刪略，改動的地方非常多。一是將原文"自爾儀服飲噉，未嘗篇章，頗爲時目作達者也。聽講之暇，常供僧役。有慕道者從其所爲，因事呈理，調伏心行，寄以弘法。常云：'余冥目坐禪，窮尋理性，如有所詣，及開目後還合常識。故於事務遊觀役心，使有薰習。'然其常坐開目如線，動逾信宿，初無頓睫，後入禪定，稍呈異迹"，改爲"常依《華嚴》，發願供僧，因事呈理，調伏心行。自爾儀服飲噉，不守章篇，頗爲目作達者也。營僧之外，禪誦無廢，窮尋理性，心眼洞明"。此段改動最大，語句的順序作了調整。道世的文字雖然整飭，但缺乏靈動，沒有了人物生動的對話、沒有具體細節的描寫，失去了個性的掘發，語詞抽象，語義不清。二是將原文"大業九年，嘗任直歲，與俗爭地，遽鬭不息"，改爲"至大業九年，身居知事，有俗爭地，恐損僧利，於俗無益，苦諫不從"。值得注意的是這裏的春秋筆法，原文爲"與俗爭地"，改動後是"有俗爭地"，"與俗爭地"的主動者是道英，似乎道英企圖得到非法利益而主動發起的爭鬭，但是"有俗爭地"企圖獲取非法利益而發起爭鬭的是"俗"，道英成了不得不捍衛利益的被動方了。一字之差，態度迥異。道宣收集的是客觀事實，加之他畢竟還有史家的意識，能客觀記錄入文，而道世在轉引《續高僧傳》時則有了掂量與斟酌的時間，也更能斟酌語言了，於是將"與"改成了"有"，這絕不是僅僅從語言文字通暢、利於接受的角度出發而做的改動，完全是道世爲了回護佛家刻意爲之。三是將原文"諸俗同評：'道人多詐。'"改作"諸俗固執云：此道人多詐"。本來是"諸俗同評"，是一種沒有態度的、中立的、客觀的說法，而到了道世引文中作改成了"諸俗固執云"，增加了"固執"，表明了道世對這些爭地俗人的褒貶，道世依舊是明確地站立在佛家的立場回護和尚的。四是將原文"又行龍臺澤池，側見魚之遊，乃曰：'吾與汝共諍，我何者？爲勝，汝不及我，我可不及汝耶！'即脫衣入水。弟子持衣守之，經于六宿，比出，告曰：'雖在水中，惟弊土坌我耳。'"改作"又行至臺澤，見池魚遊戲，英曰：吾與汝共諍人我，何者爲勝？便即脫衣入水，經于六宿。弟子持衣守之。後出告曰：吾在水中，惟弊土坌，不覺水氣"。道宣文字中道英顯得頗爲自負且好鬥，而到了道世的文字中，則完全沒有了這樣的性格色彩，真正展現了道英"隨事以法對之，縱任自在"的性格。當然，我們也可以把這樣的改動看作道世在維護高僧形象，使其並非於利益問題喋喋不休、睚眦必報，極力塑造一個勸導、誘導乃至藹然洞曉事理的得道高僧形象。五是將原文"晚還蒲州，住普濟寺，置莊三所，麻麥粟田，皆在夏縣東山深隱之所，不與俗爭，用接羈遠。故使八方四部，其湊若林"，改作"晚還蒲州，住普濟寺，置莊三所，皆在夏縣東山深隱之處，不與俗事交爭。故使八方四部，其湊若林"。刪除了"用接羈遠"，在道宣《續高僧傳》中有"羈客"（卷二《那連提黎耶舍傳》）、"羈僧"（卷二十五《曇選傳》），"羈"在道宣語言中是一個可以經常使用的語詞，也許在道世看來，"羈遠"的說法非常生澀隱晦，不易理解，故刪。但是刪除了這樣一句之後，後面的"故使八方四部，其湊若林"無所依傍，顯得非常突然，缺乏過渡，語義被割裂了。

26.《法苑珠林》卷五十五引用了《續高僧傳》卷二十九《寶瓊傳》。一是將原文"並是道民，尤不奉佛，僧有投寄，無容施者，致使老幼之徒於沙門像不識者衆。瓊雖桑梓，習俗難改，徒有開悟，莫之能受"，改爲"並是道民，執邪日久，投寄無容。瓊雖桑梓，習俗而不事道"。本書認爲，原傳文儘管字數多了一些，但記述的事件清晰，道宣撰《集神州三寶感通錄》卷三、《大唐內典錄》卷十本段均作"本邑連比什邡，並是米族，初不奉佛，沙門不入其鄉，故老人女婦不識者衆"。而道世改動後一方面破壞了文義，另一方面竟不忍卒讀："執邪日久，投寄無容"語義模糊，不知所云；"習俗而不事道"更是語句不通，且前言"並是道民"，如何"而不事道"？這實在是道世改寫的一大敗筆。二是將原文"僉謂：'不禮天尊，非法也。'"改爲"皆謂不禮天尊，輕我宗法耶。"道世將"非法"改爲"輕我宗法"，這其實在語義上弱化了，實在不如原文強烈。原文的語義給人的認知是：不禮天尊，是不須論證的絕對的非法，語勢強悍不容置疑。而改成"輕我宗法"則是輕視李道，祇是陳述事實，並沒有道德、法理上強烈批判與否定。三是將原文"連座返倒，摧殘在地"，改爲："連座反倒，墜落在地，身座摧毀。"我們注意到，《續高僧傳》原文有異文，殘，麗藏本作此，宮本作藏。摧藏、摧毀、挫傷。其義與"摧殘"相近，二者皆可。看道宣撰《集神州三寶感通錄》卷三、《大唐內典錄》卷十本句作"連座反倒，狼藉在地"，語義上與道世改後是稍有差異的，道世沒有描繪出道像散落雜亂的狼狽相，祇是爲了將"摧殘在地"這樣比較生澀的句子的意思儘可能復述出來，改寫文字的具象性與表現力稍遜一籌。

　　27.《法苑珠林》卷六十三引用了《續高僧傳》卷十五《慧璿傳》。原文："初住光福寺，居山頂，引汲爲勞。將移他寺，夜見神人身長一丈，衣以紫袍，頂禮璿曰：'奉請住此，常講大乘，勿以小乘爲慮。其小乘者，亦如高山無水，不能利人；大乘經者，猶如大海。自止此山，多佛出世。一人讀誦講說大乘，能令所住珍寶光明，眷屬榮勝，飲食豐饒。若有小乘，前事並失。惟願弘持，勿孤所望！法師須水，此易得耳，來月八日，定當得之。自往劍南慈母山大泉請一龍王去也。'言已不見。"道世增加了一句"此山頂寺先無水可得，山神曰"，變成了："初住光福寺，居山頂，引汲爲勞，將移他寺。夜見神人，身長一丈，衣以紫袍，頂禮璿曰：……惟願弘持，勿孤所望。此山頂寺先無水可得。山神曰：法師須水，此易可得。來月八日，定當得之。自往劍南慈母山大泉，請一龍王去也。言已不見。"本來是山神一說到底，現在變成了兩段話，中間插入了一句，企圖起到插敍、補敍的效果，其實完全沒有必要。因爲道宣傳文前文已經交代得非常清楚了："居山頂，引汲爲勞。將移他寺"，情節的進展並不突兀，反而是道世中間插入一個補敍的句子顯得非常冗餘，破壞了山神對話的流暢性和完整性。

　　28.《法苑珠林》卷八十四節選了《續高僧傳》卷十八《法進傳》，將原文"施絹五百段、納衣袈裟什物等，進令王妃以水盥手，執物呪願，總用迴入法聚寺基業，即辭還山，王與妃見進足離地可四五寸"，改作"後辭還山，王及妃躬送向山，王及妃見進足離地四五寸"。道世省略了王室施捨的情節，而增加了"王及妃躬送向山"的情節，這在改寫上應當是增文成義了，憑空增加了一個事件。其實這裏大概是道世理解錯了，並不一定非要親自送上山纔能看到"進足離地四五寸"，這個"進足離地四五寸"的奇異現象也可能是在法進告辭轉身之後即騰空而去。改寫應當忠實原文，不應當誤解原文，更不能隨意增加原文沒有的事項。

29.《法苑珠林》卷二十八徵引了《續高僧傳》卷二十六《法順傳》，將原文"臨終雙鳥投房，悲驚哀切"，改爲"臨終忽有雙鳥投房，悲哀驚切"。原文"哀切"是中古習見的一個搭配，或者說是一個詞語，儘管"切"經常與一些表情感的語詞搭配，但是"驚切"的說法除了本例以外沒有見到其他文獻如此使用，之所以出現這樣的搭配，大概是道世以爲"悲哀"連言更符合語言習慣，於是將原句的詞序進行了調整。我們認爲道宣原文"悲驚"儘管也是生硬，但還是能接受的，不過是兩個同類語詞的連用罷了，而"哀切"的結構更加緊密，幾乎可以看作一個詞語了，所以不能隨意調換他們的位置。

六　引文異文與兩書校勘問題

《法苑珠林》引用《續高僧傳》，一些詞句形成了引文異文，兩者對勘爲校勘二者都提供了很好的便利，儘管《法苑珠林》與《續高僧傳》都已有了非常好的點校本面世，但是考察這些異文仍然能夠幫助我們更加深入準確地校勘這些佛學典籍。

1.《法苑珠林》卷六十三"唐沙門慧璿山隱無水感神請居得水"感應緣："善通三論涅槃，莊老俗書，久已洞明。由此聲譽，久逸漢南。"此緣出自《續高僧傳》卷十五《慧璿傳》，道世對原文進行了縮寫。對應《續高僧傳》的原文是："少出家，在襄州。周滅法後，南往陳朝，入茅山聽明師三論，又入栖霞聽懸布法師四論、大品、涅槃等，晚於安州大林寺聽圓法師釋論。凡所遊刃，並契幽極。又返鄉梓，住光福寺。會亂入城，盧總管等請在官倉講《華嚴經》，僧徒擁聚千五百人，既屬賊圍，各懷翹敬，不久退散，深惟法力。唐運斯泰，又住龍泉，三論大經，鎮常弘闡，兼達莊老子史，談笑動人，公私榮達，參問繁結。蔣紀諸王，互臨襄部，躬申敬奉，坐鎮如初。王出門，顧曰：'迎送不行，佛法之望也。'由此聲譽，又逸漢南。"原文的"又逸漢南"諸本無異文。而周叔迦、蘇晉仁先生點校本作"久逸漢南"①，本書謂此不可從，應當選用《續高僧傳》的"又逸漢南"。我們查看了《法苑珠林》麗藏本，其字實乃寫作"久"，這個字其實是"又"，行書字體相近，極易混同，如晉王獻之《鄱陽歸鄉帖》（淳化閣本）"又"即作"久"，如果是單字的話，極易被誤識爲"久"。《續高僧傳》原文的前文已經出現了"又入栖霞聽懸布法師四論大品涅槃等"、"又返鄉梓住光福寺"、"又住龍泉"，本句乃承上而來，就語句的連貫與順暢而言應當是"又"，加之前文言其鄉梓襄州聲名播揚，而此時慧璿又來到了漢南，受到了諸王的崇信，更加在漢南聲譽播逸。

2.《法苑珠林》卷五十一"魏沙門釋僧朗"感应缘："朗與同學思慕本鄉，中路共叛。然嚴防守，更無走處。東西絕壁，莫測淺深。上有大樹，傍垂岸側。遂以鼓旗竿繩，繫樹懸下。時夜大暗，崖底純棘，無安足處。欲上崖頭，復恐軍覺。投計惝惶，捉繩懸住，勢非及久。共相謂曰……"此乃徵引自《續高僧傳》卷二十六《僧朗傳》，《續高僧傳》原文："朗與同學中路共叛，陣防嚴設，更無走處。東西絕壁，莫測淺深。上有大樹，旁垂崖側。遂以鼓旗竿，繩繫樹懸下。時夜大闇，崖底純棘，無安足處。欲上岸頭，復恐軍覺。投計惝惶，捉繩懸住，勢非支久。共相謂曰……"前文言僧朗等人被逼參與守城，城破後即將被殺，於是乘虛逃遁，不料被困懸崖。兩個文獻，一個作"支"，一個作"及"，兩部著作諸本都無異文。那麼這個引文異文怎麼處理呢？本書認爲應當選用《續高僧傳》的"支"爲是。"支"有支撐、維持義，《左傳·定公元年》："天之所壞，不可支也；衆之所爲，不可奸也。""不支久"在佛典中似乎成了套語，如：鳩摩羅什譯《禪祕要法經》卷上："……七日出時，大地然盡，外地猶爾，勢不支久。況身內地，當復堅牢。……一切火光，悉滅不現，復當更觀身內諸水，我此諸水，因外水有，外水無常，勢不支久。內水亦爾，假緣而有，何處有水及不淨聚，外風無常，勢不支久。"（15/251a）東晉佛陀跋陀羅譯《佛說觀佛三昧海經》卷三："是

---

① 《法苑珠林校注》，第1888頁。

第八章 《續高僧傳》的流傳與影響 / 391

時諸子同遇重病，父觀諸子命不支久，到諸子所，一一兒前泣淚合掌。"（15/660b）本例的"勢非支久"可以看成道宣沿用了佛典習語，而《法苑珠林》中的"命不及久"，也許是道世沒有完全明瞭道世的語言習慣而進行的改動。

3.《法苑珠林》卷十二"隋天台釋智顗感見三道階"感應緣徵引了《續高僧傳》卷十七《智顗傳》，除大量刪減之外，還有一處異文。原文："先有青州僧定光，久居此山，積四十載。定慧兼習，蓋神人也。"道世改爲："先有青州僧定光，久居此山，積三十載。定慧兼習，蓋神人也。"到底是"四十載"還是"三十載"呢？灌頂《隋天台智者大師別傳》卷一："有定光禪師，居山三十年。"（50/194c）《佛祖統紀》卷六"先是神僧定光，菴居三十載。"（49/182a）據此，定光在天台應當是三十載，道宣恐誤，道世所改是有依據的。郭紹林《續高僧傳》校注本徑作"積四十載"，恐不確。

4.《法苑珠林》卷十五徵引了《續高僧傳》卷二十《道昂傳》本傳，將原文"今西方靈相來迎，事須願往"，改作"今西方靈相來迎，事須聞往"。需要注意的是，《續高僧傳》與《法苑珠林》版本都有異文。《續高僧傳》：願，資、磧、普、南、徑、清本作此，宮本作"聞"，《法苑珠林》：大正藏本作"聞"，資、普、徑、宮本作"親"。我們檢到了這樣的文字：元王子成集《禮念彌陀道場懺法》卷四"相州道昂樂西往生"："《續高僧傳》第二十卷云：唐相州寒陵山釋道昂，未詳姓氏，志結西方，願生安養。後自如命極，預於春首，告諸有緣：'至八月初，當來取別。'未測其言也。期月既臨，一無所患。齋時即陞高座，身含奇相，爐發異香，援引四衆，授菩薩戒，詞理要切，聞者寒心。於時七衆圍繞，昂目高視，乃見天衆繽紛，絃管繁雜，空中有清音遠徹，告於衆曰：'兜率天樂，下迎昂公。'昂曰：'天道乃生死根本，由來非願，我常祈心淨土，如何此誠不從遂耶？'言訖，便覩天樂上騰，須臾還滅，便見西方香華伎樂充塞如團雲，飛湧而來，旋環頂上，舉衆皆見。昂曰：'大衆好住！今西方靈相來迎，事須聞往。'言訖，但見香爐墜手，於高座上，端然而終。即貞觀七年八月也。"（續藏經74/93b）比較此段文字與《續高僧傳》卷二十《道昂傳》的文字（"聞者寒心"），我們認爲這段文字是來自《續高僧傳》，而其文字也作"事須聞往"，由此我們推證，原文或許就應當是"事須聞往"。"聞往"何義？"聞往"應當是聞而輒往，聽說了就應當立刻前往。因爲前文說了"言訖，便覩天樂上騰，須臾還滅，便見西方香花伎樂充塞如團雲，飛涌而來，旋環頂上，舉衆皆見"。如是，聞而輒往方能顯示恭敬如也，倘作"事須願往"或者"事須親往"，則恐差矣。"聞"、"往"的搭配用例，在佛典文獻特別是律藏中十分常見，我們推測，作爲律學大師的道宣，一定非常熟悉、習慣使用這樣的文字組合，於是在這裏採用了這樣的說法。

5.《法苑珠林》卷二十八徵引了《續高僧傳》卷二十九《普安傳》，將原文"昆明池北白村老母者，病臥床枕，失音百日，指撝男女，思見安形。會其母意，請來至宅，病母既見，不覺下迎，言問起居，奄同常日，遂失病所在"，改爲"故於昆明池東北白村有老母，病臥失瘖（周、蘇點校本作此），百有餘日。指撝男女，思見安形。會其母意，請來至宅。病母既見，不覺下迎，言問起居，奄同常日，遂失病苦"。《法苑珠林》不同版本有異文。瘖，麗本作此，資、磧、普、南、徑、清本作"音"。"失音"，瘖啞；"瘖"，瘖啞。沒有"失瘖"的說法。

6.《續高僧傳》卷二十六《道英傳》："龍臺澤池側見魚之遊乃曰吾與汝共諍我何者爲勝。"這段話在金本中爲雙行小字，其中的"我何"，資、普、徑本亦作此，麗本無"我"，僅作"何"。中華書局版《續高僧傳》郭紹林將"乃曰"後面的文字點斷爲："吾與汝共爭，我何者？爲勝，汝不及我，我可不及汝耶！"① 本書以爲郭紹林點校本這段標點有問題。《法苑珠林》卷三十三幾乎全文引用《道英傳》，祇是道英的話變成了"吾與汝共諍人我。何者爲勝"，其引文諸版本沒有異文。也許道世"吾與汝共諍人我何者爲勝"的引文更加可信。《續高僧傳》現有版本丟失了一個"人"。爭人我，就是爭勝，"共諍"其實也是這個意思。總之，"何者爲勝"可以足句，郭紹林先生點校本的做法並不可取，應當選取《法苑珠林》的文字以及周叔迦、蘇晉仁先生標點法，即：吾與汝共諍人我，何者爲勝？汝不及我，我可不及汝耶！

7.《法苑珠林》卷十六徵引了《續高僧傳》卷十二《靈幹傳》。值得注意的是，《續高僧傳》作"垂顧如常日"，《法苑珠林》作"垂顏如常

---

① 見該書第1026頁。

日"。究竟是"顧"還是"顏"呢？儘管他們二者各自都沒有版本異文，我們認爲依然要遵從《續高僧傳》的文字作"垂顧如常日"可信。"顧"者，看也，垂顧，下視也，與前文"目精上視，不與人對"呼應。"垂顏"，不辭。周叔迦、蘇晉仁《法苑珠林校注》未能發之。①

8.《法苑珠林》卷二十一徵引了《續高僧傳》卷二十六《道仙傳》，將原文"時遭酷旱，百姓請祈，仙即往龍穴，以杖扣門，數曰：'衆生憂苦，何爲嗜睡如此？'語已，登即玄雲四合，大雨滂注"，改爲"時遭酷旱，百姓惶憂，苗稼失色，皆來請祈。仙即往龍穴，以杖扣門，喚曰：'衆生，何爲嗜眠？'如語即寤。當即玄雲四合，大雨普霑"。《續高僧傳》本傳不同版本有異文，"衆生憂苦"，大正藏本有"憂苦"，而資、普、徑、宫本則沒有"憂苦"二字，就《法苑珠林》引文來看，或許應當是沒有這兩個字。倘若如此，則這裏的"衆生"是道仙呵責諸龍的，整個句子就應當標點爲："衆生！何爲嗜睡如此？！"這樣直斥掌管下雨之龍的。

9.《法苑珠林》卷二十八徵引了《續高僧傳》卷二十六《法順傳》，將原文"（法順）稟性柔和，未思沿惡，辭親遠戍，無憚艱辛。十八棄俗出家，事因聖寺僧珍禪師，受持定業。珍姓魏氏，志存儉約，野居成性。京室東阜，地號馬頭，空岸重邃，堪爲靈窟。珍草創伊基，勸俗修理"，改爲"（法順）稟性柔和，志存儉約。京室東阜，地號馬頭，空岸重邃，堪爲靈窟。有因聖寺僧珍禪師，本是順受業師，珍草創伊基，勸俗修理"。按，今周叔迦、蘇晉仁點校本遵照《續高僧傳》文字進行了較大幅度的改動，並在校勘記中說："此段錯落較甚，'有因聖……受業師'十四字，原在'靈窟'二字下，'空岸'後原衍'斥'字，據《唐高僧傳》移刪。"②

我們認爲周、蘇二先生沒有根據版本而按照個人的認識隨意調整原文，過於冒進。周、蘇二先生所言的"刪"，當然是刪除衍文"斥"，這是正確的。二先生所言的"移"，是指調整了引文句子的順序，按照《續高僧傳》原文的句子組織順序來調整語言表述。本書認爲這個"移"，大

---

① 《法苑珠林校注》，第414頁。
② 同上書，第878頁。

可商榷。我們知道，道世在引用《續高僧傳》時，多有刪改，刪除字句乃是常態，另外還有增文、改動等，增文或增字或增詞或增句，改動則多種多樣不拘一格。本例沒有完全完整地徵引原文，其中原文"事因聖寺僧珍禪師"改成了"本是順受業師"，這個增加的"本"字，其語篇功能是提示插敘，可以看作是插敘的標記。也就是說，道世沒有延用道宣原文的敘述方式，而是自己進行了改造，道世還是非常注重文理邏輯的。如此，周、蘇二先生的校勘其實是沒有必要的。當然，道世的縮寫、改寫也出現了一些問題，比如：道世抽取了原文中的"稟性柔和"和"志存儉約"，並連貫成文，如此，道世文字簡明倒是簡明了，祇是這樣的抽取是有問題的："稟性柔和"原文中是描述法順性格特點的，而"志存儉約"卻是描寫珍禪師的性格特點的，原傳文說珍禪師"志存儉約，野居成性"。儘管從原文中提取關鍵句、主題句的做法是縮寫常用守法，但是如果不注意關聯問題，則極易出現這樣張冠李戴的問題。道世求簡過甚，以至於出現了錯誤。

  10.《法苑珠林》卷六十五引用《續高僧傳》卷十六《僧實傳》，將原文"忽一旦告僧曰：'急備香火，修理法事，誦觀世音，以救江南某寺堂崩厄也。'"改寫爲"忽於一日正午僧寢之時，自上樓鳴鍾急。衆僧出房，怪問所以。實告僧曰：人各速備香火，急赴集堂。僧既集已，又告僧曰：人各用心，修理佛事。齊誦觀音，以救江南梁國，其寺講堂欲崩，恐損道俗，宜共救厄"。《法苑珠林》中的"梁國其寺"應當是"梁國某寺"，因爲原文即作"江南某寺"，這個大概是道宣採集來的資料，講述者並不能確指是哪個寺廟，所以道宣入文也就祇好作"江南某寺"，其實作爲人物對話，當時僧實肯定說了具體的寺名，祇是後人不能準確轉述罷了。另外，道宣沒有現代標點意識，在直接引語中使用了自己介紹性的表述，所以纔會出現"某寺"這樣的字樣。

主要參考文獻

曹祝兵：《〈詞林韻釋〉中疑母字變化情況研究》，《長春師範學院學報》2008年第1期。

蔡鏡浩：《"減"前置於數詞的用法》，《中國語文》1986年第2期。

蔡忠霖：《敦煌漢文寫卷俗字及其現象》，文津出版社2002年版。

陳柳冬雪：《〈高僧傳〉與〈續高僧傳〉神異故事研究》，碩士學位論文，陝西師範大學，2011年。

陳瑾淵：《〈續高僧傳〉研究》，博士學位論文，復旦大學，2012年。

陳寅恪：《讀書劄記三集》，生活·讀書·新知三聯書店2001年版。

陳垣：《中國佛教史籍通論》，科學出版社1955年版。

程湘清：《漢語史專書複音詞研究》，商務印書館2003年版。

[澳大利亞]狄雍（J. W. de Jong）：《歐美佛學研究小史》，霍韜晦譯，佛教法住學會1983年版。

丁福保：《佛學大詞典》，文物出版社1984年版。

董秀芳：《詞彙化漢語雙音詞的衍生和發展》，四川民族出版社2002年版。

董志翹：《〈入唐求法巡禮行記〉詞彙研究》，中國社會科學出版社2000年版。

董志翹：《訓詁學與漢語史研究》，《語言研究》2005年第2期。

董志翹：《〈法苑珠林校注〉匡補》，《古籍整理研究學刊》2007年第2期。

董志翹：《〈經律異相〉整理與研究》，巴蜀書社2011年版。

范祥雍：《洛陽伽藍記校注》，上海古籍出版社1958年版。

（唐）道宣：《釋迦方誌》，范祥雍點校，中華書局2000年版。

方一新、王雲路：《中古漢語讀本》，吉林教育出版社1993年版。

方一新：《東漢魏晉南北朝史書詞語箋釋》，黃山書社1997年版。

方一新：《中古漢語詞義求證論略》，《浙江大學學報》2002年第5期。

方一新：《中古近代漢語詞彙學》，商務印書館2010年版。

高更生：《不規範漢字與異體詞》，李如龍、蘇新春編《詞彙學理論與實踐》，商務印書館2001年版。

郭朋：《中國佛教史》，文津出版社1993年版。

郭在貽：《訓詁叢稿》，上海古籍出版社1985年版。

何學威：《諺語研究應該跳出詞彙學的框框》，《湘潭大學學報》1987年第2期。

黃建華：《詞典論》，上海辭書出版社2001年版。

黃建華：《語義學與詞典釋義·序言》，《語義學與詞典釋義》，上海辭書出版社2002年版。

黃征：《釋"減"、"僅"》，《文史》第三十一期。

黃征：《漢語俗語詞研究的幾個理論問題》，《杭州大學學報》1992年第2期。

(唐)慧立、彥悰：《大唐大慈恩寺三藏法師傳》，孫毓棠、謝方點校，中華書局2000年版。

季羨林等：《大唐西域記校注》，中華書局2000年版。

賈寶書：《漢語的詞和詞彙探析》，葛本儀主編《漢語詞彙學》，山東大學出版社2003年版。

江藍生、曹廣順：《唐五代語言詞典》，上海教育出版社1997年版。

江藍生：《演繹法與近代漢語詞語考釋》，《近代漢語探源》，商務印書館2000年版。

蔣冀騁：《新編佛經詞典初論》，《語言研究》2003年第1期。

蔣禮鴻：《敦煌變文字義通釋》，上海古籍出版社1997年版。

蔣紹愚：《古漢語詞彙綱要》，北京大學出版社1989年版。

蔣紹愚：《近十年間近代漢語研究的回顧與前瞻》，《古漢語研究》1998年第4期。

蔣紹愚：《兩次分類——再談詞彙系統及其變化》，《中國語文》1999年第5期。

蔣宗福：《四川方言詞語考釋》，巴蜀書社 2002 年版。
金建峯：《釋贊寧〈宋高僧傳〉研究——兼與〈高僧傳〉、〈續高僧傳〉之比較》，博士學位論文，上海師範大學，2009 年。
賴永海：《中國佛教百科全書·歷史卷》，上海古籍出版社 2000 年版。
藍吉富：《隋代佛教史述論》，台灣商務印書館 1993 年版。
藍吉富：《中華佛教百科全書》，中華佛教百科文獻基金會 1994 年版。
黎運漢：《漢語風格學》，廣東教育出版社 2000 年版。
李開：《現代詞典學教程》，南京大學出版社 1990 年版。
李爾鋼：《現代辭典學導論》，漢語大詞典出版社 2002 年版。
（唐）李善等：《六臣注文選》，中華書局 1987 年版。
李豔：《唐代佛教史籍研究》，博士學位論文，蘭州大學，2011 年。
梁曉虹：《漢語成語與佛教文化》，《語言文字應用》1993 年第 1 期。
梁曉虹：《佛教詞語的構造與漢語詞彙的發展》，北京語言學院出版社 1994 年版。
劉潔修：《漢語成語考釋詞典》，商務印書館 1989 年版。
柳富鉉：《漢文大藏經異文研究》，宗教文化出版社 2014 年版。
魯國堯：《語言學和接受學》，《漢語學報》2011 年第 4 期。
陸錫興：《〈詩經〉異文研究》，中國社會科學出版社 2001 年版。
逯欽立：《先秦漢魏晉南北朝詩》，中華書局 1983 年版。
呂宗力：《漢代的流言與訛言》，《歷史研究》2003 年第 2 期。
毛雙民：《三朝〈高僧傳〉》，《文史知識》1986 年第 10 期。
潘桂明：《中國佛教百科全書·宗派卷》，上海古籍出版社 2000 年版。
齊元濤：《武周新字的構形學考察》，《陝西師範大學學報》2005 年第 6 期。
邵則遂：《"狼狽"有"急速"義》，《中國語文》1989 年第 2 期。
帥志嵩：《雙重因素影響下的僧傳語言：〈續高僧傳〉語言研究》，碩士學位論文，四川大學，2002 年。
蘇傑：《〈三國志〉異文研究》，齊魯書社 2006 年版。
蘇晉仁：《佛教文化與歷史》，中央民族大學出版社 1998 年版。
蘇晉仁：《僧傳》，《中國佛教》第四輯，東方出版中心 1989 年版。
（南朝梁）僧祐：《出三藏記集》，蘇晉仁、蘇鍊子點校，中華書局 1995

年版。

王邦維：《南海寄歸內法傳校注》，中華書局1995年版。

王邦維：《大唐西域求法高僧傳校注》，中華書局1988年版。

王殿珍：《"死"類詞語的文化內涵》，《世界漢語教學》1998年第3期。

王東：《〈法苑珠林校注〉商補》，《古籍整理研究學刊》2008年第3期。

王海棻、吳可穎：《古漢語表年齡的語詞及其文化背景》，《中國語文》1994年第5期。

王聚元：《漢語年齡表述用語的文化底蘊》，《洛陽師專學報》1998年第6期。

王利器：《顏氏家訓集解》，中華書局1993年版。

王寧：《漢字構形學講座》，上海教育出版社2002年版。

王啓濤：《中古及近代法制文書語言研究》，巴蜀書社2003年版。

王紹峯：《〈唐五代語言詞典〉補》，《阜陽師範學院學報》2003年第3期。

王紹峯：《初唐佛典詞彙研究》，安徽教育出版社2004年版。

王紹峯：《〈釋迦方誌〉校注補》，《古漢語研究》2005年第1期。

王紹峯：《中古總括副詞"絓是"》，《古漢語研究》2006年第1期。

王紹峯：《〈法苑珠林校注〉商補》，《寧波大學學報》2012年第5期。

王松木：《論"反訓"的類型與成因》，(台灣)《漢學研究》第十六卷一期(1998年6月)。

王彥坤：《古籍異文研究》，廣東高等教育出版社1993年版。

王永波、黃芸珠：《唐五代別集的文獻整理與研究概況》，《古籍整理研究學刊》2003年第1期。

王雲路、方一新：《中古漢語語詞例釋》，吉林教育出版社1992年版。

王雲路：《讀〈諸病源候論校注〉劄記》，《古籍整理研究學刊》1995年(1、2)合刊。

王雲路：《中古詩歌誤字略說——兼談逯欽立〈先秦漢魏晉南北朝詩〉的校勘》，《古漢語研究》1996年第4期。

王雲路：《"精彩"探源》，《中國語文》1996年第3期。

王雲路、方一新：《漢語史研究領域的新拓展——評汪維輝〈東漢—隋常用詞演變研究〉》，《中國語文》2002年第2期。

王雲路：《中古漢語詞彙史》，商務印書館2010年版。

王重民等：《敦煌變文集》，人民文學出版社1957年版。

魏承思：《佛教對中國民俗的影響》，《學術月刊》1990年第11期。

魏德勝：《〈睡虎地秦墓竹簡〉詞彙研究》，華夏出版社2003年版。

溫端政：《諺語的語義》，《中國語文》1984年第4期。

吳慶峯：《古書中的七字韻語》，《音韻訓詁研究》，齊魯書社2002年版。

吳辛丑：《簡帛典籍異文研究》，中山大學出版社2002年版。

項楚：《敦煌變文選注》，巴蜀書社1990年版。

謝重光、白文固：《中國僧官制度史》，青海人民出版社1990年版。

（遼）釋行均：《龍龕手鏡》，中華書局1985年版。

譚其驤：《中國歷史地圖集》，中國地圖出版社1982年版。

徐時儀：《玄應〈衆經音義〉研究》，中華書局2005年版。

徐時儀：《一切經音義三種校本合刊》，上海古籍出版社2008年版。

徐時儀：《玄應和慧琳〈一切經音義〉研究》，上海人民出版社2009年版。

徐通鏘：《歷史語言學》，商務印書館1991年版。

楊寶忠：《疑難字考釋與研究》，中華書局2005年版。

楊海明：《簡析〈高僧傳〉與〈續高僧傳〉成書目的及作傳理念之異同》，《西安石油大學學報》（社會科學版）2007年第4期。

楊琳：《論異文求義法》，《語言研究》2006年第3期。

楊明照：《文心雕龍校注拾遺》（增訂本），上海古籍出版社1982年版。

楊維中：《東晉時期荊州佛寺考》，《覺群佛學》，宗教文化出版社2010年版。

楊文全、李治儒：《試論當代中國民謠語的語言特點及修辭策略》，《新疆大學學報》2003年第2期。

楊振蘭：《漢語詞彙的語用探析》，葛本儀主編《漢語詞彙學》，山東大學出版社2003年版。

姚永銘：《慧琳〈一切經音義〉研究》，江蘇古籍出版社2003年版。

印順：《佛法概論》，正聞出版社1991年版。

俞理明：《佛經文獻語言》，巴蜀書社1993年版。

（清）源諒：《律宗燈譜》，全國圖書館文獻縮微複製中心印。

張立文：《帛書周易注譯》，中州古籍出版社 1992 年版。
張魯原、胡雙寶編：《古諺語辭典》，北京出版社 1990 年版。
張能甫：《〈舊唐書〉詞彙研究》，巴蜀書社 2002 年版。
張詒三：《隋以前若干動詞與名詞搭配變化研究——兼論詞語搭配變化研究的性質和意義》，博士學位論文，浙江大學，2002 年。
張湧泉：《漢語俗字研究》，岳麓書社 1995 年版。
張湧泉：《敦煌俗字研究》，上海教育出版社 1996 年版。
張湧泉、黃征：《敦煌變文校注》，中華書局 1997 年版。
張永言、汪維輝：《關於漢語詞彙史研究的一點思考》，《中國語文》1995 年第 6 期。
鄭立新：《歷代高僧學者傳——佛海慧流》，華夏出版社 1999 年版。
鄭賢章：《龍龕手鏡研究》，湖南師範大學出版社 2004 年版。
鄭賢章：《〈新集藏經音義隨函錄〉研究》，湖南師範大學出版社 2007 年版。
鄭鬱卿：《高僧傳研究》，文津出版社 1987 年版。
［日］佐藤素子：《中國佛學的東傳和日本民俗》，《佛教與中國文化》，文史知識編輯部編，中華書局 1988 年版。
中國佛教文化研究所：《俗語佛源》，上海人民出版社 1993 年版。
中國佛教協會：《中國佛教》（第二輯），東方出版中心 1982 年版。
復旦大學、［日］京都外國語大學合作編纂：《漢大成語大詞典》，世紀出版集團、漢語大詞典出版社 2000 年版。
周道勝：《諺語與俗語的關係和區別》，《民間文學論壇》1985 年第 4 期。
周叔迦、蘇晉仁：《法苑珠林校注》，中華書局 2003 年版。
周志鋒：《〈法苑珠林〉詞語選釋》，《寧波大學學報》1994 年第 4 期。
朱承平：《文獻語言材料的鑒別與應用》，江西高校出版社 1991 年版。
朱承平：《異文類語料的鑒別與應用》，岳麓書社 2005 年版。
朱立元：《接受美學導論》，上海人民出版社 1989 年版。
朱慶之：《佛典與中古漢語詞彙研究》，文津出版社 1992 年版。
朱慶之：《佛教混合漢語初論》，《語言學論叢》（第二十四輯），商務印書館 2001 年版。
朱瑞玟：《成語與佛教》，北京經濟學院出版社 1989 年版。

朱瑞玟：《佛教成語》，漢語大詞典出版社2003年版。

朱祖延主編：《漢語成語辭海》，武漢出版社1999年版。

莊申：《唐代的罵人語》，《第二屆國際唐代學術會議論文集》，（台灣）中國唐代學會主編，文津出版社1994年版。

後　　記

　　本書是筆者申報的浙江省哲學社會科學規劃重點課題（項目號：15NDJC007Z）結項成果，同時也得到浙江省一流學科湖州師範學院中國語言文學學科建設經費的資助。

　　書中謬誤與不足，皆因本人駑鈍所致，我個人負完全責任。

　　感謝一路走來給予我指點、幫助的先生們！感謝四川大學項楚先生，項先生是我在四川大學博士後研究期間的合作導師，成都兩年的工作學習生活，是我的家庭最美好的回憶；感謝浙江大學張涌泉先生、汪維輝先生，感謝兩位先生對湖州師範學院文學院中國語言文學學科建設的關愛與幫助；感謝南京師範大學董志翹先生、安徽大學楊軍先生在本課題研究過程中給予的熱情肯定和悉心指教；感謝浙江大學方一新老師、王雲路老師，方老師是我的博士導師，方王二師不斷督促與要求我堅守學術道路不動搖。

　　感謝我的家人對我工作的理解和支持。2002年4月28日，我在自己的博士學位論文後記中曾寫到："我要特別感謝我的父母家人，正是他們的無私付出，纔保證了我於此子不子、夫不夫、父不父的日子裏能安心讀書。母親是在出院後纔告訴我她病了的；妻子下了夜班還要照顧女兒，竟至暈倒；女兒從開始我一迴家就不認識我，到後來在電話裏安慰我說她不想我……一切都讓我如此感動——但所有這些又都是羞於對人言說的，既如斯，那就讓我永遠地銘記在心吧！"祇是後來論文出版時刪除了，而今本書殺青之日居然又是4月28日，此非佛言機緣而何！現父母在安徽老家臥床我不能奉侍，妻子在皖西北忙碌依舊，女兒則已讀大學了。感慨係之！再翻出十幾年前的這些老話，謹表達我的愧怍表達我的感激！

王紹峯

2018年4月28日於浙江湖州